BUR
rizzoli

Storia d'Italia

1. L'Italia dei secoli bui
2. L'Italia dei Comuni
3. L'Italia dei secoli d'oro
4. L'Italia della Controriforma
5. L'Italia del Seicento
6. L'Italia del Settecento
7. L'Italia giacobina e carbonara
8. L'Italia del Risorgimento
9. L'Italia dei notabili
10. L'Italia di Giolitti
11. L'Italia in camicia nera
12. L'Italia littoria
13. L'Italia dell'Asse
14. L'Italia della disfatta
15. L'Italia della guerra civile
16. L'Italia della Repubblica
17. L'Italia del miracolo
18. L'Italia dei due Giovanni
19. L'Italia degli anni di piombo
20. L'Italia degli anni di fango
21. L'Italia di Berlusconi
22. L'Italia dell'Ulivo

STORIA D'ITALIA

INDRO MONTANELLI

L'Italia dei notabili

1861-1900

Premessa di Sergio Romano

BUR rizzoli

ISBN 978-88-17-04677-0

Per la parte aggiornata:
Testi appendice e inserto a colori – Massimiliano Ferri
Ricerca iconografica – Silvia Borghesi
Mappe – Angelo Valenti

Prima edizione aggiornata BUR Storia d'Italia marzo 2011

Premessa

I primi decenni del Regno furono una sorta di corsa a ostacoli politici e militari, un percorso disseminato di trappole sul quale il giovane Stato, con grande soddisfazione dei suoi molti nemici, corse continuamente il rischio di cadere azzoppato. Nei primi dieci anni vi fu anzitutto, poche settimane dopo l'Unità, la morte di Cavour, vale a dire dell'uomo che l'aveva voluta e realizzata. Vi furono due guerre: la prima contro i «briganti» del Sud, la seconda contro l'Austria per la conquista del Veneto. Vi furono due sconfitte: Custoza e Lissa. Vi furono due sfortunate imprese garibaldine: sull'Aspromonte nel 1862, a Mentana nel 1867. E lo Stato ebbe infine, nel giro di pochi anni, tre capitali: Torino dal 1861 al 1865, Firenze dal 1865 al 1870, e infine, dopo il 20 settembre di quell'anno, Roma. Mentre Cavour aveva governato quasi ininterrottamente per otto anni, i suoi successori furono numerosi e presiedettero governi che duravano mediamente poco più di un anno. Ma i problemi da risolvere, numerosi e difficili, avrebbero richiesto impegno collettivo e continuità d'indirizzo. Occorreva pagare i debiti contratti nel decennio pre-unitario, risanare i conti dello Stato, creare una pubblica amministrazione per l'intero Regno, spegnere i focolai del dissenso, unificare i codici, le forze armate, il mercato, la moneta, le tariffe doganali e, dopo la presa di Roma, creare contro la volontà del papato il quadro giuridico dei rapporti fra lo Stato e la Chiesa.

Il mondo intorno all'Italia, nel frattempo, creava problemi a cui il nuovo Stato, non ancora interamente costruito, doveva fare fronte. Le importazioni a buon mercato di cereali americani danneggiavano l'economia del Sud. I rapidi progressi della rivoluzione industriale a Nord delle Alpi colpivano le fragili strutture della nascente industria italiana e mettevano in discussione la filosofia economica liberale della classe dirigente risorgimentale. L'ondata socialista che stava crescendo nelle maggiori potenze giungeva in Italia proprio mentre il Paese cominciava a creare le sue prime aziende moderne. La politica della Francia in Tunisia e l'espansione coloniale delle grandi potenze costringevano l'Italia ad affrontare il problema della sua collocazione internazionale. Il Paese avrebbe dovuto concentrarsi interamente sulla soluzione dei suoi problemi domestici, ma era costretto a fare una politica estera e militare che lo trascinava talora verso scelte e atteggiamenti incompatibili con le sue reali possibilità.

Non sempre, intanto, la classe politica dava prova di rigore civico e morale. Scomparsi gli uomini che avevano fatto l'Unità, il graduale e prudente allargamento del suffragio portava a Montecitorio persone che rappresentavano interessi locali e clientelari. Vi furono scandali, come quello della Banca Romana, che misero in discussione l'integrità e la rispettabilità della classe politica.

Eppure la lunga lista degli errori compiuti e degli incidenti di percorso rende ancora più considerevole, paradossalmente, i risultati raggiunti. I cinquant'anni descritti in questo libro sono quelli in cui fu fatto lo Stato italiano.

Sergio Romano

L'ITALIA DEI NOTABILI

AVVERTENZA

In questo volume ho cercato di riassumere gli avvenimenti del quarantennio compreso fra la proclamazione dell'Unità nel 1861 e l'uccisione di re Umberto nel 1900. L'ho chiamato L'Italia dei notabili *perché mi sembra che siano stati costoro a dare il carattere più saliente alla vita italiana di questo periodo.*

Molte cose vi mancano. Vi manca per esempio un panorama culturale. Me l'ero proposto. Gli avevo anche dedicato alcuni capitoli. Ma poi vi ho rinunciato, sopraffatto – lo confesso – dalla complessità del compito, e ho preferito attenermi a un quadro strettamente politico, sociale ed economico. Se sono riuscito a renderlo, sia pure con una certa sommarietà, credo di potermene contentare.

Un caloroso ringraziamento lo debbo alla signora Maria Stella Signorini Sernas per la valida collaborazione che mi ha dato nella ricerca e nella cernita delle fonti.

I.M.

Ottobre 1973

PARTE PRIMA

GLI ANNI DELLA DESTRA

CAPITOLO PRIMO

«SIC TRANSIT...»

Come abbiamo detto a chiusura del precedente volume, nel gennaio del '61, quando ancora nel Sud resistevano le tre cittadelle borboniche di Gaeta, Civitella del Tronto e Messina, si svolsero le elezioni, le prime a carattere nazionale. Per il partito moderato di Cavour fu un trionfo. Ma non va dimenticato che su oltre venti milioni di abitanti, il diritto di voto era riconosciuto solo a quattrocentomila, che rappresentavano il due per cento della popolazione, e che a esercitarlo furono poco più della metà perché i parroci avevano predicato l'astensionismo. Fu questa Camera rappresentativa di una ristretta minoranza, che nel marzo proclamò l'Unità e riconobbe il titolo di Re a Vittorio Emanuele II e ai suoi legittimi successori. Dopodiché, come la prassi richiede a ogni rinnovo di legislatura, il governo presentò le dimissioni.

L'incarico di formarne uno nuovo fu affidato naturalmente a Cavour, che badò soprattutto a dargli un carattere meno piemontese e più italiano con un abile dosaggio di esponenti di tutte le regioni. Per la Toscana c'era Peruzzi, Fanti e Minghetti per l'Emilia, De Sanctis e Niutta per Napoli, Natoli per la Sicilia eccetera. Esso si presentò alla Camera in aprile e, nonostante le forze di cui disponeva, fu subito investito dalla tempesta. A provocarla fu Garibaldi.

Dopo la partenza da Napoli, il Generale si era ritirato a Caprera dicendo a tutti, forse anche a se stesso, che di politica non voleva più saperne. Perciò, quando i Napoletani gli offrirono la candidatura a deputato, rispose: «Il mio posto non è sugli scranni del parlamento». Ma dopo che, malgrado il rifiuto, lo ebbero eletto, finì per accettare il mandato.

A provocare quel ripensamento, era stata l'onda di ritorno della Gloria. La pubblica opinione che, nel momento in cui egli assumeva atteggiamenti di ribelle, gli si era rivoltata contro, ora lo considerava una vittima per gli sgarbi che aveva subìto a Napoli e gli attribuiva un'aureola di Cincinnato. Ogni venerdì, sul piccolo molo di Caprera, il «postale» rovesciava torme di visitatori. Arrivavano vecchi amici, commilitoni, cacciatori di autografi, socialiste russe, filantropesse inglesi, emancipatrici americane, deputazioni patriottiche, irredentisti veneti, trentini, istriani, proscritti ungheresi, polacchi, greci, romeni. Lady Shaftesbury gli chiese una ciocca di capelli. Il Duca di Sutherland gli sottoponeva piani di rivoluzione contro l'Impero asburgico e quello turco. Un diplomatico americano riferiva a Washington che Garibaldi era «una delle Grandi Potenze d'Europa».

A tante sollecitazioni, si aggiunse un pretesto provocatorio: la Camera doveva decidere il trattamento da fare ai volontari garibaldini che avevano conquistato le Due Sicilie: il loro capo non poteva declinarne il patronato. Garibaldi aprì le ostilità dichiarando a una rappresentanza di operai venuti a omaggiarlo nell'isola: «Vittorio è circondato da gente senza cuore, senza patriottismo, da uomini che hanno creato un dualismo fra l'esercito regolare e i volontari. Quegl'indegni hanno seminato discordie e odio».

L'eco di quelle parole, giungendo a Torino quasi contemporaneamente al Generale, suscitò indignazione fra i moderati e panico fra i democratici, che in Garibaldi avevano gran fiducia sul campo di battaglia, ma sui banchi parlamentari preferivano non averlo tra i piedi. E i fatti confermarono la loro apprensione.

Garibaldi non entrò, irruppe addirittura nell'aula con camicia rossa e *poncho* grigio sulle spalle, affiancato da due fedelissimi. Uno scroscio d'applausi lo salutò da sinistra, un mormorio di disapprovazione e di sarcasmo da destra. Dopo ch'ebbero parlato Ricasoli e Fanti, chiese la parola. «Dovendo parlare dell'armata meridionale,» disse «dovrei narrare dei fatti ben gloriosi: i prodigi da essa operati furono offuscati solamente quando la fredda e nemica mano di questo ministero [rumori] faceva sentire i suoi effetti malefici [urla]. Quando, per l'amore della concordia, l'orrore di una guerra fratricida provocata da questo stesso ministero...» A questo punto la sua voce si perse nel pandemonio. Cavour gridava: «Non è permesso d'insultarci!». Gridava Garibaldi: «Sì, una guerra fratricida!». Bisognò sospendere per un quarto d'ora la seduta, che fu ripresa con un discorso di Bixio in cui si manifestava il disagio degli stessi garibaldini di più stretta osservanza. Garibaldi vuotò il sacco. «Quando arrivai a Torino» disse parlando della campagna del '59 «accorrevano i volontari, ma a me non si davano che i gobbi e gli storpi...»: una frase che deve aver riempito d'orgoglio i poveri reduci. Cavour tagliò corto: «C'è, tra il Generale e me, un fatto che ci separa: io ho creduto di adempiere il mio dovere consigliando al Re la cessione di Nizza». C'era anche quello, infatti, ma non soltanto quello. L'Italia moderata e quella rivoluzionaria potevano finalmente sfidarsi in un libero parlamento, e ognuna di esse rivendicava il merito di aver fatto l'unità nazionale e il diritto di darle il suo volto.

L'indomani Cialdini scrisse a Garibaldi una lettera che poi fu pubblicata da «La Perseveranza»: «Dacché vi conobbi, fui vostro amico, e lo fui quando l'esserlo e il dirlo era biasimato da molti. Ora le vostre parole nella Camera mi portarono un disinganno penosissimo, ma completo. Voi non siete l'uomo che io credeva, voi non siete il Garibaldi che amai. Voi osate mettervi al livello del Re parlandone con l'affettata familiarità d'un camerata; al di sopra del governo, dicendone traditori i Ministri; al di sopra del parlamento, vituperandone i rappresentanti; al di sopra degli usi parlamentari, presentandovi alla Camera in costume strano e teatrale; al di sopra infine di tutto il Paese che vorreste sospingere dove e meglio vi aggrada...». Per evitare un duello dovette interporsi da paciere il Re. Garibaldi finì per abbracciare Cialdini e per riconciliarsi anche con Cavour cui tuttavia, da quanto disse a Guerzoni, si rifiutò di stringere la mano. Ma poi da Caprera gli scrisse una lettera cortese che terminava con queste parole: «Fidente nelle di lei capacità superiori e ferma volontà di fare il bene della patria, io aspetterò la fausta voce che mi chiami una volta ancora sui campi di battaglia».

Chiuso l'incidente, Cavour si preparava ad affrontare gl'immensi problemi dell'unificazione, quando fu colto a tradimento dal male. Di che natura fosse, i medici di allora non si resero conto. Ma quelli di oggi, dalla descrizione dei sintomi lasciatane da alcuni testimoni, propendono per un attacco di malaria degenerata in perniciosa per errore di cure. Fu alla fine di maggio che, rientrando una sera dalla consueta visita alla sua amica Ronzani, avvertì i brividi della febbre, ma non vi diede peso perché negli ultimi tempi gli era già capitato altre volte. Chiese un salasso per timore di un attacco apoplettico. E due giorni dopo, sfebbrato, convocò al suo letto i Ministri per tenere consiglio con loro. Ma alla sera il termometro salì a quaranta, e sopraggiunse un'emorragia. Nel delirio parlava di progetti, di riforme, di leggi, di strade da costruire, e insisteva che la notizia della sua malattia non fosse divulgata per non intralciare un'operazione di prestito che lo Stato aveva appena lanciato. Invece già tutti sapevano che le sue condizioni erano gravi e facevano ressa davanti al portale e nell'androne. Il 4 la nipote, figlia di suo fratello, ch'era la persona a lui più cara, gli chiese se voleva vedere il confessore che attendeva in anticamera. Cavour comprese e annuì. «Voglio che si sappia:» disse poco dopo a Farini «voglio che il buon popolo di Torino sappia ch'io muoio da buon cristiano.» L'indomani venne il Re. Cavour lo riconobbe e prendendogli la mano farfugliò: «Ho molte cose da comunicare a Vostra Maestà, molte carte da mostrarle, ma sono troppo ammalato, le manderò Farini che le parlerà di tutto in particolare... Niente stato d'assedio, nessun mezzo di governo assoluto. Tutti son buoni a governare con lo stato d'assedio... Garibaldi è un galantuomo, io non gli voglio alcun male. Egli vuole andare a Roma e a Venezia, e anch'io: nessuno ne ha più fretta di noi. Quanto all'Istria e al Tirolo, è un'altra cosa. Sarà il lavoro di un'altra generazione. Noi abbiam fatto abbastanza, noialtri: abbiam fatto l'Italia, sì, l'Italia, e la cosa va...» Pur nel delirio, il suo pensiero restava fisso lì, sull'Italia. Quando entrò il confessore con l'olio santo, gli disse: «Frate, frate, libera Chiesa in libero Stato!», e furono le sue ultime parole. Aveva cinquantun anni.

Il 6 giugno, quando si sparse la notizia della sua morte, Torino prese il lutto. I negozianti abbassarono le saracinesche, i teatri chiusero gli sportelli, le strade si vuotarono. Il cordoglio era generale e sincero. Il Primo Ministro inglese, Peel, dichiarò l'indomani in parlamento che quella di Cavour era «senza dubbio la scomparsa dell'uomo di Stato più illustre tra quelli che abbiano diretto i destini di una Nazione europea nella via della libertà costituzionale», e il capo dell'opposizione Palmerston: «La storia cui resterà legata la sua memoria è delle più straordinarie, anzi dirò la più romantica che ricordino gli annali del mondo». Ma forse l'omaggio più cavalleresco e convincente glielo rese, una ventina di giorni dopo, alla Camera dei Deputati, il suo arcinemico Ferrari, autorevole esponente dell'opposizione democratica: «No, voi non sentirete da me in questo recinto una parola contraria al conte di Cavour, che ha compiuto l'opera sua, che ci ha vinti, e la cui morte nella vittoria può essere augurata al migliore dei nostri amici. La terra potrebbe girare mille volte intorno al sole, il conte di Cavour ci avrebbe vinti. Io considero come un onore della mia vita di essermi misurato con lui nello scontro di poche parole, indelebili nella mia memoria. Qualunque cosa che voi ora facciate, andate a Roma, penetrate a Venezia, sarà il conte di Cavour che vi avrà condotti, preceduti, consigliati, menati...».

La sola eccezione al coro la fece la stampa clericale, la quale scrisse che Cavour aveva mandato a chiamare il confessore per fare atto di ritrattazione della sua politica e chiederne perdono. Ma lo stesso fratello Gustavo, nonostante la sua bigotteria, smentì sdegnosamente questa versione. In verità, che cosa avvenne fra il prete e il moribondo non lo sa nessuno perché il prete, padre Giacomo da Poirino, si rifiutò di dirlo anche al Papa, quando fu convocato davanti a lui, trincerandosi dietro il segreto sacramentale. Secondo la versione più accreditata, Cavour si era in precedenza accordato con lui, impegnandolo a non fargli sul letto di morte il ricatto di cui era stato vittima il ministro Santarosa dopo le leggi Siccardi, e il confessore tenne parola impartendogli i sacramenti senza esigere nessuna ritrattazione. Il che, dicono i laici, troverebbe conferma nel duro castigo che a padre Giacomo fu inflitto. Ma i clericali negano anche questo castigo, e nessuno saprà mai chi abbia ragione.

Ora veniamo all'eredità che il grande scomparso lasciava. Come vastità e complessità di problemi, era un patrimonio imponente.

CAPITOLO SECONDO

ITALIA, ANNO ZERO

Assumendo il titolo di Re d'Italia come Vittorio Emanuele *secondo*, cioè col suo vecchio numerale di Re di Sardegna, questi aveva fatto una scelta della cui importanza forse non si rendeva esatto conto, ma che ne pregiudicava un'altra di carattere sostanziale. Certamente quello ch'era stato proclamato nel marzo del '61 era uno Stato nuovo, consacrato dai plebisciti. Ma questi plebisciti avevano semplicemente sanzionato l'*annessione* al Piemonte, di cui accettavano la dinastia e le leggi fondamentali, e di cui così il nuovo Stato nazionale diventava un semplice ingrandimento. Esso nasceva non da un patto fra Sovrano e Popolo, basato su reciproci impegni, ma da un atto deditizio, che automaticamente implicava la rinunzia a una Costituente.

Ora, il vecchio Stato piemontese si era formato sul modello di quello francese, rigidamente accentrato. Cavour aveva cercato di allentarne il monolitismo. Ma, scoraggiato dalle resistenze che incontrava, aveva preferito desistere, lasciando le cose come stavano. E le cose stavano in modo che nella provincia il prefetto era praticamente onnipotente, e nel comune il sindaco era di nomina regia, cioè un funzionario di Stato più che un delegato del popolo. Dopo l'annessione della Lombardia, che aveva una certa tradizione di autonomie amministrative locali, si erano apportati dei ritocchi. Ma il sistema restava tipicamente centralistico. E a ribadire questo carattere, ora che si trattava di estenderlo a tutta la Nazione, contribuirono vari fattori.

Primo, la mancanza di una spinta rivoluzionaria dal basso: la sola che avrebbe potuto imporsi al potere centrale e limitarne l'invadenza. Secondo: il fatto che lo stesso Partito d'Azione, interprete delle scarse forze popolari che avevano recato qualche contributo al Risorgimento, era rimasto d'ispirazione mazziniana anche quando a Mazzini si ribellava, e quindi era anch'esso rigidamente unitario. Terzo: la necessità di mascherare in qualche modo, agli occhi del mondo e degli stessi Italiani, l'intrinseca debolezza di una Nazione diventata tale senza volerlo e quindi bisognosa di una «ingessatura» che ne tenesse saldate le membra e desse almeno l'illusione di una volontà unitaria che in realtà nel popolo mancava. Quarto, e forse più decisivo di tutti: l'interesse della classe dirigente di costituire il potere in modo da poterlo tenere saldamente in mano. Gli uomini che la componevano, quasi tutti di estrazione moderata, avevano fondati motivi di ritenere che l'Italia da loro fatta, senza di loro si sarebbe disfatta. E da questo si sentivano moralmente autorizzati a garantirsene il monopolio. Una struttura centralizzata, basata su prefetti investiti di poteri proconsolari, era il mezzo più sicuro per conservarlo.

Eppure, sia detto a suo onore, questa classe politica non procedette a occhi chiusi, lasciandosi guidare soltanto dai propri interessi corporativi. Anche se per le ragioni che abbiamo detto aveva abbracciato il principio unitario, essa si era formata all'insegna di un liberalismo che esaltava le autonomie locali, e il problema di rafforzarle o di darvi avvìo se lo pose. Anzi, a lanciarlo fu proprio un nobile piemontese, Ponza di San Martino, che fin dal '53 aveva elaborato un piano di decentramento amministrativo, che suscitò l'entusiasmo di altri due influentissimi moderati, Minghetti e Farini. Forse per prevenire sospetti e diffidenze, esso non parlava di «regioni». Ma prevedeva l'istituzione di «grandi province», che territorialmente corrispondevano pressappoco alle regioni, dotate di poteri abbastanza ampi.

Quando nel '60 diventò Ministro degl'Interni, Farini istituì per lo studio di questa fondamentale riforma una Commissione di cui Minghetti fu l'anima, e ne tracciò il programma in una *Nota* in cui si ritrovano tutti i *pro* e i *contro* della polemica regionalistica attuale. In Italia, diceva Farini riferendosi a un'Italia che ancora non comprendeva il Mezzogiorno, ci sono sei regioni, di cui almeno quattro (Piemonte, Lombardia, Liguria, Toscana) hanno una tradizione di Stato e quindi una certa esperienza amministrativa. Lo Stato può quindi delegar loro dei poteri.

Ma dopo questo promettente esordio, la *Nota* faceva macchina indietro dicendo che questi poteri dovevano però essere esercitati da funzionari di Stato, cioè da qualche specie di superprefetto, e non da organi elettivi perché questi si sarebbero messi in concorrenza col parlamento nazionale e avrebbero semplicemente moltiplicato per sei i difetti del centralismo piemontese. Sono gli argomenti che anche noi abbiamo sentito dibattere in questo dopoguerra e che probabilmente continueranno ad affliggerci anche ora che l'ordinamento regionale ha preso il suo rugginoso avvìo.

Poi successe quel che successe. Garibaldi partì per Marsala, giunse da trionfatore a Napoli, Vittorio Emanuele fu proclamato Re d'Italia, di un'Italia alla cui completezza non mancavano più che Roma e le Venezie, e il problema della sua struttura si presentò con maggiore urgenza, ma sotto una luce del tutto nuova.

Minghetti non aveva perso il suo tempo. Alla vigilia della consacrazione dell'Unità, la sua Commissione aveva già approntato quattro disegni di legge, che anche lui corredò di una *Nota* in cui si ritrovano le stesse speranze, ma anche le stesse paure, di Farini. Nemmeno lui parlava di regioni. Le chiamava «consorzi di province», le voleva rette da un governatore di nomina regia e si affrettava a dire ch'esse dovevano collaborare al rafforzamento, non all'allentamento del vincolo unitario.

Ma pur con tutte queste precauzioni e riserve, i poteri concessi ai Consorzi erano sostanziali, e facevano di quella di Minghetti la proposta più audace. Così audace che i più se ne spaventarono. La Farina mobilitò contro di essa la sua Società Nazionale, e Nigra da Parigi scrisse a Cavour: «Per carità, combatta il sistema regionale, se no siam perduti».

Cavour non condivideva questi timori, ma era troppo animale politico per impegnarsi in una battaglia che offriva ben poche speranze di vittoria. Specialmente i notabili del Sud, ch'erano la forza del suo partito, invocavano lo Stato forte e autoritario che imbrigliasse i movimenti eversivi e sanfedisti da cui si sentivano minacciati. Eppoi doveva fare i conti con la vecchia burocrazia piemontese, abituata al comando accentrato e fermamente decisa a esercitarlo su tutta la Nazione per non perderne il controllo. Pur incoraggiando Minghetti a difendere in parlamento la sua riforma e sostenendola di persona, Cavour si rifiutò di farla sua impegnandovi la sorte del governo, e quindi non pose la «questione di fiducia». Cioè disse a Minghetti: «Combatti la tua battaglia. Se vinci, noi faremo nostra la tua vittoria realizzando la riforma. Se perdi, la sconfitta è soltanto tua».

Naturalmente questo indebolì la posizione di Minghetti, ma non fu la causa determinante del suo insuccesso. Agli avversari non mancarono gli argomenti per dimostrare la pericolosità di un progetto che, anche se lasciava un margine irrisorio alle autonomie locali, creava tuttavia qualche imbarazzo al potere centrale nel momento in cui questo doveva risolvere problemi urgentissimi come quelli di Roma e di Venezia, l'unificazione di ben sette diversi sistemi legislativi, doganali, monetari, scolastici, eccetera, tutte operazioni che esigevano il comando accentrato e vi conducevano. Ma a rendere inevitabile la bocciatura furono altri due motivi, molto più profondi.

Il primo – su cui non s'insisterà mai abbastanza – era la particolare natura del processo unitario. Il Risorgimento era stato, come oggi si direbbe, una «operazione di vertice», che seguitava a interessare soltanto il vertice, cioè l'esigua minoranza che lo aveva fatto. È vero ch'essa mostrava una spiccata allergia a qualsiasi delega di potere. Ma è altrettanto vero che, anche se avesse voluto farne, avrebbe incontrato grosse difficoltà per mancanza di personale. La tradizione e l'abitudine del «pubblico servizio» mancava totalmente. Il «servitore dello Stato» era esistito solo a Torino e un po' a Napoli. Tutte le altre piccole capitali italane non avevano conosciuto che il cortigiano, cioè il servitore del padrone, e in queste condizioni la creazione di centri di potere locali era impossibile, o quanto meno molto difficile, perché non si sarebbe saputo a chi affidarli.

Il secondo motivo era che la riforma si basava su un equivoco. Sebbene i suoi paladini dicessero che non intendevano rianimare l'antico spirito autonomistico, essi speravano di trovarvi un sostegno. Ma questo spirito non c'era perché i vecchi Stati non erano che delle satrapie – anche se benevole, come in Toscana – che, impedendo al suddito di amministrarsi da sé, avevano soffocato in lui ogni slancio di partecipazione. Gl'Italiani restavano assenti dalla vita nazionale non perché fossero attaccati a quella regionale o municipale, ma perché erano totalmente diseducati a qualsiasi forma di autodecisione. Solo i Lombardi avevano una certa tradizione amministrativa, perché sia gli Spagnoli che gli Austriaci gli avevano consentito, in questo campo, un certo margine di autogoverno. Tutti gli altri consideravano la cosiddetta «cosa pubblica» come cosa del padrone, cui addossavano tutte le responsabilità nella stessa misura in cui gli riconoscevano tutti i poteri, e contro il quale si riservavano solo un diritto di protesta a voce più o meno alta a seconda della sua tolleranza: un atteggiamento che neanche dopo cent'anni ha subìto sostanziali mutamenti. E questo fece sì che al progetto Minghetti mancasse anche l'appoggio della pubblica opinione.

Con gran meraviglia di tutti, esso trovò un difensore in Mazzini. Ignoriamo che cosa lo spingesse a ritrattare in quell'occasione il suo risoluto e tenace centralismo unitario. Ma il suo esempio non fece scuola neanche fra coloro che a lui s'ispiravano. Il progetto Minghetti fu forse l'unico su cui non si vide una contrapposizione di schieramenti. Uomini di Destra si trovarono alleati di uomini di Sinistra sia nella critica che nell'elogio. Ma le critiche furono molto più massicce e applaudite degli elogi.

Il 18 maggio, cioè dieci giorni prima che Cavour fosse colpito dal male che lo avrebbe condotto alla tomba, una commissione nominata dalla Camera decise di seppellire i quattro disegni di legge prima ancora che venissero in discussione. I regionalisti d'oggigiorno parlano di procurato aborto. Ma sbagliano. La soluzione unitaria non fu scelta dagli uomini, ma imposta dalla stessa logica del processo risorgimentale. Era fatale che la Nazione prevalesse sulla regione. Per quanto fragile, la prima era una realtà concreta; la seconda una creatura astratta che non rispondeva né a una tradizione né a un anelito di popolo. Possiamo deplorarlo perché l'accentramento aveva i suoi inconvenienti: primo fra tutti quello di estraniare vieppiù il cittadino dalla cosa pubblica e di diseducarlo all'autogoverno. Ma non si può contestarlo.

Così nacque, accentrata e prefettizia, l'Italia dei «notabili». E ora vediamo i problemi di fronte a cui si trovava, proprio nel momento in cui perdeva l'uomo più qualificato ad affrontarli.

Delle statistiche di quei tempi – e forse di tutti i tempi – non c'è molto da fidarsi. Ma almeno all'ingrosso sembra accertato che l'Italia unificata sotto la corona di Vittorio Emanuele, e cioè senza il Lazio e le tre Venezie, contava nel '61 circa ventidue milioni di abitanti, i quali per la prima volta dopo la caduta di Roma, cioè dopo quindici secoli, si accingevano a coabitare sotto lo stesso tetto e la medesima legge.

Di essi, circa il settanta per cento vivevano di agricoltura, che però non era dappertutto la stessa, e non soltanto per la diversa natura del suolo. Nella pianura padana da un pezzo aveva già preso avvìo un capitalismo agrario, tecnicamente abbastanza evoluto. Le aziende erano in mano a grandi affittuari, che le conducevano a risaie e a pascoli, integrandole con allevamenti di bestiame e caseifici. Nel Centro subappenninico, e specialmente in Toscana, questo sviluppo aveva trovato un insormontabile ostacolo nella mezzadria, cui i terrieri erano rimasti fedeli non tanto per motivi economici, quanto per ragioni sociali. La mezzadria era l'immobilismo, ma anche, anzi appunto per questo, la tranquillità. Chiusa nel suo podere, autosufficiente nei suoi bisogni e sottomessa all'onnipotente «capoccia», la famiglia del mezzadro era più conservatrice del padrone. Nei metodi tradizionali, il contadino toscano dava il meglio. Ma non evolveva. La distribuzione delle proprietà era abbastanza equilibrata, razionale la rotazione delle colture, eccellente il prodotto, il pane assicurato a tutti, ma poco più che il pane. Un mondo stagnante, basato sulla parsimonia.

Nel Sud, permanevano i violenti contrasti tipici del sottosviluppo. Accanto a latifondi vasti come province, c'era una piccola proprietà sbriciolata in minifondi, insufficienti anche ai più elementari bisogni. Salvo certe limitatissime zone privilegiate – quelle, per esempio, degli agrumeti –, la coltura era praticata coi mezzi rudimentali dell'aratro a chiodo senz'altri concimi che quelli naturali e spesso senza rotazione perché quasi tutta a cereali, che impoveriscono e spossano la terra. Infatti la resa era così scarsa, che fin d'allora l'Italia dovette importare grano, anche nelle annate buone, mentre esportava il riso piemontese e lombardo che superava il fabbisogno nazionale.

Anche come Paese agricolo il nostro, dunque, era un Paese povero, e lo si vedeva dalle diete. In molte zone il pane era già un lusso domenicale: il cibo di base era la polenta di granturco, che provocò il diffondersi della «pellagra». Sulla mensa del contadino settentrionale, la carne non compariva più di una volta al mese, e su quella del meridionale, meno di una volta all'anno.

Ma anche peggio andavano le cose nel campo dell'industria, che contribuiva solo per uno scarso venti per cento al reddito nazionale e non assorbiva che un diciotto per cento della popolazione attiva. Il suo pilastro era la seta greggia, di cui l'Italia restava la più grande esportatrice d'Europa. Questo primato era stato minacciato dalla concorrenza prima dell'India, poi della Cina e infine del Giappone. Ma il costo dei trasporti da quei lontani Paesi aveva consentito ai bachicoltori italiani di superare la crisi, o almeno di limitarne le conseguenze. Proprio negli anni dell'Unità un altro flagello si era abbattuto su di loro: una malattia del baco chiamata «pebrina». Ma anche questa jattura fu di lì a poco scongiurata, e le filande ripresero aìre.

Esse erano addensate quasi esclusivamente in Piemonte e Lombardia, e ciò contribuisce a spiegare come mai il decollo industriale avvenne proprio in queste regioni. I primi impianti industriali degni di questo nome furono i cotonifici di Torino, del Verbano e di Busto Arsizio, e i lanifici di Biella, di Schio e di Prato. Alcuni studiosi dicono che questa localizzazione fu determinata soltanto da motivi orografici, e cioè dal fatto che qui c'erano dei fiumi cui, in un Paese povero di carbon fossile come il nostro, si poteva attingere la forza motrice per le macchine. La spiegazione non ci convince affatto. Fiumi e torrenti in Italia ce ne sono dappertutto. Imprenditori e tecnici svizzeri ne avevano trovati, per impiantare un cotonificio, anche a Salerno. Ma il fatto è che le industrie nascono grazie all'iniziativa degli uomini, non ai favori dell'orografia. Ai primi dell'Ottocento gl'imprenditori piemontesi e lombardi erano ancora terrieri, ma già applicavano all'agricoltura dei criteri industriali. Avevano regimato e canalizzato i corsi d'acqua e trasformato la fattoria in «cascina» che col suo caseificio era già una piccola industria di trasformazione. Altrettanto succedeva in Toscana. Come fiumi, Prato non ha che il Bisenzio, cioè un rigagnolo. Ma in compenso ha i Pratesi, che già nel Trecento producevano lana e l'esportavano in tutto il mondo. Se il decollo industriale ebbe in queste zone i suoi epicentri, fu perché solo qui trovò degli uomini disposti ad affrontarne i rischi.

Il secondo passo fu la meccanica, cui diede avvìo l'ebbrezza ferroviaria. Oggi è difficile rendersi conto di questa ubriacatura. Ne fu contagiato lo stesso Cavour, il quale vedeva nelle ferrovie l'unica soluzione dei problemi economici italiani. E ancora qualche decennio più tardi Carducci scioglieva alla locomotiva un inno famoso. Ma non c'è da meravigliarsene: in un'Europa come quella d'allora, e specialmente in un'Italia povera di strade e ferma alla diligenza, era logico che la ferrovia apparisse come una grande conquista, la più necessaria e rivoluzionaria di quelle che oggi si chiamano le «infrastrutture di base».

Era per costruire binari e vagoni che a Napoli erano nati gli stabilimenti di Pietrarsa e a Genova quelli dell'Ansaldo, i quali al momento dell'Unità contavano già un migliaio di operai, primo nucleo di un vero e proprio proletariato industriale. Ma al loro sviluppo mancava la fondamentale condizione: la siderurgia, cioè il ferro. A essa non faceva ostacolo la povertà di minerale, di cui l'Italia d'allora ricavava dalle sue viscere circa centomila tonnellate; ma quella di carbon fossile per fonderlo e ricavarne ghisa e acciaio. Di ghisa, producevamo venticinquemila tonnellate, di acciaio trentamila. E naturalmente non bastavano per fare da propellente a un decollo industriale che nella siderurgia ha sempre il suo pilastro. Ecco perché quello nostro seguitava a librarsi sulle ali malcerte delle manifatture, che potevano contare su una manodopera abbondante, senza strumenti per far valere le proprie rivendicazioni, e quindi sfruttabile all'osso.

Pur dovendo importare dall'estero locomotive e macchinari, la sbornia ferroviaria continuò. Il primo treno era comparso a Napoli, che ancora ne mena gran vanto e lo sbandiera come il segno di un preteso primato tecnologico. In realtà quel treno non era stato che il balocco di Re Bomba e dieci anni dopo la sua comparsa, cioè alla vigilia dell'Unità, non aveva a disposizione che cento chilometri di binari. Il Piemonte ne aveva nel frattempo costruiti novecento, il Lombardo-Veneto cinquecento, la Toscana duecentocinquanta, e nel suo complesso la rete nazionale superava i duemila. Il loro esercizio in parte era statale, in parte privato, e la scelta fra i due sistemi era uno dei problemi che più dovevano travagliare e dividere la vita politica del Paese per alcuni decenni.

Come quello ferroviario, anche lo sviluppo della flotta mercantile era abbastanza promettente. Per tonnellaggio, al momento dell'Unità, eravamo al terzo posto in Europa dopo Inghilterra e Francia; e, grazie alle grandi tradizioni marinare di Genova e Napoli, potevamo contare su equipaggi di prima qualità. Ma non altrettanto poteva dirsi del materiale, cioè delle navi. Erano quasi tutte a vela, mentre le flotte concorrenti erano già quasi tutte a vapore. I vantaggi del vapore sulla vela non erano ancora decisivi. Ma lo diventarono quando il canale di Suez aprì la via maestra del Mar Rosso, che con le sue bonacce alla vela non si presta.

A questi motivi di debolezza economica che facevano dell'Italia, al suo debutto di Nazione, un'area di sottosviluppo, frangia agricola di un'Europa industriale, si aggiungeva il dissesto finanziario. Lo Stato doveva ora accollarsi i debiti contratti dal Piemonte per le guerre di liberazione, che segnavano un passivo pauroso: quasi il doppio del reddito nazionale. Questo non sarebbe stato molto grave in un Paese industrialmente attrezzato e animato da un forte slancio produttivo. Ma in Italia mancavano non soltanto queste condizioni, ma anche il presupposto per crearle: i capitali.

Il denaro scarseggiava al punto che in molte zone del Sud non lo conoscevano nemmeno e gli scambi avvenivano in natura. Meno che in Piemonte, dovunque era diffusa la diffidenza per la carta moneta, e chi se la trovava tra le mani correva subito a convertirla in metallo che poi tesaurizzava dentro il materasso o la calza di lana. Per stanare dai loro nascondigli e mobilitare a scopi produttivi questi piccoli peculi mancava la fondamentale condizione: la fiducia. Specie nel Meridione la renitenza agl'investimenti era generale e irriducibile. Non vollero farne nemmeno i proprietari delle solfatare di Sicilia, che con qualche miglioria tecnica avrebbero potuto comodamente triplicare il loro prodotto, allora senza concorrenti in Europa, e sfruttarlo *in loco* con raffinerie di acido solforico. Lo stesso accadeva dei vini e dei formaggi che con lo zolfo e la seta greggia rappresentavano le più forti «voci» della nostra esportazione. Ne producevamo in abbondanza, ma di tale qualità che stavamo perdendo quasi tutti i mercati esteri. L'unico investimento che gl'Italiani seguitavano a considerare sicuro e proficuo era quello in terre: Cattaneo calcolava che nella stessa Lombardia, la regione più intraprendente di tutte, quello in terre rappresentava gli otto decimi di tutti gl'investimenti.

Di Banche ce n'erano perché ogni Stato della vecchia Italia aveva la sua o le sue, anzi ce n'erano troppe, il che contribuiva alla loro debolezza. L'Unità imponeva di fonderle in istituti più robusti, omogenei ed elastici, ma soprattutto più disponibili a una politica creditizia che favorisse l'industrializzazione. Ma questo urtava contro due grossi ostacoli. Anzitutto, la mancanza di spirito e di coraggio imprenditoriale. Ad averne erano così pochi che si conoscevano per nome: il siciliano Orlando che aveva animato l'Ansaldo, il ligure De Ferrari, il romano Torlonia, il livornese Bastogi. Il secondo ostacolo era la mentalità degli stessi governanti, tutti di estrazione «moderata», e quindi attaccatissimi al vecchio assetto economico e sociale, che l'industrializzazione avrebbe certamente sconvolto. Per quanto la loro agricoltura avesse assunto caratteri capitalistici, gli stessi terrieri del Nord concordavano coi latifondisti del Sud nel mantenimento dell'ordine tradizionale, basato sulla sonnolenza e quiescenza di plebi rurali ligie al notabile ed escluse da tutto, a cominciare dal voto.

Infatti se in campo creditizio qualcosa si mosse, fu più dal basso che dall'alto. Le grandi Banche, a cominciare da quella Nazionale – nata dalla fusione di quella di Torino con quelle di Genova, delle Legazioni e di Parma –, d'incoraggiamenti all'industria ne dettero ben pochi. Ne dettero molti di più le Casse di Risparmio che, nate a Milano negli anni venti, al momento dell'Unità superavano i cento milioni di depositi, cifra per quei tempi di tutto rispetto. Ma queste Casse si erano diffuse soltanto nel Centro-Nord, dove la gente cominciava già a divezzarsi dall'economia del marengo nel materasso. Era dunque il denaro privato, non quello dello Stato, che accettava il rischio dell'investimento.

Questo rappresentava in se stesso un notevole progresso, ma contribuiva ad aggravare la jattura che tuttora ci perseguita: il divario fra Nord e Sud. Alcuni meridionalisti continuano a sostenere che i settentrionali si servirono dell'Unità per schiacciare e distruggere l'economia del Mezzogiorno. Mentre le casse dello Stato piemontese erano vuote, essi dicono, quelle del Reame borbonico erano piene, e Napoli vantava floride industrie, che in pochi anni vennero spazzate via.

Che il bilancio del Reame fosse in attivo, è vero, per due motivi. Anzitutto perché Napoli non aveva dovuto sostenere le immani spese di guerra cui il Piemonte si era sobbarcato per liberare e unificare l'Italia. Eppoi perché i suoi governi badavano solo a tesaurizzare, mentre quelli piemontesi badavano ad attrezzare il Paese, realizzando bonifiche e costruendo strade, ferrovie e canali. Le casse di Napoli erano piene di oro perché Re Bomba, come i suoi «cafoni», non credeva nemmeno nella carta moneta stampata dalla sua propria banca e si stizziva solo a sentirne parlare; ma dei 1848 Comuni del suo Reame, 1621 non avevano neanche una trazzera che rompesse il loro isolamento. E sul confronto fra queste due politiche economiche, il napoletano Scialoja aveva scritto anni prima un saggio memorabile.

Quanto alle floride industrie, si riducevano a due: gli stabilimenti meccanici di Pietrarsa e i cotonifici di Salerno. I primi erano dello Stato che gli garantiva le commesse e li esentava dagli utili togliendogli così ogni incentivo al miglioramento del prodotto e alla riduzione dei costi. I secondi erano stati impiantati da imprenditori e tecnici svizzeri che seguitavano a gestirli in condizioni di monopolio perché protetti da una tariffa doganale che arrivava al cento per cento: cioè il prodotto concorrenziale straniero, oltre a esser gravato da forti spese di trasporto, per entrare nel mercato napoletano, doveva raddoppiare il prezzo perché la metà gli veniva sottratta dal dazio.

Quando, con l'unificazione, le barriere doganali fra

Stato e Stato furono soppresse, le macchine di Pietrarsa furono soppiantate da quelle dell'Ansaldo e le cotonate di Salerno da quelle di Busto Arsizio perché le fabbriche liguri e lombarde, sviluppatesi in regime di libera concorrenza, producevano meglio e a minor costo. Questo fu il motivo per cui le «floride» industrie napoletane decaddero: perché erano minate dal vizio d'origine dell'autarchia.

Naturalmente anche questa crisi contribuì ad aggravare il ritardo del Sud, di cui fu una delle cause, ma non la sola. Quella più grave era il fallimento della riforma agraria tentata fra il Sette e l'Ottocento. I ceti borghesi erano riusciti a far abolire il sistema feudale perché anche il Re vi aveva trovato la sua convenienza. Il barone che poteva sottoporre il contadino al proprio fisco e alla propria giustizia diventava uno Stato nello Stato. Ecco perché il potere centrale aveva abolito questi privilegi e cercato di contrapporre a quella proterva aristocrazia una classe intermedia di piccoli proprietari distribuendo loro le terre del pubblico demanio e quelle confiscate alla Chiesa. I contadini respirarono perché al fisco e ai tribunali del barone preferivano quelli dello Stato. Ma dalla quotizzazione delle terre non trassero alcun beneficio, perché ad approfittarne furono soltanto i grandi proprietari, nobili e borghesi, che con esse ingrandirono i propri latifondi, lasciando ai cafoni soltanto le briciole e ribadendoli nelle loro condizioni di miseria.

Negativa sul piano sociale, l'operazione si rivelava tale anche sul piano economico. Pur con tutte le sue ingiustizie, il latifondo poteva servire, come aveva servito nel Nord, all'accumulo di capitale e al suo investimento in migliorie agricole e in altre attività produttive. Ma il terriero del Sud s'era ben guardato da queste operazioni, e questo era il grande fallimento della borghesia meridionale, che non si era dimostrata migliore della nobiltà. Essa viveva di terra, ma non sulla terra, vi praticava un'agricoltura di rapina, angariava i contadini non meno di quanto facessero i baroni, e con costoro era perfettamente solidale nella difesa dell'ordine costituito. Da questa nuova classe dirigente provenivano i «moderati» che avevano secondato l'azione di Cavour sia contro i Borboni che contro Garibaldi. Essi accettavano una posizione subalterna nei confronti dei settentrionali, che comportava l'inferiorità economico-sociale del Mezzogiorno rispetto al Settentrione. A patto che fossero rispettate le loro prerogative baronali, sulle quali si preparavano a vegliare gelosamente.

Lo strumento per conservarle era soprattutto il monopolio della scuola. Da un'inchiesta fatta tre anni dopo, risultò che nel '61 gl'Italiani analfabeti erano ottanta su cento. Ma mentre in Piemonte, Lombardia e Liguria questa percentuale scendeva al cinquanta, nel Sud toccava il novanta. Ancora peggio andavano le cose per quanto riguardava l'istruzione media e superiore. Dei giovani fra gli undici e i diciotto anni, solo il nove per mille proseguivano gli studi oltre la scuola elementare, e in tutto il Regno gli studenti universitari ammontavano a seimilacinquecento.

I motivi di questa catastrofica situazione li abbiamo già illustrati nei volumi precedenti. Il vero puntello del vecchio regime era stata l'ignoranza. Principi e preti l'avevano coltivata con somma cura ben sapendo che solo su di essa potevano reggersi, e Francesco IV di Modena, al Congresso di Verona, ne aveva addirittura fatto un programma di governo dicendo che bisognava mandare sulla forca tutti coloro che sapevano leggere e scrivere. Appunto perché non sapevano leggerli, gl'Italiani erano rimasti sordi agli appelli di Mazzini, e il Risorgimento era rimasto l'isolata iniziativa di una piccola *élite*. Ora mancavano le aule. Mancavano gl'insegnanti. Mancava lo stesso desiderio di cultura, che solo la cultura infonde. Ma mancava anche un'altra cosa, quella fondamentale: lo spirito di apostolato, che della scuola è l'anima. L'Italiano colto provava un'invincibile ripugnanza a parlare all'Italiano incolto perché non c'era abituato e non ne possedeva nemmeno lo strumento: la lingua.

Sulla lingua, fra il Sette e l'Ottocento, c'erano state polemiche a non finire, di cui abbiamo già dato conto ai nostri lettori. Gl'illuministi del «Caffè» volevano che fosse adottata quella del popolo, ma di popoli in Italia ce n'erano molti, che parlavano lingue diversissime. I «puristi» volevano che si adottasse quella che si parlava nelle Corti fra il Tre e il Cinquecento. Manzoni proponeva che si adottasse il toscano, ch'era forse una lingua non migliore delle altre in senso lessicale, ma sulle altre aveva questo vantaggio: che quella scritta variava poco da quella parlata, e quella parlata la parlavano quasi allo stesso modo sia i colti che gl'incolti. Era dunque l'unica lingua «viva», levigata dall'uso, ma purtroppo lo era solo in bocca ai Toscani. In bocca agli altri, diventava artificiale e leziosa.

La diatriba era destinata a continuare ben oltre l'Unità, ma provocava intanto questa nefasta conseguenza: che gl'Italiani sempre più si abituavano a preoccuparsi meno di *cosa* dicevano che di *come* lo dicevano. E questo assillo dello «stile» fine a se stesso, del bell'eloquio per il bell'eloquio, della bella pagina per la bella pagina, non solo ci ha regalato una lunga dinastia d'inutili calligrafi e retori, ma ha potentemente contribuito a isolare la cultura dalla società. Se la lingua che si parla nelle accademie, nei tribunali, in parlamento seguita a essere incomprensibile all'uomo della strada, è colpa di questa frattura cui la scuola non ha ovviato. Perché non poté, o perché non volle?

Che non volle, lo dicono alcuni studiosi di estrazione marxista semplificando grossolanamente un problema molto più complesso. Essi lasciano supporre una specie di losca congiura fra uomini di potere e uomini di cattedra per fare della scuola una scuola di classe, privilegio ereditario dei notabili che avevano costruito l'Italia e intendevano confiscarla a proprio esclusivo beneficio. Come vedremo, non fu affatto così: gli uomini che dopo Cavour governarono l'Italia, pur nelle ristrettezze in cui il Paese versava, fecero grossi sforzi per diffondere l'istruzione. Però è vero che i risultati furono inadeguati per i motivi che abbiamo detto, e cioè per l'incomunicabilità di una cultura che, nata nei palazzi, non ne era mai uscita e, anche ai livelli più bassi, pretendeva restare «accademica» e monopolio di «iniziati». Non per congiura dunque, ma per secolare costume, i suoi depositari ripugnavano alla divulgazione. Ma non c'è dubbio che, per quanto non preordinata, questa incapacità di «apertura» finiva per far della scuola uno strumento di classe.

La politica scolastica resterà una delle maggiori inadempienze dei governi post-risorgimentali, e forse la più grave, quella di cui seguitiamo a pagare le conseguenze. Però le responsabilità vanno giudicate nel loro contesto. Crediamo che poche classi dirigenti abbiano dovuto affrontare con mezzi così scarsi problemi così ardui come quella che ora raccoglieva l'eredità di Cavour. Per quanto abusata, la frase di D'Azeglio – l'Italia è fatta, bisogna fare gl'Italiani – rispondeva al vero. E fare gl'Italiani doveva rivelarsi impresa molto più difficile che fare l'Italia. Tant'è vero che vi siamo ancora impegnati.

CAPITOLO TERZO

RICASOLI

«Se morissi domani, il mio successore è designato» aveva detto Cavour pochi mesi prima di chiudere gli occhi, alludendo a Bettino Ricasoli. Fra i due, i rapporti non erano sempre stati idilliaci. Ma anche nei momenti di tempesta Cavour riconosceva che, come statura morale, Ricasoli sopravanzava di parecchie spanne qualsiasi altro uomo politico.

I Ricasoli erano una delle poche casate toscane che traevano la loro origine nobiliare non dalla mercatura, ma dalle armi. Mugello, Valdarno e Chianti erano irti di torri e castelli Ricasoli che datavano fin dal Mille. Con la città non si erano mai appastati, e anche Bettino la detestava. Quando nacque nel 1809, il patrimonio Ricasoli era piuttosto dissestato, nonostante la cospicua dote portata dalla madre, che apparteneva alla dinastia dei banchieri Peruzzi. Il ragazzo studiò al Cicognini di Prato e poi, come tutti quelli della sua condizione, fu mandato col precettore a fare il giro d'Europa. Ma nemmeno la dolce vita di Parigi e di Vienna riuscì a vincere la sua scontrosità. Solitario, taciturno e difficile alle amicizie, quando tornò a Firenze, invece di frequentare circoli e salotti, si chiuse in un laboratorio di fisica e chimica e non cercò contatti che con uomini di studio e di scienza. «In società è così maldestro, timido e imbarazzato, che si sente compassione per lui» scrisse lo storico tedesco Hillbrand che lo incontrò un paio di volte. Fu felice quando a vent'anni gli fu affidata l'amministrazione della vasta ma malandata fattoria di Brolio, dove si trasferì insieme alla moglie da poco sposata, Anna Bonaccorsi.

Secondo una voce arrivata fino all'orecchio di Berenson e riferita da Barzini, Sanminiatelli e Morra, Bettino «deportò» Anna a Brolio e ve la murò viva perché l'aveva sorpresa ad amoreggiare con un Petrovich montenegrino, zio o prozio della futura Regina d'Italia, Elena. Ma non era che una maldicenza nata nei salotti fiorentini, offesi dal dispregio in cui Bettino li teneva. Anna era una creatura di severissima moralità e così devota al marito che riusciva a sopportarlo, e Dio sa se ce ne voleva. Il nomignolo di «orso dell'Appennino» che gli avevano affibbiato gli andava a pennello anche come marito. La vita in quell'isolato castello solenne e minaccioso, doveva essere un castigo. Ma non per castigo essa la subì.

I suoi apologeti dicono che in un battibaleno Ricasoli rimise in sesto il patrimonio. Ma non è vero. Anche lui pagò pedaggio all'inesperienza, e solo dopo anni di sforzi raggiunse il pareggio. Ma se commise errori, fu perché egli impegnava nell'impresa uno spirito di apostolato che lo portava spesso a trascurare il lato economico. Di Brolio aveva fatto una piccola repubblica, di cui si considerava egli stesso il primo servitore. Ogni domenica vi riuniva i contadini – la mattina i ragazzi, la sera gli adulti –, cui si rivolgeva con prediche più da pastore che da parroco, che cominciavano regolarmente con un: «In verità, in verità vi dico», e snocciolavano massime sul tipo dell'Ecclesiaste.

Forse, più che dalle sue parole, gli ascoltatori erano affascinati dal suo esempio. I castellani vivevano da monaci, con pochissima servitù trattata alla pari, vestendosi e mangiando come i loro mezzadri. Non ricevevano. Non davano feste. Brolio era insieme la Chiesa e la Banca di tutti perché tutti vi portavano il loro peculio, che Bettino amministrava con scrupoloso rigore. Egli intitolava i suoi sermoni *Della nobiltà del lavoro*, *Come possa adorarsi Iddio nello studio delle sue opere*, *Venite, amici, a imparare meco le virtù che fanno l'uomo felice di anima e di corpo*: tutta un'etica di stampo protestante che esaltava il lavoro come preghiera e il risparmio come segno della Grazia.

Bettino non sapeva molto di teologia. Ma fra i pochi amici di cui subiva l'influenza c'era Gino Capponi che a sua volta aveva subìto quella di Scipione de' Ricci, il Vescovo di Pistoia che con l'aiuto del granduca Leopoldo aveva tentato di riformare il Clero toscano in senso giansenista. Forse egli ne avrebbe addirittura seguito l'eresia, se a trattenerlo non ci fosse stato l'altro suo grande amico, Lambruschini, un abate che per le sue idee liberali era stato mandato a purgarsi in Corsica e alla fine si era ritirato nella sua villa di Valdarno, ma che, sebbene ribelle alla Chiesa, seguitava a sentirsene figlio. La corrispondenza era fitta fra i due uomini, che spesso per meglio confrontare le loro idee si ritiravano in cenobio, cui talvolta partecipava anche un terzo singolare personaggio, il conte Piero Guicciardini detto «il Quacchero» dalle sue aperte simpatie per il protestantesimo, che lo condussero anche al carcere e all'esilio. È curioso come il meglio dell'intelligenza toscana seguitasse a recare lo stampo protestante e a girare intorno a questi problemi.

Con la Corte, Ricasoli non aveva rapporti. E quando il Granduca lo nominò Ciambellano, rifiutò la carica. Alla mano e perfino umile con chi gli stava sotto, Ricasoli era superbo fino alla protervia con chi gli stava sopra. E di se stesso e del proprio casato aveva un tale concetto che gli faceva considerare i Lorena dei semplici *parvenus*, di cui non si sarebbe mai rassegnato a indossare la livrea. Ma a questo si aggiungeva un certo disdegno per le miserie della politica militante e il timore di dovervisi abbassare. Di fondo, era un conservatore. Ma, diceva, «le rivoluzioni, anche le più macchiate di delitti, producono un risanamento morale tra gli uomini. Non le amo, ma talvolta sembra amarle la provvidenza», e guai, aggiungeva, a chi cerca di resistere «al progresso dei lumi e delle civili libertà». Ciò malgrado, era rimasto estraneo alla grande suggestione del momento, quella neoguelfa, e non si era imbrancato coi moderati. Un geloso senso d'indipendenza gl'impedì sempre di aderire a partiti. E quanto a simpatie umane, le sue andavano piuttosto a Mazzini per ragioni di affinità morale, e – strano a dirsi – a Garibaldi. Sebbene rappresentasse la sua antitesi umana o forse proprio per questo, Ricasoli ebbe sempre un debole per quel coraggioso e generoso pasticcione. E l'iniziativa di offrirgli una spada d'onore quando nel '47 giunse in Italia l'eco delle sue gesta sudamericane, fu uno dei pretesti per trarre l'orso dell'Appennino fuor dei suoi boschi.

Un altro glielo fornì Salvagnoli appellandosi al suo senso del dovere. Anche sulla Toscana era cominciata a soffiare la gran ventata liberale provocata dall'elezione di Pio IX, e i Fiorentini erano per le strade a chiedere Costituzione e riforme. Salvagnoli, ch'era tra i più focosi e per la politica esercitava su Ricasoli la stessa influenza che Lambruschini esercitava per la religione, lo persuase che sottrarsi in quell'emergenza all'impegno sarebbe stata diserzione. Ricasoli rispose nel suo stile: cioè buttandocisi a capofitto e con tale grinta da entrare in serio contrasto coi suoi amici moderati e perfino col suo carissimo Capponi. Dopodiché, come un soldato che avesse terminato la sua ferma, tornò a Brolio fra i suoi mezzadri e i suoi vigneti. Non era ambizioso. Non lo fu mai. Tutte le volte che scese nell'agone politico, lo fece, o credette di farlo, per «precetto» di coscienza.

Ma gli avvenimenti non tardarono a richiamarlo di nuovo in servizio. L'annessione al Granducato del Principato di Lucca creò una «grana» col Duca di Modena che con un colpo di mano occupò Pontremoli, e il governo affidò a Ricasoli una missione presso Carlo Alberto perché si facesse mediatore fra i due litiganti. A quel Re esigentissimo in fatto di etichetta, Ricasoli si presentò senza abito di Corte, sempre per la sua allergia alla «livrea», e gli parlò senza perifrasi non solo di Pontremoli, ma dell'Italia e della necessità di liberarla. Carlo Alberto fu evasivo. Ma Ricasoli, tornato a Firenze, avvertì i maggiorenti che la guerra era imminente e che alla Toscana non restava che far causa comune col Piemonte. Dopodiché ripartì per Brolio, ma qui lo raggiunse la nomina a gonfaloniere, cioè a Sindaco di Firenze, accompagnata da un'alta decorazione.

Per impedirgli di rifiutare carica e patacca, ci volle tutta l'energia di Salvagnoli e di Lambruschini, che ora insieme a lui avevano fondato un giornale, «La Patria». Ma Ricasoli pose le sue condizioni: l'immediata riforma del sistema amministrativo e l'inclusione nello Statuto, che stava per essere promulgato, di un articolo che garantiva libertà di culto a tutte le Chiese. La sua intransigenza lo metteva fatalmente in conflitto con gli uomini del governo, e specialmente con Ridolfi, non meno ispido di lui, e con Baldasseroni, un Ministro efficiente e onesto, ma talmente pieno di sé che i Fiorentini lo chiamavano Sua Baldanza Eccellenzoni. Ricasoli fu tacciato di «albertista», cioè in parole povere di venduto al Piemonte, e una delle polemiche che ne seguì su «La Patria» lo costrinse a un duello con Torrigiani. Dopo essersi battuti in una strada del centro, entrambi andarono a chiederne scusa al Granduca che rispose allargando le braccia: «L'avete voluta, la libertà di stampa? E ora tenetevi le conseguenze». Per Torrigiani, era facile. Per Ricasoli, un po' meno: il duello rappresentava un caso di coscienza, che seguitò a tormentarlo per tutta la vita.

Per tutto il '48, fu tra i più ferventi sostenitori dell'intervento in guerra accanto al Piemonte. Ma quando Guerrazzi e Montanelli presero la mano mobilitando la piazza e costrinsero il Granduca alla fuga, preferì ritirarsi di nuovo a Brolio, «spettatore curioso e nulla più di tutte le stoltezze che si commettono». A urtarlo non era il programma democratico di quei capipopolo, ma la loro demagogia. Poi venne la definitiva liquidazione della prima guerra d'indipendenza a Novara, e il ritorno del Granduca sulla punta delle baionette austriache. Ricasoli, ch'era stato uno dei cinque «probi cittadini» cui la città si era affidata per trattare con Leopoldo una restaurazione senza vendette, non volle collaborare con quella imposta dai vincitori, e preferì addirittura emigrare con la famiglia in Svizzera.

Non tornò che due anni dopo, ma per rintanarsi nuovamente a Brolio senza neanche passare da Firenze per non vedere le uniformi austriache. Alle amarezze politiche si aggiunsero quelle domestiche. Morta la moglie, andata sposa l'unica figlia, si ridusse a viver solo in due stanzette del castello francescanamente arredate, più schivo e orso che mai. Corse voce che fra le altre penitenze s'imponesse anche quella di rinchiudersi per qualche ora al giorno dentro le corazze dei suoi avi guerrieri, e per questo cominciarono a chiamarlo «il barone di ferro» come un personaggio d'Italo Calvino.

Con la politica riprese qualche contatto solo nel '55, ma a Torino, non a Firenze, dove non metteva piede. Per Cavour concepì subito una simpatia vivissima, ma non scevra di qualche riserva. Ammirò la sua competenza in fatto di agricoltura, il suo progressismo, la sua visione europea, la sua efficienza di organizzatore, e più ancora forse il suo modo di servire lealmente il Re senza cortigianeria, il suo odio per la «livrea». Ma fin d'allora dovette provare qualche repulsione per la spregiudicatezza di Cavour nella manovra di corridoio, per la sua disponibilità a qualsiasi giuoco, ch'erano la forza dell'uomo politico. I due tuttavia s'incontrarono solo tre anni dopo, e da una lettera di Massari risulta che Cavour rimase molto impressionato da quell'irsuto e ascetico Toscano di razza antica. Non gli rivelò i retroscena di Plombières, da cui era appena reduce. Ma gli fece capire che grandi cose erano alle viste, che anche la Toscana vi avrebbe avuto la sua parte, e che per questo contava su di lui.

L'attesa non fu lunga. Il 27 aprile del '59, dopo le sconfitte austriache in Lombardia a opera dei Franco-Piemontesi, il Granduca si congedò dai Fiorentini – che a dire il vero avevano fatto ben poco per mandarlo via –, affidando il potere a un Comitato di Liberazione, che non dovette faticare molto per mantenere l'ordine. Leopoldo partì alle cinque, scortato con tutti gli onori dalla Guardia Civica, e «alle sei» scrisse Salvagnoli «la rivoluzione andò a desinare».

Ministro degl'Interni, sotto il commissariato di Boncompagni, Ricasoli fu l'anima di quel regime, in cui – dice Spadolini – portò lo stesso zelo religioso, la stessa carica apostolica che aveva spiegato nella sua Brolio. «In verità, in verità vi dico» ripeteva anche ai funzionari, e giù le solite massime da Ecclesiaste. Governava per bandi affissi ai battenti delle chiese, come a Brolio li affiggeva alle porte del castello, ligio non agli ordini del Commissario che li riceveva da Torino, ma solo a quelli della sua coscienza.

Qui nacque il primo screzio con Cavour che non voleva precipitare le cose per non alienarsi l'animo di Napoleone, cui la Toscana faceva gola per suo cugino Gerolamo. Cavour in quel momento non si era ancora convertito all'idea dell'unità nazionale. Il suo programma si fermava a un Regno sabaudo dell'Alta Italia con Lombardia e Veneto. Ricasoli invece non aveva dubbi. Voleva l'annessione al Piemonte, la voleva subito, e per combattere questa battaglia fondò il giornale «La Nazione», e non esitò nemmeno ad allearsi coi vecchi nemici democratici, confusionari ma unitari. Senz'aspettare l'autorizzazione di Torino bandì un plebiscito, e ne portò di persona il responso a Vittorio Emanuele, ma rimase profondamente deluso quando si accorse che il Re ne era più imbarazzato che soddisfatto. Vittorio Emanuele infatti non voleva rinunziare alla Toscana, ma nemmeno alla protezione di Napoleone. E per trarsi d'imbarazzo rispose che *accoglieva* il plebiscito, il che non voleva dire che lo *accettava*.

In quel momento era al governo Rattazzi. Cavour se n'era ritirato dopo una violenta scenata col Re, in segno di protesta contro la pace di Villafranca. Ma Ricasoli andò a consigliarsi con lui, e l'incontro fu affettuoso quanto poteva esserlo fra uomini di così dura scorza. Cavour gli suggerì d'interpretare quell'*accoglimento* come meglio gli conveniva, e Ricasoli così fece. I loro rapporti ridivennero tesi quando, tornato di lì a poco al potere, Cavour chiese un altro plebiscito a Ricasoli, che ci vide una prova di sfiducia in quello ch'egli aveva già indetto per conto suo. Ma poi si piegò alla ragion di Stato, che esigeva quella controprova, e ricorse a tutti i mezzi perché il risultato non lasciasse adito a dubbi. Nel rimettere il responso all'inviato di Torino, Massari, gli disse: «Il mio regno è finito. Consegno al Re una perla che abbellirà di molto la sua corona».

Per condurre a termine quella ch'egli considerava la sua missione, non aveva esitato a rompere coi suoi vecchi amici moderati, tuttora attaccati alla loro «Toscanina» cui avrebbero voluto garantire una certa autonomia. Perfino Lambruschini lo aveva ripudiato con una lettera in cui lo tacciava pressappoco di traditore. E per Ricasoli era stato addirittura un lutto. «Ma» diceva «fra Dio e la mia coscienza non c'è posto per nessuno.» E non intendeva farlo nemmeno a Lambruschini.

Convinto che l'avrebbe rifiutata, Cavour gli offrì la carica di governatore provvisorio della Toscana. Invece Ricasoli accettò, ma riservandosi di fissare lui stesso i termini del proprio mandato che nei suoi intendimenti doveva durare fino a quella unificazione nazionale cui Cavour seguitava a non pensare (Garibaldi non era ancora partito per la sua impresa nel Sud). E da questo momento gli screzi fra i due uomini diventarono quotidiani. Più che da governatore, Ricasoli agì da dittatore. Diede ospitalità a Mazzini sulla cui testa pendeva tuttora la condanna a morte, e quando da Torino gl'ingiunsero di espellerlo, propose con tutta serietà di dargli un foglio di via per Brolio, come se Brolio fosse un Reame indipendente in cui lui solo faceva legge. Infischiandosi dei difficili rapporti con Napoleone, mandò armi a Viterbo e nelle Marche per suscitarvi la rivolta contro il Papa. E quando Napoli aprì le porte a Garibaldi, spedì a Cavour il famoso inaudito telegramma: «Tutti gl'Italiani si domandano dov'è il Re e che fa il governo del Re. Garibaldi percorre trionfalmente il Reame di Napoli, e il Re non si muove e il governo non si scuote. Il Re monti a cavallo e chiami intorno a sé la Nazione». Un foglio d'ordini, insomma.

Più che contro Ricasoli, Cavour schiumava di rabbia contro se stesso che non riusciva a rompere con Ricasoli. Il suo rispetto per l'«insopportabile barone» era sempre più forte del dispetto. E quanto fosse fondato lo si vide quando, dopo le elezioni del gennaio '61, Cavour, sebbene trionfatore, diede le dimissioni. Non era che una formalità perché l'incarico non poteva tornare che a lui. Ma il Re, esasperato dalla sua protervia e «montato» da Rattazzi e dalla Rosina, cercò di approfittarne per disfarsi di lui. L'unico che la Camera avrebbe potuto accettare al suo posto era Ricasoli, di cui si era detto che intrallazzava con Mazzini e Garibaldi appunto per soppiantare il Conte con l'aiuto della Sinistra. Ma quando il Re lo chiamò per offrirgli la carica, non solo rifiutò recisamente, ma si mostrò sdegnato di quella obliqua manovra contro il solo uomo – disse – che poteva compiere l'unità nazionale. Poco dopo ci fu alla Camera il drammatico scontro fra Cavour e Garibaldi. L'aula era tutta uno schiamazzo. Ma quando Ricasoli si alzò a parlare «alto, magro, il viso scarno e angoloso, lo sguardo fisso e duro, chiuso in un nero soprabito abbottonato, le mani, com'era sempre suo costume, coperte di guanti neri, severo e accigliato come un disdegnoso puritano», si fece un gran silenzio. S'inchinò a Garibaldi ricordandone gl'immensi servigi resi alla Patria e invocando per le sue intemperanze l'attenuante della sua passione nizzarda. Dopodiché fece l'apologia di

Cavour avallandone senza riserve l'operato politico. Alla fine della seduta, Cavour gli strinse la mano commosso. E fu allora che ad alta voce disse: «Se morissi domani, il mio successore è designato».

Il Re avrebbe preferito Rattazzi o Farini. Ma Farini era già minato da una inesorabile malattia mentale; e quanto a Rattazzi, la Camera non avrebbe mai accettato come successore di Cavour colui che negli ultimi anni lo aveva più subdolamente combattuto. Chiamò quindi Ricasoli, ma senza entusiasmo. L'insopportabile barone aveva già abbondantemente dimostrato la sua scarsa maneggevolezza rifiutando non solo lo stipendio di Ministro («la paga», l'aveva chiamata), ma anche i biglietti ferroviari gratuiti. Non voleva sapere della divisa di Ministro, che infatti non indossò mai, aveva rinchiuso in un cassetto il Collare dell'Annunziata che gli era stato imposto quasi di forza, non nascondeva la sua disapprovazione per la vita privata del Re, e a chi gli faceva notare la sconvenienza di quelle critiche, rispondeva ch'egli nutriva rispetto per la monarchia, non per i monarchi. Ma ciò che più irritava il Re e i suoi cortigiani era che il barone non perdeva occasione per ricordare che i suoi avi guidavano uomini mentre i Savoia non guidavano ancora che pecore. E questo atteggiamento di superiorità non lo smise mai. Quando, di lì a qualche anno, il Re andò a fargli visita a Brolio, Ricasoli lo fece prendere ai confini del feudo sotto scorta dalle sue guardie per fargli bene intendere che lì il Re era lui.

Ma non fu solo questa personale incompatibilità a render precario il nuovo governo. Esso era formato in prevalenza di «consorti», come venivano chiamati i rappresentanti delle nuove province centro-settentrionali, e specialmente i Toscani che formavano il gruppo più compatto; il che urtava terribilmente i Piemontesi, che fin allora avevano avuto la quasi assoluta esclusiva del comando. Altro elemento negativo era l'ostilità di Napoleone per l'uomo che aveva «soffiato» la Toscana a suo cugino Gerolamo, per l'amico di Mazzini e Garibaldi, per il sobillatore delle rivolte negli Stati del Papa, suo grande protetto. E infine il suo compito era reso arduo dalla stessa gravosità dei compiti che attendevano il successore di Cavour, fra i quali c'era anche quello di non far rimpiangere il predecessore.

Di questo, Ricasoli si rendeva conto, ma non era uomo da adottare maschere e da adattare i mezzi ai fini. Lo si vide dal piglio con cui affrontò la questione più urgente, ma anche più spinosa: quella di Roma. Le proposte che Ricasoli mandò a Napoleone perché se ne facesse mallevadore presso la Santa Sede erano pressappoco quelle stesse di Cavour: rinuncia del Papa al potere temporale, in cambio di un riconoscimento della sua sovranità sul Vaticano con diritto di rappresentanza diplomatica, assegnazione di una rendita annuale di due milioni, assoluta libertà nella nomina dei Vescovi. Insomma, la solita formula di «libera Chiesa in libero Stato».

Ma a questo documento, Ricasoli aggiungeva la bozza di una lettera, che rivelava un'impostazione del tutto diversa e piuttosto ingenua. Per Cavour quello di Roma era un problema squisitamente politico, anche se coinvolgeva questioni religiose. Per Ricasoli era un problema essenzialmente religioso, anche se coinvolgeva questioni politiche, per il quale si sentiva autorizzato a impartire al Papa il consiglio di riformare la Chiesa, purgandola di ogni mondanità, ripristinandovi severità di costumi e riportandola alle pure fonti del Cristianesimo originario. Un linguaggio che rivelava il fondo savonaroliano dell'uomo e giustifica il nomignolo che gli venne appioppato di «barone evangelico». Siccome Parigi si rifiutò d'inoltrare la lettera giudicandola inopportuna, Ricasoli ne fece un *libro verde* dandola in pasto alla pubblica opinione e di conseguenza provocando un ulteriore irrigidimento della Curia.

Altrettanta mancanza di duttilità, Ricasoli dimostrò nella questione del brigantaggio meridionale, che proprio allora scoppiava in tutta la sua virulenza, e di cui diremo in seguito. Incapace di coglierne i sottofondi e le implicazioni sociali, egli non ci vide che un fenomeno di delinquenza comune da affrontare soltanto con misure repressive. Volle la lotta a oltranza, affidandola al Generale di pugno più duro, Cialdini. E l'emergenza lo spinse ad abolire il regime luogotenenziale del Sud per accelerarne l'integrazione. Questo lo mise in contrasto con Minghetti che, Ministro dell'Interno, era rimasto fedele alle sue idee di decentramento e finì per dare le dimissioni. Né Lanza né Ponza di San Martino ne accettarono la successione. E il loro rifiuto indicava quanto fosse indebolito Ricasoli, che avocò a sé anche quel Ministero. Al Segretario generale che gli chiedeva direttive, rispose: «Una sola: eseguire il precetto della legge, in modo da rendere impossibile l'arbitrio anche a me». Non erano parole: Ricasoli razzolava come predicava. Ma il suo procedere a scatti, l'allergia ai compromessi, la «tenacia anche nell'errore» – come dice Spadolini –, caratteristica delle anime religiose, facevano di lui più un grande moralista che un grande politico. «Che mente singolare!» diceva Scialoja. «Ha delle grandi idee, nelle quali la vista del suo intelletto è lucidissima: da quelle altissime scende a piccolissime. Gli mancano le idee mediane. Come dire un cantante privo delle corde di mezzo.»

C'era chi, senza averne l'aria, sapeva approfittare dei suoi sbagli. Quando, sulla fine del '61, fu discusso l'operato del governo, Rattazzi, pur appoggiandolo, avanzò molto abilmente critiche e riserve, un po' come dieci anni prima aveva fatto Cavour con D'Azeglio. Che fosse lui il designato alla successione, lo dimostrò la missione affidatagli dal Re alle spalle e all'insaputa di Ricasoli. Vittorio Emanuele non aveva smesso il vizio di fare una politica per conto suo e si cullava in piani fantapolitici. Ora farneticava di accendere una rivoluzione in Grecia per mettere su quel trono un Principe di casa Savoia, che con l'aiuto dei Serbi e dei Montenegrini avrebbe dato il colpo di grazia alla Turchia, mentre Garibaldi sarebbe sbarcato in Dalmazia per accendere la rivolta in Ungheria prendendo alle spalle gli Austriaci e lasciando il Veneto alla mercé di un esercito italo-francese. Si trattava di persuadere Napoleone. E questo fu il compito affidato a Rattazzi, il quale era abbastanza intelligente per capire che non ci sarebbe mai riuscito, ma anche abbastanza spregiudicato per volgere la missione a proprio vantaggio offrendosi all'Imperatore come il suo fiduciario in Italia.

Orgoglioso com'era, Ricasoli non chiese spiegazioni al Re. Si limitò a ignorarne la manovra controbilanciandola con una politica del tutto opposta. Tenne desto il problema di Roma anteponendolo a quello di Venezia, e mandò un emissario a Garibaldi per sconsigliargli la spedizione in Dalmazia. Ma quando Rattazzi tornò da Parigi e gli chiese un colloquio, gli fece rispondere che la dignità sua e della Nazione gl'impediva di riceverlo. Sobillati dal Re, gli attacchi contro di lui alla Camera si facevano sempre più frequenti e insistenti. Una volta lo accusarono perfino di «modi servili». Rispose sprezzantemente che la parola «servizio» non era nel vocabolario dei Ricasoli, se non riferita al Paese e ne diede la prova denunziando apertamente «le follie della Corona». Il Re voleva destituirlo, ma lo scaltro Rattazzi gli consigliò di lasciare che si consumasse da sé.

Ricasoli si prestò al giuoco caldeggiando una petizione presentata da alcuni deputati di sinistra per il rientro in patria di Mazzini, gravemente ammalato, e rifiutandosi di sciogliere le organizzazioni democratiche. I moderati insorsero accusandolo di voler rovesciare il regime e istaurare la Repubblica. A fine febbraio, Ricasoli rispose con un discorso alla Camera, piuttosto malaccorto e senza smalto, perché come oratore valeva poco. E la discussione si concluse con un ordine del giorno votato all'unanimità che prendeva salomonicamente atto delle sue dichiarazioni. Ma il Re, che ormai aveva deciso di liberarsi di lui, disse che quell'unanimità non valeva perché «inquinata» dai voti di sinistra, e gli ordinò di ripresentarsi alla Camera.

Piuttosto che piegarsi all'ingiunzione, Ricasoli offrì le dimissioni. Il Re, che non aspettava altro, le accolse immediatamente, e lo stesso giorno (1° marzo del '62) diede a Rattazzi l'incarico di formare il nuovo governo. Dopo l'esperienze fatte con Cavour e Ricasoli, non voleva più un Primo Ministro. Voleva solo un segretario.

CAPITOLO QUARTO

ASPROMONTE

Rientrato a Londra dopo l'inutile soggiorno a Napoli al tempo dei Mille, Mazzini aveva ripreso a tessere la sua tela mirando a conquistare le società operaie. Sorte negli anni cinquanta, si erano diffuse un po' dovunque. Ma solo in quelle di Genova l'elemento mazziniano aveva la prevalenza; tutte le altre erano dirette da borghesi di confessione progressista, ma di anima moderata, che miravano a fare di esse un puro strumento di rivendicazioni sindacali, come la regolamentazione degli orari di lavoro, l'aumento dei salari e l'istruzione gratuita. Per dibattere questi problemi, esse avevano già tenuto vari congressi. Ma nel '61 Mazzini ne convocò un altro a Firenze mettendo all'ordine del giorno la questione del voto politico, da cui gli operai seguitavano a essere esclusi. La battaglia che su di essa si scatenò fu talmente aspra da provocare una scissione, la prima delle tante ch'erano destinate a tribolare il movimento operaio italiano. I moderati abbandonarono il campo, di cui Mazzini rimase padrone. E questa vittoria gli fece sperare di poter riassorbire sotto la propria bandiera tutte le dissidenze democratiche.

Per riuscirci non c'era che un modo, il solito modo: precedere l'avversario e trascinarselo a rimorchio con qualche gesto risoluto. Al compimento dell'unità nazionale mancavano ancora Roma e Venezia, per le quali esistevano già dei «Comitati di provvedimento» che avevano la loro direzione centrale a Genova. Bisognava conquistarli, e per questo occorreva l'assenso di Garibaldi che ne restava l'alto patrono. Ma Garibaldi, quando seppe che Mazzini era riuscito a immettere nei Comitati una maggioranza di uomini suoi, ne declinò la presidenza, e solo su pressante preghiera di Crispi e Mordini, che andarono apposta a Caprera, accettò di partecipare a un'assemblea cui, oltre ai Comitati, sarebbero intervenute le società operaie e varie altre organizzazioni democratiche. Il raduno si tenne a Genova, e si concluse con la fusione di tutte queste forze nella «Società Emancipatrice». Accettando la formula «Italia e Vittorio Emanuele», i mazziniani credevano di aver recuperato Garibaldi. Ma Garibaldi era nel giuoco del Re, di cui seguitava a subire il fascino e che sperava, attraverso di lui, di strumentalizzare le iniziative democratiche.

Come abbiamo detto, Vittorio Emanuele credeva di avere nelle mani le carte di un grande giuoco politico: mettere in ginocchio l'Austria colpendola alle spalle con una spedizione nei Balcani. Non si è mai saputo quali affidamenti avesse dato in questo senso a Garibaldi, che naturalmente avrebbe guidato l'impresa. Altrettanto oscuro resta l'atteggiamento di Napoleone, di cui Vittorio Emanuele diceva di avere in tasca l'assenso: non meno avventuroso di lui, l'Imperatore era anche più ambiguo, e Dio sa quali progetti covava. Comunque, quando si accorse che Vittorio Emanuele s'impegnava scopertamente nell'impresa, s'affrettò a fargli sapere che non lo avrebbe secondato, e il progetto per il momento sfumò.

Ma non sfumò per Garibaldi che ormai aveva mobilitato l'Emancipatrice e pronunciato discorsi incendiari, regolarmente conclusi dal grido: «Roma e Venezia!». Mazzini non aveva dubbi: era su Venezia che per prima bisognava marciare perché gli Ungheresi, scriveva in una lettera ad Alberto Mario, non aspettavano altro per insorgere, e le loro barricate contagiandosi in tutta Europa avrebbero travolto anche Napoleone, facendo di Roma, una volta sguarnita dalle truppe francesi, la più facile delle prede.

Per una volta tanto, Garibaldi aderì al piano dell'Apostolo. Con la scusa di propagandare la Società del Tiro a Segno di cui aveva assunto la vicepresidenza, egli stava facendo un giro in Lombardia, accolto ovunque da folle osannanti. A Milano, dopo aver arringato «il popolo delle Cinque Giornate capace di venticinque», era andato a visitare Manzoni, che gli si era quasi buttato ai piedi chiamandolo «Duce». Non comprendendo, scriveva Guerzoni, «quanto di retorico, melodrammatico e carnevalesco si nascondesse, per antica legge ereditaria, nelle vene dei suoi concittadini», egli era convinto che costoro non aspettassero altro che il suo appello per arruolarsi nella crociata di liberazione.

Stabilito il suo quartier generale in casa del suo vecchio amico Camozzi a Trescore nel Bergamasco, sguinzagliò i suoi luogotenenti alla raccolta dei volontari. Per un po' lo lasciarono fare. L'imbarazzo di cui dava segno Rattazzi dimostrava che qualche impegno anche lui lo aveva preso, e il Re in quel momento era a Napoli. Ma quando perfino i giornali seppero e pubblicarono che l'attacco sul Trentino era programmato per il 29 maggio (del '62), le prefetture di Brescia e di Bergamo ricevettero l'ordine di disarmare i volontari. Alcuni di essi che a Sarnico resistettero vennero arrestati. La folla cercò di liberarli, la truppa aprì il fuoco, e quattro morti e parecchi feriti rimasero sul selciato.

L'indomani l'Italia era in fiamme. Rattazzi cercò di spegnerle con una circolare ai prefetti in cui diceva di «avere giusti motivi per reputare insussistente qualunque compartecipazione dell'illustre Generale a imprese di simile fatta». Tutti aspettarono una risposta fulminante di Garibaldi, che non venne. Pensarono che l'avrebbe data alla Camera che si riapriva il 3 giugno. Invece arrivò soltanto una sua lettera che in tono stranamente remissivo sdrammatizzava i fatti e ne dava la seguente versione: i volontari erano accorsi di propria iniziativa intorno a lui pensando ch'egli volesse tentare un colpo di mano sul Trentino ed egli ne aveva approfittato per fargli fare qualche esercitazione di tiro a segno. Tutto qui.

I deputati della Sinistra insorsero dicendo che quella lettera l'aveva dettata Rattazzi, però nemmeno essi potevano negare che Garibaldi l'aveva firmata. Il disorientamento si propagò al Paese e riecheggiò nella stampa. «Chi ne capisce qualcosa?» scriveva la «Gazzetta di Bergamo». «Garibaldi nega recisamente la spedizione in Tirolo, e ci pare un buon ritrovato per accomodare alla meglio lo scandalo. Facciamo pure noi l'atto di fede, rinneghiamo di avere udito con le nostre orecchie le disposizioni particolari e i nomi dei designati al primo passaggio, di aver veduto le carte geografiche...»

L'inconsueta docilità di Garibaldi aveva il suo perché. Il Re lo aveva mandato a chiamare in gran segreto, e che cosa gli avesse detto non si sa. Ma si sa che Rattazzi, parlando poco dopo con l'ambasciatore francese, gli aveva confidato di aver invano cercato di convincere il Generale a rinunziare all'impresa nei Balcani. Si dovrebbe quindi dedurne che il Re aveva placato Garibaldi promettendogli il comando di quella spedizione, mentre il suo Primo Ministro provvedeva a coprirgli le spalle presso Napoleone.

Una sola cosa era certa: che i soci dell'Emancipatrice erano furenti con Garibaldi, cui ora toccava fare qualcosa per recuperare il suo credito. Il 25 giugno egli era a Caprera, dove col figlio Menotti e una ventina di fedelissimi s'imbarcò per Palermo. Quale fosse la sua vera meta, forse non lo sapeva nemmeno lui. Guerzoni, che faceva parte del gruppo, scrisse: «Nessuno di quanti lo accompagnarono seppe mai dal suo labbro né dove s'andasse né perché s'andasse». A chiunque s'attentava a chiederglielo, il Generale rispondeva: «Andiamo verso l'ignoto. Dopo, sarà quel che sarà».

I palermitani lo accolsero trionfalmente, ed egli li alluvionò di discorsi infiammati. L'ex prodidattore di Napoli, Pallavicino, ch'era lì in funzione di prefetto, non fece nulla per impedirglielo, nemmeno quando egli si lanciò in una violenta requisitoria contro Napoleone tacciandolo di despota, fedifrago, protettore di briganti e di assassini, e aizzando la folla a un nuovo Vespro. A Marsala, dalla piazza si levò un grido: «O Roma, o morte!». Il retorico dilemma, ch'era destinato a risuonare anche in altre occasioni della storia d'Italia, piacque a Garibaldi che lo fece suo. Lo adottò anche fra' Pantaleo, un frate che lo aveva accompagnato nell'avventura dei Mille e che, officiando con la pistola a tracolla, lo sostituì all'*Ite Missa est*. Sembrava dunque che la sua scelta fosse fatta e ch'egli intendesse marciare sull'Urbe, come reclamava l'Emancipatrice, ribelle alle direttive di Mazzini che insisteva per Venezia. Ma in un successivo proclama Garibaldi rivolse un appello anche «alle genti slave sotto la dominazione austriaca e ottomana» che sembrava preludere alla spedizione nei Balcani. Forse non aveva ancora deciso.

A Torino non sapevano che fare. La Destra chiedeva a Rattazzi d'intervenire, e Rattazzi cercò di contentarla silurando Pallavicino. Il 3 agosto anche il Re lanciò un proclama agl'Italiani: «Guardatevi dalle colpevoli impazienze e dalle improvvise agitazioni» diceva. «Quando l'ora del compimento della grande opera sarà giunta, la voce del Re si farà udire da voi. Ogni appello che non è il suo, è un appello alla ribellione, alla guerra civile.» E concludeva: «Saprò conservare integra la dignità della Corona e del parlamento, per avere il diritto di chiedere all'Europa intera giustizia per l'Italia». È probabile che, più che a Garibaldi, queste parole fossero rivolte a Napoleone per esercitare su di lui uno di quei ricatti che tanto bene erano riusciti a Cavour: o cedere Roma al Regno sabaudo, o correre il rischio che vi piantasse bandiera una rivoluzione, la quale poteva anche non fermarsi lì.

In questo senso comunque l'appello fu interpretato da Garibaldi, non si sa se per la solita ingenua fiducia nel Re o per segreti accordi presi in precedenza con lui e con Rattazzi. Circa tremila volontari erano affluiti al suo richiamo e si stavano concentrando alla Ficuzza. Ma fra di essi non c'era nessuno della vecchia guardia, né Bixio, né Medici, né Sirtori, né Cosenz, ormai integrati nell'esercito regolare col grado di Generali. Medici anzi, ch'era lì come comandante della Guardia nazionale, cercò di dissuaderlo. «Mettiti una mano sul cuore,» gli disse «pensa all'Italia, pensa a tutto quello che si è miracolosamente fatto. Non ostinarti in questa via: essa conduce alla guerra civile.» Alla sua supplica, si aggiunsero quelle di Cucchi e Türr. Vennero anche, per trattenerlo, i deputati Calvino, Mordini e Fabrizi che, quando ripassarono da Napoli, furono fermati da La Marmora, il quale telegrafò a Rattazzi: «Ho arrestato i deputati. Li fucilo?». «Li rimetta in libertà e si scusi» rispose il Primo Ministro.

Ma tutto fu inutile anche perché mille piccoli episodi

ribadivano in Garibaldi la convinzione che il Re fosse d'accordo. I reparti regolari che incontrò nella sua marcia su Catania non solo gli lasciavano il passo, ma lo rifornivano di viveri. Nelle città che attraversava, le campane si scioglievano e le autorità gli venivano festosamente incontro. Si era sparsa la voce che Garibaldi avesse in tasca un «talismano», cioè una lettera del Re che lo autorizzava a procedere. Neanche di questa lettera rimangono tracce. Ma tutti si comportarono come se esistesse realmente, a cominciare dagli stessi Ministri. Quelli dell'Interno e della Guerra proclamarono lo stato d'assedio in tutto il Mezzogiorno e vi mandarono il generale Cialdini. Ma quello della Marina, Persano, inviò all'ammiraglio Albini, la cui squadra incrociava nello Stretto di Sicilia ed era quindi in grado di tagliare la strada a Garibaldi, la seguente rigorosa direttiva: «Agite a seconda dell'occasione, ma tenete sempre in mente il bene del vostro Re e del Paese».

Quale fosse questo «bene», Albini non sapeva, quando si vide sfilare sotto gli occhi i due piroscafi che traghettavano Garibaldi e i suoi volontari in Calabria. Pare che si consultasse coi suoi subalterni e che uno di costoro gli giurasse di aver visto il talismano. Comunque, li lasciò passare. E se Garibaldi fosse arrivato a Roma, molto probabilmente l'Ammiraglio avrebbe avuto uno scatto di grado. Invece a cose fatte, cioè fallite, fu invitato a dare le dimissioni da Persano, che rimase al suo posto. Chi ha detto che l'Italia si è guastata nel crescere? È sempre stata la stessa.

Era l'alba del 25 agosto quando le camicie rosse sbarcarono fra Melito e Capo dell'Armi, pressappoco lo stesso punto in cui due anni prima erano sbarcati i Mille, e s'incolonnarono verso Reggio. Al primo reparto regolare che incontrarono, sventolarono i cappelli lanciando grida di saluto. Ma la risposta fu una scarica di fucileria. Guardarono sorpresi il Generale, non meno sorpreso di loro e per un attimo esitante. Ma subito, comprendendo che se al fuoco avesse risposto col fuoco sarebbe stata davvero la guerra civile, ordinò una diversione verso l'interno dell'Aspromonte. Flagellata dalla pioggia, la scalata dell'impervio e brullo acrocoro fu dura. La colonna, priva di viveri, si era affidata a guide che poi risultarono essere delle spie e che la fecero vagabondare quattro giorni e quattro notti per condurla al rifugio dei Forestali dov'essa sperava trovare delle vettovaglie che invece non c'erano. Garibaldi contò i suoi uomini: di duemila, gliene restavano cinquecento.

Il 29 furono attaccati da un reparto di bersaglieri. Vedendoli avanzare, il Generale gli si fece incontro da solo, allo scoperto, la mano destra sull'elsa della sciabola, la sinistra sul fianco. Forse sperava che avrebbero abbassato i fucili come avevano fatto i soldati francesi davanti a Napoleone quando era tornato dall'Elba. Invece gli spararono addosso, e una pallottola gli strisciò la coscia. «Non fate fuoco!» intimò ai suoi. Un'altra pallottola gli si conficcò nel malleolo. «Andate fuori gridando viva l'Italia!» ordinò mentre s'accasciava, e Cairoli accorreva per sorreggerlo. I volontari obbedirono, ma i bersaglieri seguitarono a sparare, e allora s'accese una breve mischia che lasciò sul terreno dodici morti e una quarantina di feriti.

Garibaldi giaceva sotto un albero col piede spappolato e il sigaro in bocca. Quando un tenente gl'intimò burbanzosamente la resa, disse ai suoi: «Disarmatelo!», e il tenente non reagì. Sopraggiunse il colonnello Pallavicini, che a sua volta gl'intimò la resa, ma a bassa voce e togliendosi il berretto. Garibaldi annuì, e su un'improvvisata barella si lasciò trasportare a Scilla, donde per mare lo trasferirono nel forte di Varignano presso La Spezia.

Nei giorni successivi i suoi sparpagliati reparti furono catturati e internati fino al 5 ottobre, quando fu promulgata un'amnistia che li rimise in libertà. Ma nel Milazzese sette volontari vennero fucilati come disertori dell'esercito regolare. La nota farsesca di tutta quella vicenda furono le settantasei medaglie al valor militare distribuite ai vincitori e la promozione sul campo a Pallavicini «per meriti speciali».

A Torino, Rattazzi cercava affannosamente di approfittare della chiusura del parlamento per parare la tempesta che si era scatenata. Non soltanto l'Italia, ma tutta Europa era in subbuglio per Garibaldi. A Parigi, a Londra, a Lipsia, a Stoccolma era un rincorrersi di dimostrazioni e di manifesti in suo favore. Rattazzi fece dire a Napoleone che il governo piemontese aveva tenuto parola dimostrando la sua volontà di ordine, ma che l'impresa dei volontari era «l'espressione di un bisogno più che mai imperioso: la Nazione intera reclama la sua Capitale». Sperava di ottenere dall'Imperatore qualcosa che gli permettesse di placare l'opinione pubblica e di affrontare la battaglia parlamentare che si annunziava rovente. Ma la replica dell'Imperatore fu negativa, e perfino sgarbata.

Alla fine di novembre si aprì il dibattito alla Camera. Rattazzi fu violentemente attaccato non solo dalla Sinistra, ma anche dalla Destra. Si difese con molta abilità, ma senza riuscire a dissipare l'impressione ch'egli si fosse cacciato in un giuoco più grosso di lui e ne fosse stato travolto. Sebbene alla ricostruzione dei fatti manchino ancora parecchi elementi, andati distrutti o seppelliti negli archivi di casa Savoia che Umberto II ha trasferito a Cascais, questa impressione rimane. Che in quella disgraziata impresa egli avesse qualche responsabilità, non c'è dubbio. Resta solo da stabilire quante ne aveva, e se le aveva assunte per eccessiva fiducia nelle proprie risorse di trescatore o per compiacere al Re, che certamente degl'incoraggiamenti a Garibaldi ne aveva dati, pronto ad appropriarsi i suoi successi o ad abbandonarlo in caso di fallimento. Era stato il giuoco di Cavour. Ma né Vittorio Emanuele né Rattazzi erano Cavour.

Bene o male, il Primo Ministro riuscì a scagionarsi. Ma comprendendo che da quell'avventura il governo usciva più discreditato e il Paese più diviso che mai, non si sentì di affrontare il voto di fiducia e preferì rassegnare le dimissioni. Basato sugli equivoci come il primo, anche il suo secondo ministero non era durato che pochi mesi.

Ma da quella tempesta, anche l'opposizione uscì sconquassata. Faticosamente ricucita con l'Emancipatrice, l'unità della Sinistra si era di nuovo rotta. Mazzini se ne andò con le sue società operaie; mentre un altro filone, sostituendo al suo verbo quello di Pisacane, infilò la strada del socialismo. E la saldatura fra queste due forze si farà, dopo decenni di travaglio, grazie a tutt'altro mastice ideologico.

CAPITOLO QUINTO

FIRENZE CAPITALE

A formare il nuovo governo il Re chiamò Farini, e non fu una scelta felice. Braccio destro di Cavour, ingegno brillante e gran galantuomo, Farini non aveva molto senso politico, e per di più era ormai ridotto da una incurabile malattia mentale all'ombra di se stesso. Ma fu scelto perché era uno dei pochissimi non piemontesi che, per essere tanto tempo vissuto in mezzo a loro, godeva la fiducia dei Piemontesi, e quindi poteva conciliare l'esigenze, sempre più contrastanti, degli uni e degli altri. La sua presenza doveva servire solo a gettare acqua sul fuoco di questi conflitti regionali, che già dividevano sia la Destra che la Sinistra, mentre il potere effettivo sarebbe rimasto nelle mani del bolognese Minghetti, Ministro delle Finanze, e del fiorentino Peruzzi, Ministro dell'Interno. Ma non durò che pochi mesi. Un giorno, a una riunione di gabinetto, Farini mise un coltello alla gola del Re minacciando di tagliargliela se non dichiarava seduta stante guerra alla Russia, e bisognò internarlo in una clinica dove morì poco dopo. Minghetti prese il suo posto e approfittò delle uniche dimissioni, quelle del ministro degli Esteri Pasolini, per affidarne il portafoglio a Visconti-Venosta. La scelta fece sensazione perché Visconti-Venosta non aveva che trentaquattro anni. Ma si rivelò indovinatissima.

Fra i tanti problemi che il nuovo gabinetto doveva affrontare, due primeggiavano per la loro gravità e urgenza: quello del brigantaggio meridionale, di cui diremo più tardi; e quello di Roma, reso vieppiù drammatico dal fattaccio di Aspromonte che divideva la pubblica opinione e ne inaspriva i contrasti.

Per tutto il '63, Minghetti e Visconti-Venosta cercarono invano, attraverso l'ambasciatore a Parigi, Nigra, di avviare trattative con Napoleone per indurlo a ritirare dall'Urbe il presidio francese. Non riuscendovi, pensarono di fomentare un'insurrezione dall'interno della città. E la stavano preparando sotto banco, quando l'imperatore cambiò, come spesso gli succedeva, improvvisamente idea. Nell'aprile del '64, di ritorno dalla Russia dov'era ambasciatore, andò a trovarlo Gioacchino Pepoli ch'era anche suo cugino, in quanto figlio di una figlia di Carolina Bonaparte Murat (questi legami di famiglia per Napoleone contavano). E più tardi costui raccontò che, messo il discorso sulla questione romana, gli era balenata in testa questa idea: la Francia avrebbe ritirato il suo presidio, l'Italia si sarebbe impegnata a rispettare lo Stato pontificio, e per dimostrare la serietà di questo impegno avrebbe trasferito la capitale da Torino a un'altra città. L'Imperatore – dice Pepoli – si era subito molto interessato al progetto, e così le trattative avevano preso avvìo.

In realtà le cose stavano altrimenti. Napoleone si trovava in una situazione difficile. Per l'atteggiamento di aperta simpatia assunto nei confronti dei rivoluzionari polacchi, aveva perso l'amicizia della Russia. L'Austria si mostrava diffidente. Il costoso tentativo d'istaurare in Messico una monarchia satellite era clamorosamente fallito, e all'interno del Paese il malcontento cresceva. In queste condizioni, egli non voleva alimentare anche i rancori dell'Italia, e perciò era pronto ad accettare qualunque soluzione della questione romana che gli permettesse di salvare la faccia di fronte al Papa e ai cattolici francesi.

Quanto alla proposta di cui Pepoli si attribuiva la paternità, molte cose lasciano credere che gli fosse stata suggerita da Visconti-Venosta, e comunque Nigra si affrettò a presentarla come «di fonte molto autorevole». Non mentiva perché effettivamente l'idea di trasferire la capitale erano in molti a sostenerla per «spiemontesizzare» l'Italia. La caldeggiava perfino un Piemontese fra i più illustri, Massimo D'Azeglio, che la capitale la voleva a Firenze per impedirle di andare a Roma.

Il negoziato di Parigi andò avanti speditamente. L'unica difficoltà furono i «tempi» dell'operazione. Napoleone voleva scinderla in due atti indipendenti. Prima, l'Italia avrebbe trasferito la capitale. Poi, la Francia avrebbe richiamato da Roma il suo presidio. Minghetti invece chiedeva che i due impegni fossero firmati contemporaneamente: un po' per impedire che l'Imperatore ricominciasse, come al solito, a tergiversare; un po' perché solo il ritiro del presidio poteva fare ingoiare al Re e ai suoi Torinesi il rospo del trasferimento. E alla fine la sua tesi prevalse. La Convenzione, che fu detta «di Settembre» dal mese in cui venne concordata, si componeva di cinque articoli e stabiliva: che l'Italia rinunziava a ogni atto di ostilità contro il territorio pontificio; che la Francia ne avrebbe ritirato le sue truppe via via che il governo del Papa le avesse rimpiazzate con volontari indigeni e stranieri, e comunque entro due anni; e che questo doppio impegno sarebbe entrato in vigore dal momento in cui il governo italiano avesse decretato il trasferimento della capitale da operarsi nello spazio di sei mesi.

Ora bisognava informarne il Re che di quest'ultima

clausola era stato tenuto all'oscuro. Per guadagnarsi l'assenso suo e la rassegnazione dei Piemontesi, Minghetti cercò l'appoggio di La Marmora offrendogli un Ministero, ma non ottenne che un rifiuto. Non restava dunque che affrontare Vittorio Emanuele, il quale andò sulle furie, ma meno di quanto Minghetti avesse temuto. Egli mandò a Parigi il generale Menabrea per convincere Napoleone a lasciare la capitale dov'era. Ma quando si rese conto che il trasferimento era la condizione dello sgombero delle truppe francesi, allargò le braccia e convocò una Commissione di militari per decidere quale fosse, dal punto di vista strategico, la città più qualificata all'alto onore. E tutti concordarono su Firenze, la più centrale e la meglio protetta dai suoi Appennini.

Appena la notizia trapelò, i Torinesi scesero per strada. Essi erano convinti che l'Italia non fosse che un ingrandimento del Piemonte, cui spettava il compito di governarla, cioè di «piemontesizzarla». I tumulti furono violenti e si conclusero con una trentina di morti e un centinaio di feriti. Il Re, che non aveva mai avuto in simpatia Minghetti, ne approfittò per intimargli le dimissioni e sostituirlo con La Marmora alla testa di un ministero zeppo di Piemontesi e privo di Toscani, che la stampa non aveva esitato a denunziare come i veri autori del «complotto». E tale era il risentimento contro di loro che il povero Peruzzi quando usciva per le strade di Torino, doveva indossare una maglia di ferro antipugnale.

Questa reazione era del tutto ingiustificata. Peruzzi più volte aveva detto ch'era impossibile governare l'Italia da Torino. Ma, anche se era fra i pochi che avevano saputo delle trattative di Parigi e le aveva approvate, non aveva fatto nulla perché la scelta cadesse su Firenze, anche perché sapeva che Firenze non gradiva affatto quel regalo.

«Una tazza di veleno» l'aveva definito Ricasoli. La prospettiva dell'alluvione che stava per abbattersi sulla città riempiva di gioia solo i proprietari di case e di aree fabbricabili, che videro di colpo salirne i prezzi alle stelle. Ma i ceti piccoli e medi erano sgomenti, e non soltanto per ragioni economiche. Visceralmente attaccata alla sua «Toscanina» granducale, Firenze era refrattaria ad ambizioni di megalopoli. «Temo forte che me la sciupino» scriveva allarmato Galeotti, e purtroppo fu buon profeta. Gli sventramenti che furono operati per alloggiare i ministeri e i nuovi quartieri che sorsero alla periferia per ospitare i venticinque o trentamila impiegati che calarono da Torino, lasciarono la città orrendamente sfregiata e carica di debiti.

Ma il trasferimento ebbe anche un'altra, e più sostanziale, conseguenza: la spaccatura dello schieramento politico. Come abbiamo detto, nel composito raggruppamento che formava «la Destra», si era già delineato un fronte tosco-emiliano, cui spesso facevano capo anche i Lombardi e qualche meridionale, ben deciso a infrenare lo strapotere dei Piemontesi. Costoro lo chiamarono spregiativamente «Consorteria» e gli opposero una «Associazione liberale permanente», tutta piemontese, anche se non tutti i Piemontesi vi parteciparono. Attribuito a un intrigo dei Consorti, il trasferimento acuì il contrasto rendendolo più forte della parentela ideologica. Ognuno dei due gruppi, per combattere l'altro, si rese disponibile a intese sotto banco con la Sinistra. Questa dal canto suo aveva subìto lo stesso processo di dilacerazione dopo la crisi di Aspromonte, quando l'ala garibaldina divorziò da quella mazziniana. E questo diede avvìo a un rimescolamento di carte in cui i connotati ideologici si persero.

Lo si vide nella campagna elettorale che il governo

bandì subito dopo il suo trasloco. Gli uomini della Permanente cercarono accordi con quelli della Sinistra garibaldina e perciò assunsero degli atteggiamenti talmente sfumati ed equivoci che l'elettorato ne fu disorientato. Su mezzo milione d'iscritti al voto, non ne andò alle urne che la metà, meno della volta precedente. La maggioranza rimase ai moderati, ma falcidiata di quasi un terzo. Le spese del calo lo fecero soprattutto i Consorti tosco-emiliani. Solo a fatica, e al secondo scrutinio, i due più prestigiosi capi del moderatismo fiorentino, Ricasoli e Peruzzi, mantennero i loro seggi. E questo confermava quanto poco Firenze avesse gradito la promozione al rango di capitale.

Un'altra conseguenza del trasferimento fu la spinta unificatrice. Fin allora la costruzione dello Stato unitario era proceduta con una certa cautela. Si era unificato il sistema doganale, abolendo le barriere fra Stato e Stato, ed estendendo a tutta l'Italia, per le merci d'importazione, la tariffa piemontese. Si era unificato il sistema monetario adottando quello piemontese, basato in prevalenza sulla moneta aurea invece che su quella d'argento come avveniva nelle altre regioni (la circolazione cartacea raggiungeva appena il quindici per cento, tanto scarsa era la fiducia nel biglietto di banca). Si era unificato il debito pubblico, iscrivendo nel Gran Libro tutti quelli lasciati in eredità dai sette Stati pre-unitari. Si era unificato una parte del sistema amministrativo estendendo a tutta l'Italia le leggi piemontesi sui poteri degli enti locali, che per il momento si riducevano a ben poca cosa. Per acquistare un po' d'autonomia comuni e province dovranno aspettare le riforme di Crispi. Ma restava da fare l'unificazione legislativa. I ministeri che avevano tentato di estendere a tutta l'Italia un codice unico, sia in materia penale che in materia civile e di procedura, erano caduti prima di poter condurre in porto l'impresa. A fare opposizione erano soprattutto i Toscani, i quali effettivamente godevano di una legislazione più liberale e avanzata, e non volevano rinunziarci.

Ma era appunto questo che ora imponeva di serrare i ritmi: la città che ospitava la capitale non poteva seguitare a godere di ordinamenti particolari senza contraddire alla sua funzione di guida. Prima ancora che il trasloco avvenisse, la Camera approvò un ordine del giorno che impegnava il governo a provvedere con urgenza «alla più pronta unificazione amministrativa e legislativa del Regno».

Il governo era allora quello di La Marmora, che tuttavia rimase in carica dopo le elezioni del '65 forse anche per assicurare la continuità dell'opera intrapresa. Per renderla più spedita, esso chiese e ottenne un'ampia delega che gli permise di varare un enorme blocco di provvedimenti, ognuno dei quali, se si fosse dovuto seguire la prassi, avrebbe richiesto anni di discussioni. La procedura non era molto intonata alla Costituzione, ma la Camera riconobbe ch'era imposta dall'urgenza dei problemi. La fretta di risolverli indusse il legislatore a esaltare il carattere centralistico dello Stato italiano che consentiva d'imporre regolamenti uniformi, e quindi di più semplice confezione, a un Paese estremamente differenziato. E questo fece sì che la legge entrasse in molti casi in contrasto col costume e lo sopraffacesse. Molte delle malformazioni e disfunzioni e contraddizioni che tuttora affliggono lo Stato italiano sono appunto il frutto di questo vizio d'origine. Ma non c'è dubbio che fu il lavoro di questi anni a dare, bello o brutto, un volto all'Italia e a farne una Nazione.

A battersi contro di essa in nome delle vecchie bandiere pre-unitarie restavano solo i briganti.

CAPITOLO SESTO

I BRIGANTI

Il 7 aprile del '61, un piccolo esercito di fuorilegge si era adunato nel bosco di Lagopesole in Lucania, e aveva acclamato a suo generalissimo Carmine Crocco Donatelli, alzando la bandiera dei Borbone e adottandone la coccarda rossa.

Nel Regno delle Due Sicilie e negli Stati pontifici, il fenomeno del brigantaggio non era nuovo, era anzi endemico. Lo provocavano la miseria, la mancanza di comunicazioni e la stessa struttura dei regimi polizieschi. Ma era un brigantaggio spicciolo, affidato all'iniziativa privata di pastori e contadini che, scontenti del loro stato, preferivano darsi alla macchia e al saccheggio. Molte cose contribuivano a fornire reclute alle loro bande: i soprusi dei signorotti, le angherie del fisco, i dinieghi di giustizia, e la coscrizione obbligatoria, fucina di disertori. Non erano che feroci mozzateste e taglieggiatori spietati. Eppure, la connivenza delle popolazioni non gliela procurava soltanto la paura che incutevano, ma anche la simpatia. Lo dimostra la trasfigurazione del brigante, secondo il mito popolare, nel paladino del povero, cavalleresco e generoso riparatore dei torti.

Il cafone era carico di repressi rancori, specie da quando le grandi speranze suscitate dalla liquidazione del feudalesimo erano andate deluse. Lo Stato aveva liberato il contadino da certe medievali soggezioni, ma non gli aveva dato di che nutrire questa conquista. Nemmeno la distribuzione delle terre ecclesiastiche e demaniali si era risolta a suo vantaggio. Ad approfittarne erano stati solo quei notabili di estrazione borghese, i cosiddetti «galantuomini» che, detenendo dovunque il potere, lo usarono con una spregiudicatezza e rapacità da far rimpiangere i vecchi baroni, coi quali del resto fecero subito lega nella difesa dei patrimoni e dei privilegi.

Questa situazione faceva sì che il contadino fosse meno ostile al Re e al suo governo da cui qualche aiuto, sia pure senza efficacia, gli era venuto, che a questa nuova classe padronale, di cui subiva direttamente le angherie. E lo si era visto nel '98 quando, sotto l'incalzare delle baionette francesi, i Borbone fuggirono a Palermo e a Napoli si formò la Repubblica giacobina, di cui quella classe fu, o avrebbe dovuto essere il puntello. Sbarcato in Calabria, il cardinale Ruffo non ebbe nessuna difficoltà a raccogliere sotto la sua bandiera legittimista le masse contadine di cui i briganti rappresentavano la punta avanzata. Ad animare la loro crociata «sanfedista» non era tanto la fedeltà al Re e la devozione alla Chiesa, che il Cardinale predicava e incarnava, quanto l'odio per gli «anticristi liberali» che avevano soppiantato il vecchio regime e di cui fecero indiscriminati massacri.

Questa fu la prima strumentalizzazione politica del brigantaggio. E da essa rimase condizionato tutto il movimento risorgimentale del Sud. La Carboneria non disdegnò gli accordi coi briganti, e qualche volta riuscì a procurarsene l'appoggio. Ma l'elemento moderato ne paventava la violenza eversiva, e appunto per questo era moderato. I galantuomini volevano l'Italia, ma la volevano nell'ordine e a patto che rispettasse le loro prerogative. Al fondo del loro patriottismo c'era anche l'aspirazione a uno Stato più efficiente di quello borbonico, che con polso più fermo li proteggesse da quegli scoppi di collera delle plebi affamate, di cui il brigantaggio non era che una rozza e brutale espressione. Ad allearsi con queste plebi e a sollecitarne la partecipazione al moto nazionale, non pensarono mai: e questa è l'accusa – fondatissima – che tanti anni dopo fu loro mossa da Gramsci. Perciò l'appello all'indipendenza non trovò mai nessuna eco nel proletariato agrario che rappresentava la stragrande maggioranza della popolazione. E perciò, come abbiamo già detto, i galantuomini abiurarono ben presto alla vocazione autonomista e si convertirono in massa all'unitarismo: non volevano trovarsi a tuppertù con campagne in rivolta, pattugliate dai briganti.

Molti di costoro, quando Garibaldi arrivò, accorsero sotto la sua bandiera: un po' perché, da quel che ne avevano sentito dire, lo consideravano pressappoco uno dei loro; un po' perché speravano di ottenere da lui il condono dei loro delitti, e magari anche l'assunzione in servizio regolare. Fra i più solleciti ci fu Carmine Crocco, un ex pastore di Rionero in Vulture che, condannato per diserzione a vent'anni di carcere, ne era evaso, si era dato alla macchia, e in poco tempo era diventato il più temuto e rispettato capobanda della Lucania non soltanto per il suo coraggio, ma anche per la sua intelligenza di guerrigliero.

All'origine della sua rivolta c'era un patetico episodio che ben illustra la condizione delle plebi meridionali. Un giorno, quando era bambino, il cane d'un signore era entrato nella sua catapecchia e aveva ammazzato un coniglio. Un suo fratello, per strapparglielo di bocca, gli assestò una bastonata che lo stese morto. Il signore se la riprese con la madre, e con tale violenza la malmenò da farla abortire e lasciarla per sempre inferma. Dopo poco il signore fu ferito da un'archibugiata. Il tribunale ne ritenne colpevole il marito della donna, e lo condannò ai lavori forzati. Solo dopo due anni e mezzo, un vecchietto del luogo che tutti ritenevano innocuo e pio, rivelò in punto di morte di essere stato lui l'autore del tentato omicidio. Carmine riebbe il padre, ma non più la madre, diventata pazza, e da allora nel suo animo non ci fu posto per altro anelito che quello della vendetta. Disertò per non servire lo Stato che nella sua mente di analfabeta si confondeva col signore. Dopo due anni di vita alla macchia punteggiata di rapine e omicidi, si schierò con Garibaldi, partecipò all'insurrezione di Potenza, e si mise al servizio del nuovo regime, convinto di ottenerne la grazia e di potervisi inserire. Invece della grazia, ebbe le manette e una nuova condanna. Ma per la seconda volta riuscì a evadere grazie all'aiuto di una famiglia di notabili da cui doveva uscire il più grande e illuminato studioso del Meridione: Giustino Fortunato. E riprese la sua avventurosa vita alla testa di una banda che ingrossava a vista d'occhio.

A procurargli reclute era la dissennata politica dei proconsoli piemontesi, che a Napoli avevano dato il cambio a Garibaldi, e che della situazione locale non capivano nulla, anche perché i galantuomini loro alleati non avevano nessun interesse a fargliela capire. Certo non si poteva improvvisare una riforma agraria che, ancorando i contadini alla terra, li sottraesse alla fame e alla tentazione del brigantaggio. Ma si potevano almeno trattenere in servizio i soldati dell'esercito borbonico che invece, dopo la battaglia del Volturno e la resa di Gaeta, furono congedati e gettati sul lastrico. Era una massa di quasi centomila uomini senza soldo né possibilità d'immediato reinserimento nella vita civile – se così possiamo chiamarla –, e quindi disponibili a qualsiasi avventura. Era fatale che si arruolassero nelle bande che già esistevano o che ne formassero di nuove. E altrettanto fatale era che da Roma, dove si era rifugiato, re Francesco tentasse di organizzarle per riconquistare il suo Reame con l'appoggio del governo papalino, sempre più ostile al processo unitario.

A Napoli, Ponza di San Martino aveva dato il cambio, come Luogotenente generale, a Farini. Ma né l'uno né l'altro si erano resi conto del pericolo che incombeva. Entrambi consideravano il brigantaggio come un fenomeno di delinquenza comune, reso più acuto dal disordine di quella fase di passaggio fra il vecchio e il nuovo regime, e della stessa opinione era Ricasoli a Torino. Convinti di poterlo combattere con misure di polizia, bandirono la coscrizione per rinforzare le guarnigioni piuttosto a corto di uomini perché il grosso dell'esercito era rientrato al Nord per presidiare i confini col Veneto austriaco. Ma fu un fiasco totale: dei settanta e più mila richiamati, se ne presentarono solo ventimila: il che voleva dire cinquantamila disertori alla macchia.

Le conseguenze si videro subito. Abbandonando i boschi e le montagne, dove sin allora si erano tenute acquattate, le bande investirono paesi e città. Una dopo l'altra, Venosa, Ripacandida e Ginestra caddero sotto i loro colpi, e le guarnigioni vennero massacrate. Ma la cosa più grave era che, alla comparsa dei briganti, il popolino insorgeva spesso facendo piazza pulita di autorità, polizia e galantuomini e accoglieva le bande da «liberatrici» con luminarie, feste e *Te Deum* perché il Clero era tutto schierato dalla loro parte. Anzi, a Pontelandolfo, furono proprio i preti che, approfittando di una processione, diedero il segnale della rivolta, e che a Casalduni guidarono la folla al linciaggio di cinquanta bersaglieri. Così si era giunti a quel famoso raduno di Lagopesole, cui le bande si presentarono come a una specie di giuramento di Pontida per coordinare la loro azione, come mai sin allora era avvenuto, ed eleggere il capo.

C'erano tutti: Nicola Somma detto Ninco-Nanco, Luigi Alonzi detto Chiavone, Gioseffi detto Caporal Teodoro, Guerra, Caruso, Malacarne, Sacchitiello, e quel Ciucciarello, di cui le donne di Andria, sua patria, seguitano a cantare un «lamento», dove si dice che, dopo morto ammazzato, risorse come Gesù Cristo, cui a quanto pare vagamente somigliava. Erano tutti uomini che si erano guadagnati i galloni di capibanda con prove di coraggio, di astuzia e di ferocia, non accettavano di sottomettersi a nessuno, e per questo non erano mai riusciti a mettersi d'accordo fra loro. A indurveli erano stati gli agenti borbonici, che recavano le promesse del Re, le benedizioni del Papa e gl'incoraggiamenti del comando francese, rappresentato da uno strano e misterioso avventuriero bretone, Langlois, di cui non si è mai riusciti a ricostruire i precedenti e la figura.

Fu in questo arengo che Crocco venne riconosciuto Generalissimo non solo per l'autorità che gli conferivano le sue gesta, ma anche perché, sebbene mezzo analfabeta, possedeva un'oratoria immaginosa e apocalittica. «Non si commuove ancora il cielo, non freme la terra, non straripa il mare al cospetto delle infamie commesse ogni giorno dall'iniquo usurpatore piemontese?» Tutti giurarono nelle mani dei cappellani che infoltivano i ranghi di quelle squadracce e sulle immagini dei Santi e delle Madonne di cui erano imbottiti, perché questi scannatori, che adibivano i teschi delle loro vittime a boccali, erano devotissimi alla Madonna. Oltre alle coccarde, furono distribuiti gradi e uniformi. Ma Chiavone rifiutò quella di Colonnello mandatagli da re Francesco perché i bottoni erano di rame: li voleva d'oro zecchino. Alla grande assise parteciparono anche le donne dei capi: Arcangela Cotugno, moglie di Chirichigno, detto Coppolone; Maria Lucia, compagna di Ninco-Nanco; la bellissima Michelina De Cesare, compagna di Guerra; Rosa Giuliani, che in seguito denunziò e fece fucilare il suo Chiavone, che l'aveva ripudiata per una levatrice di Melfi.

Qualche mese dopo giunse, con una dozzina di suoi compatrioti, un caperonzolo spagnolo, José Borjés, mezzo avventuriero, mezzo cavaliere dell'Ideale, che aveva militato sotto la bandiera di don Carlos, il campione dell'assolutismo, e diceva di essere stato investito da re Francesco del comando supremo. Ma Crocco si rifiutò di mettersi ai suoi ordini. Non era uomo da prenderne da nessuno, e tanto meno da uno straniero che non conosceva il Paese, ne parlava a malapena la lingua e pretendeva convertire quelle bande a un galateo cavalleresco e a una strategia da truppe regolari. Deluso dalla brutalità e indisciplina di quegli uomini, Borjés cercò scampo nello Stato pontificio. Ma a Tagliacozzo fu sorpreso da un reparto di bersaglieri e immediatamente fucilato coi suoi diciassette compagni.

Crocco non riuscì a tenere unite le bande, ma seguitò a esercitare su di esse una specie di alto patronato che gli permise di svolgere azioni da vera e propria guerra manovrata. A Ruvo del Monte accettò addirittura battaglia in campo aperto con un reggimento di fanteria e due squadroni di cavalleria, ne rintuzzò i tentativi di accerchiamento, e li costrinse a ritirarsi. I briganti festeggiarono la vittoria con un pantagruelico banchetto nel bosco di Monticchio, in cui vennero immolati mille polli e duecento pecore.

Finalmente a Torino si resero conto della gravità della situazione, e decisero di mandare a Napoli come Luogotenente Cialdini, che da buon militare non vide né poteva vedere le cause del brigantaggio; badò soltanto a reprimerlo, ma in questo compito spiegò la massima energia, e anche una notevole intelligenza. Rovesciando l'alleanza stabilita dai suoi predecessori col vecchio e infido elemento borbonico, attrasse dalla parte del governo quello democratico e garibaldino, che aveva per lo meno una certa esperienza di lotta contro il brigantaggio sanfedista, e col suo aiuto costituì una Guardia mobile che, formata di gente del posto, si rivelò particolarmente efficace.

Da quel momento cominciò una terribile guerra rusticana senza esclusione di colpi né da una parte né dall'altra. Alle atrocità dei banditi, le truppe regolari risposero con fucilazioni in massa, distruzioni d'interi paesi e incendi di foreste: gran parte della desolazione del Sud coi suoi disalberati calanchi è il frutto della caccia all'uomo che imperversò in quegli anni. Quando Ricasoli, indignato, cercò d'imporre misure più umane e il rispetto della legalità, Cialdini diede le dimissioni, e Ricasoli dovette rifiutarle. Da quel momento il Generale trattò il Sud come una colonia in rivolta. Intorno al confine con lo Stato pontificio, da cui sapeva che venivano armi, ordini e denaro, stese una vera e propria cintura. E trattò il Clero, ch'era il vero sobillatore della guerriglia, con pugno di ferro, senza riguardo nemmeno per i più alti porporati. Oltre al Cardinale di Napoli, Riario Sforza, furono ben settanta i Vescovi espulsi, fuggiti, o arrestati per collusione coi briganti.

Tuttavia, per portare avanti le operazioni, gli ci vollero centoventimila uomini, per molti dei quali quella tremenda repressione rappresentò un'atroce sorpresa e un drammatico caso di coscienza. «Io sono ributtato da questa guerra atroce e bassa,» scriveva Gaetano Negri, futuro sindaco di Milano «dove non si procede che per tradimenti e per intrighi, dove spogliamo il carattere di soldati per assumere quello di birri, e sospiro all'istante di abbandonare quest'atmosfera di delitti e di bassezze.»

Gli uomini di Cialdini infatti non combattevano soltanto con le armi, ma anche con la corruzione e i patteggiamenti sotto banco per dividere le bande e isolarne i capi. Crocco si rivelò guerrigliero di grandi risorse anche nel parare questi colpi e nel restituirli. Uno dopo l'altro, egli individuò tutti gl'informatori dell'esercito che militavano nelle sue fila; ma invece di ucciderli se ne servì per fargli dare notizie false. L'unico che riuscì a batterlo fu quel colonnello Pallavicini che, dopo essersi malamente guadagnato i gradi di Generale con la cattura di Garibaldi ad Aspromonte, dimostrò tuttavia di meritarseli non solo per la decisione ma anche per l'abilità con cui condusse la caccia all'irriducibile bandito. Egli non esitò ad accordarsi con Caruso, ch'era caduto vivo nelle sue mani e che odiava Crocco, lo trasse dal carcere, e ne fece il proprio consulente, nonostante le efferatezze di cui si era macchiato. Caruso gli rivelò il nome degl'informatori e manutengoli di Crocco, e gl'insegnò i rifugi che gli servivano di base nei boschi di Monticchio e di Lagopesole.

Seguendo questi fili, la caccia all'indomito guerrigliero si fece così serrata e pressante che questi nel '64 sbandò i suoi uomini e si rifugiò nello Stato pontificio. Era sicuro di essere accolto come un eroe da re Francesco che, insieme al grado di Generale, gli aveva mandato tanti affettuosi messaggi. Lo accolse invece la polizia, che lo gettò in prigione e nel '70 lo consegnò alle autorità italiane, che lo condannarono all'ergastolo. Qui Crocco si trasformò da uomo di spada in uomo di penna, e scrisse un libro di memorie, viziato dall'enfasi e dalle reticenze, ma non privo di spunti descrittivamente efficaci sulla vita dei briganti, e abbastanza sincero. Robusto com'era e rotto a tutto, resse bene alle privazioni del carcere, e morì vecchio. Il capitano Massa, che lo vide dopo vent'anni di lavori forzati, scrisse: «Ha gli occhi castagni, i capelli leggermente brizzolati, il naso greco, la bocca, il mento, il viso regolari, la fronte ampia, solcata da poche rughe. Calmo, sereno, ilare, ubbidiente e docile con tutti, rispettosissimo verso le guardie carcerarie, riconoscente verso chi può fargli un po' di bene». Il suo libro finiva con queste parole: «Io non ho mai potuto comprendere come sia composto il consorzio sociale. So che il disonesto nessuno lo può vedere, ma la legge non lo colpisce, e poi chiama scellerato colui che lo assassina, e non si vuole affatto comprendere come non tutti gli uomini siano degni di vivere».

Il suo ritiro dalla lotta aveva segnato la fine di quell'atroce guerra. Uno dopo l'altro, i capibanda caddero, quasi tutti con l'arma in pugno. Ninco-Nanco, catturato vivo, fu ucciso da uno dei suoi mentre lo trascinavano via, perché non parlasse. Neanche per le loro compagne ci fu clemenza: finirono quasi tutte fucilate ed esposte nude sulla pubblica piazza.

Quanti uomini fosse costata quella guerra, non si è mai saputo con precisione. Alla commissione d'inchiesta, La Marmora dichiarò: «Dal mese di maggio del '61 al febbraio del '63, abbiamo ucciso o fucilato 7151 briganti», ma che tutti lo fossero c'è da dubitare. Le perdite dell'esercito non sono mai state accertate, ma pare che superassero quelle di tutte le campagne contro l'Austria. Era logico che l'opinione pubblica ne restasse traumatizzata, e il suo stato d'animo lo riassunse D'Azeglio in una lettera a Matteucci:

> La questione del tenere Napoli o non tenerla mi pare che dovrebbe dipendere più di tutti dai Napoletani, salvo che vogliamo, per comodo di circostanze, cambiare quei princìpi che abbiamo sin qui proclamati. A Napoli abbiamo cacciato un sovrano per stabilire un governo sul consenso universale. Ma ci vogliono, e pare che non bastino, sessanta battaglioni per tenere il Regno, ed è notorio che, briganti o non briganti, non tutti ne vogliono sapere. Mi diranno: e il suffragio universale? Io non so niente di suffragio, ma so che di qua dal Tronto non ci vogliono sessanta battaglioni, e di là sì. Dunque dev'esser corso qualche errore. Dunque, o cambiar principio o cambiar atti, e trovar modo di sapere dai Napoletani una buona volta se ci vogliono, *sì* o *no*. Perché a chi volesse chiamar Tedeschi in Italia, credo che gl'Italiani che non li vogliono hanno diritto di fare la guerra. Ma a Italiani che, rimanendo Italiani, non volessero unirsi a noi, non abbiamo diritto di dare archibusate.

Non era la prima volta che D'Azeglio prendeva una posizione antiunitaria. Lo aveva già fatto anche pubblicando un opuscolo contro il trasferimento della capitale a Roma. Comunque, dava voce a un sentimento assai diffuso, e non soltanto in Italia. Non si sa come, la sua lettera a Matteucci capitò nella redazione di un giornale francese che la pubblicò con molto rilievo perché portava acqua al mulino di Napoleone, il quale manteneva nei confronti dell'unità italiana un atteggiamento di netta sfiducia considerandola troppo affrettata e senza basi. Ora questa sfiducia, grazie all'insurrezione brigantesca, dilagava in tutta Europa, rendendo ancora più difficile la vita al governo di Torino. Sia Ricasoli che Rattazzi dovettero impegnarsi a fondo per sdrammatizzare e sminuire i resoconti di quella guerriglia apparsi sui giornali del continente. Ma ancora di più dovettero impegnarsi per fronteggiare le tempeste che quelle notizie provocavano in parlamento da parte della Sinistra, la quale naturalmente non si contentava della semplicistica spiegazione che i moderati seguitavano a dare del brigantaggio, come di un semplice fenomeno di delinquenza comune.

Fu grazie a questa polemica che venne decisa la nomina di una commissione d'inchiesta, che passò alla storia col nome del suo più attivo partecipante: Massari. Sebbene anche lui moderato, Massari spinse lo scandaglio abbastanza a fondo, denunziò coraggiosamente gli errori ch'erano stati compiuti, e disse quello che non si era fatto, o che si era fatto all'incontrario, e quello che restava da fare. Di tutto questo però non fu data alla Camera che una relazione sommaria, e alla stampa soltanto alcuni estratti, debitamente purgati delle accuse più gravi. Solo in tempi recenti il documento è stato pubblicato per intero.

Anche Massari tuttavia caldeggiò, come misura d'emergenza, un inasprimento della repressione che un deputato abruzzese, Pica, tradusse in legge. Questa proclamava tutto il Sud, salvo poche province, «in stato di brigantaggio», e per i reati che rientravano sotto questa voce trasferiva la competenza dai tribunali ordinari a quelli militari. Per quanto arbitraria, questa legge si rivelò tuttavia efficace. Alla fine del '65 il brigantaggio era effettivamente debellato. Purtroppo non ne furono debellate le cause e le conseguenze. Qualche decennio dopo, Nitti scriveva che per il cafone non c'era alternativa: «o emigrante, o brigante». Ma spesso diventava insieme l'una cosa e l'altra: il gangsterismo italo-americano lo dimostra.

CAPITOLO SETTIMO

GUERRA ALL'ITALIANA

Nel luglio del '65, l'ambasciatore prussiano a Firenze chiese a La Marmora che atteggiamento avrebbe tenuto l'Italia nel caso di una guerra fra il suo Paese e l'Austria.

Le due potenze stavano per concludere un'alleanza ai danni della Danimarca, cui infatti di lì a poco tolsero due Ducati per spartirseli tra loro. Ma ciò che le divideva era molto più sostanziale di ciò che le aveva momentaneamente unite. Si trattava di stabilire quale delle due avrebbe unificato la Germania facendone una Nazione. Analogamente a quella ch'era l'Italia prima del '61, la Germania era un coacervo di staterelli, che solo sulla carta erano uniti da un vincolo confederale. L'Imperatore d'Austria, che esercitava su di essi una specie di alto patronato, non solo non aveva fatto nulla per rafforzare questo legame, ma anzi aveva fatto e faceva di tutto per allentarlo in base alla vecchia regola del *divide et impera*. Ma ciò non era bastato a impedire che la Prussia, sottraendosi al suo vassallaggio, diventasse un Regno indipendente e, con l'affermarsi in tutta Europa del principio di nazionalità, finisse col rappresentare, agli occhi dei patrioti tedeschi, ciò che il Piemonte aveva rappresentato agli occhi dei patrioti italiani: la forza unificatrice.

Questa forza, molto superiore a quella piemontese, era stata tenuta in freno dagli stessi Re Hohenzollern che, pur considerando la Germania, come i Savoia avevano considerato l'Italia, «un carciofo da mangiare foglia a foglia» a spese dell'Austria, contro questa esitavano a prendere posizione risoluta per congenialità di regime. Anch'essi infatti erano assolutisti e quindi restii all'indebolimento di un Impero che dell'assolutismo restava il grande campione. Ma ora avevano trovato un Cancelliere, o Primo Ministro, il principe di Bismarck che, come Cavour, non condivideva queste esitazioni e non seguiva altri voleri che i suoi. Egli comprendeva che ormai la partita con l'Austria andava risolta sul campo di battaglia e perciò aveva fatto quel sondaggio.

La Marmora rispose che prima doveva interpellare la Francia, e intanto iniziò segreti negoziati con Vienna proponendole la pacifica cessione del Veneto per un miliardo di lire. Fu l'Imperatore che fece fallire la trattativa già bene avviata. E naturalmente la sua intransigenza spinse l'Italia nelle braccia della Prussia. Alla fine dell'anno fu concluso tra i due Paesi un trattato di commercio, e nel febbraio successivo Bismarck invitò La Marmora a mandare un Generale di sua fiducia a Berlino per studiare le modalità di un'alleanza militare.

La Marmora aderì perché lo stesso Napoleone ve lo spinse. Sempre attratto dalle avventure, l'inquieto Imperatore voleva tenere a battesimo anche quella, sebbene non sia chiaro quali vantaggi sperasse di ricavarne: forse qualche ingrandimento territoriale per la Francia in Belgio o in Renania, forse il rafforzamento del suo patronato sull'Italia. È certo comunque ch'egli non sospettò di dare, con quella guerra, il «via» alla propria rovina.

Il Generale italiano prescelto per quella missione, Govone, arrivò a Berlino dopo che vi si era tenuto un consiglio di guerra in cui il generalissimo von Moltke aveva dichiarato che la condizione per battere l'Austria era che questa fosse costretta a tenere parte delle sue truppe dislocate in Italia. Ma Govone e i suoi consiglieri diplomatici non seppero molto approfittarne. Essi redassero un accordo con cui l'Italia s'impegnava a dichiarare guerra all'Austria appena la Prussia l'avesse iniziata, purché questo avvenisse entro tre mesi dalla firma del trattato, mentre la Prussia non s'impegnava a fare altrettanto se fosse stata l'Austria ad attaccare l'Italia. Il compenso sarebbe stato il Veneto, ma non il Trentino, che Bismarck promise solo nel caso che gl'Italiani riuscissero a conquistarlo. Nessun accordo fu preso sulla condotta delle operazioni, ma questo avvenne per rifiuto non di von Moltke, ma di La Marmora che, come poi si vide, aveva in animo di fare una guerra all'italiana, cioè a mezzo.

Quando si rese conto del pericolo, l'Austria cercò di stornarlo facendo sua la proposta, che poco prima aveva rifiutato, di cedere il Veneto per via amichevole. La Marmora si trovò a una scelta difficile: o contravvenire all'impegno contratto con la Prussia, o combattere una guerra inutile. Napoleone, per uno dei suoi soliti rovesciamenti d'idee (o di umori?) si era ora riavvicinato all'Austria, con cui si era impegnato a dissuadere l'Italia dall'intervento, o per lo meno da un intervento efficace. «Sarebbe utile che l'Italia non facesse la guerra con troppo vigore» aveva detto all'ambasciatore Nigra.

Fu questa ambiguità di fondo a condizionare tutta la condotta italiana. Forse per prevenire un nostro voltafaccia, il 12 giugno la Prussia ruppe le relazioni diplomatiche con l'Austria e quattro giorni dopo invadeva gli Stati suoi vassalli. L'Italia tardò quattro giorni a consegnare la dichiarazione di guerra all'arciduca Alberto d'Asburgo, comandante delle forze austriache nel Veneto, e non iniziò le ostilità che il 23.

Il piano di operazioni era stato redatto all'ultimo momento, e anch'esso risentiva di tutti gli equivoci fra i quali la situazione si era maturata. Il comando supremo fu assunto dal Re, ma al suo fianco fu chiamato come capo di Stato Maggiore La Marmora, che passò la mano come Presidente del Consiglio a Ricasoli. Ma delle venti divisioni che formavano l'esercito regolare, solo dodici erano a sua disposizione perché le altre otto furono poste agli ordini di Cialdini, che da La Marmora si rifiutava di riceverne. A queste forze andava aggiunto un corpo di volontari, naturalmente raccolto sotto la bandiera di Garibaldi, come al solito mobilitato per legare all'impresa le forze di sinistra e nello stesso tempo mantenerle in un ruolo subalterno. Garibaldi aveva chiesto l'assegnazione di alcuni ufficiali di sua fiducia, nonché di alcuni reparti regolari e di qualche pezzo di artiglieria. Ma le sue domande erano state eluse: i suoi trentottomila volontari erano in gran parte senza divisa e armati solo di vecchi archibugi a pietra focaia. «Per controllare ventimila garibaldini, occorrono quarantamila regolari» diceva La Marmora. E per tenerli lontani dal principale teatro di operazioni, gli assegnò come obiettivo il Trentino.

In tutto, erano comunque duecentosessantamila uomini quelli che si preparavano ad affrontare i centonovantamila Austriaci dell'arciduca Alberto, una buona metà dei quali immobilizzati nei presidi veneti, dalmati e istriani per prevenirvi sbarchi o insurrezioni. Il 17 giugno La Marmora, che con le sue dodici divisioni si era schierato sul Mincio, s'incontrò a Bologna con Cialdini che con le sue otto si era schierato sul Po. Quali accordi presero non si è mai saputo, ma a giudicare dai successivi avvenimenti si direbbe che non ne presero nessuno perché ognuno di

GERMANIA E ITALIA DOPO LA GUERRA AUSTRO-PRUSSIANA
Aree interessate
Luoghi delle battaglie
Mare del Nord
Mar Baltico
Amburgo
Berlino
PAESI BASSI
CONFEDERAZIONE TEDESCA DEL NORD
IMPERO RUSSO
Lipsia
BELGIO
Colonia
Sadowa
CONFEDERAZIONE TEDESCA DEL SUD
Vienna
FRANCIA
Monaco
IMPERO D'AUSTRIA
SVIZZERA
Trento
Milano
Bezzecca
Trieste
Torino
Custoza
Venezia
REGNO D'ITALIA
Genova
IMPERO OTTOMANO
Firenze
Lissa

essi agì come se spettasse a lui l'azione risolutiva e all'altro quella d'appoggio.

Il 23 La Marmora prese l'iniziativa e mise due divisioni a guardia di Peschiera e quattro a guardia di Mantova, convinto che il grosso austriaco si trovasse asserragliato in queste due cittadelle del Quadrilatero. Fu quindi solo con una metà dei suoi effettivi che l'indomani si trovò alle prese col nemico, che si era invece concentrato sulle posizioni di Custoza. Non si è mai potuto ricostruire l'andamento della battaglia, perché questa si risolse in una serie di scontri fra reparti isolati e privi di collegamento tra loro, il che rese impossibile qualsiasi azione di comando. Il Re, che voleva attaccare dalla parte di Villafranca, non poté farlo perché non aveva truppe e non riuscì a mettersi in contatto con La Marmora. I pochi uomini di cui disponeva bastarono solo a far quadrato attorno al principe ereditario Umberto, che in quell'emergenza diede prova di freddo coraggio anche se non compì quei prodigi di eroismo che poi gli vennero accreditati e gli valsero una nomea di guerriero sproporzionata ai suoi meriti.

Come perdite, gli Austriaci ne ebbero il doppio degl'Italiani: milleduecento morti. Ma rimasero sul campo, mentre gl'Italiani se ne ritiravano ripassando in disordine il Mincio. La Marmora credette di aver perso la battaglia mentre aveva perso soltanto la testa, e ne diede annuncio con telegrammi catastrofici che fecero credere a Vienna di averla vinta. Voleva addirittura ritirarsi fin sull'Adda, e occorse tutta l'energia di Govone per indurlo a fermarsi sull'Oglio. Cialdini non si era mosso, anzi aveva fatto ripiegare su Modena le sue intatte divisioni. Invece di passare al contrattacco, i due Generali iniziarono fra loro una guerra di rapporti e memoriali in cui ognuno dava all'altro la colpa della sconfitta esagerandone la portata.

L'unico che aveva riportato successi era stato Garibaldi. La sua orda male armata e poco addestrata aveva dovuto vedersela con la migliore truppa alpina dell'Austria, i *Kaiserjaeger* del generale Kühn. Eppure, con aspri attacchi all'arma bianca, era riuscita a strapparle alcune importanti posizioni come Monte Suello e il ponte sul Caffaro, e stava per sboccare sulla strada di Trento, quando Garibaldi ricevette il telegramma di La Marmora che annunziava la «irreparabile disfatta».

Le cose erano a questo punto quando von Moltke agganciò a Sadowa le forze austriache e le annientò in una memorabile battaglia manovrata. L'Austria chiese la mediazione di Napoleone e ordinò all'arciduca Alberto di ritirarsi verso l'Isonzo per parare la minaccia prussiana.

Il Re riunì a Ferrara un consiglio di guerra in cui fu deciso di affidare a Cialdini il grosso dell'esercito – quattordici divisioni – per gettarsi all'inseguimento del nemico in cerca di un successo che rialzasse il prestigio della nostra bandiera, mentre la flotta avrebbe tentato la rivincita sul mare.

La flotta era concentrata ad Ancona agli ordini dell'ammiraglio Persano, e fino a quel momento non si era mossa, nonostante la sua netta superiorità. Essa disponeva di dodici corazzate contro le sette austriache, ma era insidiata dallo stesso male dell'Esercito: le rivalità e i contrasti dei comandanti. Nata nel '60 dall'incorporazione della Marina napoletana in quella piemontese, che pressappoco come forze si equivalevano, non era riuscita a fonderle, né Persano era uomo da potervi rimediare col suo prestigio e autorità. Più che a reali meriti, la sua carriera era dovuta alle convenienze politiche. Nel '60, per controbilanciare le clamorose imprese di Garibaldi nelle Due Sicilie, Cavour aveva esaltato le operazioni di blocco navale dirette ad Ancona e Gaeta da Persano che, ambizioso com'era, non aveva mancato di approfittarne, e si era fatto promuovere Ammiraglio dal governo Rattazzi, quando questo era già dimissionario. Come Ministro della Marina, prove di capacità ne aveva date. Era stato lui a dotare la flotta di moderne navi in ferro e a istituire l'Accademia navale di Livorno, rimasta ancora oggi la più seria scuola militare italiana. Ma a creargli antipatie, oltre alla fama di arrivista intrigante, contribuivano i suoi difetti di carattere. Aspro coi sottoposti, arrendevole fino al servilismo coi superiori, Persano mascherava sotto un piglio autoritario una fondamentale irresolutezza, di cui tutti si erano accorti.

Doveva essersene accorto anche il suo avversario Tegetthoff che, nonostante la propria inferiorità di forze, alla fine di giugno si presentò davanti ad Ancona per provocarlo. Persano non si mosse nonostante gl'incitamenti del Ministro della Marina, Depretis, e la pubblica opinione, già profondamente scossa dalle notizie di Custoza, ne fu indignata.

Dopo il consiglio di guerra di Ferrara, Depretis andò di persona ad Ancona per spingere l'Ammiraglio a prendere l'iniziativa. A malincuore e senza punta convinzione, Persano si risolse finalmente a un attacco contro l'isolotto di Lissa, avamposto austriaco davanti alla costa dalmata. Sembra che questa azione avesse per scopo di adescare Tegetthoff fuori della sua base di Pola per dargli battaglia in mare aperto. Ma una volta davanti all'isola Persano dovette cambiare idea perché cominciò a bombardarla furiosamente dando avvio anche a qualche tentativo di sbarco. Il tentativo fallì e le postazioni austriache fecero alle nostre navi più danni di quanti ne subissero. Ma il 20 luglio Tegetthoff venne ugualmente in loro soccorso.

L'Ammiraglio austriaco, che non aveva ancora quarant'anni, era l'antitesi umana di Persano. Assolutamente digiuno di politica, aveva trascorso tutta la sua vita sul mare e tra i marinai, sui quali esercitava un indiscusso prestigio sebbene fossero quasi tutti italiani del Veneto, d'Istria e della Dalmazia. Fu nel loro dialetto che impartì gli ordini dalla sua Ammiraglia.

Come La Mamora a Custoza, Persano si fece sorprendere senza poter disporre delle squadre di Albini e di Vacca, coi quali aveva perso contatto o che (non si è mai saputo con precisione) finsero di averlo perso per sottrarsi ai suoi ordini: il che gli tolse il vantaggio della superiorità numerica. In un'ora di combattimento l'Ammiraglia austriaca speronò e affondò quella italiana, la *Re d'Italia*, che Persano aveva poco prima abbandonato per trasferirsi su un'altra corazzata, e la *Palestro* s'inabissò per l'esplosione della santabarbara. Non erano perdite decisive. La nostra flotta conservava un buon margine di superiorità e un'azione di comando risoluta ed efficiente avrebbe potuto condurla alla rivincita. Ma Persano, come La Marmora, si credette sconfitto perché già lo era prima di cominciare e perché aveva perso ogni fiducia nei suoi subalterni che in lui non ne avevano mai avuta. E si ritirò in pessimo ordine, lasciando Tegetthoff padrone del campo. Anche stavolta Vienna seppe della propria vittoria dai comunicati italiani che parlavano di disfatta. Nel suo rapporto, l'Ammiraglio austriaco di vittoria non parlò. Solo nell'ordine del giorno agli equipaggi disse che «uomini di ferro su navi di legno avevano avuto ragione di uomini di legno su navi di ferro».

Cialdini, cui era stato affidato il compito di rimediare a tante mortificazioni con qualche successo sia pure soltanto di figura sul nemico in ritirata, non c'era riuscito perché sull'Isonzo aveva dovuto fermarsi: i Prussiani avevano già concluso con gli Austriaci una tregua che metteva l'Italia alla scelta: o accodarvisi, o continuare la guerra da sola. Garibaldi era l'unico che seguitava a onorare la bandiera. Ferito a una coscia e costretto a seguire le operazioni in carrozza, il 21 luglio batté Kühn in un duro e difficile scontro a Bezzecca, e già aveva spinto le sue avanguardie fino a dieci chilometri da Trento, quando fu fermato da un telegramma di La Marmora, lo spregiatore dei volontari, che gl'ingiungeva di ritirarsi. «Ho visto» scrisse la giornalista inglese Jessie White «rompere spade, spezzare baionette, molti gettarsi a terra e ravvoltarsi nelle zolle ancora inzuppate del sangue dei fratelli.» Forse, a furia di bazzicare gl'Italiani, la White ne aveva un po' contratto il vizio retorico. Ma lo stato d'animo doveva essere pressappoco quello. Dicono che Garibaldi lo condivideva e che prima di rispondere col famoso: «Obbedisco», ebbe la tentazione di disobbedire. Ma non aveva scelta.

La pace, firmata a Vienna il 3 ottobre, ribadiva la mortificante clausola della consegna del Veneto, amputato del Trentino, a Napoleone perché a sua volta lo cedesse all'Italia: un'umiliazione che concludeva e compendiava quelle già subite sul campo di battaglia grazie a una condotta politica ambigua e a un'azione di comandi pavidi e inefficienti. Col solito plebiscito il Veneto diede circa seicentocinquantamila «sì» all'unione con l'Italia e solo sessanta «no». Insieme all'omaggio dei nuovi sudditi, Vittorio Emanuele ricevette la corona ferrea degli antichi Re longobardi, che l'imperatore Francesco Giuseppe aveva fatto portare da Milano a Vienna e ora restituiva. L'Italia si era arricchita di una ricca e popolosa provincia, aveva fatto un altro importante passo sulla via della completa unità nazionale, e aveva eliminato l'ultima minaccia austriaca alla sua indipendenza: il Quadrilatero.

Ma nonostante questi sostanziosi risultati, il Paese usciva dalla prova demoralizzato e travagliato da una profonda crisi di sfiducia nella classe dirigente e in se stesso. Come sempre capita in queste occasioni, cercò di liberarsene addossando tutte le colpe a un capro espiatorio, che fu Persano, come nel '49 era stato Ramorino. Come Senatore, egli non poteva essere giudicato che dal Senato costituito in Alta Corte di Giustizia. Questa respinse l'accusa di codardìa, ma riconobbe l'imputato colpevole di negligenza e imperizia e lo condannò alla degradazione.

Ma la pubblica opinione non stette al giuoco, e della sua insoddisfazione e amarezza si rese interprete Cattaneo in una lettera a Musio: «Il Senato *non può* esigere il rendiconto di Lissa senza esigere il rendiconto di Custoza... A Lissa non si vede come a Custoza il proposito sofistico di vincere senza vincere, non si vede l'umile accordo con lo straniero imperioso, il vile accordo col burbero nemico, non si vede il traffico dell'onore col guadagno, la guerra finta e pur sanguinosa che pone per sempre nel cuore del soldato non la fiducia della vittoria, ma il ghiaccio del sospetto. È per queste arti indegne che l'Italia aveva perduto a memoria nostra l'onore delle armi».

CAPITOLO OTTAVO

MENTANA

«Mi domando mille volte se sono io che ho fatto la jettatura su questa povera Italia» scriveva Ricasoli a suo fratello subito dopo Lissa. Questo grande Italiano era così poco italiano da avanzare questo dubbio persino per iscritto.

Dopo la prima disgraziata esperienza di governo, aveva manifestato l'intenzione non solo di ritirarsi dalla politica, ma addirittura di emigrare in America. Aveva rinunziato a quei propositi un po' per orgoglio, un po' perché nella sua vita era entrato un elemento nuovo. L'inflessibile puritano aveva pagato finalmente pedaggio alla più umana di tutte le debolezze, l'amore; e come tutti i puritani, ne era rimasto sconvolto. Fra i tanti Inglesi che bazzicavano Firenze, c'era una giovane Florence Hamilton cattolica e moglie divorziata dello scrittore Macknight. La storia della sua relazione con Ricasoli è documentata nelle lettere conservate nell'archivio di Brolio. Florence aveva ambizioni di cantante lirica, e sperava di essere lanciata nei teatri italiani con l'aiuto di Bettino. Non essendoci riuscita perché Bettino non poteva sostituirsi alle sue corde vocali, si avvalse di lui per assumere una parte d'ispiratrice della politica italiana. Tornò a Londra per pubblicarvi un libro sull'Italia ispirato da lui (facendolo con uno stratagemma tradurre dal suo ex marito, senza che questi sapesse chi ne era l'autore), e scandalizzò l'ambasciatore D'Azeglio – nipote di Massimo – presentandoglisi come la fidanzata del Barone. Tornata in Italia, si fece affidare da Ricasoli una missione segreta presso il Vaticano vantando alte relazioni nella Curia, dove non ottenne altro risultato che quello di fornire ai nemici di Ricasoli, che nella Curia erano tanti, un argomento per combatterlo anche sul piano della vita privata. Il Papa scrisse al Re di guardarsi da certi collaboratori immorali e viziosi. Ma questa lettera, invece d'indignarlo, riempì il Re di tenerezza per il suo ex Ministro. Ora ch'era diventato peccatore anche lui, non ne provava più soggezione: «Caro Barone, vi ricordo in ogni momento e circostanza» gli scriveva.

La riconciliazione fra i due uomini fu suggellata nel '63 quando Vittorio Emanuele, capitato a Firenze per una rivista, andò a Brolio a visitare Ricasoli, che l'accolse da castellano medievale. «Non c'è che dire, è un gran galantuomo» disse il Re a Menabrea. Altra cosa che lo commosse fu il fatto che Ricasoli fu tra quelli che più si opposero al trasferimento della capitale a Firenze, e non smise mai di deprecarla. Gli sventramenti e le demolizioni cui si dovette procedere furono per Ricasoli una tortura. Fu in questo periodo che la sorte gl'inferse il colpo più grave portandogli via l'unica adorata figlia Bettina. Forse, oltre che per senso di responsabilità, fu anche per trovare uno scampo al suo dolore di padre che accettò l'invito del Re a sostituire come Presidente del Consiglio La Marmora, richiamato al campo dalle sue mansioni di Capo di Stato Maggiore per la campagna del '66.

Egli visse quella sfortunata guerra come un dramma personale. Ferito da Custoza, il suo orgoglio d'Italiano non resse all'annunzio che il Veneto sarebbe stato dato all'Italia non dall'Austria, ma da Napoleone, come un'elemosina. «C'è qualcosa di più prezioso della Venezia, ed è l'onore dell'Italia, del Re, della Monarchia» telegrafò a Nigra, ambasciatore a Parigi. Siccome Napoleone minacciava, in caso di rifiuto, di allearsi con l'Austria, rispose alla Pier Capponi: «Convochi pure il suo parlamento, noi convocheremo il nostro». Disse Minghetti: «Ricasoli è sempre al di sopra della sua posizione, o al di sotto». Purtroppo, ne era sempre al di sopra, che in politica è più pericoloso che starne al di sotto.

Fu Ricasoli che incitò Garibaldi, sulla testa dei comandi militari, a gettarsi sul Trentino, e spedì Depretis ad Ancona per forzare l'irresoluto Persano all'azione. Così la disfatta di Lissa fu un po' anche la sua, e per questo non seppe mai perdonarla all'Ammiraglio. Si prese una parziale rivincita col trionfale successo del plebiscito nel Veneto, cui volle partecipare in incognito, mescolato al popolino della Serenissima. Ma questo non bastò a metterlo al riparo dall'ondata di sfiducia che investiva la Nazione.

La collera popolare scoppiò a Palermo, dove un Comitato insurrezionale cercò di comporre i contrastanti motivi che alimentavano la protesta: quello sanfedista dei clerico-borbonici, quello autonomista, e quello democratico repubblicano. Ma era impossibile fondere in uno tre gridi così diversi come quelli di: «Viva Francesco II!», «Viva Santa Rosalia!» e «Viva la Repubblica!». Dapprincipio padroni del campo anche perché la guerra aveva risucchiato al Nord le truppe di stanza nell'isola, probabilmente i ribelli avrebbero finito per scannarsi tra loro. Il generale Cadorna, spedito in tutta fretta con cospicui rinforzi, non gliene diede il tempo. La repressione fu spietata, e il biasimo ricadde su Ricasoli, che dovette fronteggiare anche quella tempesta. Ma subito dopo se ne scatenò un'altra, che mise ancora più in risalto la sua sprovvedutezza di manovratore.

Alla Camera venne in discussione la liquidazione del patrimonio ecclesiastico. Una legge dell'anno precedente aveva tolto il riconoscimento giuridico a quasi duemila ordini, congregazioni e corporazioni religiose, assegnando i loro beni al demanio di Stato, che avrebbe corrisposto al Fondo per il culto il cinque per cento della rendita. Ora si trattava di stabilire la destinazione di questo patrimonio. E Ricasoli pensò di prendere il caso a pretesto per ridiscutere con la Chiesa tutto il problema dei suoi rapporti con lo Stato. Poteva essere, diceva, la grande occasione di risolvere la questione di Roma d'accordo col Papa.

Il progetto di legge ch'egli fece preparare dal ministro della Giustizia Borgatti e da quello delle Finanze Scialoja ribadiva il principio cavouriano di «libera Chiesa in libero Stato», ma impegnava lo Stato a larghe concessioni economiche per invogliare la Chiesa alla definitiva rinunzia al potere temporale. Questa pessima combinazione di rigidità e di arrendevolezza denotava l'insensibilità di Ricasoli agli umori del Paese e del parlamento. La Destra clericale ci vide la riaffermazione del principio separatista, che aveva sempre rifiutato. La Sinistra ci vide una legittimazione di privilegi, che si poteva accettare solo come contropartita della rinunzia, da parte della Chiesa, a Roma.

Convinto di avere per sé tutta la pubblica opinione, Ricasoli rimase sgomento nel vederla tutta contro di sé, non solo alla Camera, ma anche sui giornali e nelle piazze. E a questa levata di scudi, reagì nella maniera più malaccorta: vietando le manifestazioni. Il Re gli venne in aiuto sciogliendo la Camera che gli aveva votato la sfiducia, e indicendo nuove elezioni. Ma molti Ministri non vollero restare in carica, e tutta la campagna elettorale si svolse contro la sua politica.

Le elezioni si tennero ai primi di marzo del '67, e l'affluenza fu ancora più bassa di quelle precedenti. Di mezzo milione di elettori, non se ne presentò ai seggi che la metà, e gli spostamenti di voto furono minimi. La Sinistra mantenne i posti che aveva, e la Destra ne perse qualcuno a vantaggio della frangia clericale. Ricasoli cercò di rafforzare il suo ministero offrendo le Finanze a Sella; ma il Re rispose che Sella era troppo impopolare per la sua severità fiscale. In realtà aveva ormai deciso di tornare al suo docile Rattazzi. E a Ricasoli non restarono che le dimissioni. Anche lui ormai si era accorto di non avere la stoffa dell'uomo politico, e nel giudizio sulla propria opera era più spietato dei suoi più spietati critici. La considerava un fallimento, e aveva abbandonato ogni speranza di rifarsene. Si ritirò a Brolio per iniziare alla gestione dell'azienda il nipote Luigi, figlio della figlia Bettina, cui aveva intestato patrimonio e nome, e alla Camera non si fece vedere che di rado. Scomparve nell'80, due anni dopo il Re, cui era rimasto profondamente affezionato. E solo da morto si vide riconosciuto il titolo che gli spettava di «coscienza della Nazione».

Rattazzi, ch'era la sua antitesi umana, condusse in porto con molta abilità la liquidazione del patrimonio ecclesiastico su cui Ricasoli era inciampato, presentando alla Camera una legge già discussa e approvata in sede di Commissione. Essa era molto più dura di quella Borgatti-Scialoja. Sopprimeva ben venticinquemila enti ecclesiastici e autorizzava il governo a venderne i beni all'asta. Fu la festa degli speculatori che ci fecero affari d'oro; ma fu anche un grosso sollievo per il Tesoro, minacciato dal crescente disavanzo perché consentì un realizzo di seicento milioni, cifra di tutto rispetto in un periodo in cui le entrate dello Stato superavano di poco i cinquecento.

Questo duro colpo alla Chiesa Rattazzi lo inferse non soltanto perché rispondeva alle sue convinzioni laiche, ma anche perché egli aveva rinunziato a risolvere la questione di Roma per via di accordo col Papa, confidando di poterlo fare con un gesto di forza: la forza di Garibaldi.

Questi, rinfrancato dai successi del '66, si era presentato candidato alle elezioni, e tutti i suoi comizi erano stati una violenta requisitoria contro la Chiesa, «negazione di Dio», «vivaio di vipere» e «pestilenziale istituzione». Sebbene poi gli elettori disertassero le urne, le piazze erano affollate e gli applausi scrosciavano.

L'ambasciatore di Napoleone fece le sue rimostranze per questi aizzamenti contro lo Stato pontificio e il suo protettore, e Rattazzi gli assicurò che si trattava solo d'intemperanze verbali. Ma non era vero, e anche lui lo sapeva benissimo. Attraverso i suoi emissari, Garibaldi aveva organizzato a Roma un «Centro d'insurrezione», il cui programma era già implicito nel nome. Per risolvere la questione romana senza provocare l'intervento francese non c'era in realtà altro modo. La convenzione di settembre impegnava l'Italia ad astenersi da qualunque azione contro Roma, ma non contemplava il caso di una sollevazione dall'interno. Ed era proprio questo che Garibaldi cercava di provocare.

Ma, come tutte le matasse italiane, anche questa fece presto ad arruffarsi. A Roma c'era già un'altra organizzazione irredentista, il «Comitato nazionale» formato da elementi moderati che facevano capo al governo di Firenze e ne prendevano il la. E in più c'era il nucleo dei repubblicani rimasti fedeli a Mazzini. L'unico punto su cui questi tre gruppi concordavano era l'abbattimento dello Stato pontificio. Ma i moderati del Comitato volevano arrivarci con un plebiscito che immediatamente sancisse l'annessione di Roma all'Italia. I garibaldini del Centro miravano a un movimento armato che fornisse a quelli di fuori il pretesto di un intervento. I mazziniani perseguivano un piano più complesso: istituire nell'Urbe liberata un governo provvisorio che trattasse con la monarchia un «patto nazionale» da estendere poi a tutto il Paese e che trasferisse la effettiva sovranità al popolo, lasciandone al Re soltanto il simbolo.

Rattazzi conosceva questa situazione e con la consueta fiducia nelle proprie risorse di doppiogiuochista, cercava di volgerla a favore del governo senza correre rischi. Stavolta, di una sua segreta intesa con Garibaldi manca qualsiasi prova, anzi si può escluderla senz'altro, come si rileva dai carteggi di Crispi che tentò di combinarla e non ci riuscì. Ma in aprile, rispondendo a un'interpellanza di Ferrari alla Camera, dopo aver dichiarato che intendeva rispettare scrupolosamente la convenzione di settembre, aggiunse: «Noi non assumeremo impegni compromettenti».

Forse, pronunciata da un altro capo di governo, la frase sarebbe passata inosservata. Ma, venendo dall'uomo di Aspromonte, tutti si misero a cercarvi significati reconditi, e l'interpretazione che alla fine prevalse fu questa: che anche Rattazzi mirava a un'insurrezione dei Romani che togliesse a Napoleone ogni pretesto d'intervento e lo mettesse di fronte al fatto compiuto. Sembra però che stavolta agisse di suo, e non su istigazione del Re che di andare a Roma non mostrava punta fretta e manteneva col Papa un'ossequiosa corrispondenza.

In giugno Garibaldi riportò un successo diplomatico, forse l'unico della sua carriera: riuscì a mettere d'accordo il suo Centro d'insurrezione coi moderati del Comitato nazionale. Coi repubblicani non tentò nemmeno, convinto che Mazzini sabotasse i suoi piani perché geloso di lui. Eppoi, pensava di non averne bisogno. Riunì i suoi fedeli, l'incaricò di reclutare volontari, ne fissò il raduno «alla rinfrescata», cioè ad autunno, e ai primi di settembre andò a Ginevra per partecipare al Congresso internazionale per la pace, di cui fu acclamato presidente. Ne approfittò per tenere un discorso con cui si proponeva di preparare e guadagnare la pubblica opinione europea alla sua impresa. Ma infilò una tal serie di castronerie da lasciar tutti perplessi e costernati.

La settimana dopo era già di ritorno a Firenze, dove impartì gli ordini di operazione: il figlio Menotti doveva marciare con la sua colonna su Passo Corese, Acerbi su Viterbo, Nicotera su Frosinone. Disse che non c'era bisogno né di molti uomini né di molte armi perché sarebbero bastati «alcuni spari in aria» per spingere i Romani a fare il resto con le barricate. E dal modo in cui agiva e parlava, alla luce del sole, sembrava convinto di avere il governo dalla sua, sebbene poco prima Rattazzi gli avesse mandato Crispi a tentare di dissuaderlo. Ma a Sinalunga, mentre scendeva verso la frontiera pontificia, fu arrestato e ricondotto d'autorità a Caprera, cui la flotta pose il blocco.

Garibaldi bombardò di proteste l'Italia e l'Europa e parlò di «tradimento», ma stavolta tutto lascia credere che si fosse tradito da solo. Risulta tuttavia dai fatti che il governo non fece nulla per ostacolare i movimenti dei volontari, già penetrati in territorio pontificio secondo gli ordini del loro Capo. Menotti era a Montelibretti, Acerbi alle porte di Viterbo, Nicotera a Frosinone.

Napoleone, che in quel momento aveva subìto alcuni smacchi diplomatici e perciò aveva più che mai bisogno dell'appoggio dei cattolici, ruppe gl'indugi e impartì al corpo di spedizione già concentrato a Tolone l'ordine d'imbarco per Civitavecchia. Per una volta tanto, Rattazzi diede prova di decisione suggerendo al Re di prevenire la mossa dell'Imperatore lanciando su Roma le truppe regolari col pretesto di fermare le bande garibaldine. Ma il Re respinse la sua proposta, e anzi gli ordinò di dare le dimissioni.

Quella stessa notte Garibaldi, con la barba tinta di nero, riuscì a eludere il blocco sgusciando fra le navi con una piccola barca a remi, approdò alla Maddalena e di qui, a bordo di una paranza, fece vela per Livorno. La sua evasione fece sulla stampa europea quasi lo stesso scalpore di quella di Napoleone dall'Elba. E Rattazzi, tuttora in carica in attesa della formazione del nuovo ministero, non fece nulla per fermarlo, anzi agevolò il suo viaggio verso la frontiera. Crispi mise addirittura a sua disposizione un treno speciale, e non ci pare possibile che abbia potuto farlo all'insaputa e contro la volontà del governo. Il mandato di cattura contro il fuggiasco fu firmato solo quando questi era già a Passo Corese, e Vittorio Emanuele confidò all'ambasciatore britannico Paget che, se ne avesse avuto la forza, sarebbe corso a dare man forte al Generale ribelle anche contro i Francesi.

A Passo Corese, brutte notizie aspettavano Garibaldi. Gli spari in aria non erano bastati a spingere i Romani sulle barricate. Cucchi, penetrato clandestinamente in città con pochi compagni, non aveva trovato aiuto per impadronirsi con un colpo di mano del Campidoglio, e aveva dovuto scampare con la fuga. Guerzoni, che doveva portare un carico d'armi, invece dei congiurati con cui aveva appuntamento, trovò a Porta San Paolo gli zuavi del Papa. Altrettanto era capitato ai fratelli Enrico e Giovanni Cairoli, penetrati sino a Ponte Milvio alla testa di una settantina di uomini. Attaccati, si difesero gagliardamente, ed Enrico spirò fra le braccia del fratello, che per le ferite riportate lo seguì due anni dopo nella tomba. Con lui furono quattro i Cairoli caduti nelle campagne del Risorgimento. Ne rimaneva uno solo, Benedetto, che in seguito fu Primo Ministro.

L'unico colpo andato a segno fu quello di due muratori che fecero saltare con una mina un'ala della caserma Serristori uccidendo una ventina di soldati. Ma non bastò per scuotere la popolazione. Lo storico tedesco Gregorovius, testimone degli avvenimenti, scrisse a un amico che la polizia papalina non fece nulla per prevenire le barricate: bastò la pioggia.

Invano Garibaldi accese di notte i fuochi sulla vetta del Monte Sacro che le sue avanguardie avevano già scalato. I Romani li videro bene, ma non si mossero. Sapevano ch'egli non aveva che settemila uomini senza cavalli né cannoni, mentre nella rada di Civitavecchia gettavano le ancore le navi del corpo di spedizione francese. A Firenze l'emergenza pose fine alla crisi di governo. Il generale Menabrea costituì un ministero di estrema destra, mentre il Re lanciava alla Nazione un proclama in cui, vedendola ormai avviata al fallimento, sconfessava l'azione di Garibaldi.

Questi si era ritirato su Monterotondo per riordinare i propri reparti già sfoltiti dalle diserzioni. Gli uomini che li componevano non erano della pasta dei Mille: il cattivo tempo e il cattivo rancio erano bastati a demoralizzarli. Anche Nicotera se ne andò per non guastarsi col Re e compromettere la propria carriera politica.

Il 2 novembre Garibaldi decise di raggiungere Tivoli per potersi rifugiare sull'Appennino in caso di ritirata. Sapeva che questa era inevitabile, ma sapeva anche che un Garibaldi non poteva fuggire. Nei ranghi c'era un tale disordine e confusione che la partenza subì un ritardo di sette ore, quante ne bastarono alle truppe papaline per sorprendere la colonna in marcia a Mentana. Sopraffatto per numero e armamento, Garibaldi fu ancora Garibaldi nel contrattacco alla baionetta. I papalini ne furono scompaginati, ma proprio in quel momento giungevano i francesi coi loro nuovi fucili a tiro rapido Chassepot. Garibaldi lasciò centocinquanta morti sul campo e milleseicento prigionieri nelle mani del nemico, e suo genero Canzio dovette trascinarlo via di forza per impedirgli di farsi ammazzare. Ricondusse i superstiti a Passo Corese dove furono presi in consegna dalle forze regolari del generale Ricotti, e in treno partì per Firenze. A Figline lo arrestarono, lo tradussero al Forte di Varignano dov'era stato dopo Aspromonte, e di lì lo riportarono a Caprera.

«Gli Chassepot hanno fatto meraviglie» aveva telegrafato il facile vincitore di Mentana, De Failly, a Parigi. E quell'annunzio, che doveva servire a rialzare il prestigio piuttosto basso dell'industria bellica francese agli occhi di tutta Europa, fece molto comodo anche a certi storici italiani per giustificare quell'ennesima sconfitta. In realtà quei fucili si rivelarono pessimi arnesi, e infatti dovettero essere subito dopo sostituiti. Non da essi era stato sconfitto Garibaldi, ma dagli equivoci in mezzo ai quali la sua impresa era maturata. Gran parte dei volontari erano accorsi al suo richiamo solo perché convinti di guadagnarsi un'aureola di «reduci» con pochi o punti rischi. Credevano di aver di fronte una città in festa per il loro arrivo e alle loro spalle l'esercito regolare. E quando si erano accorti che non era così, si erano sbandati.

Ma oltre che alla scarsezza delle forze insurrezionali, l'insuccesso era dovuto anche al loro disaccordo. Garibaldi parlava da uomo accecato dall'odio quando accusava Mazzini di aver sobillato i volontari alla diserzione. Ma senza dubbio la defezione dei repubblicani lo aveva privato di un grosso appoggio ideologico e morale. Tutta la Sinistra uscì – e non è un giuoco di parole – sinistrata dalla crisi di Mentana e dalla polemica che ne seguì fra garibaldini e mazziniani. Ma stavolta la loro divisione non andò a profitto delle forze moderate, che uscivano anch'esse piuttosto discreditate da quella vicenda per l'ambiguo contegno tenuto dal governo e per la sua timidezza di fronte a Napoleone.

Gli unici beneficiari di quella ennesima umiliazione furono i movimenti protestatari ed eversivi, di cui diremo più avanti, concimati dalla sfiducia in uno Stato che non riusciva a collezionare che disfatte e per farsi rispettare dai cittadini doveva ricorrere agli stati d'assedio.

CAPITOLO NONO

GLI ANNI DELLA «LESINA»

Quando, caduto Rattazzi, il Re affidò l'incarico di formare il nuovo governo a Menabrea, si diffuse il timore ch'egli intendesse strangolare il parlamento e tornare a qualche forma di regime assolutistico. Menabrea era un Generale del Genio savoiardo, che in politica aveva debuttato come liberale abbastanza avanzato, ma poi si era spostato dalla parte dei conservatori, era stato insieme a Revel uno dei più tenaci oppositori del «connubio» di Cavour, e passava per l'uomo di fiducia del sovrano.

Ma il timore si dimostrò subito infondato. Menabrea non aveva grandi qualità politiche. Ma era un galantuomo, incapace di ordire colpi di Stato e di venir meno all'impegno di rispettare la Costituzione. Nessuno dei tre ministeri ch'egli presiedette nei due anni in cui rimase al potere – dalla fine del '67 alla fine del '69 – tentò di sottrarsi al controllo del parlamento. Anzi, usò con molta parsimonia l'arma autoritaria del decreto-legge.

In realtà, di questi ministeri Menabrea, la figura di maggior spicco e rilievo non fu Menabrea, ma il ministro delle Finanze Cambray-Digny. Discendente di una nobile famiglia fiorentina che aveva sempre fedelmente servito i Lorena, Cambray-Digny aveva da giovane fatto parte del gruppo moderato di Capponi e Ridolfi. Dopo il plebiscito era stato nominato amministratore dei beni della Real

Casa in Toscana, e a tal punto aveva conquistato la fiducia del Re che a poco a poco era diventato ciò che il duca Acquarone doveva più tardi diventare per Vittorio Emanuele III: il consigliere segreto, il discreto suggeritore. Con questa differenza: che i consigli e i suggerimenti di Cambray-Digny si dimostrarono sempre buoni.

I problemi cui dovette far fronte erano angosciosi. La situazione finanziaria, avviata a furia di economie a risanamento nel quinquennio precedente, era di nuovo precipitata per la guerra del '66, che aveva portato il disavanzo a 721 milioni, cifra mai toccata prima di allora. Per puntellare la situazione, era stato adottato il corso forzoso che esentava le banche dal dovere di convertire la carta moneta in metallo a richiesta del detentore. La misura aveva suscitato molto malcontento data la scarsa fiducia che gl'Italiani riponevano nel biglietto di banca, ma le circostanze la imponevano e Cambray-Digny la mantenne. Ben deciso a riportare il bilancio in pareggio e sfidando l'impopolarità che gliene derivava, caricò il contribuente di tasse e ne inventò una nuova: la tassa sul macinato. Le macine furono provviste di un contatore come quello della luce elettrica. Chi ritirava il prodotto doveva pagare al mugnaio un sovrapprezzo di 2 lire al quintale per il grano, 1,20 per l'avena eccetera. Il consumatore di città non ne risentiva molto perché a pagare l'imposta era il grossista che poi ne ripartiva l'onere sul dettaglio rendendolo impercettibile. Ma l'aggravio era immediato e pesante per il contadino che per di più, avendo quel contatore sotto gli occhi, se ne sentiva provocato. Dovunque scoppiarono tumulti, ma soprattutto nella Padania, dove si sentì gridare «Viva il Papa!», «Viva Francesco V!» e anche «Viva la Repubblica!». E negli scontri che seguirono fra polizia e dimostranti, rimasero sul terreno duecentocinquanta morti e oltre mille feriti. Quando si fecero i conti, si dovette concludere che tutto questo sangue era un prezzo sproporzionato ai vantaggi che ne derivavano alle pubbliche finanze. La tassa sul macinato fruttò, in un anno, meno di trenta milioni. Eppure, fu mantenuta.

Un'altra misura, che per fortuna non sortì effetti luttuosi, ma diede appiglio a campagne scandalistiche, fu la privatizzazione della regìa dei tabacchi. Cambray-Digny la decise non soltanto perché, da buon liberista, non aveva alcuna fiducia nell'impresa di Stato, ma anche perché aveva urgente bisogno di denaro e, appaltando quel monopolio a una società di capitalisti privati, poteva ricavarne immediatamente un cospicuo anticipo. Nella combinazione entrarono anche alcune fra le più forti banche straniere, ma in seguito si scoprì che dietro una di esse si celava un finanziere livornese, Bastogi, che già veniva accusato di aver corrotto parlamentari e giornalisti per farsi concedere l'appalto delle Ferrovie meridionali. In Italia non c'era ancora un vero e proprio capitalismo, ma già c'erano gli scandali che accompagnano gli sviluppi capitalistici. Cambray-Digny non se ne lasciò disarmare, e condusse in porto l'operazione che assicurò al Tesoro un gettito di circa centosettanta milioni all'anno. Nel dibattito ch'essa provocò alla Camera, si rese ancora più visibile lo sfaldamento degli schieramenti tradizionali. Un'ala della Sinistra si alleò con la Destra della Permanente per combattere il progetto; mentre l'altra ala, che già cominciava a chiamarsi «Terzo partito», guidata da Mordini, si alleava con la Destra governativa, che grazie a essa riportò la vittoria. Scrisse Lanza a cose fatte: «La paura di un nuovo ministero Rattazzi ha fatto subire e Digny e Bastogi, e avrebbe anche fatto ingoiare il diavolo se pur facesse parte di quella società, il che è però probabile».

Sordo alle critiche e alle divisioni che le sue drastiche misure provocavano nel suo stesso partito, e fermamente risoluto a creare le condizioni per abolire il corso forzoso entro il '69, il Ministro delle Finanze accelerò al massimo la vendita dei beni ecclesiastici. Nel '67 si erano alienati circa 7000 lotti per un ammontare di 57 milioni. Nel '68 i lotti furono circa 26.000 e l'incasso raggiunse i 162 milioni. Quelli che restavano, Digny propose di cederli a una Società dei Beni Demaniali già fondata quattro anni prima in cambio di un anticipo di 300 milioni, e attingere altri 100 milioni alla Banca Nazionale concedendole i servizi della Tesoreria di Stato. Ma a questo punto il parlamento lo fermò perché, disse Minghetti, «a lasciarlo fare, questo vende anche noi».

Sul suo operato si accesero roventi polemiche. Dall'estrema sinistra, Cavallotti accusò alcuni parlamentari di destra di aver mercanteggiato il loro voto, e corse voce che perfino il Re avesse lucrato sei milioni. La storia ha poi appurato che queste accuse erano del tutto infondate, e che a ispirare la campagna denigratoria era stato soprattutto Crispi non tanto per screditare la Destra, quanto per trattenere Mordini e il suo Terzo partito dall'allearsi con essa.

La conclusione dello scandalo fu anzitutto un clamoroso processo intentato dai diffamati, che lo vinsero. Eppoi una crisi di governo che però sortì il risultato contrario a quello che i diffamatori si proponevano. Menabrea e Digny si accordarono definitivamente con Mordini chiamandolo nella maggioranza, riuscirono a trarre dalla loro la vecchia Consorteria ricucendone i brandelli, e si assicurarono la «non belligeranza» della Permanente facendo intervenire in proprio favore il Re che su quel clan piemontese esercitava un'incondizionata autorità. Così nacque il terzo ministero Menabrea.

Ma la Sinistra passò subito al contrattacco inscenando un altro scandalo. Un suo esponente, Lobbia, dichiarò di essere in possesso di documenti che provavano la colpevolezza di uno dei deputati che avevano intentato processo per diffamazione, Civinini, e lo avevano vinto. Il dibattito quindi si riaccese, e la Camera dovette nominare una commissione d'inchiesta. Questa si era appena insediata che Lobbia veniva aggredito di notte da uno sconosciuto e ferito con tre pugnalate. Lo scalpore fu enorme. Vi contribuì anche Garibaldi con una lettera alla vittima in cui si parlava di «tempi borgiani». La stampa di destra insinuò che a nessuno Lobbia aveva mostrato le sue ferite, meno che a un suo intimo amico, la cui testimonianza era per lo meno sospetta. Un altro testimone, chiamato a deporre, morì prima di poterlo fare, e il presunto attentatore fu rinvenuto affogato nell'Arno. Ce n'era quanto bastava per mettere a fuoco il paese, e la magistratura fece del suo meglio per attizzare le fiamme, trasformando la denunzia sporta da Lobbia contro ignoti per tentato omicidio in un processo contro Lobbia per simulazione di reato, che si concluse con una condanna confermata anche in appello. La Corte di Cassazione accolse il ricorso e rinviò il processo a un altro Tribunale. Ma non ci fu il tempo di celebrarlo. A poco più di quarant'anni, Lobbia morì, e poco dopo lo seguì nella tomba Civinini, entrambi stroncati dallo scandalo.

La commissione parlamentare concluse la sua inchiesta con una relazione evasiva che assolveva tutti e non faceva luce su nulla. Ma da quella oscura vicenda tutta la classe politica usciva discreditata: la Sinistra per l'avventatezza con cui aveva lanciato accuse non suffragate da prove convincenti; la Destra per la pesantezza con cui aveva approfittato del potere per ridurre al silenzio gli avversari.

Inoltre appariva chiaro che, anche se non c'era stata corruzione, c'era stata però, fra il mondo politico e quello affaristico, collusione. E questo annunziava la nascita di quel sottobosco governativo, che doveva diventare la caratteristica e la dannazione di tutti i nostri regimi.

Per non rompere in maniera definitiva il fronte della Destra e non dispiacere al Re, la Permanente non si dissociò da Menabrea, ma gli tese un tranello. Dovendosi eleggere il nuovo Presidente della Camera, concentrò i propri voti su Lanza, condannando alla sconfitta il candidato governativo, Mari. Menabrea capì e diede le dimissioni. Ma non volle capire il Re, che dapprima cercò d'impedire la crisi, eppoi di risolverla a suo modo.

La Permanente proponeva Lanza perché, pur essendo piemontese, non era dei suoi e quindi era il meglio qualificato a ricomporre intorno a sé tutta la Destra. Questa infatti voleva ricostituire la propria maggioranza senza dover dipendere dai voti «determinanti», come oggi si direbbe, di qualche corrente di sinistra: un po' perché sapeva che il Re vi si sarebbe opposto; un po' perché, pur essendo stata in parte ostile alle misure di Digny, considerandole troppo brutali, ne condivideva il programma: raggiungimento a tutti i costi del pareggio del bilancio e abolizione del corso forzoso attraverso una politica di «lesina» e di economie «all'osso».

Ma, composte su questo punto le rivalità tra Permanenti e Consorti, altre ne nascevano di ordine personale, e quindi ancora più accanite. Dei tre «cavalli di razza» della Destra – Lanza, Sella e Minghetti – nessuno andava d'accordo con l'altro. Figlio di un fabbro e medico di professione, Lanza incarnava, nella Destra piemontese tradizionalmente formata da nobili, militari e grandi borghesi, un tipo umano del tutto insolito: il nuovo piccolo ceto medio, spartano e puritano, formatosi nelle scuole serali e nell'università popolare. Coi suoi scarponi da montanaro, la sua parsimonia, i suoi modi rudi e spicciativi, Sella sembrava tagliato nello stesso legno. Ma, rampollo di una dinastia di lanieri di Biella, rappresentava un patronato ostinato e autoritario, che fondava la sua forza sul lavoro e sul risparmio. Il bolognese Minghetti era la loro antitesi: colto, raffinato, gaudente, lo chiamavano «la sirena» per il suo eloquio forbito e le arti di seduttore.

Per comporre i loro dissidi, ci volle un mese. Ma alla fine Lanza poté varare il suo governo in coppia con Sella come Ministro delle Finanze, mentre Minghetti preferì restarne fuori per prepararsi a un'eventuale successione. Nel suo discorso programmatico il nuovo Presidente del Consiglio pose l'accento sul problema economico riconoscendone la priorità, e cedette la parola a Sella. Questi disse che lo Stato ormai aveva venduto tutto quello che c'era da vendere: ferrovie, beni demaniali, beni ecclesiastici, regìa dei tabacchi; ma non era bastato. Propose quindi una serie di provvedimenti non meno drastici di quelli adottati dal suo predecessore, e di tale ampiezza che il suo progetto fu chiamato «un *omnibus* finanziario», e la Camera dovette nominare quattro Commissioni per esaminarlo. Pur con molte modifiche, il disegno di legge fu approvato in primavera. E la «lesina» si rimise all'opera sulla pelle degl'Italiani.

Ma proprio in quel momento la politica estera prendeva il sopravvento su quella economica: la guerra improvvisamente scoppiata con la Prussia costringeva la Francia a ritirare le sue truppe da Roma, abbandonandola al suo destino.

CAPITOLO DECIMO

PORTA PIA

Non è compito nostro addentrarci nei motivi di fondo che condussero alla guerra franco-prussiana del '70. Ma la sequenza degli avvenimenti fu questa.

Alla ricerca di un Re, la Spagna offrì il trono a un principe della casa Hohenzollern di Berlino. Napoleone si oppose immediatamente, e fece appello all'Italia. Il Re voleva accoglierlo: un po' per impegno d'onore e per gratitudine verso l'antico alleato che gli aveva consentito di unificare la Penisola sotto il suo scettro, un po' perché credeva alla superiorità militare della Francia. Ma il governo fu di parere diverso. Sebbene gli uomini della Destra che lo componevano condividessero i sentimenti filo-francesi del Re, si pronunciarono contro l'alleanza perché paventavano sia le complicazioni europee che potevano derivarne, sia quelle interne: tradizionalmente avversa a Napoleone, la Sinistra se ne augurava la disfatta, come condizione per risolvere la questione di Roma.

Per vincere queste resistenze, Napoleone lanciò la proposta di un fronte italo-franco-austriaco e ritirò la sua guarnigione da Roma, dicendo che affidava l'integrità dello Stato pontificio all'onore del Re d'Italia. D'accordo con Lanza e Sella, Visconti-Venosta ringraziò l'Imperatore dello sgombero, ma senza accennare a un ripristino della Convenzione di Settembre, cioè senza prendere impegni per il futuro, e respinse l'idea dell'alleanza tripartita, come del resto aveva già fatto l'Austria.

La guerra scoppiò subito dopo, precipitata dal cancelliere prussiano Bismarck con un abile e fraudolento stratagemma escogitato per tagliare la strada ad altre manovre diplomatiche. E il suo andamento fu tale da non dar tempo a Vittorio Emanuele d'imporre al governo le sue volontà. Con un *Blitz-krieg* avanti lettera, il generalissimo prussiano von Moltke «insaccò» a Metz il grosso dell'esercito francese togliendogli ogni possibilità di manovra e ponendo le premesse per la sua liquidazione. Non occorse aspettarla a lungo. Fra il 1° e il 2 settembre, dopo appena un mese dall'inizio delle ostilità, von Moltke costringeva l'avversario ad arrendersi a Sedan, Napoleone cadeva suo prigioniero, e a Parigi veniva proclamata la Repubblica.

Via via che la sconfitta francese si delineava, crescevano in Italia le agitazioni per un'immediata azione su Roma. In parlamento la discussione incominciò il 19 agosto, e all'impeto parolaio dell'opposizione, il governo contrappose una pedestre prudenza che sconfinava nell'ambiguità. Sulle piazze scoppiarono tafferugli. In uno di questi, a Ravenna, fu ucciso il comandante della piazza, generale Escoffier, e a Pavia anche la guarnigione fece combutta coi dimostranti. Erano i repubblicani ad aizzare i disordini nel solito tentativo di riprendere l'iniziativa. Ma il governo non abbandonò la sua posizione di attendismo che il 3 settembre, quando giunse la notizia di Sedan. Il primo a rompere il fronte ministeriale fu Sella. L'indomani si schierò dalla sua parte anche Lanza, il quale tuttavia propose di escludere dall'occupazione la città di Roma. Solo il 5 settembre, quando si seppe che a Parigi era stata proclamata la Repubblica, anche questa riserva fu abbandonata, e il gabinetto si pronunciò unanimemente per l'annessione di tutto lo Stato pontificio, previo tuttavia un ultimo tentativo di accordo col Papa.

Per il Re fu un mezzo dramma. Dopo aver fino all'ultimo carezzato il sogno di accorrere in aiuto del vecchio alleato, si sentiva mortificato di approfittare della sua disgrazia, e di andare a Roma non aveva nessuna voglia. («*Anca custa balussada am fan fa*», anche questa sciocchezza mi fan fare, disse.) Un mezzo dramma fu per Ponza di San Martino che, impegnato da cinque anni a riportare la capitale a Torino, doveva ora collaborare al suo trasferimento nell'Urbe, recando al Papa la lettera con cui Vittorio Emanuele lo supplicava, «con affetto di figlio e fede di cattolico», di non opporre un'inutile resistenza. E un dramma completo fu per il Ministro della Guerra, Govone, devoto alla Chiesa fino alla bigotteria, cui il rimorso procurò lo squilibrio mentale tanto che dovett'essere ricoverato in manicomio.

Una certa animazione regnava a Roma, quando Ponza vi giunse il 10 settembre. Ma a provocarla non erano le notizie politiche. Erano i residuati del Concilio ecumenico vaticano I, conclusosi da pochi giorni. A quanto pare, l'idea di convocarlo era venuta al Papa nel '63. E il suo proposito era quello di far riconoscere come dogma il potere temporale, in modo che chiunque lo avesse violato sarebbe caduto in eresia. Egli non era nuovo a questi colpi di testa. Già col *Sillabo* aveva rispolverato il linguaggio di Bonifacio VIII contro le «possanze laiche della terra», di una terra in cui le possanze che largamente la dominavano erano non soltanto laiche, ma protestanti. Molto più accorti di lui, che non lo era punto, i gesuiti frenarono i suoi bollori. Cosa avrebbe fatto il Papa se, nonostante il dogma, l'Italia avesse occupato Roma? L'avrebbe scomunicata. E se l'Italia si fosse infischiata anche della scomunica? Meglio non lanciare simili sfide, e ripiegare su una formula più sfumata che consentisse qualche scappatoia. Così si era giunti a quella dell'infallibilità, ma senza specificare se fosse applicabile al Papa anche come sovrano temporale.

Nonostante il lungo e accurato lavoro di preparazione, il Concilio fu uno dei più solenni, ma anche dei più turbolenti nella storia della Chiesa, e forse fu per questo che ci volle quasi un secolo e la fantasia ribelle di Giovanni XXIII prima che ne fosse indetto un altro. Esso si aprì l'8 dicembre del '69 e lo spettacolo fu degno della Basilica di San Pietro in cui si svolgeva. Le porpore dei Cardinali al gran completo, le mitrie dei settecento Vescovi accorsi da tutto il mondo, le tribune gremite di Principi e diplomatici presentavano un colpo d'occhio impressionante, ed era proprio quello su cui il Papa contava per riaffermare la vocazione dell'Urbe a capitale della Cristianità, e non di una Nazione.

Ma quando si venne al nocciolo, cioè alla questione per cui quell'assise era stata indetta, non solo mancò l'unanimità su cui il Papa contava, ma la polemica si accese fino al tafferuglio: tanto che, a quanto dice De Cesare, a un certo punto i gendarmi volevano addirittura forzare la porta. Malgrado il grido di «*sileat*, *sileat!*» scandito in coro dagl'infallibilisti, soprattutto italiani e spagnoli, gli oppositori francesi e olandesi pronunciarono violente requisitorie contro il dogma, e i tedeschi guidati da Strossmeyer minacciarono addirittura uno scisma.

Alla fine il dogma passò con cinquecento *placet* e due soli *non placet*. Ma duecento Vescovi manifestarono il loro dissenso rifiutando di votare. Il 18 luglio, mentre veniva giù un furioso temporale, il Papa lesse (aveva una bellissima voce) la bolla *Pastor aeternus*, che lo proclamava infallibile. A mezzo del monologo, un fulmine si abbatté a pochi passi dalla Basilica seminandovi il terrore, e i Romani lo presero per un segno di dispetto da parte del Padreterno per illecita concorrenza alle sue prerogative.

Tre giorni prima era scoppiato qualcosa di ancora più grosso del fulmine. Era scoppiata la guerra franco-prussiana, e anche i più sprovveduti capivano che la marcia dei Tedeschi su Parigi comportava fatalmente una marcia degl'Italiani su Roma. Soltanto il Papa sembrava non rendersene conto. Sebbene scontento del modo in cui gliel'avevano attribuita, l'infallibilità lo rendeva felice. «Ne è così persuaso» scriveva lo storico tedesco Gregorovius «che se la sente addosso.» Il Concilio, secondo lui, aveva «liberato da tutti i mali la Chiesa e la società civile, risolto tutte le difficoltà, rimosso tutti i pericoli, riparato a tutte le miserie, calmato tutti i patimenti». Le piazzeforti francesi cadevano come birilli sotto le spallate di von Moltke, e lui studiava i progetti per erigere sul Gianicolo un monumento a ricordo del fausto evento.

Fu in questo stato d'animo d'infantile trionfalismo che Ponza gli consegnò la lettera del Re. Via via che la scorreva, il volto del Papa si faceva prima rosso, poi paonazzo d'ira. E alla fine sbottò: «Siete tutti un sacco di vipere, sepolcri imbiancati, mancatori di parola!». Ma poi aggiunse: «Non sono profeta, né figlio di profeta, ma vi assicuro che in Roma non entrerete». Forse voleva mettere a prova la propria infallibilità. La stessa sera andò in piazza di Termini a inaugurare con gran pompa l'acquedotto dell'Acqua marcia. E l'indomani, quando gli annunziarono che le truppe italiane avevano varcato il confine, ripeté: «Non entreranno, non entreranno...».

Tanta spensieratezza era compensata dal freddo realismo del Segretario di Stato, cardinale Antonelli. Figlio di contadini ciociari, Antonelli era un vero prelato romano: scettico, di scarsa cultura, ma di naso lungo. Si rendeva conto che di evitabile, nella fine dello Stato pontificio, c'era solo il sangue, ed ebbe il buon senso di mirare solo a questo. L'esercito papalino era un'accozzaglia di mercenari delle più svariate nazionalità (c'erano perfino dei Turchi). I Romani li distinguevano, secondo le uniformi, in *Zampitti*, *Caccialepri*, *Sigari scelti*, *Squadriglieri* eccetera: circa quindicimila uomini, al comando del generale Kanzler. Compito gentiluomo, ligio al regolamento come lo era al catechismo, questi aveva tuttavia un concetto tedesco dell'onore militare e avrebbe preferito una sconfitta a una resa. Ma Antonelli non era di questa opinione. Gli ordinò di ritirare le truppe dentro le mura e di limitarsi a un simulacro di resistenza.

Il corpo di spedizione italiano, forte di cinquantamila uomini, aveva attraversato il confine il giorno stesso in cui Ponza aveva recapitato in Vaticano la lettera del Re. Ma per dare tempo al Papa di sbollire i suoi furori e di rassegnarsi, aveva scelto la via più lunga, quella per Orte e Civita Castellana. Lo comandava il generale Raffaele Cadorna, un cattolico di stretta osservanza, combattuto fra la soddisfazione per l'alto incarico e lo sgomento per l'offesa alla Chiesa. Nonostante il suo disprezzo per i garibaldini, aveva dovuto accettarne due come Generali di divisione, Bixio e Cosenz, impostigli dal ministero per esigenze di politica interna. Aveva dovuto accettare anche i giornalisti che detestava e che faceva tenere sotto sorveglianza perché non rivelassero il suo «piano». Credeva di averne elaborato uno di alta strategia predisponendo un attacco dimostrativo alla Porta di San Pancrazio per cogliere di sorpresa Porta Pia. Più tardi scrisse addirittura un libro su questa sua impresa, che potrebbe anche apparire epica, se non vi fosse allegata la tabella delle perdite: 49 morti e 141 feriti da parte italiana, 19 morti e 49 feriti da parte pontificia.

Dovunque fossero passate nella loro lenta marcia di avvicinamento, le colonne erano state festosamente accolte dalla popolazione. Gli unici proiettili che misero a repentaglio l'incolumità dei nostri soldati furono i mazzi di fiori e i cesti di frutta che gli piovevano addosso da tutte le parti, e gli unici crepitii che si udirono furono quelli dei mortaretti. Il 17 settembre il corpo di spedizione, che fin lì aveva dovuto affrontare soltanto problemi logistici, e a quanto pare li aveva risolti assai male, era in vista di Roma, e fece sosta per dare al Papa il tempo d'issare bandiera bianca.

Dopo tre giorni d'inutile attesa, all'alba del 20, l'attacco cominciò. Alle nove i cannoni avevano già aperto la famosa «breccia», larga una trentina di metri. I primi a varcarla furono i bersaglieri, che vi persero un comandante di battaglione. Ma in quel momento i plenipotenziari di Kanzler erano già al quartiere generale di Cadorna per trattare la resa.

Sull'accoglienza dei Romani alle truppe italiane, le testimonianze sono contraddittorie, ma ciò non esclude che ognuna di esse rappresenti una faccia della verità, la quale di facce ne ha molte. Secondo le versioni di parte laica, il tripudio sarebbe stato generale e travolgente. Secondo una «Strenna» pontificia pubblicata poco dopo, i soli a esultare sarebbero stati gli Ebrei, i quali avrebbero approfittato del trambusto per mettere la città a sacco: un sacco di cui nessuno è mai riuscito a scoprire tracce e addurre prove. A Gregorovius parve «un'invasione di ciarlatani». Tutto sommato, i resoconti più attendibili sono quelli dei giornalisti, entrati con le prime truppe nonostante i divieti di Cadorna. Nelle loro cronache si avverte lo sforzo di colmare alla meglio la sproporzione fra la modestia dell'episodio militare e la grandezza del suo significato. Ma, a saperle leggere, la verità trapela.

I Romani che, in attesa del grande evento, trascorsero insonni l'ultima notte di Roma papalina preparando le bandiere tricolori, furono pochi. Secondo un diario abbastanza imparziale del Palomba, la stragrande maggioranza andò tranquillamente a dormire anche perché il Papa, non potendo ammettere di essersi sbagliato, aveva ingiunto ai suoi funzionari di non apportare varianti all'ordinaria amministrazione: tanto che un tribunale aveva appioppato proprio quel giorno vent'anni di carcere a due giovanotti perché sorpresi a leggere il «Fanfulla», giornale democratico fiorentino.

Quando si cominciarono a udire i rombi del cannone, i più rimasero in casa, e infatti le avanguardie entrate in città trovarono strade semideserte. Ma tutto cambiò quando i bersaglieri irruppero in massa. Allora l'entusiasmo esplose, ma con esso esplose anche la collera di una popolazione che per il regime papalino non aveva nessun motivo di affetto. Sui giornali italiani si lesse che i Romani sfogavano «la vergogna» di aver sopportato per tanti secoli «l'infame tirannia sacerdotale». Di questo dubitiamo, anche se per una esigua minoranza era vero. Quelli che sfogavano erano i rancori della miseria. Su una popolazione di duecentotrentamila abitanti c'erano cinquantamila disoccupati e trentamila accattoni, quotidianamente offesi dagli sciali e dagli sfarzi di una Curia e di un'aristocrazia ugualmente sceiccali. La città era sporca e ciabattona. I suoi scandalosi contrasti sociali erano scritti nella stessa architettura: splendidi palazzi barocchi incastrati in ragnatele di tuguri.

Di che umori fosse la piazza lo dimostra il fatto che, subito dopo il suo ingresso, Cadorna fu raggiunto da una pressante sollecitazione del cardinale Antonelli a occupare anche la Città Leonina, che secondo le clausole di armistizio doveva restare sotto la giurisdizione militare del Papa, per sedare i disordini che vi erano scoppiati. A manifestare ostilità contro l'Italia e il suo esercito erano solo il patriziato (e non tutto) e quella pseudo-borghesia di avvocati, notai e appaltatori, che formavano il sottogoverno laico della Curia e che ancor oggi si chiama «generone». Il principe Torlonia cambiò le giubbe dei suoi staffieri perché avevano lo stesso colore dei Savoia, e il principe Lancellotti sbarrò in segno di lutto il portone del suo palazzo che si riaprì solo nel 1929, l'anno del Concordato e della rappacificazione fra Stato e Chiesa. Ma la massa della popolazione non rimpiangeva il vecchio regime. Il plebiscito del 2 ottobre che diede all'annessione di Roma all'Italia più di quarantamila «sì» e solo quarantasei «no», forse non diceva tutta la verità. Ma una verità la diceva.

GUERRA FRANCO-PRUSSIANA (1870-1871)
Impero tedesco
Principali battaglie
Sedi di trattati
Operazioni militari
Mare del Nord
Mar Baltico
PAESI BASSI
BELGIO
LUSSEMBURGO
FRANCIA
IMPERO TEDESCO
POLONIA
IMPERO AUSTRO-UNGARICO
Schleswig
Holstein
Schwering
Meclemburgo
Strelitz
Pomerania
Prussia
Posnania
Masovia
Hannover
Brandeburgo
Oldenburg
Schaumburg-Lippe
Lippe-Detmold
Braunschweig
Anhalt
Vestfalia
Sassonia
Slesia
Renania
Waldeck
Turingia
Nassau
Assia
Palatinato
Lichtenberg
Lorena
Alsazia
Baden
Wurttemberg
Hohenzoller
Baviera
Boemia
Moravia
Galizia
Schleswig
Kiel
Lubecca
Amburgo
Brema
Stettino
Danzica
Olsztyn
Varsavia
Pozan
Berlino
Hannover
Amsterdam
Nimega
Ostenda
Bruxelles
Colonia
Lipsia
Dresda
Breslava
Piotrkw Trybunalski
Czestochowa
Cracovia
Erfurt
Coblenza
Francoforte 10/5/1871
Sadowa
Praga
Olomuc
Levoca
Lussemburgo
Sedan 2/9/1870
Belimont 30/8/1870
St. Privat 18/8/1870
Metz
Spichern 6/8/1870
Nancy
Worth 6/8/1870
Vionville 16/8/1870
Strasburgo
Norimberga
Brünn
Ratisbona
Stoccarda
Linz
Vienna
Bratislava
Ulma
Monaco
Salisburgo
Friburgo
Tennerre
Belfort
Basilea
Berna
Innsbruck
Buda
Pest

CAPITOLO UNDICESIMO

LE GUARENTIGIE

A Mazzini, che per Roma aveva spasimato tutta la vita, quella conquista fatta in punta di piedi e quasi di sotterfugio parve «una profanazione». Era un sentimento diffuso. A furia di anelarvi, gli uomini del Risorgimento e quelli formatisi alla loro scuola avevano finito per dare alla parola «Roma» un significato magico di consacrazione e di primato, come se solo andando a Roma l'Italia potesse trovare il senso di una missione nel mondo. Perfino il «mercante di panni», come il Re chiamava Sella, era succubo di questi entusiasmi, ai quali la breccia di Porta Pia andava terribilmente stretta.

Ma se l'Italia «reale» era delusa, quella «legale» era spaventata di ciò che aveva fatto. In realtà, sebbene l'Europa avesse ben altro a cui pensare, messa com'era a soqquadro dalla guerra franco-prussiana, il pericolo di un intervento straniero sussisteva. Visconti-Venosta inondò le nostre rappresentanze all'estero di circolari perché rassicurassero tutti i governi che la libertà del Papa non sarebbe stata minimamente condizionata. Ma nessuno di essi riconobbe l'annessione. Pio IX non perdeva occasione per denunziare al mondo la sua condizione di prigioniero, fece circolare la voce che si preparava ad abbandonare Roma e a istallare altrove la Santa Sede, emanò un'enciclica in cui definì «ingiusta, violenta, nulla e invalida» l'occupazione italiana, e ne scomunicò i responsabili «di qualsivoglia dignità insigniti, anche degna di specialissima menzione». Ed era chiaro a chi alludesse.

Visto che un accordo era impossibile, il governo procedette per suo conto, ma coi piedi di piombo. Il 2 ottobre ci fu nel Lazio il plebiscito che dette il solito risultato: centotrentatremila «sì» su centotrentacinquemila votanti e trentamila astenuti. Ma per il trasferimento della capitale si preferì prendere tempo e altrettanto se ne prese il Re per farvi il suo ingresso. Quando gli proposero di andarvi in pompa magna e di salire sul Campidoglio con l'elmo di Scipio, rispose che per lui l'elmo di Scipio era «buono solo per cuocervi la pastasciutta». Era assolutamente insensibile al fascino di Roma, e si sentiva a disagio nei confronti del Papa. Si decise a farvi una capatina solo alla fine dell'anno, quando gliene offrì pretesto il Tevere straripando e allagando la città. Vi piombò quasi all'improvviso e all'insaputa della popolazione. E l'Oriani racconta che, scendendo di carrozza nel cortile del Quirinale, disse in piemontese a La Marmora che l'accompagnava: «*Finalment ij suma*», finalmente ci siamo, frase che la storiografia ufficiale tradusse in: «Ci siamo e ci resteremo».

Il Quirinale era stato, fino al 20 settembre, la residenza del Papa che, andandosene, s'era portato via le chiavi. Occorse chiamare un fabbro per aprire le porte mentre l'aiutante di campo del Re, Spinola, si recava in Vaticano per esprimere i sentimenti di cattolica devozione del suo sovrano verso il Santo Padre. Ma questi si rifiutò di riceverlo. Poi, con un respiro di sollievo, Vittorio Emanuele ripartì per Firenze.

Un mese e mezzo prima, come sempre dopo l'annessione di una nuova provincia, si erano svolte le elezioni. Ma di nuovo c'era stato solo un ulteriore aggravamento dell'astensionismo, predicato da tutti i pulpiti come dovere di protesta contro l'offesa alla Chiesa. Su cinquecentotrentamila iscritti al voto, solo duecentoquarantamila andarono alle urne, il quarantacinque per cento. Nel suo complesso la Destra, che ormai non era più un partito, ma una federazione di partiti, guadagnò qualche seggio, qualcuno ne perse la Sinistra, il Terzo Partito di Mordini quasi scomparve. Ma ci furono quasi duecento uomini nuovi che si dichiararono indipendenti perché non avevano orientamenti precisi. Fu questa Camera che discusse e approvò la legge delle guarentigie, cioè delle garanzie, destinata a regolare i rapporti fra Stato e Chiesa fino al 1929.

I suoi principali ispiratori, Lanza e Venosta, erano allievi di Cavour, ma si rendevano conto che la formula del loro maestro, «libera Chiesa in libero Stato», non si adattava più alle mutate circostanze. E infatti ne restò solo lo spirito informatore della netta separazione fra i due poteri.

La legge constava di venti articoli e si divideva in due parti. La prima riguardava le prerogative del Pontefice cui veniva garantita l'inviolabilità della persona, gli onori sovrani, il diritto di tenere guardie armate nei palazzi Vaticano, Laterano, Cancelleria e villa di Castelgandolfo, sottoposti a un regime di extraterritorialità che li esentava dalle leggi italiane, libertà di comunicazioni postali e telegrafiche, il diritto di rappresentanza diplomatica attiva e passiva, e infine un appannaggio annuo di tre milioni e duecentocinquantamila lire pari alla somma che l'ultimo bilancio pontificio attribuiva al Papa per il mantenimento suo, del Sacro Collegio e dei palazzi apostolici.

La seconda parte regolava i rapporti fra Stato e Chiesa, mirando a garantirne la massima reciproca indipendenza.

Al Clero era riconosciuta illimitata libertà di riunione, i Vescovi esentati dal giuramento al Re, abolito «l'appello per abuso», cioè il ricorso a speciali organi amministrativi contro gli atti dell'autorità ecclesiastica, che venivano sottratti a ogni obbligo di regio *exequatur*, cioè non avevano più bisogno di approvazione da parte dello Stato. Questa era tuttora obbligatoria solo per quanto riguardava la destinazione e l'alienazione dei beni ecclesiastici, al cui riordinamento ci si riprometteva di provvedere con ulteriori disposizioni.

Il dibattito si prolungò, fra Camera e Senato, per quasi due mesi, e fu tra i più elevati che mai si siano svolti nel parlamento italiano. Contro la legge furono i depositari del liberalismo ortodosso che esigevano una più netta separazione fra i due poteri, e gli uomini della Sinistra che la considerarono un'abdicazione dello Stato alla Chiesa. Ma l'attacco più violento le venne dal Papa, che la chiamò «mostruoso prodotto della giurisprudenza rivoluzionaria».

Pio IX non aveva cessato le sue manovre per provocare un intervento straniero. Si rivolse perfino al luterano Bismarck, che si disse pronto a patrocinare «fino in fondo» la sua causa, purché egli si trasferisse in Germania. A un amico che si stupiva di questa offerta, rispose ch'era l'unico modo per ripristinare l'unità religiosa in Germania: una volta conosciuto il Papa da vicino, i cattolici tedeschi si sarebbero convertiti al luteranismo. Pio IX toccò tutte le corde per suscitare una crociata in proprio favore, dipingendosi come un povero senzatetto in cerca di un «piccolo angolo di terra» in cui poter svolgere liberamente il suo ministero. E fu per avvalorare la sua condizione di perseguitato che respinse in blocco «quei futili privilegi e immunità che volgarmente sono detti *guarentigie*», rifiutò i «trenta denari» dell'appannaggio, e dichiarò che «nessuna conciliazione sarà mai possibile fra Cristo e Belial, fra la luce e le tenebre, fra la verità e la menzogna».

Questa intransigenza si tradusse anche in gesti che ebbero effetti esiziali sulla vita politica del Paese. Il grande problema dell'Italia era – ed è – quello di stimolare la partecipazione dei cittadini alla cosa pubblica. Il Papa fece il possibile per impedirla. La Sacra Penitenzieria, dopo aver dapprima dichiarato «non conveniente» per i cattolici prendere parte all'elezione, lo proibì addirittura trasformando il *non expedit* in un categorico *non licet*. Così molti cattolici, i quali non avrebbero chiesto di meglio che conciliare la coscienza civile con quella religiosa e contribuire alla costruzione della Nazione, ne furono impediti, si trovarono moralmente relegati in un ghetto e, come sempre avviene in tutti i ghetti, si rinchiusero in un rancoroso atteggiamento di «contestazione» globale verso lo Stato, che ancor oggi ha i suoi rigurgiti nelle correnti «integraliste» della Democrazia Cristiana, animate da un sordo e sordido spirito di vendetta nei confronti del Risorgimento, delle sue conquiste e della sua tradizione. Questa anti-Italia troverà il suo strumento nell'Azione Cattolica, fondata nel '74, ma di questo diremo in seguito.

All'intransigenza di Pio IX, lo Stato reagì con pari intransigenza. In tutte le università furono soppresse le facoltà di teologia, i seminari sottoposti al controllo laico, e i preti assoggettati al servizio militare. A reclamare e imporre queste misure fu naturalmente la Sinistra che, nel suo irriducibile anticlericalismo, si dichiarava insoddisfatta delle guarentigie e predicava contro la Chiesa un *Kulturkampf*, come quello che Bismarck aveva scatenato contro di essa in Germania. Lungi dal disarmarla, il Papa seguitò a fornire buoni argomenti a questa propaganda, come se desiderasse di vederla tradotta in persecuzione.

Una volta disse che la differenza fra la Destra e la Sinistra era quella che passa fra il colera e il terremoto, lasciando capire che preferiva il terremoto.

Fu nel colmo di questa lotta che Mazzini scomparve.

Fino all'ultimo, instancabilmente, aveva tentato di ricucire i brandelli della sua bandiera. Ma alla fine la disperazione aveva preso sul suo animo il sopravvento. «E l'Italia? L'Italia dei miei sogni? L'Italia che ho predicato? L'Italia che ho sognato? È soltanto un fantasma? Una parodia?» Sebbene la polizia sapesse benissimo chi era e dov'era e cosa faceva, circolava con un falso passaporto inglese intestato a Mr Brown. Ma quando s'avvide che le residue forze lo abbandonavano, si rifugiò a Pisa nell'ospitale casa di Pellegrino Rosselli, il genero della sua grande amica Sarah Nathan. Lo curava il vecchio fedelissimo Bertani, ma il paziente lo aiutava poco. «Questa vita di macchina che scrive, scrive, scrive da trentacinque anni comincia a pesarmi» diceva. Ma seguitava a scrivere sostentandosi solo di sigari e di caffè. All'idea che l'Italia fosse solo un fantasma non si rassegnava. «Amate operosamente questa grande e povera patria nostra» raccomandava ai pochi fedeli rimastigli. E sul letto di morte, le sue ultime parole furono ancora di speranza: «Ora tutti lavorerete con più fede, con più ardore per far sì ch'io non abbia vissuto invano».

Spirò il 10 marzo del '72 lasciando detto che voleva essere sepolto nel cimitero di Staglieno accanto a sua madre. E così fu fatto, ma alla chetichella. L'Italia «legale» non mosse palpebra e non pronunziò parola, ma anche quella «reale» non si mostrò molto colpita dalla sua scomparsa. La rigorosa coscienza morale e la concezione tragica della vita come di un dovere da assolvere e di una missione da compiere lo avevano sempre reso straniero in un Paese da melodramma come il nostro. La stima di cui aveva goduto era stata sempre mescolata a un certo fastidio, e nemmeno a un secolo di distanza se ne sa districare. Ancor oggi egli resta il padre di una Patria che non si è mai sentita figlia sua. E se lo fosse, non sarebbe com'è.

CAPITOLO DODICESIMO

LA CADUTA DELLA DESTRA

Quella che nel giugno del 1873 pose fine al ministero Lanza-Minghetti fu una crisi interna della Destra. Subito dopo Porta Pia e il trasferimento della capitale a Roma, i due statisti piemontesi erano tornati a concentrare i loro sforzi sul pareggio del bilancio che, già alle viste nel '70, era stato turbato dalla spedizione di Cadorna. Il primo prodromo del dissenso lo si ebbe quando alcuni provvedimenti finanziari proposti da Sella furono abbondantemente ridimensionati da una commissione parlamentare presieduta da Minghetti. Fin allora latente, il conflitto fra i due uomini scoppiava. E si risolveva a favore di Minghetti.

Costui, più che dalle «correnti» del suo partito ridotto ormai a un coacervo di clientele personali e numericamente dominato da deputati di nuova nomina senza fissa dimora ideologica e quindi disponibili a ogni «combinazione», traeva la sua forza dalle maggiori simpatie che godeva nella Sinistra. E lo si vide dall'aiuto che questa gli porse quando, subito dopo, si aprì un altro contrasto a proposito di un arsenale da istallare a Taranto. Lo sparagnino Sella aveva stanziato sei milioni. I rappresentanti del Sud, ch'erano in prevalenza di Sinistra, ne reclamarono il quadruplo, e l'ottennero.

Le dimissioni offerte da Lanza e Sella furono rifiutate

perché in quel momento era in discussione una legge sulle corporazioni religiose che urgeva condurre in porto. Ma il fronte era ormai irreparabilmente rotto: a fargli da mastice era solo il timore che il potere slittasse nelle mani della Sinistra. Questo timore dileguò quando, nel giugno del '73, morì Rattazzi, l'unico uomo che alla bell'e meglio riusciva a tenerne legate le correnti. Infatti il suo cadavere non si era ancora raffreddato nella tomba che il governo veniva battuto su un ordine del giorno, e stavolta le dimissioni erano inevitabili.

Il Re, che ormai se le aspettava, era già d'accordo con Minghetti per la formazione di un governo di coalizione con le correnti più moderate della Sinistra capeggiate da Depretis. Si trattava di una riedizione del «connubio» di Cavour. Ma l'operazione non andò in porto per le resistenze che incontrò in entrambi gli schieramenti. Minghetti dovette quindi rassegnarsi a un gabinetto tutto di destra e perciò condizionato dalla concordia di un partito in cui la concordia era da un pezzo latitante. Per di più, esso dovette subito far fronte alla crisi finanziaria che investiva tutta l'Europa e anche sull'Italia riverberava i suoi effetti.

A renderli più gravi era lo stato confusionale in cui versava la circolazione monetaria. A differenza degli altri Paesi, in Italia non c'era un solo istituto di emissione, ma sei: la Banca Nazionale, la Banca Nazionale Toscana, la Banca Toscana di Credito, la Banca Romana, il Banco di Napoli e il Banco di Sicilia. Lo Stato assegnava un limite alle loro emissioni, ma non riusciva a farlo rispettare. Sollecitate dagli operatori economici per rianimare il mercato colpito dalla stagnazione, le sei Banche avevano stampato biglietti oltre la misura consentita e naturalmente questo provocava inflazione e disordine.

Minghetti, che si era tenuto il Ministero delle Finanze, rendendosi conto che non aveva abbastanza forza per unificare gl'istituti di emissione, mise allo studio un progetto di legge che creava fra essi un consorzio per regolarne l'attività. La discussione dimostrò in maniera lampante quanto fosse ormai fuori corso la tradizionale toponomastica parlamentare. Gli attacchi più violenti, il progetto li subì da una parte della Destra, sostenitrice dell'assoluta libertà bancaria; mentre i consensi più caldi li ebbe dalla Sinistra moderata, grazie alla quale la legge passò a forte maggioranza. Essa regolò per vent'anni il sistema bancario italiano, ma non lo mise al riparo da guasti destinati a provocare una delle crisi più sconvolgenti che l'Italia abbia mai attraversato.

Fu tuttavia un successo senza domani. Quando Minghetti, anche lui all'inseguimento del pareggio, propose degli aggravi fiscali, per quanto modesti, la sua maggioranza via via si dissolse, e l'ultimo provvedimento passò con 166 voti contro 165 e 177 astenuti. Minghetti tentò un accordo con Sella per ricucire il fronte di destra, ma il muro di rancore che ormai divideva i due uomini si rivelò più forte della coincidenza ideologica e degl'interessi del partito. Un sondaggio in direzione opposta, cioè con la Sinistra di Depretis, non diede risultati. Non restavano dunque che le dimissioni del governo, o nuove elezioni. Il Re preferì la seconda alternativa.

La campagna elettorale del '74 fu molto più vivace di quella del '70 anche perché il governo vi s'impegnò a fondo, ma rivelò in maniera ancora più eloquente le decomposizione dell'antica maggioranza moderata. Il processo era già cominciato con la guerriglia fra Permanenti e Consorti. Ma questi almeno erano due blocchi abbastanza omogenei e caratterizzati, sulla cui compattezza si poteva fare assegnamento. Ora, al loro posto, erano subentrate delle forze puramente clientelari, ribelli a qualsiasi disciplina, e impegnate in una lotta di potere più all'interno dei loro rispettivi schieramenti che contro quello avversario. I discorsi di Sella ebbero come bersaglio Minghetti che, per riparare alla sua defezione, cercò appoggi presso i cattolici, cui il *non expedit* impedì di darglielo. Su due soli punti programmatici la Destra trovò una certa unanimità: il solito sospirato pareggio del bilancio, e la resistenza a oltranza alle riforme democratiche, come quella del suffragio universale, avanzate dalla Sinistra.

Questa manifestava a sua volta gravi segni di dilacerazione interna. Quello più clamoroso fu la quasi contemporanea comparsa di due manifesti. Uno, firmato da Crispi, Cairoli, Nicotera, Bertani e altri, ribadiva le tradizionali posizioni oltranziste, e rappresentava il pensiero della Sinistra «storica». Uno, anonimo, ma chiaramente ispirato da De Luca, De Sanctis, Coppino e altri, in stragrande maggioranza meridionali, propugnava la trasposizione dei problemi da un piano astrattamente ideologico a quello concreto, ch'era poi il metodo del moderatismo. «I programmi» diceva «non siamo noi che li facciamo, li fa il Paese, e il Paese ora non chiede riforme politiche, chiede riforme finanziarie e amministrative, sicché la vera riforma politica oggi è questa.» E fu il biglietto da visita di quella che si chiamò la «Sinistra giovane», la quale aveva per patrono un vecchio, Depretis, che tuttavia rimase dietro le quinte. Anche queste due Sinistre si combatterono con la stessa virulenza con cui si combattevano le Destre, nonostante un accordo stipulato fra loro.

Pur restando bassa – il cinquantacinque per cento –, l'affluenza alle urne, malgrado l'astensione dei cattolici, fu nettamente superiore a quella del '70. E il risultato complessivo fu un notevole successo della Sinistra, soprattutto nel Sud. Essa ottenne 232 seggi contro i 276 della maggioranza governativa, che conservò le sue posizioni soltanto nel Nord. Ma l'elemento caratterizzante della nuova Camera era l'indefinibilità dei confini fra i due schieramenti. Essi sfumavano in un Centro, destinato a costituire la vera base di ogni futura combinazione. Sulla sua conquista s'imperniò la lotta per il potere fra Minghetti e Depretis.

Minghetti che, come capo della maggioranza, ebbe l'incarico di formare il nuovo governo, cercò naturalmente di giuocare sulle divisioni fra Sinistra storica e Sinistra giovane. Ma esse si rivelarono meno profonde di quelle che dilaniavano la Destra un po' perché, a differenza del potere, l'opposizione unisce; un po' perché nell'arte dei rattoppi e dei rammendi Depretis non aveva rivali.

In questa malcerta situazione, qualsiasi passo poteva diventare fatale, e infatti il governo ne mosse pochi, almeno nel senso delle riforme. Quando azzardò l'aumento di una tassa di registro sugli atti immobiliari, andò a un pelo dalla caduta perché una fetta della maggioranza votò contro o si astenne. Stavolta il pericolo indusse Sella ad accettare un accordo e un posto nel governo, il che permise a Minghetti di proporre un inasprimento di misure di polizia specie in Sicilia, dove i delitti si andavano paurosamente moltiplicando e la mafia sempre più spadroneggiava.

La Sinistra si schierò compattamente contro il disegno di legge, e il dibattito raggiunse toni di alta drammaticità. Il discorso che più impressionò fu quello di Tajani, che come ex Procuratore generale della Corte d'Appello di Palermo fece sensazionali rivelazioni sulle collusioni fra mafia e polizia. Ma, trascinati dal furore polemico, gli oratori della Sinistra commisero l'errore di coinvolgere nelle responsabilità tutta la Destra, che reagì schierandosi compattamente in difesa del governo.

L'insuccesso aggravò i contrasti fra i capi della Sinistra. Gli «storici» furono messi sotto accusa per il loro oltranzismo, e quanto scomoda fosse diventata la loro posizione lo dimostrò la pronta defezione di Nicotera, il campione dell'opportunismo, che accostò ai «giovani». A spingerlo su questa strada era stato il Re, che gli aveva fatto balenare la possibilità di un ministero Sella-Nicotera; Ma Depretis non era uomo da lasciarsi tagliar fuori da una manovra e da un personaggio di quella fatta. «I partiti politici che non sanno aspettare» disse ai suoi elettori di Stradella «non meritano di andare al governo. Essi devono giungervi per la strada diritta, a tamburo battente, con la loro bandiera spiegata.» A una simile predica il suo pulpito era il meno qualificato perché questo metodo egli non lo seguì mai. Ma lì per lì gli permise di ricomporre il fronte delle Sinistre. Anche Nicotera finì per rientrare nei ranghi. E Depretis, lungi dall'infliggergli mortificazioni, lo incaricò di cercare un accordo sottobanco coi Consorti toscani in vena di «deviazionismo». Così, trasformandolo in collaboratore, si sbarazzò di un rivale, e avviò la manovra che presto doveva condurlo al potere.

I fatti si svolsero così. Firenze aveva dato l'addio alla capitale senza nessun rimpianto, ma chiedeva di essere indennizzata delle immani spese che aveva dovuto sostenere per ospitarla e che avevano ridotto il suo bilancio in condizioni fallimentari. Guidata da Peruzzi, progenie di banchieri, la Destra toscana era su questo punto unanime e irriducibile. Ma altrettanto ostinato era il rifiuto di quella piemontese, e il contrasto ridava alimento alla vecchia guerra fra Consorti e Permanenti.

Ancora più aggrovigliata era la questione delle ferrovie. Come abbiamo già detto, il problema se convenisse di più affidarne la gestione allo Stato o lasciarle a società private, da anni divideva e avvelenava l'opinione pubblica con polemiche roventi, scandali o sospetti di scandali. Non c'era su questo punto un'antitesi Destra-Sinistra. Le società private, cui partecipavano anche banche straniere della forza e del prestigio dei Rothschild, avevano i loro avvocati sia nell'uno che nell'altro schieramento. E questo contribuiva a rendere la lotta confusa e imprevedibile.

Nel marzo del '76 Minghetti e il suo Ministro dei Lavori pubblici, Spaventa, presentarono dei disegni di legge che praticamente davano avvìo alla statalizzazione. L'episodio dimostra quanto cangevole sia la toponomastica politica. Oggi appare quasi inconcepibile che ad avanzare una simile proposta fossero degli uomini di Destra, e ad avversarla fosse, quasi unanimemente, la Sinistra. Eppure, fu quanto avvenne nel '76. Ma i moderati toscani e buona parte di quelli lombardi, pur d'impedire quella saggia misura ormai adottata o in via di adozione in tutti gli Stati moderni, ruppero il fronte e passarono dalla parte degli avversari. Il governo, battuto, presentò le dimissioni. E il Re diede l'incarico di formarne uno nuovo al capo della vittoriosa opposizione, Depretis.

Questa la sequenza, piuttosto casuale, degli avvenimenti che condussero alla caduta della Destra. Ma se questa assunse un carattere definitivo, fu perché alla sua origine c'erano dei motivi sostanziali e profondi.

Cerchiamo di chiarirli.

La più appariscente debolezza della Destra, negli ultimi tempi, era stata la mancanza di un leader. Dopo la morte di Cavour, essa non ne aveva più trovato uno in grado di dominarla e d'imbrigliarne le forze centrifughe. Il suo uomo di più alta statura morale, Ricasoli, mancava di qualità politiche, e dopo di lui un vero e proprio capo non c'era più stato. Dei tre che aspiravano a diventarlo – Lanza, Sella e Minghetti –, nessuno aveva la forza d'imporsi agli altri due. Ma forse questo dipendeva anche dal fatto che l'impresa era diventata molto più ardua. Cavour aveva avuto a che fare con una Destra che rappresentava ceti sociali abbastanza omogenei: la grande e media borghesia agraria del Centro-Nord. I suoi successori dovevano vedersela anche con una borghesia meridionale che, sebbene essa pure in gran parte agraria, era mossa da criteri e interessi molto diversi. In parole povere: i primi erano degli agrari capitalisti, i secondi degli agrari feudali; i primi erano autenticamente liberali, i secondi autenticamente conservatori. Trovare fra loro una componente era difficile.

Un altro motivo era il mutamento del quadro europeo in cui la Destra aveva operato. In politica estera i suoi punti di riferimento erano sempre stati l'amicizia dell'Inghilterra e il patronato militare della Francia. Contro la Sinistra, che voleva mazzinianamente «fare da sé», la Destra aveva fatto tutto quel che aveva fatto con la Francia e grazie alla Francia. Questo passato costituiva un patrimonio di ricordi e un legame di gratitudine che nemmeno il «tradimento» di Villafranca e l'ostinato servizio di guardia montato dai Francesi allo Stato pontificio erano riusciti a intaccare. Anche per l'ultima campagna d'indipendenza contro l'Austria, quella del '66, l'Italia aveva chiesto il permesso a Parigi, ne aveva seguito anche il consiglio d'impegnarvisi soltanto a mezzo, ed era dalle mani della Francia che aveva ricevuto il Veneto. Ma la disfatta di Sedan e la caduta di Napoleone lasciavano la Destra orfana del tradizionale protettore. Ora bisognava veramente «fare da sé», e a questo era molto più qualificata la Sinistra, che ne aveva sempre fatto uno dei suoi punti programmatici.

Il terzo motivo era la crisi del liberismo economico, che per la Destra era stato un dogma: un po' perché era il principio cui s'ispiravano le due potenze occidentali col cui aiuto l'Italia era diventata Nazione, un po' perché esso corrispondeva all'esigenze d'un Paese essenzialmente agricolo e dominato dai ceti agrari come il nostro. Solo non oberati da dazi i vini, i formaggi, la frutta, lo zolfo e la seta italiani potevano conquistare i mercati stranieri, mentre si poteva, anzi si doveva concedere reciprocità di trattamento ai manufatti e macchinari stranieri per il semplice motivo che l'Italia non era in grado di produrne. Ecco perché Cavour era stato ostinatamente libero-scambista e i suoi successori seguitavano a esserlo.

Ma verso la metà degli anni '70 l'agricoltura fu colpita da una grave crisi. La facilità dei mezzi di comunicazione, e quindi la riduzione dei costi di trasporto, consentì all'America di scaricare le sue derrate sui mercati europei a prezzi fuori di qualsiasi concorrenza. Per i Paesi industriali, nei quali l'agricoltura svolgeva un ruolo subalterno, fu un imbarazzo. Per l'Italia fu un disastro, che produsse due conseguenze: incrinò la fede nel liberismo, e diede una spinta agl'investimenti nell'industria convogliandovi buona parte di quei risparmi che fin allora venivano quasi esclusivamente impiegati in acquisti e migliorie di terre.

Tutto questo sovvertiva il tradizionale quadro economico. Via via che crescevano di peso, gl'industriali facevano sentire le loro esigenze ch'erano in piena contraddizione con quelle degli agricoltori. A farsene portavoce fu

Alessandro Rossi, che aveva fondato a Schio il più moderno lanificio italiano e nel '70 era stato nominato Senatore. Egli fece del suo banco una tribuna per sostenere le tesi protezioniste. E gli argomenti non gli mancavano. Bisogna scegliere, egli diceva: se l'Italia vuole le sue industrie – e non si vede come possa farne a meno – bisogna che le protegga dalla concorrenza straniera con robuste tariffe doganali, almeno fin quando esse non siano in grado di resistere da sé, come del resto hanno fatto tutti gli Stati nel periodo del loro decollo.

Non era il solo a sostenere questa tesi. Anche Luigi Luzzatti, il più brillante fra gli economisti italiani della nuova leva, parlava lo stesso linguaggio contro i liberisti della vecchia scuola. Ma se queste idee attecchirono non fu grazie all'eloquenza dei loro sostenitori, ma al fatto ch'esse corrispondevano ai bisogni del Paese, dove si profilava una situazione che la Destra non aveva previsto ed era impreparata ad affrontare. Non che la Sinistra si trovasse, ideologicamente, in condizioni migliori. Anch'essa seguiva in maggioranza il credo liberista. Ma vi era meno legata della Destra, che ne aveva sempre fatto il cardine della sua politica economica e che quindi, rinnegandolo, rinnegava se stessa. Minghetti cercò di allentare la pressione denunciando parecchi trattati commerciali e affidandone la revisione a Luzzatti. Ma oltre non poté andare, e anche per questo fu travolto.

Un altro punto che coglieva la Destra di sorpresa era il problema del Mezzogiorno, sebbene ad anticiparlo fosse stato proprio uno dei suoi uomini, Massari, nell'inchiesta sul brigantaggio. Ma a porlo in termini chiari e drammatici fu nel '75 la «Rassegna settimanale» di Firenze con gli scritti di Sidney Sonnino, Leopoldo Franchetti, Pasquale Villari e Giustino Fortunato. Quest'ultimo, che poi diventò il padre e ispiratore dei «meridionalisti», sapeva quel che diceva contro i terrieri del Sud perché era uno dei loro, e appunto per questo la sua testimonianza pesava. Grande notabile della Lucania, malinconico e pessimista come tutti i suoi conterranei (chi scrive ha fatto in tempo a conoscerlo), egli era di fondo un conservatore. Nei miracoli non ci credeva, e nella decadenza del Sud vedeva una specie di fatalità ineluttabile. Ma la probità morale e intellettuale gl'ispirò un terribile atto di accusa contro la classe sociale da cui egli stesso proveniva e che costituiva in quelle province il sostegno della Destra. Così questa metteva sotto processo se stessa e riconosceva di aver fallito il riscatto del Sud. Nelle elezioni del '76 sarà infatti il voto dei meridionali a determinare il definitivo trionfo della Sinistra.

E infine, l'esaurimento della missione. I due obiettivi su cui la Destra si era impegnata allo spasimo erano l'unificazione legislativa e amministrativa del Paese e il pareggio del bilancio. Li aveva raggiunti, ma a prezzo di un terribile logorio. Più imposta dall'alto che sollecitata dalla base, l'unificazione aveva richiesto il sacrificio d'infiniti interessi particolari. Il potere centrale aveva violentato costumi e tradizioni dando allo Stato le sembianze di un padrone sopraffattore e quindi provocando scontentezze e rancori, che ora venivano al pettine.

Non meno faticoso e pronubo d'impopolarità era stato il pareggio. Non è vero che a questo traguardo gli uomini della Destra avessero sacrificato i bisogni del Paese. Pur sempre «lesinando», un notevole passo avanti glielo avevano fatto fare. Erano migliorate le Forze Armate, era migliorata la flotta mercantile, erano migliorate e moltiplicate le ferrovie, erano migliorate le scuole. Ma tutto questo era costato sacrifici durissimi. Impeccabili, ma anche implacabili amministratori, quegli uomini avevano torchiato il Paese senza discriminare; ma, appesantendo la mano sulle imposte indirette che colpivano nella stessa misura il ricco e il povero, facevano di quest'ultimo la vera vittima raschiandolo all'osso. Il sistema aveva trovato la sua più esemplare applicazione nella tassa sul macinato, rimasta in vigore anche dopo il bagno di sangue che aveva provocato. Tutto era stato spremuto, a cominciare dalle indennità dei Ministri e dei parlamentari. E questo è un merito che nemmeno i più settari paladini della Sinistra possono contestare agli uomini della Destra. Anche se qualcuno di loro fu coinvolto in scandali – probabilmente del tutto pretestuosi –, la regola fu la più specchiata probità. E il traguardo era stato raggiunto.

La sequenza degli avvenimenti è significativa. Il 16 marzo del 1876 Minghetti annunciò che il deficit era stato colmato. Due giorni dopo questo annunzio, la Destra cadeva, come se le fosse venuto a mancare il motivo della sua sopravvivenza. Quando la Camera tornò a riunirsi dopo le elezioni che avevano consacrato il trionfo della Sinistra, Minghetti disse, rivolgendosi a Depretis: «Abbiamo vinto noi. Abbiamo straziato, se volete, con le imposte i contribuenti, ma abbiamo salvato le finanze e il credito e l'onore d'Italia, e vi abbiamo lasciato lo stato di cose che ora permette a voi di compiere gli atti di cui vi gloriate».

L'opinione pubblica salutò con dimostrazioni e luminarie il grande evento e gli dette l'imponente e impegnativo nome di «rivoluzione parlamentare». Ma i fatti si affrettarono a dimostrare che la rivoluzione era più nelle parole che nelle cose. E i motivi sono abbastanza evidenti.

Destra e Sinistra erano legate da solidarietà di fondo, più forti di qualsiasi contrasto. Entrambe erano di estrazione borghese, entrambe attingevano i loro titoli morali al Risorgimento, ed entrambe erano espressione della ristretta categoria di notabili, che praticamente esercitava in esclusiva il diritto di voto. Finché durava questo assetto, che la Sinistra si guarderà bene per molti anni dallo sconvolgere nonostante la perentoria richiesta del suffragio universale avanzata dalla sua Estrema, di rivoluzione era impossibile parlare. Il notabile di Sinistra che prendeva il posto di quello di Destra era un suo strettissimo parente, quando non addirittura la stessa persona. Per di più già da un pezzo erano venuti a cadere, o si erano smussati, molti dei motivi ideologici che li avevano divisi e contrapposti, e che gira e rigira si compendiavano in questo: se l'Italia la dovesse fare il Piemonte sabaudo col suo esercito e la sua diplomazia, o il popolo in armi con le sue barricate. Tutto il Risorgimento non era stato che il conflitto fra queste due soluzioni concorrenziali, ma anche complementari: quella illuministica di un'Italia fatta dal Principe, cioè dall'alto; e quella rivoluzionaria di un'Italia fatta dal popolo, cioè dal basso. Ma l'ultima battaglia di questa guerra era stata combattuta sulla questione di Roma. Risolta la quale, e così concluso il processo unitario, la polemica diventava puramente retrospettiva, e si trasferiva dalla sede politica a quella storica. Il problema non era più chi dovesse fare l'Italia, ma chi l'aveva fatta. Lo si dibatte ancora. Lo si dibatterà sempre. Ma riguarda solo il retaggio morale delle due parti in causa. Sul piano dei programmi, già nel '76 aveva perso gran parte del suo significato.

Ma anche su quello degl'interessi, il contrasto era sorpassato, o per meglio dire si presentava in maniera del tutto diversa da quella tradizionale. In seno alla Destra, che aveva sempre avuto e seguitava ad avere il suo punto di forza nella borghesia centro-settentrionale, si erano venute sempre più accentuando le spinte progressiste dei ceti mercantili e industriali. Mentre in seno alla Sinistra, che aveva la sua roccaforte nelle borghesie meridionali, sempre più si sviluppavano le resistenze conservatrici dei predominanti ceti terrieri. Ognuno dei due schieramenti covava insomma nel suo seno entrambe le tendenze. E infatti sui grandi problemi, come quello del libero scambio, essi si erano spaccati. Per questo i due blocchi avevano cessato di contrapporsi frontalmente. Ma per questo anche il passaggio del potere dall'uno all'altro non poteva comportare traumi rivoluzionari.

Ciò non vuol dire che tutto restasse immutato. Qualche cambiamento c'era. Ma, più che le idee e i programmi, riguardava gli uomini. Quelli di Destra avevano sempre visto le cose da posti di responsabilità: il loro tirocinio era stato il potere, ch'essi avevano ininterrottamente esercitato per quindici anni, salvo le due brevi parentesi di Rattazzi (che poi era di Sinistra solo di etichetta e aveva anche lui governato con uomini di Destra). Militari, diplomatici, magistrati, amministratori, gli uomini della Destra, a furia di stare immersi nella realtà dei problemi concreti, spesso perdevano di vista gl'ideali, consideravano il popolo un «oggetto», e tenevano verso di esso un atteggiamento mescolato di paternalismo, diffidenza e paura. Per gli uomini di Sinistra la scuola era stata la cospirazione; le cose le avevano sempre viste dalla barricata o dal banco dell'opposizione parlamentare; a furia di pascersi d'ideali, spesso perdevano di vista la realtà; e mitizzavano il popolo di cui si atteggiavano a direttori di coscienza.

Essi non toccarono le istituzioni, anzi vi s'inserirono con estrema disinvoltura. Ma, per gran parte infeudati alla massoneria, furono più anticlericali, più avventurosi in politica estera, più audaci nel lancio delle riforme, almeno sulla carta, più chiassosi, demagogici e declamatori, più massimalisti, e quindi anche più esposti a tentazioni autoritarie.

Insomma, a subire una vera e propria svolta non fu il «sistema», ma il suo «stile».

PARTE SECONDA

LA SINISTRA AL POTERE

CAPITOLO TREDICESIMO

DEPRETIS

A rileggere ciò che i contemporanei dissero e scrissero di lui, viene da chiedersi come fece Depretis a dominare la scena politica mantenendosi quasi ininterrottamente al potere per una decina di anni. Lo stesso Cavour, che in un certo senso lo aveva «lanciato» nominandolo prima governatore di Brescia e poi prodittatore in Sicilia, lo giudicava «un uomo indeciso, irresoluto, che riuscirà un mediocrissimo direttore in un gran movimento politico».

Deputato di Stradella, in provincia di Pavia, in gioventù aveva militato da cospiratore sotto la bandiera repubblicana, ma nemmeno Mazzini riponeva in lui gran fiducia. Infatti Depretis non perse tempo a trasferirsi nei ranghi di quella Sinistra costituzionale che accettava la monarchia, e sotto questa insegna conquistò il collegio elettorale che poi mantenne per quarant'anni, fino alla morte. Da allora la sua casa e la sua vita furono il banco del parlamento, della cui meccanica divenne in breve il più agguerrito esperto. Nessuno conosceva meglio di lui la tecnica delle mozioni e delle interpellanze, i cavilli di procedura, il groviglio dei corridoi, i punti d'incontro dietro le quinte. E nessuno sapeva meglio di lui orientarvisi e profittarne.

Fu grazie a questa maestria di tessitore ch'egli divenne il capo riconosciuto dell'opposizione democratica, non certo per le sue mediocri qualità oratorie, e meno ancora per l'audacia e la fantasia delle sue concezioni politiche. Forse egli avversò il famoso «connubio» fra Cavour e Rattazzi più per motivi di potere che per ragioni ideologiche. Condannando quella operazione, emarginava Rattazzi, ch'era il suo più pericoloso e autorevole rivale, e restava padrone della Sinistra. Questo non gl'impedì di accettare incarichi da Cavour, che sapeva servirsi di tutti, anche dei nemici. Ma né a Brescia né a Palermo fece gran figura. Fuori del parlamento e delle sue manovre e «combinazioni», si sentiva spaesato. E anche le sue esperienze di governo erano state piuttosto infelici. Certamente egli non ebbe nessuna responsabilità nel «fattaccio» di Aspromonte. Ma anche lui ne fu travolto come Ministro dei Lavori pubblici del governo in carica. Tornò a farne parte nel '66 con Ricasoli, e stavolta gli andò anche peggio. Come Ministro della Marina, toccò a lui andare ad Ancona per spingere all'azione l'indeciso e svogliato Persano. L'ordine era di Ricasoli, e Depretis non ne fu che il messaggero. Ma sia pure solo come tale, il disastro di Lissa coinvolse anche lui.

Anche il Re aveva scarsa opinione di Depretis. Ma probabilmente fu proprio questo il motivo per cui non fu affatto turbato dall'obbligo di affidargli, come capo dell'opposizione che aveva rovesciato Minghetti, l'incarico del nuovo governo. La sconfitta della Destra non gli dispiaceva affatto. Essa non gli aveva fornito che dei Cavour e dei Ricasoli, cioè degli uomini che non si erano mai prestati ai suoi giuochi di politica personale, anzi li avevano sempre risolutamente avversati. Ecco perché aveva sempre trescato con la Sinistra, e ora sperava che questa gli desse, con Depretis, un altro Rattazzi.

Probabilmente Depretis, che – diceva Petruccelli della

Gattina – «affabile, piaggiatore, famigliare con tutti, promette sempre, promette tutto», promise molto anche a lui, come del resto era nel suo stile. Come manipolatore di uomini, non aveva rivali. Quando lo accusavano di saperne sfruttare più i difetti che le virtù, egli *non* rispondeva che i difetti degli uomini sovrastano di gran lunga le virtù, perché questo avrebbe potuto farglieli nemici. Ma certamente lo pensava. «Amico delle spie e dei ladri» lo definì un giornale. «Il divo Budda» lo chiamava Bertani. E di questi nomignoli si potrebbe compilare un interminabile elenco. «Giano bifronte», «Caino», «il clown», «il volpone», «il mago», «l'affondatore». La sua vocazione, incalzava l'implacabile Petruccelli, è «crear dissensi, scompigliare partiti, gualcire caratteri. Egli è nato malfattore politico, come si nasce poeta o ladro». E Silvio Spaventa, per prenderne le difese, non trovò nulla di meglio che paragonarlo a «un cesso, che resta pulito, sebbene ogni immondezza vi passi».

Sotto questa gragnuola di dileggi e di accuse, Depretis rimase sempre imperturbabile. Egli non ruppe mai con coloro che glieli lanciavano, nemmeno quando essi rompevano con lui. La sua pazienza era inesauribile. La perse una volta sola quando in una discussione alla Camera interruppe un contraddittore che parlava a vanvera esclamando: «Che bestialità!»; ma se ne pentì subito e gliene chiese scusa. Barzilai diceva ch'era «invaso dal démone della procrastinazione». E Salvemini racconta che un giorno, indicando le carte che si accatastavano sul suo tavolo, Depretis disse: «Ognuna di queste pratiche dovevo deciderla entro ventiquattr'ore, se non volevo mandare in rovina l'Italia. Le ventiquattr'ore son passate, la pratica è sempre lì, e l'Italia va avanti lo stesso». Come tutti gli scettici, senza illusioni sugli uomini, a cominciare da se stesso, aveva anche un certo umorismo, sebbene ne facesse uno sfoggio moderatissimo. Quando un deputato gli disse che, «maestro in tutto, egli lo era anche nell'arte di andar piano», rispose: «Ho la gotta». Se l'avesse veramente, nessuno lo ha mai saputo con certezza. Si sa solo che della gotta si ricordava soprattutto quando si trovava in qualche situazione difficile. Alla vigilia, per esempio, di un voto di fiducia – quello da cui dipende la sopravvivenza di un ministero – dall'esito incerto, si presentava alla Camera zoppicante, tossicoloso e con l'aria d'un povero valetudinario ormai allo stremo. Dicevano perfino che per apparire più vecchio si tingeva la barba di bianco. I caricaturisti se ne facevano una pacchia, rappresentandolo come il «Vecchio della Montagna», e giornali satirici, con dubbio gusto, non esitavano a speculare sul fatto che sua moglie avesse trent'anni meno di lui. Fra le tante accuse che gli vennero lanciate ci fu anche quella di rubare. Ma questo non lo credette nessuno, forse neanche chi lo aveva detto. Da Presidente del Consiglio, egli continuò a vivere in un appartamento ch'era poco più di una soffitta da conquistare, gotta o non gotta, con centoventi scalini; e quando morì, non lasciò una lira.

Pareto chiamò il suo regime «la dittatura più assoluta che sia possibile in uno Stato a regime parlamentare», e c'è del vero. Egli non assunse mai atteggiamenti autoritari: non era nella sua natura. Ma non c'è dubbio che esercitò il potere con una tecnica che lasciava poco spazio all'opposizione. Questa tecnica è passata alla storia col nome un po' spregiativo di «trasformismo», ma di nuovo c'era appunto soltanto il nome. Anche Cavour l'aveva praticata, e del resto era quella che meglio conveniva alla classe politica italiana. Depretis illustrò il suo metodo con queste parole: «Mentre si era soliti dire che il governo rappresentava un partito, noi intendiamo invece governare nell'interesse di tutti, e accetteremo l'appoggio di tutti gli uomini onesti e leali, a qualsiasi gruppo appartengano». In parole povere ciò significava che non dovevano più esserci divisioni preconcette, che i vecchi gruppi potevano sciogliersi per dare avvìo a nuove coalizioni e maggioranze, e che insomma ogni nemico poteva *trasformarsi* in amico (ma anche viceversa). «Io spero» disse Depretis «che le mie parole potranno facilitare quella concordia, quella feconda *trasformazione* delle parti liberali della Camera, che varranno a costituire quella tanto invocata e salda maggioranza, la quale, ai nomi storici tante volte abusati e forse improvvidamente scelti dalla topografia della Camera, sostituisce per proprio segnacolo una idea comprensiva, vecchia come il moto, come il moto sempre nuova: il progresso.»

Con questo appello all'abbraccio ecumenico in nome di un ideale che nessuno poteva decentemente rifiutare *a priori*, Depretis intendeva ripristinare quella paterna «dittatura parlamentare», basata sull'autorità e sul prestigio di alcuni grandi notabili coi loro seguiti e clientele, e sulle loro «combinazioni», ch'era stato anche il metodo di Cavour. Ma se Cavour vi era ricorso come ripiego, per Depretis fu invece una vocazione e una professione. A parte le due Estreme – quella reazionaria di Destra e quella radicale-repubblicana di Sinistra –, che poi erano due esigue minoranze, sotto di lui i partiti si dissolsero, ma con essi si dissolsero anche i grandi princìpi ideologici su cui si fondavano. Alla vecchia «guerra di religione» fra moderati e democratici si sostituì lo spirito di compromesso che rendeva tutto fluido e negoziabile, ma anche facilmente corruttibile. Dopo anni di questa pratica, Crispi dirà: «Bisognerebbe vedere il pandemonio di Montecitorio quando si avvicina il momento di una solenne votazione. Gli agenti del ministero corrono per le sale e pei corridoi, onde accaparrare voti. Sussidi, decorazioni, canali, ponti, strade, tutto si promette, e talora un atto di giustizia, lungamente negato, è il prezzo del voto parlamentare».

Era vero. Ma continuò ad esserlo anche dopo che al potere fu salito Crispi.

Depretis formò il suo primo governo con uomini esclusivamente di Sinistra. Ma siccome questa non aveva la maggioranza, se la comprò dando soddisfazione sul problema delle ferrovie a quei gruppi della Consorteria che, rompendo il fronte della Destra, gli avevano dato la vittoria su Minghetti. Il problema delle ferrovie era – come abbiamo già detto – quello del loro esercizio. Si doveva finalmente decidere se esso doveva essere assunto dallo Stato o affidato a società private con cui erano già state avviate trattative. Centro e Consorti erano per la seconda alternativa, mentre la Sinistra storica era per la prima. Fra gli uni e l'altra, Depretis raggiunse un compromesso. Egli fece inghiottire alla Sinistra la tesi privatistica, promettendole in cambio lo scioglimento della Camera e le nuove elezioni ch'essa reclamava. Egli stesso si rendeva conto che senza una maggioranza stabile era impossibile governare. Ma non tutti i suoi colleghi la pensavano come lui. Il ministro degl'Interni Nicotera preferiva la situazione attuale perché, essendosi spostato verso il Centro, meditava di formare con esso una maggioranza sua propria con cui scalzare Depretis e prenderne il posto.

Ma con queste operazioni si poteva sorprendere un Ricasoli, non un Depretis, che ne era egli stesso maestro, e che probabilmente sciolse la Camera anche per mettersene al riparo. Il Re non fece obiezioni, le elezioni furono indette per il 5 novembre (sempre del '76), e Depretis inaugurò la campagna elettorale con un discorso ai suoi fedeli di Stradella in cui svolse e fissò i punti programmatici della Sinistra: abolizione del corso forzoso, riforma tributaria, allargamento del corpo elettorale, istruzione elementare obbligatoria, elettività dei sindaci e dei presidenti dei consigli provinciali che fin allora erano di nomina governativa.

Stavolta l'elettorato rispose con un certo slancio. Dei seicentomila iscritti nelle liste, andò alle urne quasi il sessanta per cento: che non era molto, ma era già qualcosa. Su questo successo, più che il richiamo delle riforme annunciate da Depretis, influì l'azione di Nicotera. Fin all'ultimo ostile alle elezioni, quando queste furono bandite, come Ministro degl'Interni non gli restava che vincerle. A cose fatte, gli avversari lo accusarono di non aver badato ai mezzi, ed era vero. Specie nel suo Sud, mobilitò mafie, camorre e clientele, intimidendo gli avversari e comprando con dispense e favori governativi tutto ciò che c'era di comprabile, e Dio sa se ce n'è. Spaventa parlò di «terrore amministrativo» e di «Stato ridotto a una mostruosa macchina elettorale». È vero che la Destra, quando era al potere, lo aveva usato pressappoco allo stesso modo. Ma è altrettanto vero che, per conquistarlo, la Sinistra aveva promesso di «moralizzare» la sua gestione. I metodi che vi aveva introdotto Nicotera fornivano buoni argomenti a chi diceva che «la Sinistra non è che una Destra peggiorata». Ma i risultati non erano mancati. La Sinistra uscì dal confronto con quattrocento deputati, la Destra con centoventi. Solo Cavour nel '61 aveva ottenuto una vittoria altrettanto schiacciante.

L'unico che non si lasciò accecare dall'entusiasmo per

questo trionfo fu Depretis. Egli sapeva benissimo quanto il suo partito fosse eterogeneo, minato da discordie ideologiche e da rivalità personali. Guidato da Bertani e Cavallotti, il piccolo ma rumoroso gruppo della Estrema, in cui confluivano i resti mazziniani e garibaldini del vecchio «partito d'azione», rappresentava una vera e propria dissidenza radicale, dotata di poco seguito, ma di forte credito morale. E quasi altrettanto autonoma era la cosiddetta «Sinistra pura» di Crispi, Cairoli e Zanardelli. Di quali forze disponesse era impossibile dire perché esse si spostavano continuamente da una «corrente» all'altra secondo le circostanze e le convenienze. E proprio di questo era conscio Depretis che subito, per prevenire colpi a sorpresa, cercò una collaborazione con gli elementi di Destra più disposti all'intesa. Ancora una volta li favorì sulla questione delle ferrovie appaltandole a un potente gruppo di banche italiane e straniere. Ma questo gli provocò nel partito una mezza rivolta. Zanardelli, Ministro dei Lavori pubblici, diede le dimissioni, Bertani e Cairoli uscirono dalla maggioranza, e della Sinistra pura rimase con Depretis il solo Crispi, ma in cambio del Ministero degl'Interni.

Il posto era vacante perché Nicotera era scivolato sulla «gamba di Vladimiro», un episodio ridicolo, ma che rivelava il carattere dell'uomo. Un Principe russo di stanza a Roma aveva ricevuto dal suo Paese un telegramma in cui un tal Alessandro gli comunicava che il figlio Vladimiro era stato ferito a una gamba. Nicotera aveva creduto che il mittente fosse lo zar Alessandro che dava notizia di un attentato contro il figlio Vladimiro e, prima che al destinatario, la fece comunicare ai giornali che la pubblicarono con grandissimo rilievo. Essa fu subito smentita, ma confermò quello che già si sapeva: e cioè che il Ministro degl'Interni violava sistematicamente il segreto telegrafico. L'indignazione fu tale e – quel che è peggio – condita di tali risate e corbellature che Nicotera dovette andarsene.

Depretis non ne fu dispiaciuto. La gamba di Vladimiro gli forniva una buona scusa per liberarsi di un collaboratore infido e per ammansire un pericoloso rivale. Ma, appena assunta la carica, anche Crispi fu violentemente attaccato per bigamia e dovette a sua volta dimettersi. Proprio allora il candidato governativo alla Presidenza della Camera venne battuto da Cairoli. La Destra aveva cominciato a dilaniarsi dopo anni di potere. Alla Sinistra erano bastati pochi mesi. E Depretis, il navigatore abituato più a evitare che ad affrontare la tempesta, preferì aspettare che si placasse ritirandosi in buon ordine. Anche perché nel frattempo era accaduto qualcosa che poteva rimescolare tutte le carte del giuoco: Vittorio Emanuele era morto, e sul suo trono ora sedeva un altro Re, di cui nessuno conosceva il carattere e le intenzioni.

CAPITOLO QUATTORDICESIMO

IL MARITO DI MARGHERITA

Il 5 gennaio del '78 scomparve a Firenze uno dei maggiori protagonisti del Risorgimento, il generale La Marmora. Il Re voleva mettersi in treno per partecipare ai suoi funerali e poi proseguire per la Mandria a visitarvi la Rosina, anch'essa malata. Ma non ce la fece. Da un paio di giorni si sentiva i brividi nelle ossa, e alla fine aveva dovuto mettersi il termometro: trentanove. Sulla natura del male, i medici non ebbero dubbi: broncopolmonite. Ma la prognosi era favorevole: Vittorio Emanuele non aveva che cinquantotto anni ed era di fibra robusta.

Viceversa, dopo un lieve miglioramento iniziale, il suo stato precipitò, e il Papa incaricò un monsignore di farsi introdurre dal cappellano di Corte presso l'infermo. Non si è mai saputo di quale messaggio fosse latore. Ma evidentemente il cappellano temette che la Curia volesse mercanteggiare l'assoluzione condizionandola a qualche ritrattazione politica, e si sottrasse all'incombenza. Quando il medico gli chiese se voleva vedere il confessore, il Re lo fissò con un piccolo trasalimento di stupore, ma non di paura. «Ho capito» disse, e fece entrare il cappellano. Questi rimase con lui una ventina di minuti, poi andò alla parrocchia di San Vincenzo per prendere il viatico. Il parroco disse che non era autorizzato a darglielo, e per rimuovere la sua resistenza occorse l'intervento del Vicario. Cosa poi sia successo fra costui, la Curia, il parroco e il cappellano, non sappiamo.

Il Re rimase presente a se stesso fino all'ultimo, e volle morire da Re. Rantolante, si fece trarre sui cuscini, si buttò sulle spalle una giacca grigia da caccia, e lasciò sfilare ai piedi del letto tutti i dignitari di Corte salutandoli uno per uno con un cenno di testa. Infine chiese di restar solo con Umberto e Margherita, ma all'ultimo momento fece introdurre nella camera anche il figlio che aveva avuto dalla Rosina, Emanuele di Mirafiori, e per la prima volta costui si trovò di fronte a Umberto che non aveva mai voluto incontrarlo. Era il 9 gennaio.

«Il vantaggio che ha un Re morendo» scrive Alfassio Grimaldi «è di non dover ascoltare le poesie che, a salma ancora calda, spuntano come funghi.» E infatti l'Italia ne fu alluvionata. «È morto il più valoroso dei Maccabei, è morto il leone d'Israele, è morto il veltro dantesco, è morta la provvidenza della nostra casa. Piangete, o cento città d'Italia! Piangete a singhiozzo, o cittadini!...» scriveva «Il Piccolo» di Napoli. Ma di questa istigazione alla préfica non c'era bisogno, perché gl'Italiani piangevano davvero, e non soltanto quelli di fede monarchica. «Chi sapeva, o gran Re, di amarti tanto?» si chiedeva Fabio Nannarelli. Perfino Cavallotti si commosse, e scrisse una lettera a Umberto.

La stampa straniera fu quasi altrettanto unanime. Solo quella austriaca avanzò qualche riserva. Secondo la «Neue Freie Presse», «nessun Principe fu più fortunato di lui, ch'ebbe in regalo una metà del suo Regno dagli alleati, l'altra metà dai sudditi», e il «Morgen Post» propose d'incidere sulla sua tomba questo epitaffio: «Qui giace un Re, cui tutto tornò vantaggioso, anche le disfatte». Ma a parte queste voci viennesi, le campane rintoccarono a gloria in tutto il mondo, e anche il giornale della Curia, «L'Osservatore romano», cercò a modo suo d'intonarsi al coro scrivendo che «il Re ha ricevuto i Santi Sacramenti dichiarando di domandare perdono al Papa dei torti di cui s'era reso responsabile». L'«Agenzia Stefani» smentì immediatamente. La Curia smentì la smentita. E i giornali laici insorsero a una voce dando al Papa di «avvoltoio» e accusandolo di «infame speculazione sul segreto confessionale». Così quella che avrebbe potuto essere un'occasione di distensione, diventò un ennesimo motivo di rissa.

Un'altra polemica scoppiò per la sepoltura. Certamente il defunto avrebbe voluto essere tumulato a Superga, e Superga voleva la Corte, composta quasi esclusivamente di Piemontesi. Ma Crispi disse: «Il Pantheon», e questo grido, riecheggiato da Roma e da tutta l'Italia, diventò addirittura travolgente quando il Vaticano, con insigne malaccortezza, dichiarò che nessuna delle quattro grandi basiliche era disponibile per le esequie. A Umberto non restò che accettare la sfida e inchinarsi alla voce popolare.

Fatta per gli spettacoli, Roma – a detta di Massari – «non vide mai un trionfo di vivo più solenne di quello del morto». All'alba, anche i tetti erano già gremiti di folla. I treni ne avevano riversata a fiotti da tutta Italia. Oltre tremila deputazioni e tutte le associazioni combattentistiche e patriottiche erano presenti con le loro bandiere. Fra due massicce ali di truppa schierate lungo tutto il percorso, il corteo prese avvìo dal Quirinale. La salma imbalsamata era distesa su un carro dorato tirato da otto cavalli e preceduto dal primo aiutante di campo che portava, con la punta appoggiata alla sella, la spada del Re, gloriosamente ammaccata. Appartenuta al generale francese Masséna, quella spada portava sulla lama la scritta: «Viva la Repubblica Italiana!». Seguiva, parato a lutto, il cavallo arabo che Vittorio Emanuele aveva montato a Palestro e a San Martino, ormai ultratrentenne. Dietro, su un baldacchino, la Corona Ferrea. Poi, i Principi stranieri calati a frotte, fra i qual l'arciduca Ranieri d'Austria e Federico Guglielmo di Prussia. E il corpo diplomatico al completo. E tutti i dignitari del Regno in gibus e marsina. Di preti, due soli: il cappellano, e un altro che lo aspettava al Pantheon per insultarlo dandogli di «venduto».

Il compito che aspettava il nuovo Re non era dei più facili. Se suo padre fosse stato davvero «un gigante», è tuttora controverso. Ma tale era apparso alla maggioranza degl'Italiani. E ciò faceva sì ch'egli lasciasse un vuoto ancora più grande del posto che aveva occupato. Per riempirlo, ci voleva un uomo di stazza, e a Umberto non ne veniva attribuita molta. Anni prima, dopo un colloquio con lui, Silvio Spaventa aveva scritto al fratello Bertrando: «Il male positivo è che il giovane è purtroppo ignorante. Ha fatto regolarmente gli studi di scuola, compreso il diritto costituzionale insegnatogli da Mancini, ma dopo la scuola non ha fatto altro e non fa altro, e non mi pare abbia voglia di altro».

In comune col padre, sembrava avere solo il genetliaco: anche lui era nato il 14 marzo (del '44). Ma se un po' lo ricordava nel fisico atticciato, nel carattere non gli somigliava affatto. Alla disciplina da caserma che vigeva in casa Savoia si era piegato senza resistenze, e di tenerezze non aveva ricordo. La madre non aveva tempo di occuparsi di lui perché, spossata dalle gravidanze, era sempre malata, e lo lasciò orfano quando aveva undici anni. Il padre non lo vedeva quasi mai perché i sentimenti paterni

Vittorio Emanuele li sfogava solo sui figli che gli aveva dato la bella Rosina: per quelli legittimi non aveva nessun trasporto. L'unica a rivolgergli qualche attenzione era la nonna Maria Teresa, la vedova di Carlo Alberto. Ma lo faceva da «mummia ambulante» come la definiva il suo fedelissimo Morozzo della Rocca, «sola, seria, stecchita». Eppoi anche lei morì quasi contemporaneamente alla nuora.

Da quel momento, mentre le due sorelle (Clotilde e Maria Pia) restavano a Torino, Umberto e i suoi tre fratelli (Amedeo, Oddone e Carlo Alberto) furono istallati a Moncalieri, affidati alla pedagogia di un folto stuolo di preti e di militari, e sottoposti alle solite regole spartane di casa Savoia: sveglia alle 5, messa alle 6, e compiti e preghiere, e preghiere e compiti fino alle 21. Ogni tanto, ma solo ogni tanto, il Re li convocava per un frettoloso saluto: la sua vera casa era la Mandria, dove Rosina gli cavava gli stivali, gli tagliava le unghie dei piedi – che poi metteva sotto teca come cimeli –, gli caricava la pipa di maiolica, e gli preparava la bagna cauda, mentre lui giocherellava coi suoi bastardini, di cui era orgogliosissimo: «Guardate come vengon bene,» diceva a tutti «quando si mescola il nostro sangue a quello del popolo!».

Dopo la proclamazione dell'unità, Cavour volle che l'erede al trono si facesse conoscere, e lo mandò in giro coi fratelli per tutta Italia. Umberto aveva diciassette anni e i famosi baffi non se li era ancora fatti crescere, ma già portava i capelli «alla Umberto», cioè tagliati corti a spazzola. I sudditi non lo trovarono molto attraente per via delle labbra cascanti e della bocca socchiusa, come se soffrisse di adenoidi, che dava al suo volto un'espressione un po' ebete. Per di più una faringite, che i medici non avevano saputo curare, gli aveva arrugginito le corde vocali e lasciato una voce cavernosa, che sembrava iraconda anche quando pronunziava parole gentili. Sebbene di parole gentili ne dicesse molte e stesse sempre al suo posto, tutti gli preferivano Amedeo, molto più discolo, ma anche molto più spontaneo e spiritoso. E a quanto pare lo preferiva anche il padre, che non cessò mai di brigare per procurare un trono anche a lui e alla fine glielo trovò in Spagna, ma solo a titolo provvisorio.

Quando fece il suo giro, Umberto era già colonnello e, da buon Savoia, lo era dalla testa ai piedi. Se di qualche ideale fu capace, per tutta la vita accarezzò quello di diventare un grande condottiero ma senza le romanticherie da crociato medievale di suo nonno, né il trascinante slancio di suo padre. La sorte lo deluse fornendogli occasione di gloria una volta sola: a Custoza nel '66. Contro il parere di cortigiani e Ministri, Vittorio Emanuele aveva voluto che tutti i suoi figli, legittimi e illegittimi, scendessero in campo anche a costo di lasciare il trono senza eredi. E poco ci mancò. Amedeo riportò una ferita al ventre. E Umberto, Generale di divisione, per essersi spinto troppo avanti per riconoscere il terreno, a un certo punto si trovò investito da uno squadrone di Ulani, e fece appena in tempo a rientrare fra i suoi e a disporli in difesa.

Questo famoso «quadrato di Villafranca» doveva diventare la pacchia di tre generazioni di poeti di Corte, e i poeti italiani sono quasi tutti di Corte. Fossero veri tutti i gesti e le parole che agiografi e memorialisti imprestarono per quell'occasione a Umberto, l'episodio avrebbe dovuto durare qualche giorno. Invece durò solo mezz'ora, ma il giovane protagonista vi si condusse realmente bene, con tranquillo coraggio. Esso gli valse la medaglia d'oro, nonché la Gran Croce dell'Aquila Rossa e quella dell'Aquila Nera da parte dell'alleato prussiano. Ma soprattutto gli valse una certa sicurezza di sé e fu per questo che Umberto non lo dimenticò mai. I reduci di Villafranca diventarono i suoi beniamini, li favorì in tutti i modi, e di un solo pittore – lui che di pittura non capiva nulla – ebbe stima, Fattori, perché aveva rappresentato la scena di quella battaglia e gli aveva detto, mentendo, che vi aveva partecipato anche lui.

L'anno dopo il padre decise di dargli moglie, e la prescelta fu un'Arciduchessa di quella dinastia Asburgo Lorena presso la quale i Savoia non avevano mai smesso di rifornirsi. Ma il progetto andò in fumo, e non in senso figurato. Per un banale incidente gli abiti della Principessa presero fuoco, e la ragazza morì bruciata. Per Umberto non fu un trauma perché non l'aveva mai vista. Ma bisognò pensare a un'altra. E in quel momento, come appare da una lettera di Clotilde a La Marmora che l'aveva incaricata d'inventariare le varie possibilità, le Case regnanti erano piuttosto a corto di materiale pregiato. Fu Menabrea che suggerì al Re una soluzione in famiglia: Margherita, la figlia orfana del suo prediletto fratello Ferdinando, Duca di Genova.

Il Re dapprincipio rifiutò recisamente. Con la cognata, Elisabetta di Sassonia, aveva rotto in maniera clamorosa, quando aveva saputo che costei aveva sposato morganaticamente un maggiore di artiglieria senza blasone. Dopo una violenta scenata, aveva fatto radiare il maggiore dall'esercito e confinato Elisabetta a Belgirate portandole via il figlio e lasciandole solo la figlia. Ma secondo D'Ideville c'era anche dell'altro. Vittorio Emanuele aveva sempre subìto il fascino della cognata, che ne aveva da vendere e che, rimasta vedova, aveva sognato di farsi sposare da lui. Il Re si era sottratto considerandolo quasi un incesto. Ma era rimasto segretamente innamorato di lei, e a renderlo così spietato nei suoi confronti sarebbe stata anche la gelosia. Ma questi erano soltanto pettegolezzi di Corte.

Comunque, dopo aver respinto il suggerimento di Menabrea, il Re ci ripensò e volle andare di persona a vedere la nipote, che ricordava bambinetta. Ora essa aveva sedici anni, e la trovò che ricopiava certi autografi di un antenato Savoia. Questo lo colpì quasi quanto la sua avvenenza. «*A l'è d'mè sang*», è proprio del mio sangue, esclamò soddisfatto. E quando seppe ch'essa stava per fidanzarsi con Carlo di Romania, pose fine agl'indugi. «Vieni, ti ho trovato la sposa» scrisse al figlio. Tre giorni dopo il Presidente del Consiglio diede l'annunzio ufficiale alla Camera. Le nozze furono celebrate il 21 aprile del '68. E si svolsero a Torino, forse per darle l'illusione di essere ancora una capitale. Per l'ultima volta la città sabauda assisté a un corteo di teste coronate. Ma fu la sola a festeggiarle. In tutto il resto del Paese il popolino faceva a schioppettate coi gendarmi per protestare contro la tassa sul macinato, e negli obitori c'erano duecentocinquanta morti, mille feriti negli ospedali, e quattromila nuovi ospiti nelle prigioni.

Umberto aveva accettato perché non poteva rifiutare. Come erede al trono, il suo primo dovere era quello di mettere al mondo un altro erede al trono. Ma la donna con cui gli sarebbe piaciuto farlo, non era Margherita. Chiuso e introverso, da ragazzo non aveva mostrato i dirompenti appetiti sessuali di suo padre. Probabilmente era ancora casto, quando a diciott'anni incontrò a Milano la duchessa Eugenia Litta detta dal nome paterno «la Bolognina». Essa ne aveva sette più di lui e non li aveva sprecati. Durante la campagna del '59 era stata il riposo del guerriero più famoso e importante: Napoleone III. E secondo le malelingue, era passata subito dopo in eredità a Vittorio Emanuele, che però era il meno adatto ad apprezzare la sua vita di vespa, le sue carni pallide e i suoi raffinatissimi gusti. Balzac le aveva reso omaggio. Boito seguitava a rendergliene. D'Annunzio dirà ch'essa «aveva rubato il segreto a Ninon de Lenclos». Insomma, come iniziatrice all'amore, il giovane Principe non poteva desiderarne una più fascinosa ed esperta. Lo fu al punto che, nonostante la differenza d'età, egli le rimase devoto – anche se non fedele – fino alla fine dei suoi giorni.

Molto probabilmente, Margherita sapeva già di questa relazione perché la sapeva tutta Italia. Ma essa non voleva sposare un uomo. Voleva sposare un Re, perché era nata col destino di Regina e ne aveva tutte le stigmate. Era bella, ma assai meno di quanto dicessero i poeti che per l'occasione si moltiplicarono (non ci fu sindaco di villaggio che non si sentisse tenuto a rabberciare qualche quartina; anche la più sgangherata fruttava di solito una croce di Cavaliere). Bellissimi erano i capelli fra il biondo e il fulvo, ma aveva le gambe un po' corte, la pelle slavata, e soprattutto non possedeva la carica sessuale di Eugenia, la sua fantasia, la sua iniziativa. In compenso era una vera e seria professionista del trono, e gl'Italiani lo sentirono. Essi compresero che, anche se non avessero avuto un gran Re, avrebbero avuto una grande Regina. «Margherita, una grande speranza / per l'Italia comincia da te» scriveva Giacosa. E a parte la loro bruttezza, questi versi esprimevano un sentimento, o un presentimento autentico.

Umberto ebbe il buon senso di non entrare in concorrenza con lei, e anzi di mettersi al suo rimorchio. Subito dopo le nozze, essi erano partiti non tanto per vedere quanto per farsi vedere in tutto il Paese. Ma il Paese vedeva soltanto Margherita, che non trascurò nulla per dare sostanza al mito popolare della «bella coppia» armoniosa e felice. Dovunque andassero, Umberto si preoccupava quasi esclusivamente di riconoscere nella folla un reduce del «quadrato» da chiamare per nome e battergli una mano sulla spalla. Il resto lo lasciava fare a lei, che lo faceva benissimo. Era infaticabile. Aveva un gesto e una parola per tutti, ed erano sempre gesti e parole azzeccati. Come andassero le cose nell'intimità, è un'altra questione, e non ci sono motivi per supporre che andassero del tutto bene. Ma, di lì a pochi mesi, essa poté annunziare all'impaziente suocero ch'era incinta. E in un matrimonio reale, questo basta per farlo considerare riuscito. Il lieto evento fu atteso a Napoli. Quando la levatrice gridò: «Maschio!», l'Italia monarchica, che non era tutta l'Italia, ma ne rappresentava una buona fetta, fu ai piedi della Principessa come se lo avesse fatto soltanto lei. Cinquantacinque Vescovi celebrarono altrettanti *Te Deum*, i comuni si caricarono di debiti per inviare sontuosi presenti al futuro Re d'Italia, e una indulgenza plenaria svuotò le carceri. Un solo nuovo ospite politico c'entrò: il bardo della democrazia Felice Cavallotti, autore di un'ode intitolata *Il parto e l'amnistia*. Due mesi dopo, Margherita era in Duomo a baciare l'ampolla che contiene il sangue di San Gennaro, di cui aveva dato il nome al figlio aggiungendolo a quello di Vittorio Emanuele per tradizione sabauda, di Ferdinando per riguardo al nonno materno, e di Maria per omaggio alla Chiesa. Pensava proprio a tutto.

Si ritirarono nella villa reale di Monza, dove Margherita non protestò contro l'assunzione della Litta in qualità di dama di compagnia. Ma protestò moltissimo quando un giorno, rientrando prima del previsto da una passeggiata, trovò la Duchessa fra le braccia di Umberto. Anzi, non protestò affatto. Fece le valige e si presentò al suocero, annunziandogli che tornava da sua madre. «Ma come,» le rispose il Re «vuoi andartene *soltanto per questo*?» Era sinceramente sbalordito e più ancora imbarazzato: come avrebbe potuto tenere, proprio lui, una lezione di morale coniugale a suo figlio? Margherita rimase, «ma da questo momento» disse «non sarò più che la Principessa, mai più la moglie». Pochi giorni dopo il «Gazzettino rosa» riportava che durante la notte nel parco della villa di Monza si era sentito un colpo di pistola che aveva messo in allarme le guardie, e con una serie di perifrasi comprensibili soltanto agl'iniziati lasciava intendere che a spararlo era stata Margherita alle spalle di Umberto, il quale si avviava come ogni sera a render visita all'amante. Ritenendolo l'autore di quell'indiscrezione, alcuni ufficiali schiaffeggiarono in piena Galleria Cavallotti, e ne seguì una specie di disfida di Barletta, tanti furono i duelli che ne derivarono.

Molto probabilmente si trattava d'un chiacchiericcio. Quella di Margherita non era di certo gelosia. Essa non era donna di passioni, e forse nemmeno di sentimenti, meno quello del dovere. Di suo marito, nulla lascia credere che fosse innamorata. Come nota il suo più penetrante e informato biografo, Casalegno, nelle sue lettere si trovano parole di rispetto per il *Re*, mai di tenerezza per il *marito*. Prima del matrimonio aveva avuto un debole per il suo cugino e futuro cognato Amedeo, ma si era trattato di cosa infantile e del tutto innocente. Le «distrazioni» coniugali che in seguito le vennero imprestate pare che non abbiano nessun fondamento. «Nessuna sovrana dell'Ottocento ebbe intorno a sé tanti savii, e così pochi e radi ufficiali di cavalleria» scrive l'Adam. Esercitò le sue seduzioni su Carducci, ma solo per legarlo al carro della monarchia. Del generale Osio fu grande amica, ma non certo l'amante. Se un legame ebbe, fu col barone savoiardo Peccoz; ma unicamente basato, pare, sul comune romantico amore per la montagna. Nemmeno come madre fu affettuosa. E l'unica persona per cui mostrò una vera tenerezza fu il nipotino Umberto. Ma, Regina dalla testa ai piedi, esigeva che anche suo marito si comportasse da Re. Non sparò di certo: le Regine non sparano. Ma è molto probabile che, quanto ai rapporti coniugali, abbia tenuto parola, cioè non ne abbia più avuti. Cosa di cui lui non dovette molto soffrire, ma forse nemmeno lei.

Della famiglia reale, Margherita fu l'unica che accolse con gioia il trasferimento a Roma. Vittorio Emanuele aveva cercato di ritardarlo il più possibile per non dare un altro dispiacere a «*cul pover veij*», a quel povero vecchio (il Papa), cui «*a l'hai già faine abastanza*», ne ho già procurati abbastanza. La verità è che Roma non gli piaceva, non gli piaceva l'idea d'istallarvi una vera e propria Corte, come ora si rendeva necessario, e meno ancora quella di separarsi da Rosina. A bassa voce, aveva avanzato la proposta di accasarla in una «dipendenza» del Quirinale, ma Lanza era stato esplicito: «O via lei, o via io». Sicché aveva dovuto sistemarla in un villino di via Nomentana, che di fatto era anche la sua abitazione. La padrona di casa in palazzo reale era Margherita. Era lei che fungeva da Regina. Ed era proprio questo che la colmava di gioia.

Roma bisognava conquistarla, e non era facile. Tutto il patriziato «nero» aveva formato contro i Piemontesi un «quadrato» più compatto di quello di Villafranca. A una visitatrice tedesca, il Papa aveva confidato: «La cosa più meravigliosa rimane pur sempre che a Roma viviamo io, re Vittorio Emanuele e Garibaldi, senza divorarci». Ma questa bonomia la mostrava solo in privato. Nelle pubbliche dichiarazioni era aggressivo, seguitava a scagliare anatemi contro «gli usurpatori». E quando seppe che Umberto incontrando un Cardinale mentre conduceva in sfilata il suo reparto, gli aveva fatto rendere l'onore delle armi, ordinò ai porporati di non uscire più dal Vaticano e di fare, come lui, i prigionieri.

Ma contro Margherita, perfino i preti lottavano male. Non ci fu chiesa in cui non andasse a inginocchiarsi, non ci fu parroco che non ricevesse le sue elemosine, non ci fu ospizio od opera pia di cui essa non assumesse l'alto e fattivo patronato. Era dappertutto e dappertutto era «la Regina bionda e gemmata» più tardi descritta da Carducci. La dava da bere a tutti. Anche gl'intellettuali la consideravano dei loro, mentre le sue lettere dimostrano una totale mancanza di cultura, e perfino di sintassi. Le venivano anche imprestate opinioni progressiste, mentre il suo vero fondo era tedescamente autoritario e militarista. Prima che le «pubbliche relazioni» fossero inventate, essa già le praticava da esperta professionista. Teneva salotto privato con gli uomini di penna, e prendeva lezioni di latino da Minghetti, ch'era il suo consulente culturale e con cui teneva una fitta corrispondenza piena di esclamativi (e di strafalcioni ortografici). Ma la sua vera «passerella» erano i balli che il Quirinale dava l'ultimo mercoledì di ogni mese. «Mediocri e pacchiani» scriveva Guiccioli storcendo il naso. Ma c'era tutto il mondo politico. C'era tutto il mondo diplomatico. C'erano le grandi personalità straniere di passaggio. C'era tutta l'*intellighenzia*. C'erano insomma tutte le occasioni per intrecciare utili amicizie e sapere in tempo tante cose: per esempio, dove sarebbero sorti i nuovi quartieri che abbisognavano a una capitale, di cui tutte le aree fabbricabili, se non erano dei preti, erano dei nobili. Piano piano i ranghi dell'aristocrazia nera cominciarono ad assottigliarsi, e quella che lo rimase fu meno nera di prima. Margherita accoglieva i convertiti come amici di sempre, e finalmente riuscì a convertire anche il Re, che smise di svignarsela dopo la quadriglia d'apertura e rimase sempre più a lungo, sia pure senza ballare, in piedi nel vano della porta, coi pollici infilati nelle tasche, a guardare gli scolli delle dame. Il vocabolario italiano si arricchì di un nuovo verbo: «margheritinizzare». Questo verbo però non si estendeva alla politica. Come dice Casalegno, Margherita, anche da Regina, ebbe delle simpatie per certi uomini politici, ma non un «partito». Teneva per Crispi contro Giolitti, e più tardi per Mussolini. Ma non si può dire che abbia complottato per loro. In un caso solo forse fu tentata d'intervenire: per porre il veto alla legge sul divorzio che offendeva i suoi sentimenti di fervente cattolica. Ma se ne astenne.

Anche Umberto alla politica si teneva estraneo un po' per fedeltà alla vecchia regola dei Savoia per cui «si regna uno alla volta», un po' perché quel padre non gliene lasciava lo spazio. Ma Umberto lo cercava in tutte quelle attività che il Re trascurava, e ce n'erano a bizzeffe. Lo rimpiazzava nei banchetti di cui Vittorio Emanuele aveva orrore, e non mancava un congresso né un centenario. Forse su suggerimento dei suoi consiglieri – e fra costoro Margherita doveva essere quella che più pesava –, evitava il confronto col padre ponendosi un po' a sua antitesi. Quanto Vittorio Emanuele era imperioso e brusco, tanto Umberto era o cercava di mostrarsi paziente e accomodante. Aveva fatto anche un onesto sforzo per disintossicarsi della Litta, ma era riuscito solo a imporle un maggior rispetto delle apparenze. Tutti riconoscevano la sua volonterosità. Molti gli volevano bene. Ma agli occhi della pubblica opinione egli non era che il «Principe consorte» di Margherita, che invece veniva considerata Regina prima ancora che lo diventasse.

Questo era l'uomo che ora saliva sul trono, e di quali intenzioni fosse animato lo dimostrarono i suoi primi gesti. Non sciolse la Camera, implicitamente riconoscendo che la sovranità non era interrotta in quanto di essa era depositario non il Re, ma il parlamento. Contrariamente a ciò che aveva fatto suo padre, assunse il titolo di Umberto I e non IV, come avrebbe voluto l'ordine dinastico dei Savoia piemontesi. Nella cerimonia dell'investitura a Montecitorio, giurò fedeltà alla Costituzione non solo «in presenza di Dio», come voleva la formula tradizionale di sapore tuttora assolutistico, ma anche «innanzi alla Nazione» con cui veniva così a stabilire un patto di reciproco impegno. E a conclusione del suo primo discorso, disse: «La religiosa osservanza delle libere istituzioni è la più sicura salvaguardia contro i maggiori pericoli. Questa è la fede della mia Casa, questa sarà la mia forza. Il parlamento, interprete della volontà nazionale, vorrà guidarmi nei primi passi del mio regno».

Perfino Cavallotti dovette ammettere che, per cominciare, si cominciava bene.

CAPITOLO QUINDICESIMO

L'AVVIO D'UN REGIME

Come successore di Depretis, il nome di Cairoli s'imponeva di forza propria. Il suo stato di servizio era esemplare. Aveva perso quattro fratelli nelle guerre del Risorgimento, in cui aveva egli stesso militato sotto le bandiere di Garibaldi in Sicilia e poi a Mentana. Sul suo nome non c'erano macchie né ideologiche né morali. Sia in guerra che in pace, era rimasto sempre fedele al suo Eroe, di cui seguitava a essere il portavoce in parlamento. Tutto questo gli valeva il rispetto anche degli avversari e il titolo di «Baiardo della democrazia». Era, dice Bonomi, uno di quei cavalieri erranti della politica «cui tutto era permesso, anche l'ingenuità romantica». Detto in termini più crudi, egli non godeva molto credito come uomo d'azione. Nella manovra parlamentare era sempre apparso piuttosto impacciato, e del resto lo sapeva anche lui. «Non saremo abili,» disse in uno dei suoi primi discorsi dal banco presidenziale «ma vogliamo essere onesti.» Naturalmente questo era, a parole, il proposito di tutti. Ma in bocca a Cairoli diventava credibile.

Vittorio Emanuele non aveva mai avuto per lui molta simpatia. Ma Umberto non condivideva questa prevenzione, eppoi non aveva scelta. Depretis era caduto proprio perché il suo candidato alla Presidenza della Camera era stato battuto da Cairoli che insieme a Bertani e a Zanardelli aveva abbandonato la coalizione governativa. E questo dimostrava che intorno al suo nome c'era già una maggioranza precostituita. Per di più anche alcuni uomini della Destra come Sella si dichiararono in suo favore, convinti ch'egli fosse l'unico o uno dei pochissimi uomini della Sinistra in grado, grazie al suo passato, di frenarne il massimalismo. Dando l'incarico a lui, il Re si adeguava alle indicazioni del parlamento: il gesto più adatto per inaugurare un Regno.

Cairoli presentò il suo governo alla fine di marzo del '78. A parte il solito Generale e il solito Ammiraglio imposti dal Re, esso comprendeva un po' tutti i gruppi in cui la Sinistra si era frantumata, eccetto – si capisce – l'Estrema. Ma il nucleo più forte era quello della Sinistra storica settentrionale, formato dallo stesso Presidente, Zanardelli, Seismit-Doda e Baccarini. Il punto principale del programma era l'applicazione di quei princìpi di libertà che fin allora erano rimasti sulla carta dello Statuto. E l'impegno fu in buona parte mantenuto. Le circolari di Nicotera, che aveva trasformato la macchina burocratica in uno strumento di coazione e di corruzione, vennero revocate, e per la prima volta l'Italia ebbe una giustizia amministrativa abbastanza imparziale.

Un altro impegno che Cairoli affrontò con notevole risolutezza fu l'abolizione della tassa sul macinato. Ma qui la battaglia fu aspra e i risultati scarsi per la tenace opposizione dei notabili meridionali che, fossero di Destra o di Sinistra, rappresentavano gl'interessi terrieri, ben decisi a caricare il peso fiscale sulle spalle del contadino. Cairoli e il suo ministro delle Finanze Seismit-Doda dovettero contentarsi di una riduzione e di un impegno della Camera ad abolire anche il resto entro l'83.

Ma il grosso scoglio fu la discussione sul diritto di riunione e di associazione. La svolta che stava prendendo la politica estera, e di cui diremo in un capitolo a parte, portava fascine al fuoco dell'irredentismo che non aveva mai smesso di covare. Molti chiedevano misure repressive contro questo movimento che, reclamando la ripresa della lotta contro l'Austria per la «redenzione» del Trentino e della Venezia Giulia, intralciava la diplomazia. Ma Cairoli rifiutò un po' perché dell'irredentismo era egli stesso un esponente, un po' per motivi di principio sui quali trovava il pieno appoggio del ministro degl'Interni Zanardelli. Questi pronunciò a Iseo un memorabile discorso in cui si affermava il pieno diritto del cittadino a riunirsi e a manifestare purché non violasse la legge. Il regime di libertà, disse, è un regime difficile; ma non ha altra alternativa che il regime dell'arbitrio.

Tre Ministri, fra cui quello degli Esteri, Corti, ch'era diventato il bersaglio degl'irredentisti per la sua «accostata» all'Austria, si dimisero sostenendo che il dovere del governo era di «prevenire» e non soltanto di «reprimere». Ma la favorevole impressione suscitata dal discorso di Zanardelli consentì a Cairoli di ricucire il suo ministero, che anzi apparve rinvigorito dalla crisi, e forse avrebbe potuto collezionare altri successi se non fosse sopravvenuto un episodio che sembrava fatto apposta per dar ragione ai suoi avversari.

Il 17 novembre (sempre del '78) i Reali tornarono a visitare Napoli. Cairoli, che li accompagnava, sfilò sul loro cocchio, seduto di fronte al Re e alla Regina e di fianco al piccolo Principe ereditario. Si accorse che, per un errore di cerimoniale, invece di dargli la destra, dava al Principe la sinistra, e fece per alzarsi, ma Umberto lo trattenne. Una folla festosa si accalcava ai bordi della strada lanciando fiori e coriandoli. A un certo punto da essa si staccò un uomo male in arnese che, balzato sul predellino, vibrò una pugnalata a Umberto. «Cairoli, salvi il Re!» gridò la Regina che aveva indovinato il gesto. E Cairoli che, grazie a quell'errore di cerimoniale si trovava di fronte a lui, riuscì a fargli scudo del proprio corpo ricevendo la stoccata sulla coscia mentre il Re veniva appena scalfito al braccio, e Margherita gettava in faccia all'aggressore il suo mazzo di fiori.

Tutto si era svolto così rapidamente che la folla non si era accorta di nulla. Quando ne fu informata, si accalcò sotto palazzo reale per una imponente dimostrazione di affetto. I giornali uscirono con titoli a tutta pagina e parlarono di «terrorismo organizzato» e di un vasto complotto sovversivo. Viceversa poi risultò che l'attentatore, un cuoco ventinovenne di nome Passanante, era un mezzo squilibrato che aveva agito di sua disperata iniziativa. Ma intanto il suo gesto prestava formidabili argomenti ai fautori del «prevenire, non reprimere» che accusavano il governo di debolezza. L'indomani una bomba fu lanciata a Firenze contro un corteo di giubilo per lo scampato pericolo del Re, che lasciò sul selciato quattro morti e una diecina di feriti, e un'altra scoppiò a Pisa, fortunatamente senza vittime.

In parlamento, Zanardelli dovette far fronte a un autentico tornado. Attribuendo il gesto dell'attentatore a cattive letture, Bonghi chiese la censura e la limitazione della libertà d'insegnamento nelle scuole. Rispose il ministro dell'Istruzione De Sanctis: «Io non posso credere che l'on. Bonghi voglia portare troppo innanzi quello che ha detto. Io non credo alla reazione. Ma badiamo, le reazioni non si presentano con la loro faccia; e quando la reazione ci viene a far visita, non dice: "Io sono la reazione". Consultate un po' le storie. Tutte le reazioni son venute con questo linguaggio: che è necessaria la vera libertà, che bisogna ricostituire l'ordine morale». Parole che non hanno perso nulla della loro attualità, ma che non salvarono la situazione: posta la questione di fiducia, il governo fu battuto e dovette dimettersi.

Il Re avrebbe voluto salvare Cairoli, che lo aveva salvato. Di persona era andato a portargli e appuntargli sul petto la medaglia d'oro, lo aveva accompagnato alla stazione e aiutato a salire, ancora zoppicante, sul treno. Ancora una volta, nel rischio, Umberto si era comportato da uomo del «quadrato». A un pranzo, qualche giorno dopo l'attentato, aveva detto ai suoi ospiti: «Non facciamo aspettare i cuochi: avete visto di cosa son capaci».

Ma per Cairoli non poté far nulla se non accoglierne le dimissioni e ricambiarle con un affettuoso abbraccio. Il parlamento diceva: Depretis.

Depretis rientrò in scena sapendo benissimo che non vi sarebbe durato a lungo. Le passioni scatenate dal gesto di Passanante, e più ancora dagli attentati che lo avevano seguito, avevano creato il clima meno congeniale alla sua tattica emolliente e dilatoria. La pressione di una pubblica opinione emotiva e facile allo sgomento lo costringeva a misure poliziesche poco compatibili con le sue pregiudiziali di sinistra. Le «retate» si susseguivano alla cieca: in una di esse venne coinvolta una certa Anna Kuliscioff, rivoluzionaria russa e ninfa Egeria del nascente socialismo italiano; in un'altra Francesco Saverio Merlino, la miglior testa dell'*intellighenzia* anarchica. Di quest'azione intimidatrice andò di mezzo perfino un giovane poeta di nome Giovanni Pascoli che durante il processo di Passanante gridò: «Se questi sono i malfattori, evviva i malfattori!», e finì in prigione.

Depretis cercò come al solito di prendere tempo mettendo in cantiere dei progetti di riforma di sicura popolarità, come l'abolizione del corso forzoso e l'allargamento del corpo elettorale. Ma sapendo benissimo quanti interessi queste misure avrebbero urtato, fece in modo che restassero allo stato delle intenzioni procrastinandone all'infinito la discussione. L'unica cosa su cui s'impegnò veramente fu un vasto programma di costruzioni ferroviarie perché questo gli dava il modo di contentare le sue clientele anche a costo di modificare i tracciati e di aggiungere linee secondarie condannate alla passività perpetua.

Ma questa politica evasiva non poteva durare a lungo, e finì proprio per uno di quei giuochi trasformistici, di cui egli stesso forniva l'esempio e il modello. Quando tornò in discussione la tassa sul macinato, Depretis cercò d'insabbiare anche quella rifiutando gli emendamenti che il Senato vi aveva apportato. Ma a questo punto la Sinistra storica di Cairoli e Zanardelli fece combutta con la Destra di Sella per bloccare la manovra e trascinò con sé la maggioranza. Il terzo ministero Depretis era durato sette mesi, e nel luglio del '79 ripassò la mano a Cairoli.

«Il San Gennaro del Re», come lo chiamavano a Napoli, cercò di mettere a profitto la sua prima esperienza ministeriale, presentandosi con un programma più cauto. E quando vide che ciò non bastava a garantirgli una stabile maggioranza, procedette a un rimpasto arruolando come Ministro degl'Interni lo stesso Depretis, pronto come al solito a trasformare in amicizia la passata inimicizia. Ma questo lo costrinse a estromettere Zanardelli che a sua volta trasformò in inimicizia la passata amicizia. Così ancora una volta, grazie alla sua frantumazione, la grande Sinistra fu in balìa della piccola Destra che ora, aggiungendo il suo voto a quello dei dissidenti, poteva decidere la sorte del governo.

Ciò avvenne nell'aprile dell'80 a proposito del bilancio. Stavolta però il Re respinse le dimissioni autorizzando Cairoli a sciogliere quella ingovernabile Camera e a indire le elezioni. Queste si tennero in maggio, e furono le ultime a suffragio ristretto, anzi ristrettissimo. Dei 600 e più mila iscritti andò alle urne il 60 per cento, e la Sinistra pagò il fio della confusione in cui era precipitata con le sue lotte intestine. La Destra salì da 110 a 170 seggi e l'Estrema ne guadagnò una ventina a tutto scapito della Sinistra storica e suoi affini che scesero a poco più di 200. Solo Depretis vi fece un guadagno manovrando i prefetti in modo da dare la vittoria agli uomini suoi: il che lo rese ancora di più il vero arbitro della situazione.

Egli lasciò logorare Cairoli nello sforzo di condurre in porto le due riforme più urgenti, ma anche più pericolose: l'abolizione della solita tassa sul macinato, e quella del corso forzoso. Ma intanto si accordò sotto banco con Zanardelli e con l'Estrema gettando loro come offa un progetto di riforma elettorale che estendeva il diritto di voto a due milioni di cittadini. Sia lui che Cairoli vinsero la loro battaglia. La tassa sul macinato fu drasticamente decurtata con l'impegno di totale abolizione entro quattro anni. Il corso forzoso fu revocato. E nell'aprile dell'81 venne approvata la legge elettorale. Ma a questo punto il governo inciampò nella crisi di Tunisi.

Diremo più tardi come vi si giunse. Ma per anticiparlo in breve, si trattava di questo. Nel crescente disfacimento dell'Impero turco, Bismarck aveva suggerito all'Italia di occupare la Tunisia, tuttora sotto la platonica sovranità del sultano. L'Italia aveva rinunciato, e la Francia ne approfittò per annettersela. Il contraccolpo fu violento, sia nelle piazze che in parlamento. Assalito da tutte le parti e tacciato di rinunciatario, il governo propose di aggiornare il dibattito per un esame più approfondito di tutta la sua politica estera. Ma la sua richiesta fu respinta, e a Cairoli non restarono che le dimissioni. Il suo secondo ministero era durato quasi due anni. E il successore c'era già.

Depretis compose il suo governo in modo da includervi come «ostaggi» gli esponenti dei vari gruppi. E siccome questi gruppi, secondo la legge del trasformismo, cambiavano continuamente, anche lui cambiò uomini facendo e disfacendo, l'uno di seguito all'altro, sei ministeri, ma restandone sempre Presidente fino all'87, anno della sua morte.

La legge elettorale, di cui egli era stato l'architetto, fu subito messa alla prova, e diede buoni frutti. Dei due milioni di elettori, ne andarono alle urne più di un milione e duecentomila, cioè quasi il sessantuno per cento. E questo era già un successo. Ma, quanto ai risultati, la pratica trasformista li rendeva difficilmente decifrabili perché il sistema uninominale, per cui ogni collegio veniva rappresentato da un solo deputato, spostava la lotta più sugli uomini che sulle idee, e gli uomini facevano in modo da restare disponibili per qualsiasi trasformazione. Sicché di molti di essi era perfino difficile stabilire se fossero di Destra o di Sinistra, fra questi due tradizionali schieramenti essendosi perduta qualsiasi discriminante ideologica, ora che le due riforme su cui si era svolta l'ultima loro battaglia (l'allargamento del corpo elettorale e l'abolizione del macinato) erano state realizzate. Solo all'ingrosso si può dire che i veri vincitori erano i «governativi», intendendosi per tali non solo i gruppi di Sinistra che sostenevano Depretis, ma anche quelli di Destra che ne accettavano la tattica trasformista e quindi erano pronti a collaborare con lui e a lasciarsene assorbire.

Questo creava, per il regime, una condizione di relativa stabilità, di cui Depretis seppe approfittare da par suo. Gli storici tuttora si domandano se egli si servì dell'accordo con la Destra per attrarla e convertirla a una politica di Sinistra sostanzialmente progressista, o se si avvalse dell'etichetta di Sinistra per svolgere una politica di Destra, sostanzialmente conservatrice. La risposta varia secondo le propensioni ideologiche, e forse non avrebbe saputo darla nemmeno Depretis. Comunque, fu sull'accusa di ambiguità e doppio giuoco che si costituì contro di lui la «pentarchia» di Crispi, Cairoli, Zanardelli, Baccarini e Nicotera. Essi disponevano di una forza abbastanza ragguardevole, circa un centinaio di deputati, ma quanto a omogeneità ideologica ne avevano quanta il blocco trasformista. Non era insomma che un gruppo di potere, sulle cui interne contraddizioni e rivalità Depretis poté manovrare facilmente, chiamando nel suo giuoco ora l'uno, ora l'altro suo esponente.

Mentre egli si dedicava a queste manovre, la Patria perdeva l'ultimo dei suoi quattro Padri.

Sebbene immobilizzato dall'artrite, Garibaldi non aveva cessato di creare grattacapi al governo coi suoi tumultuosi proclami e messaggi. L'ultimo lo lanciò nel marzo dell'82 a Palermo, dov'era andato per la celebrazione dei Vespri. Era ridotto in tale stato che la folla lo accolse in silenzio, come una salma, e lui la salutò dalla carrozza con un tremulo cenno di mano. Eppure, trovò ancora la forza di dettare un'invettiva contro il Papa che, a dire il vero, coi Vespri c'entrava poco. Era appena rientrato a Caprera che fu colto dalla paralisi. L'indomito guerrigliero se ne rese conto, e si dispose al passo supremo col consueto coraggio. «Muoio nel dolore di non veder redente Trento e Trieste» furono le sue ultime parole.

Appena il telegrafo ebbe trasmesso la notizia, un fiume di discorsi e una marea di bandiere abbrunate sommersero l'Italia. Per la sepoltura fu proposto un mausoleo sul Gianicolo, in Campidoglio, o nel Pantheon. Ma il defunto aveva disposto che il suo corpo, vestito di camicia rossa, fosse cremato con legna di Caprera e le ceneri raccolte in un'urna da murare accanto alla tomba delle sue bambine. E nonostante l'opposizione di Crispi che gridava: «A Roma!... A Roma!...», il consiglio di famiglia decise di rispettare queste volontà, solo sostituendo alla cremazione l'imbalsamazione «per non offendere i sentimenti religiosi del popolo». Alla cerimonia intervennero Ministri, deputati, stuoli di reduci, rappresentanze di corpi militari e civili, tutto il campionario del Risorgimento con le sue fanfare e i suoi vessilli. Il Re non andò, ma ci mandò il Duca di Savoia. «Chi è spento?» tuonò Bovio. «Una popolazione, un Regno? No. Cesare, Dante? No. È spento il verbo, l'energia della sovranità della Nazione. Ora il senso del mondo è cenere...»

A distanza d'un secolo, Garibaldi ci appare con ben altri connotati: quelli di un uomo semplice, disinteressato, coraggioso, onesto, pasticcione e melodrammatico. Ma il fatto che per riconoscerli sia occorso un secolo dimostra quale magica suggestione egli aveva esercitato e seguitava a esercitare sulle folle italiane. Sull'importanza dei servigi da lui resi alla Patria si può discutere. Ma uno non gli si può contestare: di essere stato, fra i protagonisti del Risorgimento, l'unico ch'era riuscito a farne una saga popolare.

CAPITOLO SEDICESIMO

UN PAESE IN RITARDO

Nel 1877, subito dopo l'avvento della Sinistra, il parlamento aveva deciso di mettere sotto inchiesta l'agricoltura italiana, e a questo scopo aveva istituito una Giunta di cui fu animatore Stefano Jacini. Jacini era uno di quei cattolici lombardi d'ispirazione sinceramente liberale che stavano per la Chiesa, ma non per lo Stato della Chiesa, e avevano caldeggiato l'annessione di Roma. Il compito che gli avevano affidato era dei più ardui per la diversità delle situazioni fra regione e regione e per la scarsezza di dati statistici. E infatti gli costò sette anni d'indagini in tutti gli angoli della Penisola. A leggere i quindici volumi dei suoi *Atti* crediamo che siano stati in pochi, anche fra i contemporanei. Ma il loro succo è condensato in una *Relazione finale* che ancor oggi costituisce il più esauriente ritratto dell'Italia rurale di quei tempi.

L'agricoltura, vi si legge, era ancora il pilastro dell'economia nazionale perché contribuiva al prodotto lordo per oltre il cinquantacinque per cento, mentre l'industria non arrivava al venti. Eppure, su una superficie totale di circa trenta milioni di ettari, quasi sette erano incolti, e gli altri coltivati in modo tale che il loro reddito, in termini di derrate, non arrivava a un terzo della media europea occidentale. Naturalmente c'erano delle zone abbastanza ben sviluppate come quelle padane. Ma il panorama generale era, anche sul piano agricolo, quello di un Paese ancora in fase di sottosviluppo, dove la produzione, anche se in lenta crescita, lo era non per investimento di capitali e ammodernamento di attrezzature, ma per allargamento delle aree coltivate spesso contro ogni criterio di economicità. Insomma, quelli che prevalevano erano ancora i metodi di una cultura estensiva, tipici dei Paesi arretrati.

Era stata questa condizione di debolezza che aveva reso particolarmente gravi i riflessi in Italia della crisi agricola europea degli anni ottanta. Essa era dovuta, come già abbiamo detto, all'irruzione sul mercato delle derrate americane, e specialmente del grano, i cui bassi costi mettevano in difficoltà la nostra produzione. Jacini proponeva di farvi fronte con un'energica azione governativa intesa ad alleggerire il carico fiscale, a promuovere vaste opere di bonifica, e a facilitare gl'investimenti in aziende moderne ed efficienti. Ma per questo ci volevano dei capitali. Di capitali ce n'era pochi. E per di più quella che Jacini chiamava «l'Italia agricola» era un mondo eterogeneo per discordanza di condizioni, interessi e idealità. Da buon Milanese, Jacini si rifaceva al modello del terriero lombardo ch'era già un imprenditore. Ma il latifondista meridionale era un redditiero che mirava soltanto alla conservazione dello *status quo* per paura delle conseguenze sociali che qualsiasi mutamento avrebbe comportato. Per salvare il suo grano dalla concorrenza di quello americano, ricorse all'espediente più semplice e meno rivoluzionario: chiese l'aumento delle tariffe doganali, convertendosi anche lui al protezionismo che fin allora era stato sostenuto e difeso solo dagl'industriali del Nord. E questo toglie ogni fondamento alla polemica di certi meridionalisti contemporanei, i quali sostengono che col protezionismo gl'interessi del Mezzogiorno agrario vennero sacrificati a quelli dell'industria settentrionale. Si tratta di un falso. L'industria settentrionale fu, è vero, la prima a sostenere la causa del protezionismo. Ma negli anni ottanta questa fu adottata anche dagli agrari del Sud.

A sormontare la crisi, o per lo meno ad alleggerirne gli effetti, sopravvenne anche un altro elemento: l'emigrazione. In dieci anni, quanti ne corsero fra il censimento del '70 e quello dell'80, la popolazione italiana era passata da ventisette milioni a ventotto milioni e mezzo con un tasso d'aumento dell'uno per cento all'anno, ch'era quello della media europea. Non è quindi vero che l'Italia soffrisse fin d'allora di congestione demografica. Il motivo dell'esodo era un altro: il dirompente sviluppo industriale del continente americano che pompava braccia da lavoro. Esso mise in moto la più gigantesca ondata migratoria di tutti i tempi: dalla metà del secolo alla Prima guerra mondiale trenta milioni di europei varcarono l'Oceano.

Fin allora l'emigrazione italiana era stata quasi tutta di settentrionali nei Paesi confinanti come la Francia e la Svizzera, e di carattere stagionale. Il risucchio americano le diede un carattere massiccio e permanente. Fra l'80 e il '90 la media annua degli espatrii passò dai centodieci ai duecentoventimila fino ad arrivare ai seicentomila del primo decennio del nuovo secolo, e l'emotività del nostro popolo diede a questo fenomeno un carattere drammatico e melodrammatico. L'emigrante diventò l'eroe di una saga popolare intrisa di pianto e carica di vittimismo, e il simbolo della nostra condizione di reietti. Il nazionalismo, che doveva alimentare tutta la nostra politica coloniale con la sua retorica del «posto al sole», vi trovò il suo più efficace concime.

In realtà l'emigrazione era soltanto la conseguenza del

mancato decollo industriale. Dal '60 in poi un certo sviluppo c'era stato, ma non da paragonarsi con quello degli altri Paesi occidentali, sui quali quindi il nostro ritardo si era fatto ancora più pesante. Delle industrie tessili, solo quella cotoniera aveva fatto notevoli passi avanti come dimostrava la crescente importazione di materia prima. Ma non altrettanto poteva dirsi di quella laniera, mentre quella della seta, arretrata come procedimenti tecnici e ferma ai semilavorati, era alla mercé delle epidemie che colpivano periodicamente la cultura dei bachi.

Ma a dare la misura del nostro sottosviluppo era soprattutto l'industria mineraria. L'estrazione si era raddoppiata e in certi casi anche quadruplicata: il piombo era passato da quindici a quarantamila tonnellate, lo zolfo da centocinquanta a trecentomila, lo zinco addirittura da trecentocinque tonnellate a sessantamila. Ma questi minerali venivano quasi tutti esportati perché non c'era un'industria in grado di utilizzarli. La siderurgia non disponeva di carbone per fonderli, e quindi trovava più convenienza a importare dall'estero i rottami, il che le conferiva quel carattere subalterno e di dipendenza che conservò fino all'ultima guerra. Quanto all'acciaio, ne produceva meno di 4 mila tonnellate, laddove quella fase di sviluppo ne avrebbe richiesto qualche milione. Questo naturalmente frenava lo slancio dell'industria meccanica, che a sua volta frenava quello di tutte le altre.

Insomma, il panorama generale era migliore, ma non *diverso* da quello del '60. Come allora, tutta l'attività industriale del Paese era concentrata in quello che oggi si chiama «il triangolo» lombardo-ligure-piemontese con qualche incipiente propaggine nel Veneto e i due vecchi nuclei meridionali: quello cotoniero di Salerno e quello metalmeccanico di Napoli. Il primo si era salvato perché tuttora in mano al capitale e alla tecnica svizzeri; il secondo grazie alle «commesse» della marina da guerra. Ma né l'uno né l'altro erano riusciti a stimolare iniziative collaterali e sussidiarie. Il capitale meridionale era del tutto renitente all'investimento nell'industria.

Ancora oggi ci si chiede il perché di questo ritardo e su chi ne ricada la responsabilità. Alcuni motivi sono evidenti, e di responsabilità non ne chiamano in causa. L'Italia iniziava la sua corsa all'industria proprio nel momento che meno vi si prestava. La forte diminuzione dei costi di trasporto rendeva proibitiva la concorrenza dei Paesi più avanzati che, grazie alla loro siderurgia e alla loro meccanica, disponevano di beni strumentali con cui potevano ridurre la manodopera, procedere a razionali concentrazioni, e quindi produrre a costi molto più bassi. Non solo. Ma questi Paesi, in aspra gara fra loro, avevano in comune un interesse: a scoraggiare l'industrializzazione dei Paesi nuovi in modo da restare padroni del loro mercato. Quindi, mentre abbassavano continuamente il prezzo del manufatto, tenevano alto quello del macchinario. A questo si aggiunga l'arretratezza tecnica. In Italia c'erano eccellenti artigiani, i migliori del mondo. Ma non c'erano scuole professionali in grado di trasformarli in manodopera qualificata. E tutto questo non si poteva improvvisare.

Ma la causa vera, di fondo, era un'altra: la mancanza di quell'accumulazione di capitale che in tutti gli altri Paesi occidentali aveva preceduto e condizionato il decollo industriale. Questo problema è materia di ponderosi trattati. Ma noi preferiamo esemplificarlo sul piano concreto. Prendiamo come modello di sviluppo l'Inghilterra, che su questa strada era allora la Nazione più avanzata. La sua rivoluzione industriale non era la causa, ma il frutto di un sistema capitalistico, che aveva già fatto le ossa nel campo dell'agricoltura. Erano stati i terrieri che, reinvestendo continuamente nelle loro aziende agrarie, razionalizzandole e riducendone manodopera e costi di produzione, cioè conducendole con criteri capitalistici, avevano accumulato il risparmio necessario agl'investimenti industriali. Fu di qui che prese avvìo quella serie di processi a catena che si chiama appunto «decollo». La riduzione di manodopera sui campi ne rese disponibile una grossa aliquota per le fabbriche. La trasformazione del contadino in operaio agricolo mise in crisi l'industria tessile esercitata a domicilio dalle famiglie dei mezzadri con criteri artigianali dando l'aìre ai grandi complessi moderni. Eccetera.

Tutto insomma era partito dall'agricoltura. E, sia pure su scala infinitesimale, il fenomeno si ripeteva anche in Italia. Il vero motivo per cui l'industrializzazione aveva preso avvìo in Lombardia era che solo in Lombardia l'agricoltura aveva subìto una trasformazione capitalistica che le aveva consentito l'accumulo del risparmio. Invece che a estendere le sue proprietà, il terriero lombardo aveva mirato a renderle più produttive reinvestendovi i suoi redditi per attrezzarle. L'industria era nata dalla «cascina» dove si erano collaudate le capacità direttive e tecniche della nuova classe imprenditoriale.

Ecco un precedente che i nostri riformatori di questo dopoguerra avrebbero dovuto tenere a mente, quando si accinsero al riscatto del Mezzogiorno. La decisione era ed è sacrosanta. Quella che lascia a desiderare è la sua esecuzione. Vittima della propria demagogia, la nostra classe politica ha preteso trasformare il Sud partendo dall'industria invece che dall'agricoltura, cioè saltando il suo presupposto. Invece che dal pastificio e dal caseificio, ha cominciato dall'acciaieria. E i risultati sono quelli che si vedono. Intorno ai giganti industriali istallati dallo Stato o importati dal Nord, non è nato nulla. Essi non hanno stimolato nessuna energia imprenditoriale né attratto il risparmio locale. Il decollo del Mezzogiorno rimane un fenomeno di pura importazione, senza radici nell'ambiente.

Ma torniamo agli anni ottanta. Che fin allora fossero mancati i capitali da investire nell'industria era logico perché tutto il risparmio era stato rastrellato per finanziare l'impianto dello Stato unitario con le sue più indispensabili «infrastrutture»: strade, ferrovie, Esercito, Marina eccetera. Questa era la missione che la Destra aveva assolto con la sua politica di «lesina». Ma ora che quest'opera era compiuta, molti storici moderni si chiedono come mai gli uomini della Sinistra, saliti al potere, non seppero approfittarne per aprire una nuova fase.

In realtà c'è da dubitare che Depretis avesse una chiara visione della realtà economica. Ma non si può nemmeno dire che i suoi governi siano rimasti con le mani in mano. La principale misura ch'essi presero fu l'abolizione del corso forzoso, decisa nell'80, ma attuata nell'83 nella solita atmosfera di sgomento e di paura che in Italia accompagna tutte le novità. I benpensanti erano convinti che gl'Italiani avrebbero fatto ressa agli sportelli delle banche per cambiare i biglietti in monete di metallo, e tesaurizzarle nella calza di lana sottraendole alla circolazione. Ma queste pessimistiche previsioni furono immediatamente smentite dai fatti. Fino a quel momento il cosiddetto «aggio», cioè la differenza di valore della lira-oro sulla lira-carta, era stato di circa il dieci per cento (cioè nelle contrattazioni private una moneta d'oro da cento lire ne valeva centodieci di carta). Il semplice annuncio del decreto di convertibilità, ridusse questa differenza allo 0,80 per cento. E contrariamente a tutte le aspettative, i biglietti cambiati ammontarono soltanto a duecentocinquanta milioni. Gl'Italiani si erano ormai abituati alla circolazione cartacea.

Questo provocò diverse sostanziose conseguenze. Anzitutto con l'oro accumulato nelle sue casse per fare fronte alle richieste del risparmiatore nel caso in cui questi avesse voluto effettivamente convertire i suoi biglietti di banca, lo Stato poté lanciare un prestito che gli fruttò seicentocinquanta milioni. Ma oltre a questo, la prova di forza e di stabilità fornita dalla lira, ne rialzò la quotazione in tutte le Borse del mondo attirando in Italia circa un mezzo miliardo di capitali stranieri.

Poteva essere la grande occasione del decollo. Ma purtroppo ne mancarono i due principali strumenti: lo Stato e le Banche. Le Banche italiane erano e in parte sono tuttora affette dal vizio congenito dell'usura. Gli alti interessi ch'esse esigevano ne rendevano proibitivi i finanziamenti a scopo industriale che richiedono tassi modesti, lunghe scadenze, fiducia e coraggio. Perciò all'imprenditore esse avevano sempre preferito lo speculatore di cui erano diventate le grandi complici. Anche ora che avevano a disposizione tutto quel circolante ne approfittarono per inflazionare il credito a vantaggio soprattutto della speculazione edilizia, nella cui clamorosa bancarotta dovevano restare di lì a pochi anni coinvolte. Per trovare l'ossigeno necessario alle loro iniziative, gl'imprenditori italiani dovranno aspettare l'arrivo delle Banche ebraiche tedesche, cioè della Commerciale di Joel e Toeplitz.

Quanto allo Stato, sarebbe ingiusto dire che non fece niente. Con le sue misure protezionistiche esso creò la condizione necessaria – anche se non sufficiente – al decollo. Ma a questo «incentivo» si aggiunse anche il vigoroso appoggio alla costituzione di gruppi che operavano soprattutto nel campo armatoriale e siderurgico. Fu col suo aiuto che i Rubattino di Genova e i Florio di Palermo diedero vita alla grande Compagnia di Navigazione generale italiana, la seconda per tonnellaggio di tutto il Mediterraneo. E fu su sua garanzia che Breda fondò le grandi acciaierie di Terni.

Questa azione tuttavia mancò di organicità, e più che di un chiaro programma di sviluppo industriale fu il prodotto delle pressioni esercitate dai gruppi interessati. Lo Stato insomma, lungi dall'orientare le forze economiche verso certi obiettivi, se ne lasciava condurre a rimorchio. E ciò provocava due conseguenze negative. Primo, favoriva le tendenze monopolistiche di questi gruppi, che non mancarono di approfittarne. Secondo, crearono fra potere politico e potere economico dei legami destinati a gettare molti sospetti sulla vita pubblica e ad alimentare clamorosi scandali. Si è sempre detto che, quanto a rettitudine, i governi di Sinistra fecero rimpiangere quelli di Destra, ed è vero. Ma questo forse dipende anche dal fatto che la politica della Destra, di stretta osservanza liberista, cioè basata sul non intervento in materia economica, non forniva occasioni di collusione, e quindi non ne faceva nascere nemmeno il sospetto; mentre la Sinistra per il solo fatto d'interferire nelle cose economiche, a questo sospetto si esponeva fatalmente.

E ora vediamo che cosa avveniva fra le masse popolari di questa società in movimento.

CAPITOLO DICIASSETTESIMO

DA MAZZINI A MARX

Nella società italiana degli anni ottanta, l'elemento operaio rappresentava una esigua minoranza. Le modeste dimensioni delle aziende industriali non consentivano la nascita di un vero e proprio proletariato di fabbrica. In quelle tessili, che tuttora primeggiavano, gran parte del lavoro lo facevano a domicilio i contadini, che restavano ancorati alla loro mentalità individualistica e ai loro costumi patriarcali. C'erano delle categorie che si andavano affermando per il nascere e il moltiplicarsi di nuovi fabbisogni e in cui si sviluppavano sentimenti e interessi di classe: i ferrovieri, gli edili, i tipografi. Ma erano troppo esigue per poter esercitare un peso. Questo poteva avvenire a una sola condizione: ch'esse trovassero una saldatura con le masse agrarie largamente predominanti in un Paese tuttora rurale come il nostro.

Questa saldatura fu il frutto non di qualche forza politica, ma di certe trasformazioni strutturali. Specie nella Bassa Padana lo sviluppo di aziende agrarie di tipo capitalistico provocò la fine della mezzadria con la sua famiglia patriarcale, dominata dal «capoccia» autoritario e conservatore, e la nascita di un bracciantato numeroso e inquieto, molto più vicino per interessi al mondo operaio e partecipe delle sue stesse esigenze. È un dato da tenere a mente, per capirci fra noi. Mentre negli altri Paesi occidentali la classe operaia fu fin dall'origine soltanto operaia e nacque nelle fabbriche, dove era relativamente facile organizzarla in una forza politica cosciente e coerente, in Italia essa fu mezzo operaia, mezzo contadina, ed ebbe come base il «focolare» di campagna, carico di umori eversivi, ma restio alla disciplina di partito. Ecco perché il movimento operaio italiano è rimasto sempre ancorato a quel rozzo massimalismo, che per lungo tempo gli rese impossibile, e ancor oggi gli rende difficile, l'inserimento nello Stato democratico. E questo spiega anche la sua tribolata vicenda politica.

Fino all'unità, la sua unica espressione organizzata erano state le «Società Operaie» fondate e dominate da Mazzini. Infatti la prima l'avevano istituita sotto i suoi auspici i lavoratori italiani emigrati a Londra. Ma subito dopo esse si erano diffuse per tutta Italia. Nel '62 se ne contavano quattrocentocinquanta, quasi tutte centro-settentrionali, con centoventimila iscritti. Ma dieci anni dopo, si erano triplicate, e cominciavano ad attecchire nel Sud.

Non era senza lotte e dilacerazioni che Mazzini aveva conservato su di esse il proprio ascendente. I moderati avevano cercato di sottrargliele per tenerle lontane dalla politica e farne soltanto delle associazioni di mutuo soccorso. Mazzini vinse la partita, ma a prezzo di una scissione, al congresso di Napoli del '64, dove fu approvato il suo «Atto di Fratellanza» ispirato ai princìpi di un solidarismo volto ai fini dell'unità e della grandezza nazionale. Ma dopo aver battuto il nemico di «destra», dovette fare i conti con quello di «sinistra», che lo accusava di strumentalizzare le società operaie a fini politici estranei ai loro interessi di classe.

Lo stesso Mazzini fornì buoni argomenti a queste critiche trascurando l'organizzazione, per dedicarsi esclusivamente al problema di Roma e di Venezia, tuttora irredente. Solo dopo Porta Pia, che ormai aveva chiuso il processo unitario, egli cercò di riprendere il controllo delle Società, anche perché erano la sola forza politica che gli restava. Ma ormai era troppo tardi.

Facciamo un passo indietro. Proprio lo stesso anno '64 in cui a Napoli si era riunito il congresso delle Società italiane – quello dell'Atto di Fratellanza –, un altro di carattere internazionale se n'era tenuto a Londra. Di questo congresso da cui prese avvìo la prima «Internazionale», così Mazzini scrisse al suo amico Campanella: «L'Associazione Internazionale, buona nel suo concetto, è dominata un po' troppo da un Marx, tedesco, piccolo Proudhon, dissolvente, odiatore, che non parla che di guerra da classe a classe». Ciò malgrado Mazzini tentò d'impadronirsi di quella nuova organizzazione, o almeno di acquistarvi posizioni di potere delegando al congresso alcuni rappresentanti della Società Operaia londinese che proposero l'adozione dell'Atto di Fratellanza. Non ci vuol molta fantasia per immaginare il ghigno di Marx nel sentir parlare di fratellanza. Comunque, la proposta fu subito declinata, e Marx impose il suo criterio di organizzazione autoritaria e monolitica, centrata su un onnipotente «Consiglio generale», che fu il primo *Politburo* avanti lettera.

Di tutto questo, in Italia nessuno aveva saputo nulla. A recarne notizia, l'anno dopo, fu un singolare missionario, che doveva esercitare sul nostro Paese una profonda e duratura influenza: Michele Bakunin.

Era un russo di nobile famiglia che, avviato alla carriera militare, l'aveva quasi subito abbandonata per dedicarsi a studi filosofici e imbrancarsi in quella *intellighenzia* rivoluzionaria che covò tutte le uova: liberali, socialiste, anarchiche (o nihiliste). Per non finire in prigione, e forse più ancora per obbedire al suo peripatetico istinto, prese la via dell'esilio e a lungo vagabondò per l'Europa occidentale, dovunque accendendo cospirazioni, fondando sètte e facendosi espellere dalla polizia. Era una specie di commesso viaggiatore della rivoluzione, pronto ad accorrere dovunque ne scoccasse una scintilla. E fu così che nel '49 si trovò sulle barricate di Dresda, gomito a gomito con Riccardo Wagner, che in quel momento attraversava una fase di «contestazione globale». Arrestato e condannato a morte dal tribunale locale, fu poi consegnato agli Austriaci che lo restituirono ai Russi. Costoro gli ribadirono la condanna, ma poi lo graziarono, e dopo alcuni anni di carcere duro lo deportarono a Irkutsk, nella più lontana Siberia. Di qui egli era romanzescamente evaso, e attraverso il Giappone e gli Stati Uniti era approdato nuovamente a Londra.

Il più bel ritratto di lui ce lo ha lasciato il suo compatriota Herzen nella pagina in cui racconta il suo ritorno: «Bakunin si riprese in mezzo a noi dopo nove anni di silenzio e di solitudine. Egli discuteva, predicava, dava ordini, urlava, decideva, organizzava, esortava l'intero giorno, la notte intera, per le intere ventiquattr'ore. Nei pochi momenti che gli rimanevano, si gettava sul tavolo, lo ripuliva del tabacco e della cenere, e scriveva cinque, dieci, quindici lettere a Semipalatinsk e ad Arad, a Belgrado e a Costantinopoli, in Bessarabia, Moldavia e Russia Bianca. La sua attività, la sua pigrizia, il suo appetito, il suo disordine, come tutte le altre sue caratteristiche, compresa la gigantesca statura e il continuo trasudare, erano di proporzioni sovrumane. Era ancora, a cinquant'anni, uno studente vagabondo, un *bohémien* senza casa».

Con Marx si era incontrato durante il suo primo soggiorno a Parigi. Ma non erano amici, né potevano esserlo. Sul piano ideologico – per lui preminente su tutti gli altri –, il professore tedesco disprezzava il nobile russo, e lo considerava soltanto un grosso pasticcione. «Non ho ancora ben capito» diceva «se Bakunin si diverta di più ad avere dei segreti, o ad andare a raccontarli a tutti, e specialmente agli agenti dello Zar.» Ma non sottovalutava l'ascendente ch'egli esercitava, ora maggiorato dall'alone del martirio. Perciò, subito dopo il lancio dell'Internazionale, lo indusse a farsene propagatore, e gli affidò come terra di missione l'Italia.

Bakunin accettò con entusiasmo. Per l'Italia aveva un debole: un po' per i racconti che gliene aveva fatto suo padre, ch'era stato vari anni ambasciatore dello Zar a Firenze, un po' perché in Siberia si era innamorato di Garibaldi il cui nome era arrivato fin lassù. Tanto che, appena rientrato in Europa dopo la lunga odissea, era corso a Caprera per rendere omaggio all'Eroe, e c'era rimasto tre giorni. Cosa si dissero, non si sa. Ma certamente simpatizzarono perché Bakunin descrisse il suo *Garibaldoff* «grandioso, calmo, appena sorridente». In quel suo primo viaggio, aveva fatto tappa anche a Firenze per ricercarvi gli amici paterni. E De Gubernatis, che in quell'occasione lo conobbe e più tardi sposò una sua cugina, così lo descrive:

> Vidi in un salotto dieci o dodici persone attente, sospese alla parola animata di un grigio personaggio da leggenda; una figura tra quella di Gambrinus e quella di Falstaff; una specie di orco gigantesco, innanzi al quale Francesco Pulszky aveva fatto portare un'enorme coppa di tè, visto che le piccole tazze egli le vuotava una dopo l'altra in un

> sorso, con qualche impazienza dei camerieri. Era un bel parlatore; aveva fatto i suoi studi nelle università tedesche; conosceva profondamente le dottrine di Hegel e di Schelling, di Fichte e di Schopenhauer, e ne discorreva con una facilità, abbondanza e sicurezza meravigliose. Aveva piccoli occhi di scoiattolo, ma essi guardavano in modo penetrante; la parola gli spumeggiava infuocata sulle labbra, ora soave, ora tonante, facilmente concitata e impetuosa.

In quella visita aveva cercato di far proseliti per una «Famiglia Internazionale Segreta» che esisteva solo nella sua fantasia, sebbene egli la presentasse come una potente organizzazione europea; ma con poco costrutto. Pur simpatizzando con quel pittoresco e tumultuoso personaggio, gli scettici fiorentini non apprezzarono molto le sue idee, d'altronde assai confuse. Il libero amore, l'abolizione del matrimonio, la parificazione dei sessi, la «rivoluzione permanente» parvero a tutti delle utopie, buone solo come balocchi da salotto. Ma il fatto è che Bakunin era ancora romanticamente legato a quella specie di contestazione fine a se stessa, ch'era il vecchio nihilismo russo (e un po' lo resterà per tutta la vita). Non aveva ancora elaborato una vera e propria dottrina.

Questo avvenne l'anno dopo a Napoli, quando Bakunin tornò in Italia come ambasciatore di Marx, ma con la ferma intenzione di crearvi un movimento suo proprio e di restarne padrone. A Napoli trovò alcuni vecchi mazziniani convertiti alle idee socialiste di Pisacane: Fanelli, Gambuzzi, Dramis, Friscia, Mileti. Ed è molto difficile stabilire se fu più forte l'influenza ch'egli esercitò su di loro, o quella ch'essi esercitarono su di lui. È un fatto che da questo interscambio nacque un manifesto programmatico intitolato *La situazione*, che già contiene i punti fondamentali del socialismo anarchico e lo differenzia da tutte le altre ideologie, comprese quelle mazziniane e garibaldine della Sinistra tadizionale. Il problema italiano è posto in termini sommari e grossolani, ma chiari. Le masse popolari, esso dice, sono tagliate fuori da uno Stato rimasto monopolio dei ceti privilegiati che ora cercano d'integrarle nelle loro istituzioni per meglio soffocarle. Guai ad accettare compromessi e transazioni. Il «sistema» non può essere riformato, va distrutto. E non per soppiantarlo con un altro, ma per liberare l'individuo da ogni sopruso autoritario e renderlo finalmente padrone del suo destino.

Questa rozza schematizzazione non aveva nulla a che fare con la dottrina socialista che Marx e il suo amico Engels stavano elaborando, ma era il messaggio più congeniale al massimalismo di una società sottosviluppata come quella italiana, ed esercitò un irresistibile fascino anche su molti intellettuali. Da esso nacque un movimento che formalmente aderì all'Internazionale di Londra, ma con essa non ebbe che scarsi rapporti un po' perché Bakunin non aveva nessun interesse ad approfondirli, un po' perché i suoi seguaci erano tutti presi dall'impegno della lotta contro Mazzini.

Che Mazzini avesse ancora la sua parola da dire, lo dimostrarono i tentativi insurrezionali della primavera del '70. Fu in suo nome che in Valtellina si costituirono delle bande armate per accendere la scintilla rivoluzionaria e che il caporale Barsanti cercò di sollevare la guarnigione di Pavia e finì davanti al plotone di esecuzione. Finché Roma restava da conquistare, il fremito rivoluzionario della gioventù italiana seguitava a obbedire al richiamo patriottico, sul quale Mazzini non era battibile. Ma con la guerra franco-prussiana e la breccia di Porta Pia, anche quel traguardo fu raggiunto, sia pure in maniera poco gloriosa, e quel fremito rifluì nella lotta sociale, l'unica ormai che offrisse ampi pretesti d'impegno alle impazienti nuove leve. Un manifesto di Bakunin diceva: «In tutte le statistiche del felice regno d'Italia evvi due dati di una semplicità ed eloquenza straordinaria: popolazione circa venticinque milioni; contribuenti della imposta dei fabbricati, terre coltivate e tassa di commercio: circa due milioni. Che cosa siano e che cosa facciano questi due milioni di bravi cittadini contribuenti, tutti lo sanno. Ma gli altri ventitré milioni d'italiani che cosa fanno e che cosa sono? Borghesi e privilegiati, ve la siete mai fatta questa domanda?».

Su questo terreno, Mazzini era piuttosto indifeso. E la resa di conti con lui avvenne subito dopo. Alla caduta dell'Impero, il popolo di Parigi aveva istaurato, contro il governo legale, la Repubblica socialista della «Comune». Su di essa e sui suoi metodi terroristici, l'opinione pubblica mondiale si divise. Mazzini fu decisamente contro «l'assurdo, retrogrado, politicamente immorale concetto di Repubblica, trovato novellamente in Parigi». Questa presa di posizione segnò il suo definitivo divorzio da Garibaldi che, dopo aver combattuto in Francia e coi Francesi la sua ultima campagna, si era pronunciato in favore dei popolani parigini, e gli alienò per sempre la gioventù socialista che vedeva nella Comune il proprio simbolo, anche perché la stampa conservatrice, forzando alquanto la verità, la presentava come la figlia dell'Internazionale.

L'ultima vittoria Mazzini la riportò al congresso delle Società Operaie che si tenne a Roma nell'autunno del '71, ma la pagò con una seconda scissione dopo quella provocata sette anni prima dai moderati. La maggioranza confermò l'Atto di Fratellanza, ma esso fu bersagliato da un piccolo *commando* di internazionalisti, intervenuti al dibattito solo per marcare e rendere irrevocabile il divorzio della loro «corrente», che infatti si ritirò dalle Società.

Questa ennesima diserzione amareggiò gli ultimi mesi di vita del «povero vecchio», come ormai con sprezzante compatimento lo chiamavano i dissidenti, anche sui loro giornali. Bakunin tornò apposta dalla Svizzera per aizzare gli attacchi contro di lui. «In Milano i nostri amici vanno, piuttosto che attingere a fonte italiana, a cercare ispirazione da un cosacco» scriveva amaramente Mazzini a Canzio. Fra Bakunin e Marx, del quale conosceva poco le opere, non distingueva. Credeva che fossero la stessa cosa, e considerava il diffondersi dell'Internazionale «una invasione d'ignoranti selvaggi». Arrivò persino a dire che avrebbe preferito veder di nuovo l'Italia sotto il giogo austriaco piuttosto che in braccio a quei due «falsi profeti».

Nel momento in cui egli calava nella tomba, divampava in seno all'Internazionale la guerra che da lungo covava, e di cui solo la presenza e il pericolo di Mazzini aveva impedito lo scoppio.

Il Consiglio generale di Londra manteneva i contatti coi circoli internazionalisti italiani, nati e cresciuti all'ombra di Bakunin, solo attraverso un uomo: Carlo Cafiero. Era un pugliese di nobile e ricca famiglia che, avviato alla diplomazia, aveva invece preferito darsi agli studi sociali, e vi aveva portato tutto l'ardore, ma anche le inquietudini di una coscienza turbata. Aveva abbracciato le idee socialiste come i sacerdoti – quelli veri – abbracciano la fede, vi si era dedicato con lo zelo del converso, e per meglio approfondirle era andato a Londra. Qui conobbe probabilmente Marx e certamente Engels, che ne fece il suo fiduciario per l'Italia e con cui rimase in corrispondenza.

Quando tornò a Napoli, nel '71, vi trovò all'opera il gruppo di Bakunin che, sia pure dopo parecchie traversie, aveva seguitato a operare e a far proseliti. «Vi è un presidente, Giustiniani, che è buono,» scrisse a Engels «un pugno di eccellenti operai, due studenti in medicina, qualche giovane avvocato eccetera.» Uno dei due studenti era un ragazzo di Santa Maria Capua Vetere, dall'aria contadinotta e dalla testa piena di Gracchi e di Spartachi, ma coraggioso, volitivo e tenace, che a diciassette anni aveva già conosciuto due volte la galera per aver inviato una lettera di minacce al Re: Errico Malatesta.

Da quel primo contatto Cafiero, che ancora non conosceva Bakunin ormai da un pezzo ritirato in Svizzera, non riportò l'impressione di dissensi ideologici con la centrale di Londra, e in questo senso rassicurante ne scrisse a Engels. Dopodiché si mise alla ricerca degli altri focolai internazionalisti per costituire la «Federazione delle sezioni italiane dell'Internazionale». Partita da Napoli, la scintilla aveva attecchito soprattutto in Toscana, nelle Marche, in Emilia e nella Romagna, dove proprio allora il movimento trovava un capo di tutto rispetto in un giovane studente imolese, allievo di Carducci: Andrea Costa.

Costa era il figlio di un cameriere di casa Orsini, quella da cui era uscito Felice, l'attentatore di Napoleone III. A quattordici anni era scappato di casa per arruolarsi con Garibaldi. Il padre, che sperava di farne un prete, l'aveva riempito di botte, ma alla fine aveva dovuto arrendersi alla sua vocazione di tribuno della plebe tipicamente romagnolo: irruente, eloquente, gladiatorio. Ideologicamente, la sua matrice era mazziniana. Ma un ex attore donnaiolo e socialista, Pescatori, lo convertì alle proprie idee socialiste facendolo collaborare al suo giornale, «Il fascio operaio». E da quel momento Costa mise la sua instancabile attività e la sua inesauribile facondia al servizio della Causa.

Un cronista contemporaneo, Darchini, ha molto ben descritto la comparsa dell'Internazionale a Imola, e le discussioni e i litigi e i duelli che provocò, in quella cittadella mezzo papalina mezzo repubblicana. Fu una lotta a colpi di banchetti e bicchierate fra le cravatte nere dei mazziniani e quelle rosse dei socialisti, una gara di funerali e matrimoni civili, di concioni, di apostrofi, di monumenti e di lapidi. Ma un successo decisivo le cravatte rosse lo riportarono espugnando la roccaforte di quelle nere: il giornale «Il Romagnolo» che, convertito all'Internazionale, diede anzi l'avvìo alla polemica contro Mazzini tirandosi addosso l'esecrazione della vecchia guardia repubblicana.

La battaglia era talmente rumorosa che qualche eco giunse all'orecchio del Consiglio generale, il quale vi avvertì parecchie stonature. Engels ne chiese conto a Cafiero, avvertendolo che dov'era passato Bakunin era nata un'eresia contro cui il Consiglio si preparava all'anatema. Infatti nell'ottobre del '71 fu indetta a Londra una «conferenza privata» di pochi «grandi iniziati» fra i quali Bakunin non figurava, che delegò al Consiglio il compito di fissare a testa sua la sede, la data e il programma del prossimo congresso dell'Internazionale.

Comprendendo che questo congresso era indetto per scomunicarlo, Bakunin tentò di prevenirlo mobilitando la Federazione del Giura in Svizzera francese che si era formata, come quella italiana, sotto il suo segno. In un congresso tenuto un mese dopo a Sonvillier essa dichiarò di non riconoscere al Consiglio altra funzione che di statistica e di corrispondenza, ovvero di coordinamento, la direzione politica dovendo essere gestita direttamente dai lavoratori e svolta attraverso l'insurrezione, unica arma non per impadronirsi dello Stato, ma per distruggerlo.

La contrapposizione non poteva essere più netta, e metteva gl'internazionalisti italiani alla scelta. Una conferenza fu indetta a Rimini nell'agosto del '72 per prendere una decisione. In rappresentanza delle ventuno sezioni, c'erano tutti i maggiori protagonisti: Malatesta, Costa, Fanelli, Nabruzzi. E a segnare la sorte di quelle assise fu soprattutto Cafiero, che le presiedette e che si pronunciò per la tesi di Bakunin, contro il Consiglio.

Il Congresso diventò così l'atto di nascita ufficiale di una Internazionale italiana che, in contrasto con quella di Londra, rifiutava l'idea marxista di organizzare le forze operaie in un «partito» teso alla conquista dello Stato per vie legali. Gl'internazionalisti italiani dichiaravano il concetto stesso di «partito» incompatibile con la «rivoluzione permanente» predicata da Bakunin, unicamente affidata alla libera iniziativa dei lavoratori e tesa non alla conquista, ma all'abolizione dello Stato. Era una posizione massimalista perfettamente in tono con la realtà sociale di un Paese nel quale mancava un proletariato di fabbrica abbastanza numeroso e omogeneo per potervi istaurare la disciplina necessaria a una lotta politica organizzata, e dove le masse si trovavano a tale distanza dal potere da far loro apparire utopica l'idea di conquistarlo. Oltre tutto, l'esclusione dal voto non gliene forniva nemmeno l'arma.

A Rimini, fu stabilito di non partecipare nemmeno al congresso che frattanto il Consiglio aveva indetto all'Aja. Vi andò solo Cafiero, ma come osservatore. E vi assisté alla scomunica e all'espulsione di Bakunin, che segnò praticamente la fine della Prima Internazionale, anche se il suo atto di decesso venne stilato solo quattro anni dopo a

New York. Dopodiché Cafiero raggiunse Saint Imier, dove i «compagni» italiani si riunivano con quelli svizzeri e spagnoli, che avevano anch'essi ripudiato Marx. A questo congresso intervenne, in veste di delegato italiano, lo stesso Bakunin, ed esso segnò la nascita della «Internazionale anarchica», che finalmente aveva trovato il suo vero nome e che ribadì pressappoco le tesi di Rimini. Che gli Spagnoli si trovassero sulle stesse posizioni degl'Italiani è del tutto naturale, data l'analogia delle due società. Quanto alla convergenza degli Svizzeri, essa era dovuta a due motivi: il lungo lavoro svolto fra loro da Bakunin, e il fatto ch'essi non erano operai, ma artigiani, e quindi istintivamente restii a qualsiasi irreggimentazione.

Fu in questa occasione che Cafiero incontrò nuovamente Bakunin, che aveva già conosciuto nel '72 a Locarno e di cui subiva il fascino sebbene la sua personalità fosse così antitetica alla sua, o forse proprio per questo. Perennemente immerso in un'estasi che lo portava a confondere la realtà coi sogni, il gigantesco, estroverso, vorace Russo travolse con la sua facondia, col suo calore umano, col suo inguaribile ottimismo l'Italiano ascetico e digiunatore, introverso e malinconico, in perpetuo conflitto con la propria coscienza e sempre sull'orlo del collasso psichico. Egli diede fondo al suo patrimonio per comprare una villa presso Locarno, La Baronata, e farne un gabinetto di esperimenti rivoluzionari sotto la regìa di Bakunin, che vi s'istallò con largo seguito.

Coerente con le sue premesse, l'Internazionale anarchica si mise subito al lavoro. Ma al lavoro si misero subito anche i carabinieri, contro di essa. I suoi capi non facevano in tempo a uscire di prigione che ci venivano ricondotti in manette. Tuttavia le sezioni si moltiplicavano, e gl'iscritti ora sfioravano i trentamila. Nel '74 la situazione parve matura per il lancio di un moto insurrezionale che doveva partire da Bologna. Con documenti falsi, venne anche Bakunin per mettersi alla testa delle barricate. Ma la polizia, informatissima di tutto, prevenne il colpo con una retata, in cui rimase anche Costa, che la pagò con due anni di galera. Bakunin riuscì a fuggire travestito da prete, e questo episodio doveva fornire a Bacchelli il pretesto del suo più bel romanzo: *Il diavolo al Pontelungo.* Riuscì a fuggire anche Cafiero che riparò all'estero. Ma non era più l'uomo di prima. Aveva rotto con Bakunin che si era mangiata tutta la dote della Baronata accogliendovi ogni sorta di vagabondi e parassiti. E non aveva più nemmeno di che pagarsi una clinica, dove restaurare i suoi nervi malati. Era in preda a crisi depressive e a manìa di persecuzione. E forse fu proprio questo a suggerirgli il pazzesco piano di una insurrezione nel Sud.

Costa, da poco tornato in libertà, non approvò il progetto. Pochi mesi prima c'era stato un congresso clandestino a Firenze, che si era trovato concorde solo nella commemorazione di Bakunin, morto a Berna fra le braccia di un agente dello Zar ch'era diventato il suo più intimo confidente e che, invece di spiarlo, aveva finito per fargli da balia. Le tesi anarchiche avevano vinto, ma si era delineata una corrente di «evoluzionisti», di cui il perspicace romagnolo aveva subito intuito il pericolo. Con un fronte interno intaccato dalla dissidenza e con l'organizzazione scompaginata dagli arresti, non gli pareva il momento di tentare altre imprese. Ma Cafiero s'era infervorato dell'idea e non ci fu verso di fermarlo.

Il moto doveva partire da San Lupo, un villaggio del Matese, presso Benevento. Era una plaga di poveri contadini analfabeti, carichi di protesta, ma abituati a sfogarla soltanto nel brigantaggio. Pensare di trasformarli in crociati di una ideologia era assolutamente utopistico. Cafiero arrivò travestito da turista britannico, con un segretario ch'era Malatesta, una rivoluzionaria russa malata di etisìa, e una trentina di servitori, che parlavano un romagnolo così stretto da poter sembrare anche inglese. Tutto finì come doveva finire, coi cafoni di San Lupo sordi al richiamo della rivoluzione sociale e l'intervento di un distaccamento di truppa messo in allarme dal solito delatore. Ci furono, tra i carabinieri, due feriti. La gente aveva accettato la repubblica socialista istaurata da quegli stravaganti giovanotti, ma non fece nulla per difenderla. I giovanotti, che avevano cercato scampo in una cascina di montagna, si arresero. E la faccenda fu liquidata in Corte d'Assise con un verdetto d'assoluzione, ma dopo quasi due anni di prigione preventiva, che dettero il colpo di grazia alla mente di Cafiero.

In sé, l'episodio era di piccole dimensioni. Ma dimostrò l'inconcludenza di quella «propaganda del fatto», che gli anarchici avevano scelto come loro metodo. Come i cospiratori del Risorgimento – dai quali in linea retta discendevano –, anch'essi credevano che l'iniziativa individuale dell'eroe solitario bastasse a scuotere l'apatia delle masse. E non per nulla infatti il loro giuramento ricalcava quasi alla lettera quello della Giovine Italia, sostituendo all'ideale di Indipendenza quello di Giustizia e alla Patria la Classe. Ma ora dovevano accorgersi che non bastava cambiare il contenuto del messaggio, finché il destinatario non era nemmeno in grado di leggerlo e di comprenderlo. Bisognava prima abbattere il muro d'ignoranza che li isolava dal popolo. Per abbatterlo ci volevano scuole e riforme. E per ottenere scuole e riforme, bisognava andare in parlamento scendendo nell'agone politico come forza organizzata, cioè come partito. Che era quanto avevano sostenuto gli evoluzionisti al congresso di Firenze.

Questa crisi della coscienza anarchica ebbe in Costa il suo protagonista. Sebbene non avesse partecipato all'impresa del Matese, anzi l'avesse condannata, per sfuggire a un nuovo arresto fu costretto a riparare a Lugano, dove già si erano rifugiati Nabruzzi, Zanardelli e altri compagni. E qui trovò, imbrancata con loro, Anna Kuliscioff.

Il suo vero nome era Anna Mosejevna Rozenstein, e apparteneva a una ricca famiglia ebrea di Odessa. Non aveva che ventitré anni ma non li aveva sprecati. Andata a Zurigo per studiare medicina, aveva frequentato l'ambiente degli esuli russi in guerra col regime zarista, ne aveva assimilato le idee, di ritorno a Odessa si era intruppata coi «populisti» e ne aveva sposato uno di cui la polizia provvide subito a lasciarla vedova, deportandolo in Siberia. Ricercata anch'essa si era impratichita nell'arte della clandestinità ma alla fine aveva dovuto espatriare ed era finita a Lugano. Era la tipica esponente di quella *intellighenzia* che aveva covato i Bakunin, gli Herzen, gli Ogarev, ma con qualcosa in più, rispetto alle *pasionarie* di quella razza: una eterea bellezza bionda e celeste, che doveva per forza colpire il giovane provinciale di Imola, che alla bellezza era molto sensibile, ma non ne aveva mai incontrate di quel tipo lì. La loro storia cominciò con una discussione politica. E come continuò sta scritto in una lettera di lui a lei: «Ecco, io ti vedo nella tua veste azzurra, con quella tua testolina di vergine, e tutta la ineffabile idealità di quella sera mi si risveglia dentro. Tu sai che sera sacra fu per noi, e se vivessi un secolo, se vivessi in eterno, non potrei dimenticarla giammai... La candela getta intorno una luce pallida pallida e il fuoco del camino è mezzo spento, quando un grido straziante, in cui si vela l'amore, la passione, il rimorso, l'abbandono, tutto ciò che di più intimo, di più vero, di più umano v'ha nell'uomo, che è tutta, tutta una protesta, tutta una sintesi, tutta una rivelazione, grido sublime, se mai ve ne furono, squarcia la notte come un lampo: *Je t'aime! Je t'aime! Je t'aime!*».

Tutto questo non ha nulla a che fare con l'ideologia, ma l'ideologia ha a che fare anche con questo, perché d'allora in poi Anna non fu soltanto la padrona dei sensi, ma anche dei pensieri di Andrea. Quando di lì a poco questi si recò al congresso socialista universale indetto a Gand per cercar di rimettere d'accordo il socialismo di Marx con quello di Bakunin, sostenne le tesi anarchiche del secondo, ma senza assumere atteggiamenti di rottura e cercando di smussare gli angoli della polemica. Il tentativo di composizione non riuscì, e il congresso si chiuse confermando le deliberazioni di quello marxista dell'Aja.

Probabilmente anche questo contribuì a orientare in modo diverso le idee di Costa. Ma ancora di più su di esse influì Anna. Molto più colta e agguerrita di lui in campo ideologico, essa non aveva mai accettato il rozzo massimalismo dei nihilisti e militava sotto il segno del socialismo «scientifico», come allora si chiamava quello di Marx ed Engels. È molto probabile che Costa ne leggesse i testi solo allora, e grazie a lei. A farglieli meglio approfondire, provvide la prigione.

Tuttora sotto mandato di cattura, egli non poteva rientrare in Italia. Si trasferì quindi con Anna a Parigi. Ma la polizia li arrestò. Anna fu espulsa. Lui fu condannato a due anni di carcere come membro dell'Internazionale, considerata organizzazione sovversiva, e solo dopo quattordici mesi poté riunirsi a Lugano con la sua compagna, che frattanto era finita di nuovo in galera a Firenze, dove si era recata clandestinamente in missione. Erano gente che sapeva soffrire, questi rivoluzionari dell'Ottocento.

A Lugano, Costa poté mettersi al corrente di ciò che frattanto era avvenuto in Italia, dove qualcosa era avvenuto. Già poco prima ch'egli la lasciasse, il dissenso degli evoluzionisti si era tradotto in un gesto di aperta dissidenza. Sotto il pungolo del giornale La Plebe, diretto e redatto da due polemisti di forte temperamento, Bignami e Gnocchi-Viani, la Federazione Internazionalista dell'Alta Italia si era distaccata dalle altre facendo sue le tesi dell'Aja, cioè allineandosi sulle posizioni marxiste. Era fatale che questo accadesse. In Alta Italia il decollo industriale aveva creato un proletariato di fabbrica abbastanza omogeneo e cosciente. Grazie allo sviluppo capitalista che gli aveva permesso di evolvere, esso si rendeva conto che la lotta contro il «sistema» non si poteva condurre soltanto a suon di attentati. Questa era una scorciatoia che non conduceva a nulla. «Le rivoluzioni» aveva detto Gnocchi-Viani «non s'improvvisano né si fanno a ora fissa: bisogna attendere per amore o per forza. E in questo frattempo, se il socialismo non dà mano ad altri mezzi, rischia d'intorpidirsi e di sfiduciarsi, lasciando adito agli avversari astuti di cacciarsi essi in mezzo alle classi sofferenti, acquistarne le simpatie e intralciare così l'opera nostra.» I mezzi erano, naturalmente, il partito e il parlamento, cioè il metodo delle riforme. Era il ripudio della formula: «O tutto, o nulla», di cui si pasceva l'utopia anarchica. Questa aveva cercato di riprendere il sopravvento seminando nel '78 l'Italia di bombe. Ne erano scoppiate a Firenze, a Pisa, dovunque; e a farne le spese erano stati soltanto degl'innocenti: quelli morti e quelli spediti in galera da frettolosi tribunali in cerca più di capri espiatori che di responsabili. Tutti gli elementi più in vista erano in prigione, e la rete organizzativa scompaginata.

Costa, a Lugano, rifletteva su tutto questo. E il frutto di queste riflessioni fu la lettera *Ai miei amici di Romagna*, che «La Plebe» pubblicò nell'agosto del '79. Non era una ritrattazione. Come mèta, egli seguitava a proporre la rivoluzione in antitesi all'evoluzione di Bignami e Gnocchi-Viani. Ma era sui metodi ch'egli prendeva le distanze dai vecchi compagni denunziando l'inutilità di una tattica esclusivamente insurrezionale e affermando la necessità di un partito in grado di trasferire la battaglia sui banchi del parlamento.

Ce n'era abbastanza perché i vecchi compagni gridassero al tradimento e lo accusassero di aver cambiato bandiera per prepararsi la medaglietta di deputato. «Ho sempre amato e stimato Costa più che un fratello;» scrisse Palladino «ma ora ch'egli abbandona la causa della rivoluzione, non esito un istante a ritenerlo pel maggior nemico dei lavoratori.» Ma l'attacco più feroce venne da Cafiero: «Se non volete che il popolo bestemmi la rivoluzione come un nuovo dio falso e bugiardo, fate giustizia del perfido ciarlatano».

Per prevenire una frattura, destinata a restare fino ai nostri giorni la perpetua vocazione del socialismo italiano e la sua permanente insidia, fu convocato un congresso a Chiasso, che servì soltanto a renderla irreparabile. La Federazione Alta Italia accentuò la sua indipendenza, e grazie a Costa guadagnò alla propria causa la Romagna, che fin allora si era dimostrata la più impervia alla linea evoluzionista. Un altro congresso regionale riunito clandestinamente a Rimini nell'agosto dell'81 diede il via al «Partito socialista rivoluzionario di Romagna», con mandato di «porre al parlamento candidature socialistiche e operaie, siano positive, siano di protesta», lasciando alle singole associazioni provinciali di fissare la condotta dei compagni che potessero venir eletti deputati. Su un punto la battaglia fu particolarmente aspra: e cioè se questi eventuali deputati dovessero prestare il giuramento al Re e allo Statuto, di cui la legge faceva la condizione per sedere in parlamento, e alla fine fu deciso per il no.

Questa risoluzione che inabilitava i suoi rappresentanti a svolgere il mandato nel momento stesso in cui il partito decideva di scendere sul terreno della lotta costituzionale per affidarglielo, è indicativa della puntigliosità formalistica dei socialisti, della loro eterna paura di «perdere la faccia», insomma di un infantilismo di cui non sono guariti neanche da vecchi. Fin d'allora essi si dimostravano più attaccati alla liturgia dei gesti e delle parole che alla sostanza delle cose. Già li perseguitava l'incubo di apparire «borghesi» a chi si professava più proletario di loro e di esserne «scavalcato a sinistra».

Nella sua vicenda, Costa esemplificò queste contraddizioni. Per sfuggire all'accusa di aver tradito i compagni per ambizioni di potere personale, s'impegnò a declinare la candidatura per le elezioni dell'82 ben sapendo che in Romagna il partito non poteva contare che su di lui. Della lista nazionale, in cui figuravano Bignami, Gnocchi-Viani, Gambuzzi, Friscia e pochi altri, fu infatti l'unico a essere eletto, non a Imola, ma a Ravenna, dove raccolse ben 3654 voti, quasi un plebiscito. Era la fine della penosa condizione di «sorvegliato speciale» in cui versava da un decennio. «Da questo momento» gli disse il prefetto «ella è libera, Onorevole, di andare dove vuole.» Ma restava la questione del giuramento. Un solo uomo poteva autorizzarvelo dall'alto del suo intatto prestigio: Cafiero. Gli scrisse. E Cafiero, che poco prima lo aveva additato al linciaggio, rispose: «Va' in parlamento, presta francamente il tuo giuramento, e servi la causa comune...».

Costa, che non chiedeva di meglio, andò in parlamento e giurò. Ma, nonostante l'avallo di Cafiero, dovette far fronte alla tempesta. Costituitisi in tribunale, i compagni milanesi lo convocarono per rispondere del suo gesto. In veste di segretario e cancelliere, sedeva un giovane avvocato: Filippo Turati. Dai violenti attacchi degli estremisti che lo accusavano di doppia diserzione, prima per aver giurato, e poi per aver preso posto sui banchi dell'Estrema accanto ai «borghesi» Cavallotti e Bovio, Costa si difese contrattaccando, e fu una delle sue migliori prestazioni oratorie. Alla fine vinse, ma rimettendoci parte della sua aureola.

Da Berna, Anna gli scrisse: «Dunque sei deputato, e io me ne congratulo teco». Niente altro. Da quando gli aveva dato una figlia, essa non era più per lui che la madre di sua figlia, e lo sentiva e non se ne dava pace. Le sue lettere erano tutte un rimprovero per la sua indifferenza, o un silenzio peggiore del rimprovero. Andrea era il solo uomo di cui quella cerebrale non fosse stata innamorata soltanto di testa. «Sento che siamo invecchiati in materia d'amore,» gli scriveva «e ciò è sintomo che siamo invecchiati generalmente. L'idealismo se n'è andato, e con lui tutto il resto. Ci vogliamo bene, abbiamo la Ninuccia, ognuno di noi va per la propria via, v'ha ancora l'abitudine, e poi? Guardo con malinconia i ruderi di quell'edificio gigantesco che abbiamo creato con la nostra fantasia, e sorrido. Chi l'avrebbe mai detto?»

Due anni dopo, essa conobbe a Napoli il giovane avvocato milanese che aveva fatto da cancelliere nel processo contro Costa. Ma non fu la stessa cosa. Quella con Turati fu una *liaison* alla francese, più d'intelletto che di letto, e come convivenza fu più armoniosa. Ma fino alla morte, Anna seguiterà a sentirsi vedova di Andrea e del suo calore animale.

Il motivo per cui gli evoluzionisti lombardi non erano riusciti a conquistare nessun seggio e ad affiancare a Costa qualche loro rappresentante, era stata la renitenza degli operai. Come abbiamo già detto, le loro Società erano sfuggite al controllo di Mazzini, ma ciò non significa che si fossero sottratte al suo lascito morale. Quanto questo fosse forte lo dimostrava l'influenza che su di esse esercitavano i radicali di Cavallotti, eredi del vecchio Partito d'Azione e depositari della tradizione mazziniana e di quella garibaldina, finalmente rappacificate dopo la morte dei due ispiratori. Erano i radicali che manovravano il Consolato operaio di Milano, una specie di federazione di società di arti e mestieri a base cittadina e con un programma quasi esclusivamente mutualistico e previdenziale.

Per gli evoluzionisti, questo era un gravissimo smacco: senza gli operai, era impossibile accreditarsi come interpreti delle classi popolari e dei loro interessi. Bisognava dunque strappare questi organismi alla concorrenza radicale, che aveva dalla sua, oltre al prestigio di Mazzini, un piccolo ma agguerrito gruppo di deputati alla Camera e un giornale battagliero e di grande diffusione: «Il Secolo».

La lotta per la conquista di questa roccaforte si era accesa già nel settembre dell'81, quando il Consolato indisse un congresso, cui intervennero i delegati di 86 Società, per il varo di una Confederazione operaia lombarda. Essa fu approvata, e lo Statuto, ispirato dai radicali, ribadì in generale una linea programmatica essenzialmente mutualistica. Ma nel dibattito si delineò una tendenza che rivendicò agli operai – «quelli coi calli alle mani», disse il loro portaparola – i posti direttivi fin allora detenuti dai borghesi e fece includere fra gli scopi della Confederazione quello di «appoggiare le agitazioni», dandole con ciò un contenuto di rivendicazione sindacale.

Queste tesi furono subito vigorosamente sostenute sul loro giornale da Bignami e Gnocchi-Viani i quali ci videro una breccia aperta all'influenza socialista. E infatti il risultato fu la nascita di un Partito Operaio Italiano, che a lungo andare a quest'influenza non poteva sottrarsi. Il suo programma restava fedele, per il momento, ai princìpi radicali. Ma la decisione di assumere un carattere esclusivamente operaio e di appoggiare gli scioperi e le leghe di resistenza, dando avvìo a una lotta sindacale e di classe, lo costringeva fatalmente a discostarsene.

Così accanto al gruppo romagnolo, formato soprattutto da artigiani e braccianti, si costituiva quello operaio lombardo. Perseguivano obiettivi differenti. Il primo mirava alla conquista del potere politico coi mezzi legali della lotta parlamentare, il secondo puntava al potere economico attraverso la lotta sindacale. Ma era dalla loro fusione che doveva nascere, di lì a qualche anno, il partito socialista. Da questo processo rimasero tagliati fuori gli anarchici, di cui Cafiero incarnava l'«alienazione».

Seguiamone per un tratto la vicenda, forse la più drammatica e «italiana» fra tutte quelle che si stavano svolgendo nel campo politico nazionale.

CAPITOLO DICIOTTESIMO

I «MALFATTORI»

Un giorno di febbraio dell'83 alcuni contadini che lavoravano a una cava di pietra presso Fiesole trovarono un uomo seminudo, squassato da un tremito che non era soltanto di freddo e di digiuno, e dallo sguardo allucinato. Non seppe dire chi fosse né come mai si trovava lì. Lo rivelarono i documenti che portava indosso. Era Carlo Cafiero. I medici del manicomio di San Bartolomeo, dove venne tradotto, lo tennero per alcuni giorni in osservazione. Poi lo internarono come pazzo.

Gli ultimi due anni li aveva trascorsi a vagabondare e a contraddirsi. Da Londra aveva lanciato i più violenti anatemi contro Costa e la sua conversione ai metodi legalitari. «Andare in parlamento vuol dire parlamentare; parlamentare vuol dire patteggiare. La nostra azione dev'essere la rivolta permanente, con la parola, con lo scritto, col pugnale, il fucile, la dinamite...» Quando tornò a Lugano, convocò gli amici, poi li scacciò con parole minacciose, infine li richiamò, li abbracciò, e tornato a Londra, scrisse a uno di loro: «Gli ultimi attriti con Costa mi hanno fiaccato. Non vedo nessuno tranne Errico [Malatesta], ma raramente perché siamo lontani». D'improvviso partì per Milano, dove ritrattò completamente le sue dichiarazioni rilasciandone una in favore di Costa, e dove fu arrestato.

In prigione tentò di suicidarsi tagliandosi le vene dei polsi, e forse anche per questo si affrettarono ad accompagnarlo alla frontiera di Chiasso. L'ospitarono alcuni compagni perché del suo bel patrimonio, andato in fumo con la Baronata, non gli restava che un piccolissimo vitalizio. Ma era ossessionato dalle accuse lanciate contro Costa, e non faceva che chiedergliene perdono in lunghe sconclusionate lettere. Fu in preda a questa agitazione che un giorno scomparve da Lugano per approdare, non si sa come, nella cava di Fiesole.

I medici che lo avevano preso in custodia dovettero immobilizzarlo per impedirgli di strapparsi peli, unghie e denti ch'egli considerava un intralcio alla «spiritualizzazione della materia». E nel loro rapporto riferirono che il degente non faceva che dettare lettere confidenziali al Re e al Papa, che voleva arruolarsi nell'esercito inglese, e che sollecitava un incontro col Generale dei gesuiti per persuaderlo ad allearsi coi socialisti.

Molti amici andavano a visitarlo. Un giorno si presentò anche una giovane rivoluzionaria russa, Olimpia Kutusov, detta Lipa, che disse di essere la moglie del malato, ed era vero. Cafiero l'aveva sposata dieci anni prima a Pietroburgo, ma solo per procurarle un passaporto che le permettesse di sottrarsi alle persecuzioni poliziesche, e dopo quel matrimonio bianco non si erano più rivisti. Espulsa dalla Russia come cittadina italiana, Lipa doveva esservi rientrata clandestinamente perché poco dopo risulta deportata in Siberia, donde era romanzescamente evasa per venire a saldare il suo debito di gratitudine con Cafiero. Essa riuscì a farselo affidare, sia pure per breve tempo, ma non a guarirlo. Egli rimase ancora alcuni anni sprofondato, come dice Turati, «in una mite e poetica follia» che gli procurava strane visioni, e nel '92 morì nel manicomio di Nocera.

Alla stessa sorte si stava avviando un altro grande predicatore dell'anarchismo catastrofico e illegalista: Covelli. Anche lui aveva pronunciato accuse spietate contro Costa, «questo rinnegato che ha accettato di essere deputato e triumviro della democrazia», e da Londra seguitava a richiamare i compagni al dovere dell'intransigenza. È dall'azione, diceva, che nascono le idee, non viceversa. E continuò a dirlo anche dal manicomio in cui lo internarono quasi contemporaneamente a Cafiero. Un po' dentro, un po' fuori, visse farneticando altri trent'anni.

In queste tragedie individuali s'incarnava quella dello stesso anarchismo. Ribelle a ogni forma di autorità, esso faceva del rifiuto di qualsiasi organizzazione un'ideologia fine a se stessa che dissolveva anche il suo tessuto. L'unico filo che riusciva a tenerne cuciti i brandelli era la persecuzione. Nella qualifica di «malfattori» che tribunali e stampa appioppavano agli anarchici, questi ritrovavano un motivo di unità e di orgoglio, tanto che Covelli adottò questa etichetta come titolo del suo giornale, «I Malfattori». Sul banco degl'imputati e in galera, essi si scoprivano solidali e unanimi. Ma solo lì. Tornati in libertà, ricominciavano a combattersi fra loro e a distruggersi contestando chiunque accennasse a voler imporre qualche regola e freno.

D'altra parte, dopo la defezione di Costa e l'eliminazione di Cafiero, di uomini qualificati ad assumere funzione di capi n'era rimasto uno solo, Malatesta, l'irriducibile lottatore, il tenace guardiano del vangelo di Bakunin. Braccato da tutte le polizie europee, non faceva che girovagare con falsi documenti tra Svizzera, Francia, Belgio, Inghilterra, partecipando a tutti i congressi clandestini insieme a Kropotkin, Luisa Michel, Herzig e a tutti gli altri santoni dell'anarchismo mondiale, intenti a ricostituire la Prima Internazionale, ripudiata e strozzata dai marxisti. Ma il suo forsennato attivismo urtava sempre contro la renitenza dei «compagni» a qualsiasi forma associativa. A schierarsi al suo fianco e a secondare i suoi sforzi, ce ne fu uno solo: Francesco Saverio Merlino.

Merlino veniva da una famiglia di notabili napoletani: suo padre era consigliere della Corte di Cassazione, e un suo fratello si stava avviando sulla stessa strada. Prima d'iscriversi a Legge, Francesco Saverio aveva frequentato l'istituto degli scolopi, dove studiava anche Malatesta. Ma non crediamo che sia stato questo incontro a determinare i suoi orientamenti perché con Malatesta, di alcuni anni più grandicello, ebbe pochi contatti e perché non era uomo da subire influenze esterne. Anche nel fisico recava le stigmate del tipico intellettuale meridionale: fragile, minuto, topo di biblioteca. All'anarchismo approdò negli anni universitari, non per impulsi di ribellione o per smania d'avventura, ma per una deliberata scelta ideologica, maturata sui testi. Merlino era uno dei pochi che li conoscesse a fondo. E lo scopo che si propose, subito dopo la laurea, fu di divulgarne e approfondirne la tematica.

I compagni subivano il fascino della sua superiore intelligenza, del suo rigore dialettico; ed era sempre a lui che ricorrevano, quando si trovavano sul banco degl'imputati. Ma proprio per la sua cultura, per i suoi natali, per la sua borghese «rispettabilità», non lo considerarono mai dei loro, nemmeno dopo ch'egli ebbe fatto i suoi bravi turni di prigione e di esilio. Il loro idolo era un altro personaggio molto più pittoresco e pasticcione, da cui appunto per questo si sentivano meglio «rappresentati»: Amilcare Cipriani.

Cipriani era un Ciceruacchio di Anzio, cresciuto però a Rimini nell'aria surriscaldata delle passioni anticlericali e antimonarchiche romagnole. A quindici anni combatteva già nell'esercito piemontese a San Martino, ma disertò per imbrancarsi coi Mille. Tornato ad arruolarsi per la campagna contro il brigantaggio, disertò di nuovo per seguire Garibaldi in Aspromonte, e per un pelo sfuggì alla fucilazione. Dovunque in quegli anni si combattesse, lo si trovava: coi repubblicani greci in rivolta contro la monarchia, con gl'insorti di Candia contro i Turchi. Nelle pause, fa l'esploratore nel Sudan al seguito di Miani, e finisce magazziniere al Cairo.

Una sera, dopo una cena offerta da alcuni compatrioti, si accese un tafferuglio fra i commensali, e Cipriani ne stese uno morto a pugnalate. Inseguito da due guardie, le affrontò e stese morte anche quelle. Riuscì a fuggire dentro la stiva di una nave e a riparare a Londra, dove strinse amicizia con Mazzini. Ma quando a Parigi s'instaurò la Comune, corse ad arruolarsi sotto le sue bandiere. Le sue prodezze gli valsero il grado di colonnello, ma anche, dopo che la rivolta fu domata, la condanna a morte, poi commutata nella deportazione a vita nella Nuova Caledonia. Anche da deportato, riuscì ad andare in prigione per le sue insubordinazioni. Finché liberato da un'amnistia dopo dieci anni di «bagno», rientrò in patria per nulla dòmo, e anzi più battagliero di prima.

Dopo una visita a Cafiero, si buttò anima e corpo al lavoro di propaganda. Il suo passato, la sua barba da profeta, il suo cappello a larghe falde, la sua scombiccherata ma gladiatoria eloquenza, facevano di lui un mattatore irresistibile. Predicava che non c'era bisogno d'idee, perché in realtà lui non ne aveva nessuna. Bisogna agire, diceva, non pensare. Ma la polizia non gliene diede il tempo. Impadronitasi dell'incartamento relativo all'episodio del Cairo di quindici anni prima, lo consegnò al tribunale che gl'inflisse altri venticinque anni di carcere.

La speciosa sentenza provocò una violenta reazione. Portato candidato alle elezioni dell'82, mentre languiva in una cella di Portolongone Cipriani non riuscì. Ma riuscì a quelle di quattro anni dopo e il responso, invalidato, fu nuovamente confermato dagli elettori. Come sempre capita quando abusa dei suoi poteri, il governo aveva fatto della vittima un martire, e ora non sapeva come uscire da quella situazione. Cercò invano di persuadere il prigioniero a sottoscrivere una domanda di grazia, e alla fine dovette concederla senza che venisse richiesta. Il tribunale cercò d'infliggergli un'altra condanna per la diserzione di ventisei anni prima. Ma dovette rinunciarvi. Il ritorno di Cipriani a Rimini fu un'apoteosi, in cui forse per l'ultima volta anarchici e socialisti si trovarono affratellati. Se avesse avuto il cervello di Merlino, forse Cipriani in quel momento avrebbe potuto compiere il miracolo della rappacificazione. Viceversa assunse tali posizioni, che Malatesta dovette sconfessarlo: «Cipriani» scrisse «è restato sempre garibaldino, garibaldino nel senso meno intelligente della parola, cioè uomo senza idee chiare, senza programma determinato, pronto sempre a battaglia comechesia...»: una diagnosi centrata, anche se lasciava in ombra le qualità positive dell'uomo: il coraggio, il disinteresse, la generosità.

Secondato da Merlino, l'irriducibile Malatesta aveva lanciato l'idea di un congresso per discutere la creazione di qualche apparato organizzativo che coordinasse l'azione insurrezionale. Ma già la semplice enunciazione dell'idea aveva sollevato un vespaio. Divisi in «individualisti» e «associazionisti», gli anarchici si scannavano sui loro giornaletti alla macchia che s'intitolavano: «La Canaglia»,

«La Plebaglia», «La Ciurmaglia», «La Marmaglia», «La Gentaglia», «La Poveraglia», «I Pezzenti», «I Ribelli».

Ma il polso e l'energia di Malatesta riuscirono ugualmente a condurre in porto il progetto. Travestiti e con documenti falsi, i delegati delle varie sezioni raggiunsero ai primi di gennaio del '91 il piccolo centro ticinese di Capolago, ch'era stato il rifugio di Cattaneo e la sede della più efficiente stamperia risorgimentale. Erano un'ottantina, e fra loro figurava anche Cipriani. Ma lo scontro che, dopo la polemica, tutti paventavano fra lui e Malatesta, non scoppiò. Il congresso si dichiarò «aperto a tutti i socialisti» perché tali ancora gli anarchici seguitavano a considerarsi, e il dibattito si svolse in un'atmosfera di distensione anche quando Malatesta e Merlino avanzarono scopertamente la proposta di fondare un *partito*. I dissenzienti chiesero che la loro opposizione venisse messa a verbale, ma non reclamarono votazioni, paghi della risoluzione di aderire alla Festa del Lavoro del 1° maggio e di un appello da diffondere in tutta Italia che ribadiva le tesi tradizionali:

> Tu credesti nei preti e sperasti in Dio, ma Dio fu sordo alle tue preghiere e i preti si allearono coi tuoi padroni e ingrassarono alle tue spalle. Tu credesti nei patrioti, combattesti per conquistarti una patria, e la patria ti ha sfruttato, affamato, umiliato. Tu credesti nella libertà, per la libertà cospirasti e combattesti; e la libertà si rivelò amara ironia, che solo ti lascia libero di morir di fame. Tu credesti e credi ancora nei ciarlatani che, sotto il pretesto di fare il tuo bene, ti domandano l'appoggio del tuo voto e del tuo braccio; e i ciarlatani si fanno sgabello di te e saliti in alto ti opprimono, t'irridono, ti sfruttano. Ancora una volta, rivoltati da te e per tuo conto. Abbatti il governo,

> prendi possesso della terra, delle case, delle macchine, di tutto ciò che esiste, e organizza da te la produzione e il consumo per il maggior vantaggio di tutti. Soprattutto, non rinunziare nelle mani di alcuni alla libertà che avrai conquistata.

Perfettamente ortodossa, questa professione di fede non diceva nulla di nuovo. La grande novità era la consacrazione del partito, che si chiamò «socialista anarchico rivoluzionario internazionale». Esso forniva finalmente a Malatesta e a Merlino uno strumento di scelte ideologiche e operative, anche se queste dovevano fare i conti con la congenita protervia individualista dei compagni. Ma accanto alle conseguenze positive, ce n'era anche una negativa che forse i due capi non previdero o non misurarono. Fin allora, sebbene sempre più discordi fra loro, anarchici e socialisti erano rimasti formalmente uniti sotto il segno della Internazionale di Rimini. Ma ora che gli anarchici si costituivano in partito, i socialisti dovevano scegliere: o arruolarsi anch'essi sotto la loro bandiera, o innalzarne un'altra sul proprio pennone. E naturalmente quella destinata a trionfare era la seconda alternativa.

Infatti la decisione maturò nello spazio di un anno. Ma di questa drammatica rottura che, con un ventennio di ritardo su quelli degli altri Paesi occidentali, diede avvìo a un partito socialista italiano liberato dalla sua matrice anarchica, ma afflitto da un inguaribile complesso di colpa nei confronti dei «fratelli ripudiati», parleremo più avanti.

CAPITOLO DICIANNOVESIMO

LA TRIPLICE

Se l'avvento al potere della Sinistra non fu una rivoluzione nella politica interna, non lo fu nemmeno nella politica estera perché la svolta che v'impresse non fece che accentuare quella che già la Destra le aveva dato. Essa non risale al 1876, ma al 1870, l'anno della guerra franco-prussiana e di Porta Pia.

La politica estera di questo periodo ha un nome: Visconti-Venosta. Questo nobile lombardo era stato in gioventù un fervente mazziniano, ma dopo il '59 si era convertito a Cavour e lo aveva preso a suo modello. Non avrebbe mai potuto emularlo perché non ne possedeva la fantasia e la spregiudicatezza, ma ne condivideva gl'ideali e ne aveva profondamente studiato i metodi. Anche lui era un conservatore illuminato, anche lui era convinto che «la peggior Camera è sempre migliore della migliore anticamera», cioè che il regime costituzionale era in qualunque caso da preferire a quello assolutistico, e che l'avvenire dell'Italia era in una sempre più stretta collaborazione con l'Occidente liberale. Al servizio di queste convinzioni egli metteva tali doti di equilibrio, di misura, di duttilità, di pazienza e di tatto che, diventato Ministro degli Esteri nel '63 – e non aveva che trentaquattro anni –, lo rimase con brevi intervalli fino al '76, lo ridiventò dopo la lunga parentesi di Crispi per rimediarne i guasti, e ancora nel 1906 lo ritroveremo alla testa della delegazione italiana alla conferenza di Algesiras. La sua intramontabilità era dovuta anche al fatto che, fra gli uomini politici italiani, Visconti-Venosta era uno dei pochissimi immuni dal vizio che affliggeva e seguita ad affliggere tutti gli altri: il provincialismo. Conosceva i Paesi stranieri, ne parlava le lingue, e sapeva come comportarsi tanto a un tavolo che a tavola. In una classe politica come quella italiana, non erano qualità di ordinaria amministrazione.

Fu a malincuore che, dopo il '70, egli si rassegnò a «un nuovo corso» sul piano internazionale. Le forze che avevano preso il sopravvento in Francia dopo la disfatta di Sedan erano tutte ostili all'Italia, «questa Nazione» diceva il nuovo Presidente della Repubblica, Thiers «creata dall'infelice cecità di Napoleone», un po' perché non si era schierata al suo fianco contro la Prussia, un po' perché i cattolici, ch'erano il puntello del nuovo regime, non accettavano Porta Pia. Essi dicevano che la protezione del Papa era sempre stata «la causa indiscutibile della grandezza della Francia tra le nazioni», che pertanto essa non poteva rinunziare a questa missione, e per contentarli Thiers dovette lasciare ancorata nel porto di Civitavecchia una nave da guerra.

Visconti-Venosta non ne sopravvalutava la minaccia. Sapeva che la Francia non era in grado di promuovere crociate. Ma doveva vedersela con una pubblica opinione che, aizzata da una Sinistra tradizionalmente francofoba, reagiva con violenza alla provocazione. E soprattutto doveva prendere atto che, perduto quello francese, l'Italia si trovava priva del suo tradizionale appoggio. Per cui, fedele al suo motto: «Indipendenti sempre, isolati mai», egli decise di compiere un'accostata a Vienna e a Berlino, inducendo il Re ad andarvi in visita e accompagnandovelo.

Fu il primo passo in una direzione del tutto nuova perché l'alleanza del '66 con la Prussia non costituiva un «precedente» in quanto l'Italia l'aveva contratta con l'approvazione della Francia, anzi su suo suggerimento e senza sottrarsi alla sua influenza. E produsse subito i suoi effetti. Allarmato, il nuovo Presidente della Repubblica francese, Mac-Mahon, ritirò da Civitavecchia la nave da guerra.

Visconti-Venosta non chiedeva per il momento di più, e infatti non prese nessun impegno né a Berlino né a Vienna. Oltre tutto, non aveva affatto simpatizzato con Bismarck, «un compagno di passeggiate» disse «che non vorrei avere sempre» e che gli reciprocava l'antipatia. Meglio s'intese con gli Austriaci, che parlarono con molta franchezza. Dissero che per loro il passato era sepolto e che non avevano nessuna intenzione di creare difficoltà all'Italia sulla questione di Roma e del Papa purché l'Italia non ne creasse a loro sulle questioni di Trento e Trieste. E a riprova delle sue buone intenzioni, l'imperatore Francesco Giuseppe restituì subito dopo la visita a Vittorio Emanuele scendendo a Venezia, la città che fino a pochi anni prima era stata «la gemma» del suo Impero. Quasi contemporaneamente venne a Milano l'Imperatore di Prussia.

L'anno dopo la Sinistra saliva al potere nel modo che abbiamo detto, e Visconti-Venosta venne accantonato. Quasi nessuno si era accorto del grande servigio ch'egli aveva reso al Paese togliendolo dal suo isolamento senza legarlo al carro di altre potenze. Grossolana ed emotiva, l'opinione pubblica non era in grado di afferrare i problemi ch'egli aveva dovuto risolvere. E la classe dirigente era fatta di uomini dal limitato orizzonte, che di politica estera capivano poco e la concepivano solo in funzione di quella interna, cioè delle loro lotte di potere.

Anche Depretis era affetto da questo vizio. Fondamentalmente, era favorevole all'intesa con la Francia. Ma diceva che di politica estera «bisogna farne quanto meno si può. Basta, quando si vedono all'orizzonte dei nuvoloni, mettere le spalle al muro e aprire l'ombrello». Purtroppo, i nuvoloni erano in quel momento particolarmente densi. La penisola balcanica era in rivolta contro il giogo turco, la Russia era intervenuta in favore dei ribelli, e dopo una guerra-lampo aveva imposto alla Turchia un trattato che rivoluzionava tutto l'equilibrio europeo. Austria, Francia e Inghilterra si sentirono minacciate dall'avanzata del gigante slavo, e per un momento sembrò che si fosse alla vigilia di una seconda guerra di Crimea. Fu Bismarck a salvare la situazione, o per meglio dire ad approfittarne, convocando a Berlino un Congresso in cui si presentò da «onesto sensale», e di cui diventò l'arbitro.

Esso si svolse e si concluse nello spazio di un mese, fra il giugno e il luglio del '78, e l'Italia vi fu rappresentata dal suo nuovo Ministro degli Esteri, Corti, anche lui lombardo e diplomatico di carriera, quindi piuttosto esperto di negoziati, ma senza base politica. Il Congresso era imperniato sul problema delle «compensazioni» cioè del bottino da spartire fra le altre potenze a spese dei Turchi in modo ch'esse potessero controbilanciare i guadagni russi. L'Austria si era già assicurata la Bosnia-Erzegovina, e gl'irredentisti italiani reclamavano ch'essa, in compenso, cedesse all'Italia qualche boccone di Trentino e di Venezia Giulia.

Irredentista anche lui, il nuovo Presidente del Consiglio, Cairoli, era costretto ad avallare questa pretesa. Ma si arrese alla minaccia di dimissioni di Corti che non la condivideva affatto. Corti non si oppose all'occupazione austriaca della Bosnia-Erzegovina; esigette solo che non fosse tramutata in annessione. Ma quando l'Inghilterra a sua volta si assicurò Cipro, fu bombardato da Cairoli di tali telegrammi che dovette correre dal vice-Bismarck, von Bülow, per chiedere anche lui qualche compenso. Von Bülow gli propose la Tunisia. «Volete farci litigare con la Francia?» rispose Corti spaventato. E che l'intenzione dei Tedeschi fosse proprio questa lo dimostrava il fatto che pochi giorni prima la stessa offerta Bismarck l'aveva fatta alla Francia. Ma Corti non lo sapeva, e forse non lo sapeva nemmeno Bülow.

Il Ministro italiano qualificò la propria azione come «politica delle mani nette». Ma la pubblica opinione la chiamò «delle mani vuote», e Crispi parlò di «umiliazione nazionale». Corti a Milano fu quasi lapidato, e poco dopo diede le sue dimissioni in segno di protesta contro le violente dimostrazioni antiaustriache che si susseguivano nel Paese. Bismarck, che voleva legare sempre più l'Austria al suo carro, ne aizzò la reazione. «Questi Italiani» disse a Vienna «hanno un magnifico appetito, ma pessimi denti.» Vienna rinforzò le sue guarnigioni nel Trentino, il che diede esca in Italia a nuove dimostrazioni.

Fu mentre si scatenava questa rabbia nazionalista che il console italiano a Tunisi, Macciò, diede inizio a una sua guerra privata contro il collega francese: il che fece credere a Parigi che l'Italia si preparasse a qualche azione su quella terra. I motivi non sarebbero mancati perché in Tunisia l'Italia aveva una colonia e degl'interessi molto più forti di quelli Francesi. Ma a Berlino ci aveva rinunziato, mentre Parigi, che sotto banco aveva avuto da Bismarck la stessa offerta, si era riservata di decidere. Ora, scambiando l'iniziativa di Macciò per un'iniziativa di Roma, Parigi si affrettò a comunicare a Cairoli ch'essa considerava la Tunisia sfera d'influenza francese. Conscio dell'impotenza italiana a impedirne l'occupazione, Cairoli rispose che l'Italia aveva in Tunisia un solo interesse: il mantenimento dello *status quo*, cioè della situazione com'era. Ma Macciò insisté nella sua guerra privata, chiamando a Tunisi armatori e imprenditori italiani ad accaparrarsi posizioni di privilegio. E la Francia, spinta da Bismarck ben contento di acuire il contrasto fra essa e l'Italia, rispose nell'aprile del 1880 ordinando alle sue truppe stanziate ad Algeri di sconfinare in Tunisia e di occuparla.

A Roma la reazione fu tale che Cairoli dovette dimettersi e lasciare il posto nuovamente a Depretis. Come sempre rumoroso e velleitario, il nazionalismo italiano si sfogò in dimostrazioni contro la Francia. Sebbene mezzo paralizzato, Garibaldi, che in aiuto della Francia si era arruolato volontario nel '70 e per la Francia aveva combattuto le sue ultime battaglie, pronunciò contro di essa parole terribili, avallando col suo prestigio il furore popolare. Depretis avrebbe voluto calmare le acque, ma non era uomo da sfidare gli umori della piazza quando si mettevano a tempesta. Anche alla Camera la polemica era rovente e produsse effetti sconvolgenti sugli schieramenti tradizionali. Tre autorevoli esponenti della Destra – Lanza, Bonghi e Peruzzi – fecero coraggiosamente stecca nel coro delle invettive contro l'antico alleato dicendo che lo smacco l'Italia lo doveva solo a se stessa. A loro fecero eco, dai banchi dell'Estrema, Cavallotti e Imbriani. Ma la schiacciante maggioranza, sia di destra che di sinistra, esigeva la rappresaglia. E la rappresaglia non poteva essere che un colpo di barra in direzione degl'Imperi centrali, Austria e Germania.

È di qui che prese avvìo la nuova politica estera italiana. Sia Depretis che il suo ministro degli Esteri Mancini non ne erano affatto convinti, ma non trovarono la forza di opporvisi. Nell'ottobre del 1881 mandarono il Re in visita a Vienna che gli fece un'accoglienza incoraggiante. Bismarck invece nicchiava. Ma quando si sparse la notizia di segreti accordi tra la Francia e la Russia, anche lui, che viveva nell'incubo dell'accerchiamento, si dichiarò disponibile ad accogliere l'Italia nel patto che già lo legava all'Austria. Così la Duplice diventò Triplice.

Il trattato fu firmato a Vienna nel maggio dell'82. Esso impegnava le tre potenze al reciproco aiuto nel caso in cui una fosse aggredita e alla benevola neutralità nel caso che aggredisse. Inoltre Austria e Germania dichiaravano di disinteressarsi del problema del Papa, considerandolo un affare interno italiano.

Quest'ultima clausola fu, insieme alla fine dell'isolamento, il grande vantaggio che l'Italia trasse dal patto, ma niente altro. Essa non vi era entrata su un piede di parità con le consocie. Aveva semplicemente acceduto all'alleanza che già legava le altre due, le quali restavano per così dire le padrone di casa, e Bismarck non perse occasione di farcelo sentire. Diceva che l'unico contributo che si aspettava dall'Italia in caso di guerra era «un caporale con la bandiera, un tamburino e la fronte rivolta verso la Francia invece che verso l'Austria»: tale era la sua opinione del nostro esercito. Fece anche subito capire che «la via tra Roma e Vienna passava per Berlino», e cioè che anche i nostri rapporti con l'Austria dovevano essere regolati da lui.

Su questo non ebbe bisogno d'insistere perché tali rapporti tornarono subito a guastarsi in seguito a un incidente che sembrava fatto apposta per stuzzicare l'emotività italiana. La polizia austriaca arrestò a Trieste un giovane intellettuale, Guglielmo Oberdan, mentre si preparava a lanciare una bomba contro l'imperatore Francesco Giuseppe in visita alla città. Oberdan, che la stampa clericale chiamava Oberdank per farlo passare da slavo e togliergli l'alone del patriottismo, aveva disertato dall'esercito austriaco e, rifugiato a Roma, aveva militato nelle file dell'irredentismo più acceso, dove aveva maturato il suo gesto. Condannato e avviato al capestro, era morto gridando: «Viva l'Italia! Viva Trieste italiana!».

Ce n'era quanto bastava per fare nuovamente divampare le passioni risorgimentali. Carducci tuonò contro «l'imperatore degl'impiccati». Cavallotti affermò che «con la salma del pallido martire, penzola dal capestro l'onore italiano». Insomma l'alleanza era appena conclusa che già entrava in crisi. Nessuno del resto ne sapeva nulla. Firmandola, i tre governi si erano impegnati al più assoluto segreto, e infatti il suo contenuto fu rivelato solo nel 1920. Le voci che circolavano su di essa trovavano nell'incidente di Oberdan una smentita, e un'altra ne ebbero subito dopo, quando parve che la Francia si disponesse a occupare il Marocco. Memore delle reazioni che aveva provocato l'operazione di Tunisi, Mancini si rivolse a Bismarck facendogli presente che il rafforzamento delle posizioni francesi in Mediterraneo andava a tutto danno degl'interessi italiani. Il Cancelliere rispose sgarbatamente che l'Italia in Mediterraneo non aveva interessi, solo s'immaginava di averne. Ma Depretis, che non voleva far la fine di Cairoli, aveva messo su piede di guerra un corpo di spedizione da sbarcare a Tripoli per far da contrappeso all'iniziativa francese. Per fortuna questa non si concretò perché la crisi marocchina si risolse senza colpi di forza.

Ma ormai la passione colonialista aveva invaso l'Italia, che forse cercava inconsciamente un compenso alle umiliazioni di Custoza e di Lissa. Curiosamente assai, essa era viva soprattutto nel Mezzogiorno, che avrebbe avuto urgente bisogno di essere a sua volta colonizzato. Mancini diceva che rinunciare alle colonie sarebbe stato «un delitto di lesa patria». E, finanziati da organizzazioni culturali e commerciali, già molti Italiani avevano preso di loro iniziativa la via dell'Africa, chi per esplorarla, chi per tentarvi avventure. L'apertura del canale di Suez li aveva attratti specialmente verso il Mar Rosso, dove l'intraprendente armatore Rubattino, anche su incitamento di Vittorio Emanuele, aveva comprato dal sultano locale il porto di Assab.

Allergico a ogni interferenza sulla «via delle Indie», il Primo Ministro inglese Disraeli aveva avversato quell'operazione. Ma il suo successore Gladstone, grande amico del nostro Paese, ne sollecitò la collaborazione. A darvi la spinta fu, come sempre in Italia, un fatto emotivo. L'esploratore Bianchi fu ucciso dagl'indigeni in Dancalia, e così il colonialismo ebbe il suo «martire» da vendicare. Come tutte le mode italiane, anche questa era d'importazione. Dietro di essa, non c'erano interessi concreti. L'Italia non aveva capitali in cerca d'investimenti. Non aveva un'industria in cerca di mercati. Ma subiva il contagio dei Paesi che, disponendo di tutto questo, erano in piena frenesia imperialistica.

Spinto dalla pubblica opinione, il governo ricomprò da Rubattino Assab, chiese e ottenne dagl'Inglesi il permesso di occupare Massaua, e un giorno di gennaio del 1885 un battaglione di bersaglieri salpò da Napoli «in un'atmosfera» dice Seton Watson «che rievocava l'imbarco dei Mille nel '60». In parlamento Mancini affermava con la più grande serietà che l'Italia andava nel Mar Rosso a cercarvi «le chiavi del Mediterraneo» e il repubblicano Bovio, per dare all'impresa un alibi ideologico, asseriva che gl'indigeni africani non avevano il diritto di restare barbari.

Dopo aver dato avvìo all'avventura africana, Mancini rimase prigioniero dei superficiali ma rumorosi entusiasmi ch'essa aveva suscitato. Secondo lui, Massaua doveva essere soltanto il trampolino di lancio di un'azione sul Sudan da concordare con l'Inghilterra che proprio in quel momento era impegnata a domarne la resistenza. Questa era guidata dal famoso Mahdi, che sorprese a Khartum il generale Gordon e lo trucidò. Mancini offrì il suo aiuto, ma gl'Inglesi lo declinarono, e così l'Italia si trovò «incatenata a una roccia nel Mar Rosso» senza prospettive di espansione nell'interno. Propose a Londra di occupare Harar e il porto di Zeila, ma incontrò un nuovo rifiuto.

La delusione degl'Italiani fu pari alle illusioni in cui essi si erano cullati di una facile e rapida conquista, e trovò la sua eco in parlamento. Bersagliato da amici e nemici, e soprattutto da Crispi che, sentendo vicina la sua ora, non perdeva occasioni per accusare il governo di debolezza e indecisione, Mancini si dimise.

Il Conte di Robilant che prese il suo posto era un ex Generale che, dopo una brillante carriera nelle campagne del Risorgimento, era entrato in diplomazia e fin dal '71 teneva il difficile posto di ambasciatore a Vienna. Uomo freddo e risoluto, abituato all'azione, non si lasciava irretire dai formalismi e dalle procedure. Come Ministro, gli mancavano due qualità: l'oratoria e l'esperienza della manovra parlamentare. Ma aveva una chiara visione sia degl'interessi del Paese che dei suoi limiti. Egli aveva disapprovato l'avventura africana, un po' perché la considerava sproporzionata alle forze italiane, un po' perché non si fidava della Triplice dove, aveva detto a Mancini, «noi abbiamo degli alleati, ma non degli amici». Ma, ora ch'eravamo a Massaua, non intendeva abbandonarla. Voleva soltanto consolidare quella base sia militarmente che diplomaticamente. Perciò fece espellere la guarnigione egiziana che tuttora vi stazionava e cercò di allacciare rapporti amichevoli con l'imperatore Giovanni di Etiopia e col suo più potente ma indocile vassallo, Menelik dello Scioa, destinato a succedergli sul trono. Quanto alla Triplice, il cui trattato scadeva e doveva essere rinnovato nell'87, è difficile sapere s'egli intendeva ritirarsene, o se volle soltanto farlo credere per spuntare condizioni migliori. Fatto sta che scrisse al suo ambasciatore a Berlino che «l'Italia è stanca di questa alleanza infeconda» e rifiutò la proposta d'incontrare Bismarck, questo «padrone del mondo *pro tempore*» come lui lo chiamava.

Giuocava d'audacia, ma ponderatamente. Il riavvicinamento della Germania alla Francia era fallito, così come per il riacutizzarsi della crisi balcanica era fallito quello dell'Austria alla Russia; e questo rendeva l'appoggio italiano molto più importante e prezioso. Sia pure a malincuore, Bismarck dovette prenderne atto e, come Robilant aveva previsto, fu lui stavolta a muovere il primo passo. Robilant pose al rinnovo una condizione precisa: che l'alleanza estendesse la sua garanzia degl'interessi italiani sia in Mediterraneo che nei Balcani.

Il nuovo patto fu firmato il 20 febbraio dell'87. Esso riprodusse integralmente il trattato di cinque anni prima, ma ve ne aggiunse altri due: uno italo-tedesco che impegnava la Germania a schierarsi con l'Italia se questa avesse ritenuto di opporsi a un'eventuale iniziativa francese contro il Marocco o la Tripolitania; uno italo-austriaco che impegnava l'Austria a non mutare l'assetto dei Balcani se non dopo un accordo con l'Italia «tale da dare soddisfazione agl'interessi e alle pretese ben fondate delle due parti». In parole povere: se l'Austria si fosse ingrandita nei Balcani, l'Italia avrebbe avuto diritto a qualche compenso in Trentino o Venezia Giulia. Questa clausola fornì poi anche il pretesto al disancoramento dell'Italia dalla Triplice nel 1914, quando l'Austria occupò la Serbia senza avvertire Roma.

Con questi accordi, Robilant aveva riscattato l'Italia dalla «posizione ancillare» ch'essa occupava nella prima Triplice, mentre con un altro trattato stipulato segretamente con l'Inghilterra se ne assicurava la garanzia al mantenimento dello *status quo* nel Mediterraneo. Ma proprio nel momento in cui otteneva questi successi, egli veniva travolto dagli avvenimenti del Mar Rosso. Il suo tentativo di allacciare cordiali rapporti coi due capi abissini era fallito, e la base di Massaua era rimasta isolata. Egli commise l'errore di non dar peso alle azioni di disturbo che l'imperatore Giovanni aveva intrapreso per ostacolare l'occupazione italiana. Rispondendo in parlamento a un'interrogazione su quegl'incidenti, aveva detto che non era il caso di preoccuparsi di «quei quattro predoni». Una settimana dopo giunse la notizia di Dogali, dove i quattro predoni avevano sorpreso e sterminato una colonna di cinquecento italiani.

Chiamato sul banco degl'imputati in una tempesta di accuse e di rampogne, Robilant riconobbe signorilmente di aver commesso un grave errore di calcolo, ne assunse la piena responsabilità, e seguì la sorte del governo, che aveva presentato le dimissioni, per andare a occupare il posto di ambasciatore a Londra. Ma nonostante quell'infortunio, egli aveva dato al Paese, sul piano internazionale, una posizione di tutto riposo e una stabile direttiva alla sua diplomazia.

Specialista in cadute e resurrezioni, Depretis ebbe di

nuovo dal Re l'incarico di formare il governo, l'ottavo della sua serie. Ci riuscì solo accogliendovi Crispi e Zanardelli, che gli garantivano l'appoggio della Pentarchia. Ma pochi mesi dopo morì, e la successione di Crispi fu quasi automatica. Lo invocava l'opinione pubblica come l'unico uomo capace di vendicare le «Termopili italiane» di Dogali.

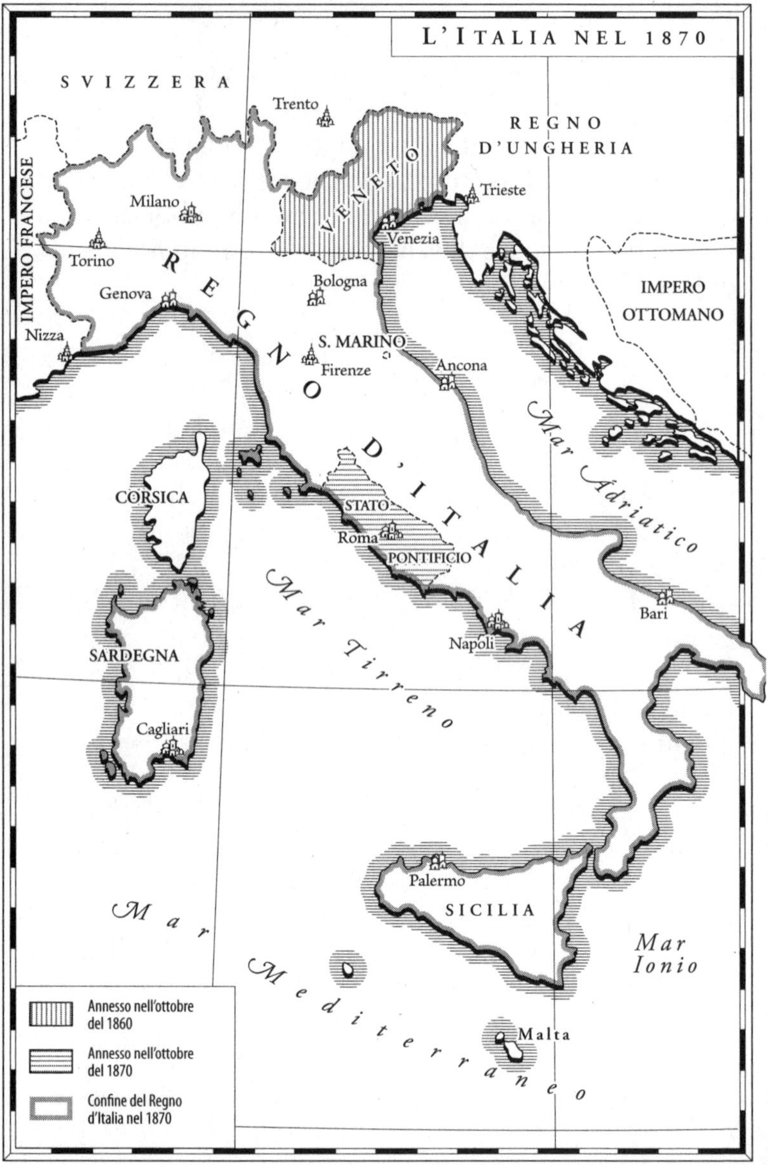
L'ITALIA NEL 1870
SVIZZERA
Trento
REGNO D'UNGHERIA
IMPERO FRANCESE
Milano
VENETO
Trieste
Venezia
Torino
REGNO D'ITALIA
Genova
Bologna
IMPERO OTTOMANO
Nizza
S. MARINO
Firenze
Ancona
Mar Adriatico
CORSICA
STATO PONTIFICIO
Roma
Mar Tirreno
Bari
Napoli
SARDEGNA
Cagliari
Palermo
SICILIA
Mar Mediterraneo
Mar Ionio
Malta
Annesso nell'ottobre del 1860
Annesso nell'ottobre del 1870
Confine del Regno d'Italia nel 1870

CAPITOLO VENTESIMO

CRISPI

«Incipit *vita nova*», comincia una nuova vita, scrisse uno degli esponenti della Pentarchia, Baccarini, quando Crispi salì al potere. E nessuno infatti sembrava meglio qualificato di lui a ravvivare una vita politica che Depretis aveva addormentato riducendola a un puro giuoco di equilibri e compromessi.

Crispi era nato nel '18 a Ribera in provincia di Agrigento da una famiglia di origine greco-albanese, che a ogni generazione forniva qualche prete alla Chiesa di questo rito. Gli altri facevano i «campieri» o «gabelloti», ch'era la categoria sociale cui la mafia attingeva i suoi quadri. Non ci sono elementi per affermare che i Crispi ne facevano parte. Ma non ce ne sono nemmeno per escluderlo.

Francesco, detto «Cicciu», fu messo dal padre in seminario sotto la protezione di uno zio Vescovo. E fu solo grazie a lui che non ne venne espulso per indisciplina e protervia. Gli unici autori che studiò con passione furono gli storici romani. E fu questo, di lì a tanti anni, uno dei motivi della sua infatuazione per Bismarck, anche lui gran cultore di classici. Quando s'incontrarono, passarono più tempo a discutere di Tacito e di Svetonio che di Europa e di diplomazia.

Visto che da quel ribelle non c'era speranza di tirar

fuori un prete, la famiglia lo mandò a studiar legge a Palermo, dove arrivò quasi contemporaneamente al colera. Il padre corse a riprenderlo e lo riportò a Ribera. Ma Francesco fuggì per tornare in città dove aveva lasciato l'innamorata, prese il contagio, e a casa lo piansero per morto. Viceversa era uno dei pochi che se la fossero cavata, ma non osava farsi vivo per via della ragazza, di cui il padre non voleva sapere. Rimasto senza sussidi, s'impiegò presso un avvocato, e trovò modo di fondare anche un giornaletto che usciva su due fogli una volta al mese. Tanti anni dopo, come vuole il malcostume polemico italiano, gli avversari rispolverarono i suoi scritti di allora, d'intonazione filoborbonica. E si scoprì che aveva composto anche delle cattive poesie. A ventidue anni sposò la sua Rosina, che gli dette una figlia, ma entrambe morirono poco dopo. Fu per lui una tragedia, in cui sembrò che si spegnessero i suoi giovanili entusiasmi. Tornò agli studi giuridici, prese la laurea e si trasferì a Napoli per esercitarvi la professione.

Napoli lo guarì dal suo filoborbonismo, e l'amicizia dei Poerio gli fece da passaporto negli ambienti liberali, dove assunse subito, com'era nel suo carattere, una posizione di punta. Quando nel '47 scoppiarono in Sicilia e in Calabria i moti che preludevano alla rivoluzione indipendentista dell'isola, Crispi faceva già parte del Comitato che l'ispirava e solo per un pelo sfuggì all'arresto. Pochi mesi dopo era a Palermo, che le truppe borboniche avevano dovuto evacuare, e a lui fu affidato il compito di trasformare i ribelli in soldati. Come organizzatore dovette dare buona prova perché le sue squadre resistettero bene al ritorno offensivo dei borbonici, e questo gli valse un posto di prestigio nel governo provvisorio di Ruggero Settimo. Sebbene nutrito di Mazzini, i suoi scritti e discorsi di questo periodo non rivelano tuttavia nulla di unitario e nazionale. Crispi pensava e agiva da Siciliano, per l'autonomia dell'isola. La sua voce non si levò per l'invio di truppe sotto le bandiere del Piemonte in guerra con l'Austria: il suo orizzonte si fermava a Messina. Ma in fatto d'ideologia dimostrò fin d'allora una certa disinvoltura perché quando fu avanzata la proposta di offrire il trono della Sicilia al secondogenito di Carlo Alberto, il repubblicano Crispi l'appoggiò calorosamente.

Quando, dopo Custoza e Novara, il generale Filangieri venne a restaurare l'ordine borbonico, a Crispi non restò che la fuga. La prima tappa fu Torino, dove sbarcò alla meglio il lunario scrivendo per i giornali, ma senza riuscire a inserirsi. La città era ostile a quella torma di fuoriusciti che l'avevano alluvionata (ce n'era oltre ventimila), e Crispi era fra i meno assimilabili. Offeso che il governo piemontese non gli avesse offerto una cattedra, s'era ritirato a vivere spartanamente in una casuccia di periferia, dove riceveva solo gli amici che accettavano un rango subalterno. Scrisse alcuni saggi, piuttosto mediocri, sulla Sicilia e la sua rivoluzione, e annodò una fitta corrispondenza con Mazzini, cosa che naturalmente non sfuggì alla polizia. Nel '53 lo arrestarono e gl'intimarono lo sfratto. Partì su una nave diretta a Malta, ma non solo. Lo seguiva una ragazza savoiarda, Rosalia Montmasson, «stiratrice in bianco» semianalfabeta, ma appetitosa e a sua volta piena di appetiti: doti a cui Crispi era molto sensibile, e lo resterà per tutta la vita.

A Malta si ripeté la stessa esperienza di Torino. L'esule definì l'isola «uno scoglio ingrato» e non legò con gli altri fuoriusciti che vi si erano rifugiati: «quanto di più sordido» disse di loro «abbia potuto rigettare il '48». Fondò un giornale di cui era l'unico redattore, e le autorità lo lasciarono fare finché vi scrisse cose che riguardavano solo l'Italia e la Sicilia. Ma quando si mise a criticare la politica locale, lo sfrattarono anche di lì.

S'imbarcò per Londra dopo aver sposato in chiesa Rosalia, e fu un viaggio terribile perché soffriva atrocemente il mare. Mazzini lo accolse fraternamente, lo presentò agli altri emigrati e fece del suo meglio per introdurlo nell'ambiente inglese, ma con poco successo. Ombroso e suscettibile, non era mai contento degl'impieghi che via via gli davano, ma soprattutto forse non si rassegnava a una posizione in sottordine nei confronti del Maestro. Per questo preferì trasferirsi a Parigi, anche a costo di vivere di ripieghi. Ma la polizia lo teneva d'occhio, e quando Orsini, ai primi del '58, lanciò la famosa bomba contro l'Imperatore, lo trasse in arresto.

Non si è mai saputo con esattezza quali rapporti in realtà fossero corsi tra lui e l'attentatore. Negl'interrogatori, egli ammise di averlo conosciuto a Londra, ma affermò di non averlo da allora più incontrato, e la polizia non trovò elementi per smentirlo. Ma più tardi uno dei complici, Rudio, che aveva avuto la grazia, rivelò che Crispi e Orsini si erano visti mezz'ora prima del colpo. Comunque, egli fu espulso anche da Parigi, e per alcuni mesi girovagò fra Lisbona e Londra, ma sempre mantenendosi in stretto contatto con Mazzini e con gli amici di Sicilia.

Nel luglio del '59, con regolare passaporto argentino, sbarcò a Palermo un certo Manuel Pereda. Era Crispi, senza baffi e con gli occhiali. Vide i suoi fidi, s'informò di molte cose, e tornò a Londra per mettere Mazzini al corrente della situazione. Grazie alla pace di Villafranca che le lasciava il Veneto, l'Austria aveva ancora un piede in Italia, ma non ne era più la padrona. A Napoli, il dispotico Re Bomba era morto e sul suo trono sedeva l'anemico e irresoluto Franceschiello. La situazione dell'isola non poteva essere più propizia per un'azione rivoluzionaria che strappasse al Piemonte monarchico e conservatore l'iniziativa dell'unificazione nazionale. Perché ormai Crispi, riposti i sogni autonomistici, solo a questo mirava, e naturalmente Mazzini non gli lesinava il suo incoraggiamento.

In ottobre tornò in Sicilia con un falso passaporto inglese, ma ne fu deluso. Gli amici di Palermo non vollero nemmeno vederlo per paura di compromettersi e gli consigliarono di riprendere il largo. Stoicamente, data la sua allergia al mare, s'imbarcò per Atene. Di lì, dopo un inutile tentativo di fermarsi nuovamente a Malta, circumnavigò il Mediterraneo, senza mai potersi alzare dalla cuccetta, e via Barcellona raggiunse Genova, per convincere Farini, allora governatore delle province emiliane ribelli al Papa, a organizzare una spedizione in Sicilia sotto la guida di Garibaldi. Così nacque l'idea dei Mille, e nacque nella mente di Crispi.

Farini gli consigliò di parlarne a Rattazzi, che in quel momento aveva preso il posto di Cavour, e Rattazzi gli suggerì d'intendersi col suo compaesano La Farina, che di Cavour era il consulente per le questioni siciliane. Fra i due uomini non c'era possibilità d'accordo: un po' perché erano di opposta estrazione ideologica: moderato La Farina e devotissimo a Cavour, democratico e rivoluzionario Crispi; ma forse ancora di più per la ombrosità e protervia del loro carattere. Entrambi si consideravano il n. 1 della Sicilia e volevano restarlo. Fatto sta che dopo un primo inutile colloquio, Crispi preferì rivolgersi a Rosalino Pilo perché persuadesse Garibaldi, di cui era grande amico. E siccome Garibaldi nicchiava, si fece scortare presso di lui da Bixio. Giunse perfino a falsificare le notizie in arrivo da Palermo per vincere l'esitazione del Generale, che a un certo punto si trovò di fronte al fatto compiuto, e compiuto da Crispi, di un corpo di volontari armato e sul piede di guerra.

Fra i Mille che il 6 maggio presero il largo c'era anche lui, in tuba e marsina; e con lui c'era Rosalia, che prima di diventare a Calatafimi «l'angelo dei feriti» – come la chiamerà Cavallotti –, dovette farlo al capezzale del suo uomo, in preda al solito mal di mare. Aveva rifiutato la carica di sottocapo di Stato Maggiore perché di guerra sapeva di non saper nulla. Ma sapeva anche di essere indispensabile a Garibaldi, «il più gran condottiero che sia stato al mondo, ma inetto a governare un villaggio», come disse anni dopo a Ferdinando Martini. E infatti la mente politica della spedizione fu lui. Fu lui che suggerì al Generale di assumere la dittatura sull'isola in nome di Vittorio Emanuele, fu lui che ne redasse i proclami e che, come Segretario di Stato, emanò le prime misure, fra le quali ci fu l'abolizione del baciamano e del titolo di «Eccellenza», e l'espulsione dei gesuiti.

Preso completamente alla sprovvista dal successo della spedizione, Cavour, che frattanto era tornato al potere, spedì in tutta fretta a Palermo La Farina perché sorvegliasse «quei matti» e gliene riferisse. La Farina riferì che sulla fedeltà di Garibaldi al Re si poteva contare, ma non su quella di Crispi, che faceva solo gl'interessi di Mazzini e mirava a istaurare una Repubblica. Non era vero: Crispi aveva da un pezzo rinunziato ai sogni autonomistici e fatto sinceramente suo il grido di Garibaldi: «Italia e Vittorio Emanuele». Ma era vero che si opponeva all'annessione immediata dell'isola per farne ancora la base delle successive operazioni su Napoli, che Cavour tentava di ostacolare.

1. *Partenza per la guerra di secessione*, stampa da disegno, metà del XIX secolo.

La guerra scoppia nell'aprile 1861 tra gli undici Stati che formano gli Stati Confederati d'America, e i ventiquattro restanti dell'Unione del Nord. Le ragioni dello scontro che per quattro anni dilaniò gli Stati Uniti in una sanguinosa lotta fratricida è riconducibile alla diversa organizzazione socio-economica tra gli Stati settentrionali e quelli meridionali: in questi ultimi prevaleva l'agricoltura con tenute latifondistiche concentrate nelle mani di poche famiglie; il Nord, al contrario, era caratterizzato da un maggior dinamismo sociale conseguente al continuo afflusso di immigrati provenienti dall'Europa. In questo contesto di crescente tensione si inserì l'acceso dibattito sulla schiavitù che contribuì a separare ancor di più il Nord, dove era stata abolita, e il Sud, dove al contrario essa era necessaria per la coltivazione del cotone, della canna da zucchero e del tabacco. La situazione precipitò con l'elezione a presidente di Abraham Lincoln, che si era più volte schierato contro la schiavitù: al pronunciamento degli Stati sudisti seguì il bombardamento attuato dagli stessi confederati di Fort Sumter tra l'12 e il 13 aprile 1861, atto bellico cui fece seguito la reazione unionista.

2. Gerolamo Induno, *Garibaldi ferito in Aspromonte*, 1850-1890 ca., Museo Civico Revoltella, Trieste.

Deciso a portare a compimento la completa liberazione della Penisola italiana, Garibaldi pianificò un'azione di forza verso il Trentino per cacciare quanto ancora restava in Italia della presenza austriaca. Il governo regio guidato da Urbano Rattazzi intervenne e lo bloccò, ma questo era solo il primo atto dell'impresa in cui si era lanciato l'«Eroe dei Due mondi». Il 25 giugno 1862 il Generale lasciò l'isola di Caprera e sbarcò a Palermo, dove fu salutato dalla folla esultante, quindi per la seconda volta dal 1860 passò lo Stretto di Messina per mettere piede con i suoi volontari in Calabria il seguente 25 agosto. Ma proprio qui l'accoglienza loro riservata dalle truppe regolari comandante dal generale Cialdini non fu quella che si attendevano e Garibaldi decise di rifugiarsi tra i monti. Nonostante questa precauzione «il 29 furono attaccati da un reparto di bersaglieri. Vedendoli avanzare il Generale gli si fece incontro da solo, allo scoperto, la mano destra sull'elsa della sciabola, la sinistra sul fianco. Forse sperava che avrebbero abbassato i fucili [...]. Invece gli spararono addosso, e una pallottola gli strisciò la coscia [...]. Un'altra pallottola gli si conficcò nel malleolo [...] i bersaglieri seguitarono a sparare e allora si accese una breve mischia» che causò diversi morti e feriti.

3. *Parlamento a Palazzo Vecchio, Firenze*, stampa, XIX secolo.

Nel 1864 Firenze divenne la nuova capitale del giovane Regno perché Napoleone III ebbe «questa idea: la Francia avrebbe ritirato il suo presidio [da Roma], l'Italia si sarebbe impegnata a rispettare lo Stato pontificio, e per dimostrare la serietà di questo impegno avrebbe trasferito la capitale da Torino a un'altra città», che fu per l'appunto la città dei Medici. Una proposta che creò non poche difficoltà al governo retto da Marco Minghetti, il quale comunque sottoscrisse la «convenzione di settembre», in forza alla quale nel momento in cui l'Italia trasferiva la capitale, la Francia avrebbe richiamato le truppe da Roma. Vittorio Emanuele, informato dei termini della «convenzione», non poté far altro che acconsentire se questo era l'unico modo per allontanare i Francesi; diversamente reagì l'opinione pubblica torinese, che protestò violentemente; la repressione che ne seguì causò numerosi morti e feriti ma non influì su quanto deciso. Dal 21 settembre 1864, e per i sei anni seguenti, le sedute del parlamento italiano si tennero a Palazzo Vecchio.

4. *In posa briganti della banda Barile*, fotografia, XIX secolo.

L'opposizione alla leva obbligatoria, l'aumento del prelievo fiscale, la reazione all'oppressione che i grandi possidenti esercitavano sui contadini sfruttandoli, il monopolio della terra concentrato nelle mani della borghesia liberale e dei grandi latifondisti furono tra le cause principali del fenomeno del brigantaggio, non nuovo per altro nel Meridione. Le bande di briganti, attive già all'indomani del crollo del Regno delle Due Sicilie, cui si aggregarono i numerosi sbandati dell'ex esercito borbonico e i sostenitori della dinastia dei Borboni, misero in atto una sanguinosa guerriglia che le truppe regolari inviate nel Sud dell'Italia erano del tutto impreparate a fronteggiare. Fatto questo che comunque non impedì che anche da parte dell'esercito regolare, si procedesse a una repressione senza quartiere. La risposta data dalla Destra storica per porre una soluzione all'arretratezza e alla povertà delle popolazioni locali fu di carattere puramente militare invece che socio-economico. La lotta contro il brigantaggio ebbe un costo in termini di vite umane superiore a quello delle guerre d'indipendenza: più di 23 000 furono le perdite tra morti e feriti. Altrettanto alto il numero dei briganti, o presunti tali, passati per le armi o condannati, cui vanno aggiunti gli eccidi commessi contro la popolazione: i morti si aggirerebbero sulle 266 370 unità, 339 397 i detenuti, quasi 500 000 le persone condannate. Solo a questo prezzo, sul finire del 1865, fu possibile debellare il grande brigantaggio.

5. *Vittorio Emanuele II a Custoza*, stampa, Civica raccolta delle stampe Achille Bertarelli, Milano.

Lo scontro che decise le sorti della terza guerra d'indipendenza contro gli Austriaci si tenne il 24 giugno 1866 a Custoza, e per la seconda volta la località veneta risultò fatale per gli Italiani. Le truppe guidate dal generale La Marmora, sebbene superiori per numero, andarono incontro all'insuccesso a causa della pessima organizzazione dei comandi, nonché delle rivalità e delle incomprensioni tra La Marmora e Cialdini. Vittorio Emanuele, che era presente sul campo di battaglia e «voleva attaccare dalla parte di Villafranca, non poté farlo perché non aveva truppe e non riuscì a mettersi in contatto con La Marmora. I pochi uomini di cui disponeva bastarono solo a far quadrato attorno al principe ereditario Umberto». A suggellare il disastro della campagna miliare intrapresa dal Regno d'Italia giunse la disastrosa sconfitta subita dall'ammiraglio Persano nella battaglia navale avvenuta a Lissa il 20 luglio. All'umiliazione patita per terra e per mare si aggiunse anche quella diplomatica, con la clausola inserita nel trattato di pace di Vienna per cui l'Austria, in quanto vinta dalla Prussia di Bismarck, avrebbe ceduto il Veneto alla Francia che a sua volta lo avrebbe dato a Vittorio Emanuele II.

6. Christian Sell, *Königgrätz*, 1866, Wehrgeschichtliches Museum, Rastatt.

Mentre le divisioni austriache dell'arciduca Alberto avevano facilmente ragione degli Italiani a Custoza, a Nord la guerra dell'Austria contro la Prussia stava prendendo una piega piuttosto sfavorevole per Vienna. Lo scontro decisivo si ebbe il 3 luglio 1866 in Boemia, a Sadowa (o Königgrätz), e si risolse a totale vantaggio dell'esercito prussiano. Secondo i piani elaborati dal feldmaresciallo prussiano Helmuth von Moltke, il primo obiettivo fu quello di aver ragione delle truppe sassoni alleate degli Austriaci; il secondo di riuscire ad attuare una manovra contro il fianco destro austriaco da parte del Principe ereditario, che si verificò solo nel primo pomeriggio, dopo un'incertezza sull'esito della battaglia che avrebbe potuto arridere al comandante imperiale Ludwig von Benedek se avesse approfittato di una difficoltà prussiana. Il successo dei Prussiani fu reso possibile grazie alla superiorità tecnica dei loro fucili retrocarica, mentre per parte austriaca la superiorità fu soprattutto nell'artiglieria, per quanto non al punto da ribaltare le sorti della giornata. Le conseguenze politiche di Sadowa furono la definitiva estromissione dell'Impero austriaco dall'ambito germanico, dove ormai la Prussia poteva intraprendere con decisione e senza alcun ostacolo il cammino verso il processo di unificazione della Germania.

7. *Battaglia di Bezzecca*, Museo del Risorgimento, Roma.

Il solo successo delle armi italiane sugli Austriaci fu conseguito nel Trentino da Garibaldi il 21 luglio 1866. Sin dall'inizio di luglio il Generale era entrato in possesso di importanti posizioni sul Monte Suello, dove tuttavia era stato ferito a una coscia, circostanza che lo costringeva a muoversi in carrozza così da offrire un facile bersaglio al nemico. La seguente resa del forte d'Ampola (19 luglio) nella Val di Ledro aveva aperto ai garibaldini la strada verso i forti di Riva del Garda e quindi di Trento, ma proprio ora gli Austriaci, per rintuzzare l'avanzata garibaldina, lanciarono un pesante contrattacco che aveva il suo centro nel villaggio di Bazzecca e misero in serie difficoltà le colonne dei volontari. Solo l'intervento di Garibaldi rialzò il morale dei combattenti italiani e permise di riorganizzare i ranghi: con l'appoggio dell'artiglieria, il cui tiro venne concentrato sul centro abitato dove erano presenti gli Austriaci, Garibaldi ordinò la carica alla baionetta che scacciò il nemico dal borgo di Bezzecca. La vittoria e la possibile presa di Trento furono però vanificate dalla sconfitta di Custoza e dall'ordine perentorio di La Marmora a Garibaldi di fermarsi e ritirarsi.

8. *Battaglia di Gravelotte*, stampa popolare francese, XIX secolo.

Il 18 agosto 1870 si registrò l'estremo sforzo compiuto dall'armata del Reno di contrastare l'avanzata prussiana e tenere aperta la via per congiungersi con le restanti truppe di Napoleone III concentrate a Châlons-en-Champagne agli ordini del maresciallo Mac-Mahon. Il piano elaborato dal capo di Stato Maggiore Helmuth von Moltke contro le postazioni francesi mirava a investire il nemico lungo la linea difensiva tra Saint-Privat e Sainte-Ruffine, quindi immobilizzarlo all'interno della città di Metz. Dopo una serie di duri e sanguinosi scontri, che avevano impegnato entrambi i campi sin dalle prime ore del mattino, l'offensiva prussiana con la manovra avvolgente sulla destra dello schieramento francese prese corpo nel tardo pomeriggio, si rivelò inarrestabile e travolse la linea difensiva francese. Due giorni dopo lo scontro i Prussiani assediarono Metz e si concentrarono contro quanto restava delle armate imperiali sconfiggendole a Sedan.

9. Carlo Ademollo, *La breccia di Porta Pia*, XIX secolo, Fototeca storica nazionale Ando Gilardi.

Venuta meno la protezione francese sullo Stato della Chiesa in seguito alla disfatta di Napoleone III per opera dei Prussiani, il governo italiano colse l'occasione propizia per porre fine all'annosa «questione romana» e completare così l'unione italiana. Sfumato un ultimo tentativo per raggiungere un pacifico accordo con Pio IX, il generale Raffaele Cadorna ricevette l'ordine di entrare nel territorio pontificio e dirigersi su Roma dove «all'alba del 20 [settembre], l'attacco cominciò. Alle nove i cannoni avevano già aperto la famosa "breccia", larga una trentina di metri. I primi a varcarla furono i bersaglieri, che persero un comandante di battaglione». Il Regno d'Italia ora aveva la sua capitale ma restava da ricucire lo strappo con il Papa. Il tentativo in questo senso venne con l'approvazione da parte della Camera della legge delle guarentigie (delle garanzie), che regolarono i rapporti tra il Regno e la Chiesa fino al Concordato del 1929.

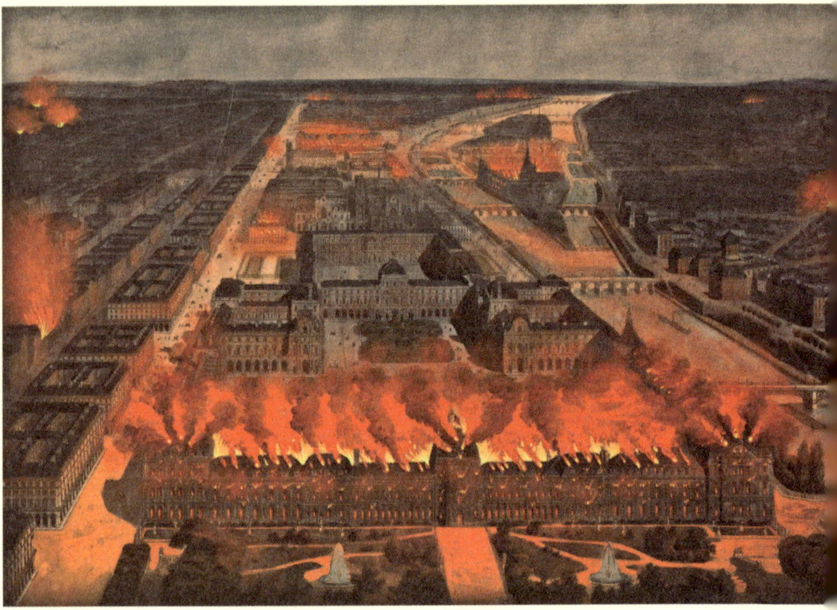

10. *Panorama di Parigi. Incendio del palazzo delle Tuileries*, stampa, XIX secolo, Musée Carnevalet, Parigi.

Eretto nel 1564 per volere di Caterina de' Medici, il palazzo delle Tuileries divenne nei secoli il simbolo del potere monarchico in Francia. Caratterizzato da edifici lunghi con alte volte, sorse su un'area di fornaci utilizzate per la cottura delle tegole (*tuiles* per l'appunto). Nel corso del XVII secolo l'edificio venne ingrandito fino ad unirsi al Louvre. Durante il regno di Luigi XIV fu lasciato dal monarca che gli preferì Versailles, mentre i giardini furono uno dei luoghi di passeggio preferiti dai Parigini. Nel 1789 la più grande sala del palazzo, la *Salle du Manège*, venne adibita a ospitare prima l'Assemblea costituente, poi la Convenzione nazionale, infine il Consiglio dei 500 negli anni del Direttorio. Con Napoleone fu invece elevato a rango di residenza imperiale e tale rimase anche dopo il ritorno dei Borboni sul trono di Francia e con Napoleone III nel 1852. Il destino delle Tuileries fu segnato durante la Comune, quando il 23 maggio 1871 l'estremista Dardelle gli diede fuoco: bruciò per due giorni prima che i pompieri riuscissero a domare l'incendio. A differenza di altri edifici dati alle fiamme dai comunardi e riedificati dopo il 1871, delle Tuileries rimase a lungo solo lo scheletro, dato che il governo della Terza repubblica preferì non mettere mano all'edificio che aveva accolto i sovrani e gli imperatori francesi e così nel 1882 ne fu decretata la demolizione.

11. Michele Schemboche, *Ritratto del politico Agostino Depretis*, 1880 ca.

Sostenitore in gioventù delle idee di Mazzini, nel 1853, dopo il fallimento del moto mazziniano a Milano, si convinse che i Savoia restavano la sola speranza per la realizzazione dell'unione italiana. Nel governo Rattazzi del 1862, Depretis ricoprì il dicastero dei Lavori pubblici oltre a figurare tra gli esponenti di spicco della sinistra liberale, fautore di una linea moderata in ambito politico. Capo indiscusso della sinistra nel 1873, dal 1876 ricoprì per tre volte la carica di primo ministro del Regno d'Italia, durante i quali praticò con abilità il «trasformismo» che così ebbe occasione di spiegare: «Mentre si era soliti dire che il governo rappresentava un partito, noi intendiamo invece governare nell'interesse di tutti, e accetteremo l'appoggio di tutti gli uomini onesti e leali, a qualsiasi gruppo appartengano». In questo modo il sistema adottato svuotava di fatto di ogni significato politico i suoi mandati governativi, che si riducevano a mere combinazioni degli interessi e delle ambizioni personali. Nell'arco dei suoi incarichi di governo comunque si realizzarono importanti riforme nell'ambito della giustizia, della scuola (con la legge Coppino del 1877 che introduceva l'istruzione elementare obbligatoria), l'abolizione della tassa sul grano, l'allargamento del corpo elettorale (che da 500 000 elettori passò a tre milioni) e lo sviluppo della rete ferroviaria. In campo internazionale, fece uscire l'Italia dall'isolamento con l'alleanza con la Germania e l'Austria-Ungheria (la Triplice Alleanza, 1882) e inaugurando la politica coloniale italiana con la presa di Massaua nel 1885.

12. *Il Congresso di Berlino*, 1878, The Print Collector, Londra.

Convocato su richiesta dell'Inghilterra e dell'Austria-Ungheria, per rivedere le clausole del trattato di Santo Stefano del 3 marzo 1878, imposto dalla Russia alla Turchia in seguito alla guerra del 1877-1878, il Congresso finì per modificare la geografia dei Balcani. Tra i delegati delle principali potenze europee vi figuravano: il cancelliere prussiano Bismarck, Andrassy per l'Austria-Ungheria, Gorčakov per la Russia, Disraeli per l'Inghilterra, Corti per l'Italia, Karatheadori pascià per la Turchia, Waddington per la Francia. La scelta di Berlino sottolineava il riconoscimento dell'egemonia esercitata dalla Germania in Europa. Nel corso dei lavori congressuali Bismarck si preoccupò di mantenere salda l'intesa tra Russia e Austria-Ungheria, mentre l'Inghilterra ottenne che il trattato di Santo Stefano subisse delle sostanziali modifiche in funzione antirussa. La Bulgaria venne divisa in tre parti, di cui una posta direttamente sotto i Turchi, una seconda sotto la sovranità turca, la terza, la Bulgaria vera e propria, divenne principato indipendente; la Romania, la Serbia e il Montenegro vennero riconosciuti indipendenti; la Russia ottenne la Bessarabia; l'Austria-Ungheria occupò la Bosnia-Erzegovina, su cui esercitò un'amministrazione civile. I lavori segnarono dunque l'inizio nell'area balcanica dello smembramento dell'Impero ottomano in diverse nazioni slave; dall'altro, le rivalità austro-russe crebbero ulteriormente e incrinarono in modo irrimediabile l'alleanza dei tre Imperatori (di Germania, Austria-Ungheria e Russia) voluta da Bismarck in funzione antifrancese.

13. Michele Cammarano, *Il massacro di Dogali.*

La prima fase del processo di espansione coloniale intrapreso dal Regno d'Italia in Africa orientale subì un arresto in seguito alla sanguinosa sconfitta inflitta al corpo di spedizione italiano da parte degli Abissini a Dogali. Il 25 gennaio 1887, dopo aver assalito il forte di Saati difeso da quasi 1200 soldati al comando del maggiore Boretti, il ras Alula assalì i rinforzi richiesti da Boretti: una colonna forte di 548 uomini fu investita da 7000 Abissini e dopo quattro ore di accaniti combattimenti cedette; solo 87 soldati sopravvissero. L'episodio determinò la caduta del governo Robilant, il quale qualche giorni prima aveva affermato in parlamento che «non era il caso di preoccuparsi di "[...] quattro predoni"».

14. *La famiglia reale vittoriana*, 1887, Museum of London, Londra.

Salita al trono il 28 giugno 1837, Vittoria regnò come Regina d'Inghilterra e Irlanda fino al 1901, come Imperatrice delle Indie dal 1876. L'incoronazione comportò la fine dell'unione della corona di Gran Bretagna con quella d'Hannover (unione che risaliva al 1714 con l'elezione di Giorgio I di Hannover a sovrano inglese) in quanto nel Regno d'Hannover non era prevista una successione in linea femminile. Nel 1840 si sposò con il cugino Alberto di Sassonia-Coburgo-Gotha, da cui ebbe nove figli. Tra questi figuravano il successore, Edoardo VII, e Vittoria, la madre di Guglielmo II, futuro Imperatore di Germania. Nel corso degli anni cinquanta la coppia reale tentò di aver maggior peso nelle decisioni politiche senza con questo violare i poteri del parlamento; la morte di Alberto nel 1861 gettò nella prostrazione la Regina che si ritirò dalla scena politica e pubblica. Il suo nuovo coinvolgimento nella vita politica britannica avvenne solo nel 1870 con il ministero Disraeli, apprezzato da Vittoria che lo preferiva all'altro statista di primo piano inglese, Gladstone.

15. *Processo per lo scandalo della Banca Romana*, 1893, incisione su acciaio acquerellata, Fototeca storica nazionale Ando Gilardi.

Costituita nel 1835, fino al 1870 ebbe il nome di Banca dello Stato pontificio. Dopo l'Unità figurava tra le sei banche che potevano emettere biglietti di banca, ma nel 1889 venne travolta nello scandalo finanziario legato ai forti investimenti in campo edilizio, seguenti al trasferimento della capitale a Roma e al risanamento resosi necessario a Napoli in seguito all'epidemia di colera del 1884. «Quando il grande boom edilizio finì nella solita voragine di fallimenti, la Banca Romana si trovò seppellita sotto una valanga di cambiali cioè di crediti inesigibili perché i debitori non erano più in grado di pagarli», quindi per far fronte alla difficile situazione la Banca emise nuovi biglietti senza aver ricevuto l'autorizzazione da parte delle autorità governative. Un'indagine ministeriale disposta nel 1889 sugli istituti di credito italiani portò a galla la truffa che coinvolgeva anche diversi uomini politici. Il 20 gennaio 1893 il governatore e il direttore della Banca furono arrestati e processati ma vennero prosciolti a causa della perdita di documenti necessari a provarne la colpevolezza. Lo scandalo e il processo ebbero ripercussioni sul primo governo retto da Giovanni Giolitti, che dovette dare le dimissioni, sospettato di essere coinvolto nei fatti.

16. *Oreste Baratieri*, 1895, incisione a colori, Fototeca storica nazionale Ando Gilardi.

D'origine trentina, Baratieri, dopo una militanza tra le fila dei garibaldini con cui prese parte alla spedizione dei Mille, nel 1866 entrò nell'esercito regolare italiano e nel 1892 ottenne la carica di governatore d'Eritrea. Con questo incarico ebbe ragione prima dei dervisci a Cassala, poi avanzando verso il Tigrai dove riportò altri successi sugli Etiopi e dispose la costituzione di diversi avamposti. L'occupazione della regione avrebbe dovuto indurre, nelle intenzioni di Roma, il negus Menelik a sottostare al protettorato italiano sull'Etiopia. Nel 1895 tuttavia Baratieri fu informato che Menelik «avanzava verso di lui, [e] non rettificò [...] lo schieramento, convinto che gli avamposti avrebbero resistito di forza propria». Sottostimando le reali forze etiopi in campo ed entrato in conflitto con il suo vicecomandante, Baratieri vide annientare le truppe dislocate sull'Amba Alagi e accerchiare quelle presenti a Macallé. Le pressioni del Primo ministro Crispi per un'azione decisa e la notizia della sostituzione decisa a Roma determinarono Baratieri a lanciare un attacco su Adua il 1° marzo 1896. Qui, i contingenti italiani, «arrivati stanchi e assonnati, dopo una marcia notturna durante la quale i reparti avevano perso i contatti fra loro», furono travolti dagli Etiopi che erano in numero superiore. Il contraccolpo in Italia fu tale da costringere alle dimissioni Crispi, mentre Baratieri fu processato da un tribunale militare: assolto, si ritirò a vita privata.

La Farina non badò a mezzi per screditare il suo arcinemico agli occhi di Garibaldi. Alla fine ci riuscì, ma per poco. Un bel giorno il Generale lo fece espellere come un malfattore qualsiasi e restituì il potere a Crispi. Ma La Farina tornò con le credenziali di Cavour e tentò di far arrestare Crispi che fuggì da una finestra. I due uomini si ritrovarono di lì a poco faccia a faccia, come deputati nel primo parlamento nazionale, La Farina a destra, Crispi a sinistra, e fu tra loro un duello alla siciliana, cui nemmeno la morte di La Farina pose fine. Pubblicato postumo, il suo carteggio costituiva un tale attentato all'onorabilità di Crispi, che questi ottenne dal Tribunale il sequestro del libro e la condanna dell'editore per calunnia.

Seduto all'estrema sinistra, Crispi fu per anni la bestia nera di tutti i governi. Quando si alzava a parlare – e si alzava continuamente –, in aula si faceva silenzio. «Si direbbe che stia per tirar fuori di tasca un paio di revolver» scriveva Petruccelli della Gattina, e come tali infatti usava le sue parole per lanciare accuse e annunciare catastrofi. La modestia non era il suo forte. «Costante nei miei propositi, fedele alla bandiera dell'unità nazionale, il domani mi ha dato sempre ragione» diceva di sé. «Si stupefà continuamente della propria grandezza» osservava malignamente Bonghi «e come a lui vengano spontanei, pronti, improvvisi in grandissima copia suggerimenti, consigli, idee, che gli altri, a stillarvisi il cervello, non troverebbero in cento anni.» Si richiamava sempre ai grandi princìpi ideali e morali per denunciare i patteggiamenti, i compromessi, gli opportunismi della Destra. E così fece anche in una memorabile requisitoria a tinte apocalittiche contro il malgoverno della Sicilia e lo stato di abbandono in cui era lasciata da un regime che faceva rimpiangere quello dei Borboni. Suscitò tale impressione, che ben diciotto deputati del suo gruppo, fra cui Garibaldi, Bertani e Guerrazzi, si dimisero per protesta rinunciando al mandato parlamentare. Lui, che aveva provocato quel finimondo, rimase al suo posto. E a chi gli chiedeva se era con Garibaldi o con Mazzini, rispondeva: «Io sono con Crispi», ch'è la cosa più vera che abbia mai detto di sé.

Alle ostilità che questo egocentrismo gli procurava, la sua condotta privata non faceva mancare pretesti. La figlia di un alto magistrato borbonico da lui stesso epurato, Lina Barbagallo, andò da lui a perorare la causa del padre. E la perorò così bene che Barbagallo riebbe il suo posto, mentre Lina prendeva quello di Rosalia. Anche sul piano ideologico, il paladino dei «grandi princìpi» mostrava nei loro confronti una certa disinvoltura. Nel '65, al termine di un lungo discorso sulla questione romana, dichiarò che «la monarchia ci ha unito, la Repubblica ci dividerebbe», e alla fulminante risposta di Mazzini che lo tacciava di traditore, replicò con un opuscolo stranamente pacato, o forse soltanto imbarazzato, che tuttavia dimostrava l'evoluzione del suo pensiero verso una forma di democrazia autoritaria che non escludeva nemmeno la dittatura. «Ti sei messo al chiaro e al sodo» gli scrisse Bertani. «Ora sei ministeriabile.»

In verità sembrava che ai ministeri non ci tenesse, perché rifiutò quelli che gli offrirono prima Ricasoli e poi Rattazzi. Ma solo perché il potere lo voleva in esclusiva, non in compartecipazione. Nell'imminenza della guerra del '66 auspicò all'Italia «un battesimo di sangue» e nel '70 fu tra coloro che con più impazienza reclamarono la spedizione su Roma.

Dicevano che si serviva per le sue ambizioni della massoneria, di cui era certamente un alto dignitario, e che in fatto di denaro non andava per il sottile. Sebbene dalle accuse più gravi la storia poi lo abbia assolto, la sua vita privata le rendeva plausibili. Aveva a carico tre famiglie perché, oltre a Lina, che gli aveva dato una figlia, manteneva anche un'altra amante, che gli aveva dato un figlio, e Rosalia si faceva ripagare la tolleranza con lussi d'ogni genere. L'ex angelo di Calatafimi era diventata una megera grassa e volgare, vestita come una sciantosa e spesso ubriaca. Quando Crispi decise di disfarsene approfittando del fatto che il loro matrimonio religioso di Malta non era stato trascritto sul registro dello stato civile, dovette pagarle una cospicua liquidazione. Per di più il trasferimento della capitale a Roma l'obbligava a svendere la grande casa che aveva comprato a Firenze nel momento in cui il prezzo degl'immobili era salito alle stelle, e non gliene restava che un mucchio di cambiali, ognuna delle quali, in mano ai suoi nemici, diventava un'arma politica contro di lui.

Fu questo il motivo per cui, quando la Destra cadde e Depretis condusse la Sinistra al potere, non offrì nessun portafoglio a Crispi, che pure era uno dei suoi più autorevoli rappresentanti. Cercò di placare il suo rancore affidandogli una missione diplomatica a Parigi, Londra e Berlino, donde Crispi tornò entusiasta di Bismarck e fermamente convinto – come un po' tutti gli uomini della Sinistra – che il nemico dell'Italia fosse la Francia e l'amico la Germania. Ma con Depretis non si riconciliò e alle sue continue mozioni degli affetti rispose: «Scuse e proteste di amicizia in privato, battiture in pubblico. Riprendo libertà d'azione».

Questa libertà si tradusse, come sappiamo, nella famosa Pentarchia, cui non si sa se più facesse da cemento il nostalgico richiamo della vecchia Sinistra romantica e barricadiera o l'impazienza verso la troppo lunga dittatura di Depretis. «Fin dal 1878» dirà Crispi più tardi «in Italia non vi furono partiti politici, ma uomini politici. Deplorai codesto stato di cose, e me ne stetti in disparte con pochi fedelissimi amici. Non potendo essere con gli uomini, fui con le idee.» Ma quando Depretis gli offrì il Ministero degl'Interni al posto di Nicotera caduto sulla gamba di Vladimiro, si affrettò ad accettarlo dimenticando tutti i suoi sproloqui contro il trasformismo.

Negli ultimi tempi egli aveva accentuato la sua intransigenza nazionalistica, tacciando di rinunciataria la politica che aveva accettato il protettorato francese sulla Tunisia e declinato l'invito inglese a un intervento in Egitto. Pure, quando il governo decise lo sbarco a Massaua per cercare nel Mar Rosso «la chiave del Mediterraneo» – uno slogan destinato dalla sua stessa stupidità alla più duratura fortuna –, lo criticò aspramente dicendo che quell'impresa poteva avere un senso solo se fosse stata seguita da una spedizione su Tripoli. E quando, dopo un'ennesima requisitoria contro di lui, tese il dito verso lo scanno di Depretis gridando: «Mettete un uomo energico, là», tutti capirono a chi alludeva. E lo capì anche il Re, che da un pezzo aveva cessato di covare diffidenze per l'ex repubblicano e ora vedeva in lui soltanto l'uomo che aveva voluto suo padre nel Pantheon e che reclamava il rafforzamento del potere esecutivo e degli armamenti militari per quella politica di prestigio che gli stava tanto a cuore. Ecco perché, dopo la morte di Depretis, sulla successione non ci furono dubbi. Contemporaneo di Vittorio Emanuele, di Cavour e di Garibaldi, Crispi rappresentava la continuità ideale del Risorgimento, e ne conciliava un po' tutte le tendenze, o per meglio dire ne riassumeva tutte le contraddizioni. Per di più era il primo meridionale che saliva al potere dando un sembiante di realtà all'integrazione del Mezzogiorno.

Appena composto il suo ministero, l'autoritario giacobino si affrettò a dare corpo alla predizione di Baccarini con una visita-lampo a Berlino. Qualche giornale l'annunziò come «l'incontro dei due Cancellieri». E c'era del vero perché Crispi proprio questo aveva in mente di fare: più il Cancelliere che il Primo Ministro.

CAPITOLO VENTUNESIMO

UCCIALLI

Crispi tornò da Berlino più che mai inebriato di Bismarck e ben deciso a imitarne l'esempio. Dimostrò subito in che modo voleva governare tenendo per sé i due Ministeri più importanti, quello degl'Interni e quello degli Esteri, e organizzando una folta Segreteria per il controllo di tutti gli altri. «L'Italia» aveva detto poco prima «è un Paese troppo fatto per la libertà per tollerare dittature.» Ma Crispi finiva sempre per fare il contrario di ciò che diceva. Aveva detto anche che maggioranza e opposizione dovevano riprendere i loro precisi connotati ideologici ripudiando il metodo corruttore del trasformismo da lui stesso definito «un incesto parlamentare». Ma questo non gl'impedì di accogliere come collaboratori e alleati uomini sia di destra che di sinistra e perfino di fare Ministro un irriducibile repubblicano appena uscito di galera. Come disinvoltura trasformistica, insomma, nessuno notò differenze fra lui e il suo predecessore.

Quello che cambiò, anzi si capovolse, fu il metodo di governo. Depretis era l'uomo che non faceva mai oggi quello che poteva fare domani, e anzi quasi sempre lo rimandava a dopodomani: tutto sotto di lui funzionava a rilento, ogni pratica seguiva il suo *iter*, nessuna iniziativa veniva presa senza la dovuta stagionatura, la vita dei ministeri era placida e ordinata, i campanelli squillavano di rado, i fattorini non affrettavano il passo. Invasato di «efficienza», Crispi dette a questo andazzo un violento scossone. Fu una pioggia di leggi, decreti-legge e regolamenti, tutti volti a rafforzare il potere centrale. Il Capo del governo si arrogava facoltà d'istituire o sopprimere Ministeri. Venivano creati i Sottosegretari, cioè i Viceministri. Al Consiglio di Stato fu attribuita, grazie all'aggiunta di una nuova sezione, l'ultima parola in fatto di giustizia amministrativa. Sindaci e presidi di provincia, fin allora di nomina regia, diventavano elettivi, ma sottoposti a un organo misto che garantiva una più rigida tutela governativa. Sanità pubblica e pubblica beneficenza ebbero una nuova regolamentazione.

Ma la riforma più sostanziale e positiva fu quella del Codice penale che prese il nome del Ministro della Giustizia che vi presiedette, Zanardelli: essa finalmente unificava le varie e difformi legislazioni rimaste in vigore fin allora, aboliva la pena di morte, sanciva il diritto di sciopero, e appesantiva la mano sui sacerdoti che approfittassero del loro ministero per fare opera di propaganda contro lo Stato e le sue leggi. Progetti che sotto i ministeri Depretis avevano sonnecchiato per anni, in pochi mesi vennero varati in un gran rincorrersi di ordini, di richiami, di telegrammi, di «circolari», di scampanellate, che creavano nei consuetudinari e felpati templi della burocrazia un ritmo drammatico e convulso. Era un'autentica rivoluzione che recava il segno dell'uomo, del suo attivismo, della sua impazienza, delle sue indiscutibili capacità operative, del suo altrettanto indubbio egocentrismo e demagogismo. Fra le sue iniziative ce ne furono di eccellenti e durevoli; altre furono prese solo per compiacere la platea e convincerla ch'egli era «l'uomo che ci voleva», il demiurgo che pensava e faceva per tutti.

Ma il campo in cui si cimentò con più impegno fu quello della politica estera. «Vi son di quelli che da ventisette anni erano avvezzi a credere che l'Italia dovesse aspettare il verbo da Parigi o da Berlino. Venne però il giorno in cui surse un uomo, il quale credette che l'Italia fosse uguale a tutte le altre nazioni, e volle far sentire la sua parola, e farla rispettare» disse Crispi di Crispi a commento dei suoi successi dopo il primo anno di governo.

Questi successi consistevano anzitutto nel rafforzamento dei vincoli coi due alleati della Triplice, e specialmente con la Germania. Dopo la prima visita a Bismarck, Crispi gliene aveva reso una seconda, eppoi era tornato a incontrarsi con lui in occasione del viaggio di re Umberto a Berlino nell'88. Il frutto di questi colloqui era stato una convenzione militare italo-tedesca che di sostanziale aveva poco; ma che segnava, da parte della diplomazia italiana, un notevole cambio di rotta. Depretis e Robilant avevano sempre concepito la Triplice come un'alleanza puramente conservatrice e difensiva che garantisse l'Italia dal pericolo dell'isolamento ma senza impedirle una politica di buon vicinato e di accordi con l'Inghilterra e la Francia. Crispi rimase fedele a questo principio per quanto riguardava l'Inghilterra. Ma con la Francia inaugurò una vera e propria «guerra fredda», di cui il primo atto fu appunto la convenzione militare, che impegnava l'Italia, in caso di guerra tra Francia e Germania, a mobilitare sulle Alpi e a inviare cinque corpi d'armata e tre divisioni di cavalleria sul Reno.

Il gesto sottolineava una delle più stridenti contraddizioni di Crispi, che più tardi si ritroverà anche in Mussolini: il complesso rapporto di amore-odio che lo legava alla Francia. Tutto il suo bagaglio ideologico – l'anticlericalismo, la fede laica nella scienza e nel libero pensiero, il patriottismo giacobino, il centralismo unitario – era di marca francese. Ma egli era anche l'ex garibaldino che non dimenticava il «tradimento» della Francia contro la Repubblica Romana del '49, gli Chassepot di Mentana nel '67, e meno ancora l'appoggio che i cattolici francesi seguitavano a dare al Papa e alle sue pretese di restaurazione.

Ma a spiegare la sua francofobia, concorrevano anche altri due motivi. Primo, il nazionalismo. Questa parola non era stata ancora coniata, ma la vocazione esisteva digià. A differenza degli altri patrioti risorgimentali della sua generazione, Crispi non si contentava di un'Italia unita e indipendente; la voleva protagonista di una missione imperiale, di cui per geografica fatalità la Francia le chiudeva gli sbocchi. Di qui, il suo anti-irredentismo. Le pendenze con l'Austria, diceva, riducendosi a Trento e a Trieste, si potevano liquidare anche per via diplomatica, e non avrebbero risolto nulla. Il destino dell'Italia erano il Mediterraneo e l'Africa. Era qui che bisognava forzare il passaggio, sbarrato dalla Francia.

Secondo, la pressione degl'interessi economici. Come tutti gli altri uomini della sua generazione risorgimentale, Crispi era un liberista portato alla pace doganale, che implica anche una pace politica. Cavour e la Destra l'avevano sempre praticata con la Francia, che restava il nostro più importante mercato, quello che assorbiva il maggior quantitativo delle nostre esportazioni agricole. Ma ora, come già abbiamo detto, il liberismo era in piena crisi. Soprattutto i gruppi lombardi e gli armatori liguri chiedevano l'innalzamento delle tariffe contro i macchinari e i manufatti francesi. E Crispi fu l'avvocato di questi interessi.

Le sue colpe tuttavia furono più di eccesso che di scelta. Sulla strada del protezionismo si era già messo Depretis per il semplice motivo ch'essa era imposta dalla logica dello sviluppo industriale. Ma Depretis l'aveva battuta con cautela. Crispi vi si avventò, secondo il suo temperamento, bruciandone e drammatizzandone le tappe. Disgrazia volle che l'interlocutore fosse animato dagli stessi propositi. Ignara dei veri termini della Triplice, ma convinta che si trattasse di un patto aggressivo nei suoi confronti, la Francia era decisa a ricorrere a tutto pur di costringere l'Italia a ritrarsene. Quando, per una indiscrezione – pare – di Corte, venne a sapere della convenzione militare italo-tedesca, Parigi ruppe le trattative per il rinnovo del trattato commerciale e colpì le merci italiane con una tariffa discriminatoria. L'Italia rispose elevando del cinquanta per cento la sua contro i manufatti francesi. E fu l'inizio di una rovinosa guerra doganale.

Da quel momento, Crispi non fece che tormentare i soci della Triplice per chiedere appoggi e garanzie contro le mene francesi. Bismarck sfruttò da par suo la psicosi dell'alleato aizzandola o sedandola secondo le proprie convenienze. Nel febbraio dell'88 lo avvertì che tutta la flotta francese, concentrata a Tolone, si preparava a un'azione di forza contro le coste italiane, e Crispi reagì non solo gettando l'allarme in tutte le capitali d'Europa, ma anche accelerando al massimo le costruzioni navali già programmate dal Ministro della Marina, Brin. Con le dieci corazzate di prima classe messe in cantiere, la flotta da guerra italiana diventava la terza del mondo, ma in attesa di mandare a picco quelle avversarie, mandava a picco il bilancio dello Stato. Mai la diplomazia italiana era stata così rumorosa, arrogante e ammalata di «presenza». Dovunque trovava interessi italiani da difendere, anche nelle faccende dinastiche della Bulgaria, e dovunque annusava

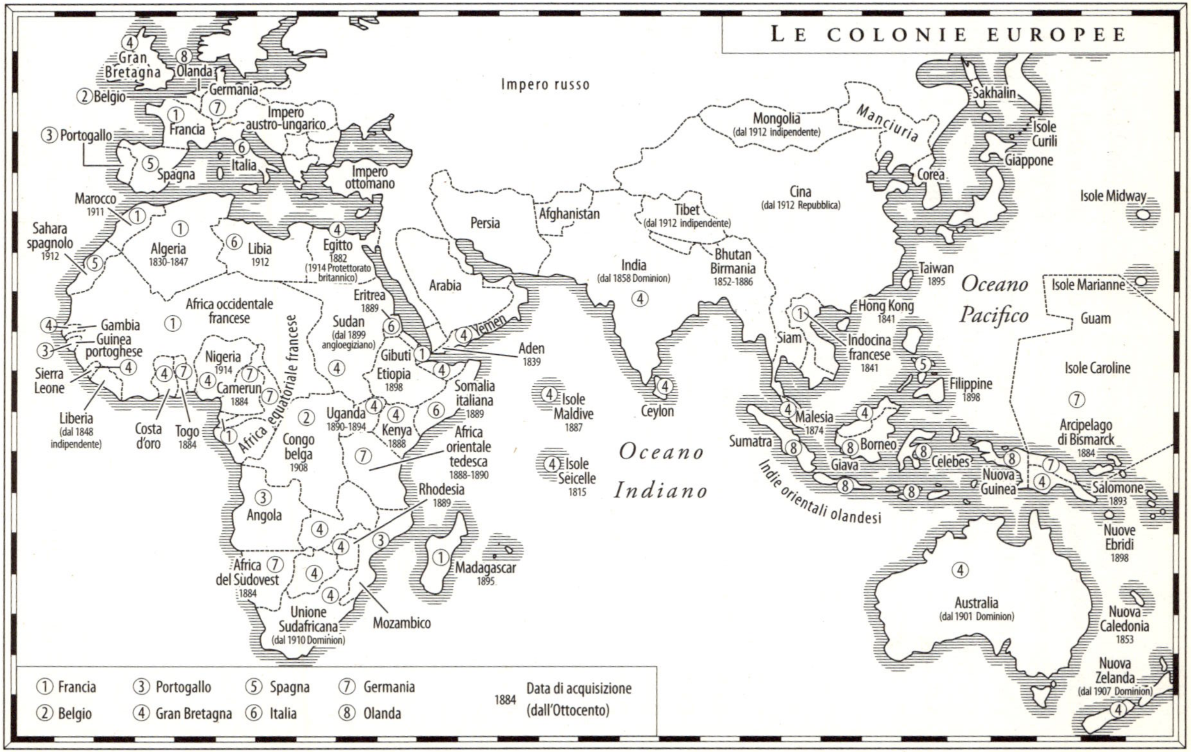

LE COLONIE EUROPEE
Impero russo
Gran Bretagna
Olanda
Germania
Belgio
Portogallo
Francia
Impero austro-ungarico
Spagna
Italia
Impero ottomano
Marocco 1911
Sahara spagnolo 1912
Algeria 1830-1847
Libia 1912
Egitto 1882 (1914 Protettorato britannico)
Africa occidentale francese
Gambia
Guinea portoghese
Sierra Leone
Liberia (dal 1848 indipendente)
Costa d'oro
Togo 1884
Nigeria 1914
Camerun 1884
Africa equatoriale francese
Sudan (dal 1899 angloegiziano)
Eritrea 1889
Gibuti
Etiopia 1898
Somalia italiana 1889
Uganda 1890-1894
Kenya 1888
Congo belga 1908
Africa orientale tedesca 1888-1890
Angola
Rhodesia 1889
Africa del Sudovest 1884
Unione Sudafricana (dal 1910 Dominion)
Mozambico
Madagascar 1895
Arabia
Yemen
Aden 1839
Persia
Afghanistan
India (dal 1858 Dominion)
Tibet (dal 1912 indipendente)
Bhutan
Birmania 1852-1886
Ceylon
Isole Maldive 1887
Isole Seicelle 1815
Oceano Indiano
Mongolia (dal 1912 indipendente)
Manciuria
Cina (dal 1912 Repubblica)
Corea
Sakhalin
Isole Curili
Giappone
Taiwan 1895
Hong Kong 1841
Siam
Indocina francese 1841
Filippine 1898
Malesia 1874
Sumatra
Borneo
Giava
Celebes
Indie orientali olandesi
Nuova Guinea
Oceano Pacifico
Isole Midway
Isole Marianne
Guam
Isole Caroline
Arcipelago di Bismarck 1884
Salomone 1893
Nuove Ebridi 1898
Australia (dal 1901 Dominion)
Nuova Caledonia 1853
Nuova Zelanda (dal 1907 Dominion)
1 Francia
2 Belgio
3 Portogallo
4 Gran Bretagna
5 Spagna
6 Italia
7 Germania
8 Olanda
1884 Data di acquisizione (dall'Ottocento)

complotti e pericoli di guerra. Nel luglio dell'89 Crispi rimise a soqquadro le Cancellerie d'Europa dando per sicura e imminente un'aggressione francese d'accordo col Papa per restaurarne il potere temporale. E mai smise di denunciare le mire francesi sulla Libia per ottenere dalla Germania e dall'Inghilterra l'autorizzazione a istallarvisi.

Siccome non l'ottenne, ripiegò sull'Africa Orientale.

La tragedia di Dogali aveva diviso gl'Italiani, provocando anche una curiosa inversione delle parti. Carducci, sempre pronto a dar fiato alle trombe dell'eroismo, si rifiutò di commemorare le vittime di una «spedizione inconsulta» calata in Africa a fare «ciò che i Croati avevano fatto in Italia», e anche l'altro nascente bardo degli «immancabili destini», D'Annunzio, disdegnò «i quattrocento bruti morti brutalmente». Ma il grosso della pubblica opinione parlava di «eroico olocausto», tributò trionfali accoglienze ai pochi scampati, e ora chiedeva la rivincita.

Crispi, che aveva aspramente rimproverato a Mancini «l'avventura» di Massaua, ne divenne di colpo uno strenuo patrono e ne assunse personalmente le redini. Come prima cosa, inviò sul posto un'altra spedizione di ventimila uomini col compito di riconquistare Dogali. Dopodiché si mise a tessere una complicata tela diplomatica per disgregare dall'interno l'Abissinia, un Paese di cui non sapeva nulla.

A questo giuoco, l'Abissinia si prestava. Il *Negus Neghesti* – che vuol dire «Re dei Re» – Giovanni era un sovrano feudale, che doveva vedersela con vassalli infidi e spesso più potenti di lui. Il più potente e infido era il Re dello Scioa, Menelik. Il loro contrasto era documentato in due lettere, giunte a re Umberto. Quella di Giovanni diceva: «Siamo entrambi cristiani e Re di due grandi popoli. Io preferirei combattere contro gl'infedeli [cioè gli Scioani, che sono musulmani]. Perciò la venuta dei tuoi a Massaua mi dispiacque, ma pazienza, dal momento che tu hai le navi, e io no. Per il resto, potremmo metterci d'accordo». Quella di Menelik diceva: «L'imperatore Giovanni mi rimprovera di essere anima e corpo con l'Italia, e dice che gl'Italiani lo hanno assalito dietro consiglio mio».

Secondo il conte Antonelli, incaricato di una missione diplomatica presso Menelik, era su costui che bisognava puntare. Secondo il generale Baldissera, che aveva assunto il comando delle nostre forze, bisognava diffidare di entrambi e intendersi invece coi Ras dei territori vicini a Massaua, tutti più o meno ribelli al potere centrale e quindi, per tenersi al riparo dalle sue sopraffazioni, disponibili ad accordi con l'Italia. Le prospettive mutarono quando Giovanni, sceso in guerra contro i dervisci del Sudan, fu ucciso in combattimento, e Menelik ne occupò di forza il trono.

Crispi pensò di approfittarne ordinando a Baldissera di risalire l'altopiano e di occupare Asmara, e s'incollerì quando il ministro della Guerra Bertolé-Viale gli bocciò la proposta. «Io sono ancora garibaldino» gli scrisse «e, nonostante i miei sessantanove anni, vedo le cose diversamente da quello che le vedono i tattici educati alle scuole militari.» «L'audacia vale molto» gli rispose il Ministro. «Ma in Africa, più ancora che altrove, dev'essere accompagnata dalla prudenza e dalla previdenza.» Era, dice giustamente Battaglia, il conflitto fra le due Italie: quella della Sinistra barricadiera e avventurosa, e quella della Destra moderata e professionale.

Baldissera si mosse, ma senza precipitazione. Era un Veneto che fino al grado di Capitano aveva militato nell'esercito austriaco, e ne aveva assorbito la mentalità. Buon comandante e tattico esperto, aveva dato subito avvìo all'inquadramento degl'indigeni in reparti regolari – i famosi Ascari – che fornirono eccellenti prove. E intanto stringeva accordi coi caperonzoli locali per prevenirne le resistenze. Grazie a questa diplomazia, scalò l'altipiano eritreo e piantò bandiera su Cheren e Asmara senza sparare un colpo di fucile né versare una goccia di sangue.

Ma appunto perché non aveva nulla di spettacolare, la sua impresa non venne apprezzata, e al suo consiglio di procedere cautamente giocando sulle divisioni dei Ras periferici per erodere il territorio abissino fu preferita la strategia di Antonelli che proponeva di puntare su Menelik ch'egli diceva disposto ad accettare il protettorato italiano su tutto il suo Impero.

Dapprincipio i fatti sembrarono dargli ragione. Il 2 maggio dell'89, Menelik accolse con grandi onori Antonelli nel suo accampamento, Uccialli, firmò il testo dell'accordo stilato dal governo italiano, e inviò a Roma una nutrita missione di alti dignitari, guidati da suo cugino Makonnen, per consegnare il trattato e negoziare un prestito. In una lettera a re Umberto, Menelik gli faceva notare che mai, prima di allora, dei membri della famiglia imperiale etiopica si erano recati all'estero. Ma lo esortava anche a ordinare ai suoi «Generali di Massaua di non ascoltare le parole dei ribelli che si trovano dalla parte del Tigrai». Era una chiara allusione a Baldissera, che cercava un accordo proprio col Ras di questa regione, Mangascià, il più ostile a Menelik perché, come figlio naturale di Giovanni, era il più qualificato a succedergli e quindi vedeva in Menelik un usurpatore.

I Romani fecero ressa davanti al Quirinale per vedere la pittoresca delegazione che, rutilante di scudi, lance e pennacchi, portava un elefante in dono a re Umberto. Questi li accolse seduto sul trono in alta uniforme e con l'elmo. Makonnen, in tunica di seta ricamata, mantello di pantera nera e trecento piume in testa, si prostrò ai suoi piedi. Poi da un servo si fece gettare sulle spalle lo sciamma per farne paravento mentre si cambiava d'abito. E, rivestito all'europea, si appartò a colloquio col Re e con Crispi. Gli ospiti furono trattati con tutti i riguardi e condotti, per impressionarli, a visitare fabbriche, caserme, corazzate e cannoni. Il 2 dicembre ripartirono col trattato debitamente firmato, un prestito di quattro milioni, e un orribile quadro commissionato apposta a non so quale pittore di Corte, che rappresentava l'Ascensione al cielo di Gesù, contornato dal Re, dalla Regina e dal massone Crispi in ginocchio e a mani giunte.

Tutto sembrava fatto. L'Etiopia riconosceva lo «stato attuale», cioè la sovranità italiana sui territori occupati da Baldissera, che corrispondevano pressappoco all'Eritrea. Ma c'era stata una piccola negligenza redazionale. Come volevano gli usi diplomatici, il documento era stilato in due lingue: quella italiana e quella etiopica, ch'era l'amarico. Ma mentre in italiano l'articolo più importante – il 17 – diceva che «Sua Maestà il Re dei Re d'Etiopia consente di servirsi del governo di Sua Maestà il Re d'Italia per tutte le trattative di affari che avesse con altre Potenze o governi», in amarico suonava così: «Il Re dei Re d'Etiopia *può* trattare tutti gli affari che desidera con i Regni d'Europa mediante l'aiuto del Regno d'Italia». E la differenza salta agli occhi. Secondo l'interpretazione italiana, l'Etiopia delegava all'Italia il compito di regolare i suoi rapporti con gli Stati stranieri, e quindi le attribuiva un diritto di «protettorato». Secondo l'interpretazione etiopica, questa delega era soltanto un'operazione di comodo, cui Menelik si riservava di ricorrere solo quando gli fosse convenuto.

Né Antonelli né il Ministero degli Esteri si curarono di fare un rigoroso raffronto fra i due testi. Le grandi potenze, informate dell'avvenimento secondo la versione di Roma, riconobbero – tranne la Russia – il protettorato italiano, e Crispi, esaltato dal successo, parlò addirittura di cancellare l'Etiopia dalla carta geografica. Tutto sembrava favorire il suo ambizioso disegno. Poco prima alcuni sultanati della Somalia avevano pacificamente accettato la sovranità italiana. «Un vastissimo regno» proclamava trionfalmente Crispi a Palermo «si aprirà alla nostra industria e al nostro commercio. Vaste zone di terra colonizzabili si offriranno alla esuberante fecondità italiana.»

Mentre Roma si abbandonava a questi sogni, Menelik badava ai fatti. Ordinò a Makonnen di tradurre i quattro milioni del prestito in una grossa fornitura di armi e munizioni, di cui una certa aliquota era già in viaggio per Assab, e informò Mangascià che oramai doveva vedersela con lui perché l'Italia lo aveva abbandonato. Mangascià se n'era accorto da quando Baldissera, vedendo ripudiata la propria politica e disapprovando apertamente quella che gli veniva imposta, aveva chiesto e ottenuto il proprio richiamo. Sia pure con riluttanza, il Ras dovette sottomettersi al rivale, che così fu liberato dal pericolo della dissidenza interna.

Nel febbraio del '90 gli ambasciatori stranieri a Roma si presentarono al Ministero degli Esteri per chiedere come mai l'imperatore Menelik, dopo aver solennizzato con una imponente cerimonia la propria ascesa al trono, ne aveva dato direttamente comunicazione a tutte le potenze. O non si era impegnato a tenere i rapporti con esse attraverso il governo italiano e le sue rappresentanze diplomatiche? Furioso, Crispi ingiunse ad Antonelli, rientrato a Addis Abeba, di fare le più energiche rimostranze e chiedere spiegazioni. Ma Antonelli, timoroso di veder naufragare la sua opera, non trasmise la protesta e cercò soltanto, senza riuscirvi, di raggiungere un accordo per la delimitazione dei confini dell'Eritrea, tuttora indefiniti. Quali fossero le intenzioni di Menelik, lo si vide dal fatto ch'egli affidò il governo del Tigrai, confinante con la nostra colonia, a Mangascià; ma le zone di frontiera le mise sotto la guardia di un suo fedelissimo, il *Degiac* Mesciascià, per impedire contatti diretti fra Mangascià e gl'Italiani.

Quando Crispi se ne rese conto, richiamò Antonelli e lo sostituì con Salimbeni. Il quale, non avendo nulla da nascondere perché di nulla era responsabile, nei suoi rapporti fu esplicito. Menelik non riconosceva la versione italiana dell'art. 17, di «protettorato» non voleva sentir parlare, e in questo senso aveva indirizzato una nota ufficiale ai governi di Germania e d'Inghilterra. Bisognava dunque scegliere: o rinunziare alle nostre pretese, per quanto legittime; o imporgliele con la forza.

Ma Crispi questa scelta non era più in grado di farla.

A metterlo in crisi non era stato lo smacco africano, di cui l'opinione pubblica era poco informata; ma la situazione economica. La «recessione», come oggi si direbbe, coinvolgeva un po' tutta l'Europa per l'aggravarsi di uno di quegli squilibri che rientrano nella stessa fisiologia dei sistemi capitalistici, e sui quali non è qui il caso di dilungarsi. Ma in Italia essa riverberava effetti particolarmente gravi per la fragilità delle nostre strutture e per l'accavallarsi di fattori ambientali e contingenti.

Il primo era il regime di denaro facile introdotto dal

ministro delle Finanze Magliani, che Crispi aveva ereditato da Depretis e confermato al suo posto. La crescita delle città, e specialmente di Roma, aveva provocato un autentico boom edilizio, a cui molte Banche avevano dato corda oltre ogni limite di prudenza, come vedremo a proposito della Banca Romana. Questo creò uno stato di prosperità fittizia, basata solo sulle cambiali e sui debiti, che non corrispondeva affatto allo stato reale dell'economia italiana, come dimostrava il progressivo deterioramento della bilancia dei pagamenti, cioè del rapporto fra esportazioni e importazioni. Questo rapporto, che fino all'83 era stato attivo, nel '90 denunziava un pauroso passivo.

L'inversione di tendenza era dovuta soprattutto alla guerra doganale, scatenata da Crispi con la Francia per i motivi che abbiamo già illustrato, e spinta oltre ogni limite di ragionevolezza. La sua vittima era l'agricoltura. Ma l'agricoltura a quei tempi era ancora la struttura portante dell'economia nazionale e assorbiva i due terzi della popolazione. Non riuscendo più a esportare in Francia, ch'era sempre stata il suo mercato più accogliente, essa cadde in crisi. E la crisi dell'agricoltura era la crisi del Paese.

Crispi, che di economia s'intendeva poco, credette di rimediare licenziando Magliani. Ma Magliani, anche se aveva delle grosse responsabilità, non le aveva tutte. La crisi era il portato inevitabile della politica di Crispi, che, oltre a rovinare l'agricoltura, scavava paurosi vuoti nelle casse dello Stato per gli armamenti e le spedizioni richieste dalle imprese coloniali. Questo lo capivano anche i successori di Magliani, Grimaldi e Seismit-Doda, ma non osarono dirlo. E non osò dirlo nemmeno il ministro del Tesoro Giolitti, certamente per non dispiacere al Re che, sempre più entusiasta delle imprese africane, non voleva sentire di riduzione delle spese militari.

Crispi ricorse al grande amico Bismarck che indusse alcuni riluttanti banchieri tedeschi a porgergli aiuto. Ma, accorgendosi che questa era soltanto una misura di pronto soccorso, dovette arrendersi alla necessità di cercare qualche accordo con la Francia, che ne riaprisse le frontiere alla nostra esportazione. Ma la Francia pose la solita condizione: il cambiamento di rotta della politica estera italiana, cioè il ritiro dalla Triplice.

Via via che si diffondeva la sensazione della insormontabilità della crisi, la maggioranza di Crispi si squagliava. A darne il segnale fu il solito Nicotera, che cominciò a trescare contro di lui sia con la Destra che con l'Estrema Sinistra di Cavallotti. Costui però, pur essendo in disaccordo con Crispi, gli era personalmente legato dai ricordi delle imprese garibaldine nelle quali avevano insieme militato; e anche se lo combatteva sul piano ideologico, lo rispettava su quello umano. Alla guerra dei sotterfugi egli preferì quella in campo aperto raccogliendo tutte le forze democratiche in un «Patto di Roma», che chiedeva la riduzione dei poteri dell'esecutivo, quella delle spese militari, il ripudio della Triplice e altre misure.

Crispi incontrava difficoltà sempre più gravi a rispondere alle interpellanze della Camera. Quando Fortunato e Jacini gli rinfacciarono di aver portato l'Italia fuori dei suoi binari obbligandola a fare una politica di grande potenza che non si addiceva alla sua reale condizione di Nazione di secondo rango e lo accusarono di megalomania, egli rispose che l'Italia era stata fatta solo grazie ai megalomani; ma non seppe che misure proporre per riassestare l'economia. E alla fine, sentendo sfaldarsi la sua base, ricorse al solito rimedio di emergenza: chiudere il parlamento e indire nuove elezioni.

Una campagna condotta senza esclusione di colpi gli consentì di allargare la sua maggioranza. Ma il Paese dimostrò la propria stanchezza con le astensioni. Dei due milioni e settecentoventicinquemila cittadini chiamati alle urne nel novembre del '90, se ne presentarono poco più della metà. I quattrocento e più deputati governativi dimostrarono una mancanza di compattezza ch'ebbe un immediato riflesso anche in seno al governo. Il nuovo Ministro delle Finanze, Giolitti, e quello dei Lavori pubblici, Finali, diedero le dimissioni. Il pretesto fu l'inconciliabilità delle loro vedute. Ma la vera ragione era che entrambi sentivano la barca affondare e non volevano essere coinvolti nel naufragio. Grimaldi, che successe a Giolitti, propose inasprimenti fiscali per rimediare al *deficit*. Ma su questo punto fu subito chiaro che la maggioranza si sarebbe divisa. Dai banchi di destra, Bonghi attaccò violentemente il governo dicendo che non aveva il rigore amministrativo e la tempra morale per battere la strada dei Sella e dei Minghetti. Il focoso Crispi sobbalzò sul suo scanno: Bonghi e la Destra, rispose, non avevano dovuto risolvere problemi di flotta e di bilancio perché la loro politica era stata quella dei «servi dello straniero».

Questa offesa alle «sante memorie», come disse Luzzatti, mise a fuoco la Camera. Molti degli amici di Crispi si schierarono coi suoi avversari, e su una mozione di fiducia lo misero in minoranza obbligandolo alle dimissioni.

Era il gennaio del 1891. Ma prima di affrontare il laborioso sviluppo di questa crisi ministeriale, bisogna registrare due avvenimenti destinati a esercitare un notevole peso sul corso della nostra storia.

CAPITOLO VENTIDUESIMO

I SOCIALISTI

In quello stesso anno 1891 gli operai di Milano tennero un congresso in cui fu deciso d'indirne per l'anno seguente un altro che raccogliesse tutte le forze proletarie e rivoluzionarie. Qualcuno propose ch'esse venissero organizzate sotto la generica etichetta di «Partito Operaio Socialista», ma l'idea fu violentemente osteggiata dagli anarchici, ostili come sempre al concetto di «partito» e più ancora alla qualifica «socialista», che sempre più andava acquistando un significato suo proprio in contrapposizione con quello della vecchia Internazionale di Rimini. Turati risolse la diatriba coniando, o meglio facendo coniare da uno dei suoi, un altro nome che lo lasciava in sospeso: «Partito dei Lavoratori italiani». In realtà, per il momento, la sigla gl'importava poco. Ciò che gli premeva era il congresso, unica sede in cui si potevano regolare definitivamente i conti con gli anarchici.

Rampollo di una dinastia borghese di Milano, Turati aveva debuttato in politica con un saggio sullo *Stato delinquente* che già nel titolo denunziava un orientamento ideologico in contrasto con la sua condizione sociale. Ma, anche se era approdato sulle sponde dell'anarchismo, la sua formazione non era quella di un Cafiero o di un Malatesta. Alto, barbuto, nerovestito, cappello a larghe tese, cravatta alla Lavallière, era ancora un uomo del Risorgimento, cresciuto nell'ambiente romantico e declamatorio della «scapigliatura» milanese; i suoi veri maestri erano stati Romagnosi e Cattaneo, il suo idolo Garibaldi, la sua filosofia quella positivista delle logge massoniche e dei circoli del «libero pensiero». Insomma, di sangue apparteneva alla famiglia dei radicali alla Cavallotti, e il suo accostamento a Bakunin era soltanto il frutto di un giovanile entusiasmo umanitario allo stato più di sentimento che d'idea.

Ma a questo punto conobbe e s'innamorò di Anna Kuliscioff, che ripeté su di lui la stessa operazione di plagio compiuta anni prima su Andrea Costa. Con ciò non vogliamo dire che fu lei a determinare la sua conversione. Ma certamente l'affrettò familiarizzandolo coi testi di Marx e di Engels e facendo della sua casa il punto di raccolta di una *intellighenzia* cosmopolita che contribuì moltissimo a slargare i provinciali orizzonti del nascente socialismo italiano. Frequentati soprattutto da esponenti della grande e matura socialdemocrazia tedesca che stava per dare scacco matto a Bismarck, quei raduni diedero avvìo a molte cose: anche a uno snobismo socialista, che doveva restare caratteristico di una certa borghesia milanese, in cui non si era ammessi che dopo il battesimo di un *tè* dalla «signora Anna» (della signora, non della «compagna»).

A un simile ambiente l'apologia del «malfattore» era poco congeniale. E infatti l'avvocato Turati iniziò la sua milizia giornalistica su un periodico rivoluzionario, ma di stampo mazziniano: «Cuore e Critica». Fu un periodo di rodaggio in cui, più che a esprimere idee proprie, Turati badò a fare il sismografo di quelle altrui senza riuscire a decidersi per quale socialismo optare fra i tanti – marxisti o positivisti, scientifici o evoluzionisti – che si contendevano l'esclusiva dell'etichetta. Ma nel '91, quando «Cuore e Critica» decise di trasformarsi in «Critica sociale» affidandosi alla sua direzione, egli aveva ormai chiarito il proprio pensiero, o per meglio dire credeva di averlo chiarito. «Senza perdere quel carattere un po' eclettico» scrisse a Costa per invitarlo a collaborare «che fu fin qui la sua forza, io intenderei di farne sempre più un organo nostro, vo' dire del socialismo scientifico italiano.»

Sul piano operativo l'impresa gli riuscì in quanto fu su quella rivista che si formarono i quadri dirigenti del futuro partito. Ma sul piano ideologico, essa rimase impigliata in un equivoco di cui ancora si avvertono le conseguenze. Egli aveva optato per il socialismo scientifico, cioè per il socialismo di Marx, ma senza rinnegare la propria matrice positivista, convinto com'era che fra l'uno e l'altra non ci fosse contraddizione. Invece questa contraddizione c'era, e su di essa vale la pena di spendere qualche parola per facilitarne la comprensione a coloro (e sono tanti) che non appartengono alla categoria degli «addetti ai lavori».

Un riassunto del pensiero di Marx richiederebbe un volume, anzi più volumi. Ma vediamo d'isolarne il punto che c'interessa. Del socialismo, Marx non fu l'inventore. Esso è vecchio come il mondo, e la sua concezione moderna aveva avuto per padri Saint-Simon, Owen, Fourier, per citare solo quelli più diretti. Marx fu colui che gli dette la sistemazione più rigorosa, portandovi tutto il suo cospicuo bagaglio filosofico. Egli veniva dall'idealismo di Hegel, che vede nella storia l'ineluttabile marcia dell'umanità verso la realizzazione dell'*Idea*. Il reale, dice Hegel, è sempre razionale, anche quando non lo sembra; cioè ogni avvenimento è fatale e inevitabile che avvenga perché è una tappa obbligata verso quel supremo traguardo.

Trasposto sul piano politico, questo supremo traguardo è, secondo Marx, la liberazione del proletariato, grazie all'abolizione delle classi. Il sistema capitalistico, egli dice, reca in sé una contraddizione che lo condanna a morte. Con la sua tecnica, con la sua organizzazione, col suo gigantismo, esso «socializza» sempre di più il lavoro, ma nello stesso tempo pretende di lasciare alla proprietà privata i mezzi di produzione: fabbriche, terra, miniere eccetera. Questo non è possibile. La socializzazione del lavoro comporta fatalmente anche la socializzazione dei mezzi di produzione. E siccome non è pensabile che a questi mezzi la classe dominante possa abdicare in quanto essa domina appunto perché possiede questi mezzi, la rivoluzione è inevitabile, come sempre capita quando le *superstrutture* di una società – cioè le sue leggi, la sua morale eccetera – non sono più in armonia con la sua *struttura* economica. La rivoluzione sboccherà fatalmente nella dittatura del vincitore, cioè del proletariato. E questa a sua volta sboccherà nella soppressione di tutte le classi, che è il vero traguardo della storia, la realizzazione dell'*Idea* hegeliana.

Questo non è – lo ripetiamo – che un sommario abbozzo delle premesse da cui partiva Marx, fermamente persuaso che la storia è condizionata unicamente dai modi e sistemi di produzione dei beni materiali (di qui, il nome di «materialismo storico» dato alla sua dottrina), tutto il resto – morale, costumi, cultura, religione eccetera – essendone soltanto la conseguenza. Ma basta per comprendere le conclusioni ch'egli ne traeva sul piano dell'azione pratica. Per abolire la proprietà privata, il proletariato deve anzitutto conquistare lo Stato e gestirlo dittatorialmente fino al raggiungimento dei suoi fini. Dopodiché potrà, anzi dovrà abolirlo perché essendo lo Stato lo strumento inventato dalle classi privilegiate per conservare i suoi privilegi, una società senza classi né privilegi non ne ha più bisogno.

Il positivismo, cui viene comunemente assegnato per padre il filosofo francese Augusto Comte, parte da tutt'altre premesse, e quindi giunge a tutt'altre conclusioni. Quando l'uomo, esso dice, cerca d'indagare i perché della storia e di assegnarle un fine ultimo, un traguardo (come facevano Hegel e Marx), pecca di presunzione. Il massimo a cui egli può arrivare è a filtrare e organizzare i dati delle scienze esatte. Essi ci forniscono una sola certezza: quella dell'evoluzione, di cui Darwin – gran positivista anche lui – aveva formulato la legge. Come evolve l'uomo che prima era una scimmia, così evolvono le società, passando da uno stadio arretrato a uno più progredito. E come la scienza ha liberato l'uomo da tutte le sue superstizioni fornendogli la spiegazione di tutti quei fenomeni che prima gli riuscivano incomprensibili, così la politica è destinata a liberarlo dalla servitù delle ingiustizie sociali. Progresso scientifico e progresso politico camminano di pari passo. Per evoluzione. E l'evoluzione, postulando la gradualità, cioè il metodo delle riforme, esclude la rivoluzione.

Di questa inconciliabilità fra le due scuole e dottrine, il positivista Turati non si rendeva conto. Ad acquistarne coscienza fin da principio ci fu uno solo, in Italia: Antonio Labriola, che a Marx era arrivato battendo la stessa via di Marx. E si capisce perché. Era di Napoli, l'unica città italiana in cui l'idealismo di Hegel aveva avuto dei grandi proconsoli e cultori, specialmente in Bertrando Spaventa. Egli capiva Marx per comunanza di origini filosofiche. E con lui si trovava all'unisono in tante cose, a cominciare dal disprezzo per l'insurrezionalismo romantico. Infatti non vi aveva mai partecipato. La sua rivoluzione nasceva dai libri, aveva eletto a suo strumento non le barricate, ma la cattedra. «Sono un Tedesco nato per sbaglio a Napoli» scriveva a Engels con cui teneva una fitta corrispondenza. Ma se questo faceva di lui l'unico vero e rigoroso marxista italiano, ne faceva anche un esule in patria condannato all'incomprensione e alla solitudine. Contro gli anarchici aveva pronunciato, come tutti i marxisti, condanne spietate, e già da un pezzo reclamava la costituzione di un partito socialista.

Turati rimase quindi sorpreso quando, avendolo invitato a collaborare alla sua rivista, si sentì rispondere: «Voi vedete la cosa diversamente da me. Voi volete fare la propaganda fra i borghesi, voi volete rendere simpatico il socialismo. Dio vi aiuti in tale filantropica impresa. In quanto a me, i borghesi li credo buoni solo a farsi impiccare. Non avrò la fortuna d'impiccarli io, ma non voglio nemmeno contribuire a dilazionarne l'impiccagione». E dando annunzio di quel rifiuto a Engels, con cui anche Turati era in corrispondenza, spiegò: «I nostri operai non saranno certo gli eredi della filosofia classica tedesca, appunto perché quella filosofia a malapena passò per il solitario cervello di qualche professore italiano. La nuova generazione non conosce che i positivisti, che sono per me i rappresentanti della degenerazione cretina del tipo borghese».

Così, mentre Labriola si rinchiudeva fra i suoi libri per elaborare quella *Concezione materialistica della storia* che rappresenta il Vecchio Testamento del marxismo italiano, Turati si preparava fra gli operai milanesi la «base» necessaria al periglioso passo della scissione. Nessuno era meglio qualificato a orientarsi nel discorde mondo della sinistra italiana: lì si era formato, ne aveva bazzicato tutti i filoni, ne parlava la lingua. E infine aveva in Anna una maestra di «pubbliche relazioni» come non ce n'era di uguali. Col suo aiuto egli redasse e pubblicò sulla sua rivista il *Programma della Lega socialista milanese*. Era un documento piuttosto astratto, ricco più di enfasi ideologica che di riferimenti ai problemi concreti. Ma esso rappresentava tuttavia un notevole passo avanti rispetto a quelli elaborati fin lì, e soprattutto forniva una piattaforma all'incontro degli operaisti milanesi coi socialisti rivoluzionari di Romagna. Solo da questo incontro poteva prendere avvìo un vero partito socialista in grado di liberarsi dall'ipoteca anarchica. E Turati, che dei sacri testi sapeva meno di Labriola, ma come fiuto politico ne aveva più di lui, se n'era reso conto, e al servizio di questa operazione aveva messo anche i suoi innegabili doni di simpatia umana, di eloquenza, e anche di demagogia. Non era una lotta facile perché bisognava fornire argomenti ideologici che servissero nello stesso tempo agli operai milanesi per sottrarsi alle residue influenze mazziniane e radicali, e ai socialisti romagnoli per intentare il divorzio dagli anarchici. E lo si era visto proprio al congresso operaio milanese del '91 quando le forze radicali e mazziniane respinsero l'etichetta socialista. Ma avallando la proposta di tenere l'anno seguente un congresso su scala nazionale, cui era sottinteso che avrebbero partecipato anche i socialisti romagnoli, si accettava implicitamente di rimettere in discussione il problema. E la battaglia si annunciava decisiva.

Il lavoro preparatorio fu affidato a una commissione in cui spadroneggiava Maffi, ch'era insieme deputato radicale e dirigente del Consolato operaio: un arrivista arruffone e arraffone, autore di un documento che provocò i sarcasmi di Labriola e li giustificava in pieno. Turati si tenne più sulle sue per non far naufragare il congresso, unica cosa che gli premeva, prima che cominciasse. Le sue carte voleva giuocarle lì.

La città prescelta per il raduno fu Genova perché proprio in quell'anno 1892 essa celebrava il quarto centenario della scoperta dell'America a opera del suo Colombo, e le ferrovie concedevano a chi vi si recava forti riduzioni sul biglietto. A quei tempi i partiti non disponevano dei miliardi di cui dispongono oggi, e i delegati dovevano provvedere alla trasferta di tasca propria. Quelli che la mattina del 14 agosto si riunirono alla Sala Sivori erano circa duecento. E sebbene ormai tutti sapessero ch'era in giuoco la scissione, nessuno era in grado di prevedere a chi sarebbe toccata la maggioranza. L'unico gruppo compatto era quello anarchico, che però non poteva contare sui suoi due più prestigiosi alfieri, Merlino e Malatesta, costretti all'esilio da qualche dozzina di mandati di cattura. Erano un'ottantina capeggiati da Gori, e la loro posizione era chiara: era quella del Partito anarchico rivoluzionario uscito l'anno prima dal congresso di Capolago. La lotta era per la conquista degli altri centoventi delegati, fra cui ce n'erano molti, forse la maggioranza, che sebbene concettualmente conquistati dall'idea socialista, sentimentalmente rimanevano legati ai «malfattori» e avevano l'impressione, ripudiandoli, di macchiarsi di tradimento. Questo «complesso di colpa» era il più insidioso nemico di Turati, che infatti aveva cercato di prevenirlo con una serie di articoli su «Critica sociale» in cui, sia pure con molta abilità, sosteneva questa capziosa tesi: che gli anarchici, «temperamenti di apostoli e di martiri veri», avevano tutto da guadagnare da una separazione perché solo come forza autonoma avrebbero avuto l'esclusiva di quei valori di libertà e d'iniziativa individuale da difendere, all'occorrenza, anche contro un regime socialista che avesse preteso sacrificarli al suo collettivismo.

La battaglia scoppiò subito, e il primo a scendere in campo fu l'operaista Casati, il quale chiese che alla Presidenza venissero eletti solo uomini «coi calli alle mani», ch'era una frecciata contro Turati e il suo stato maggiore d'intellettuali. Lo seguì l'anarchico Pellaco proponendo il rinvio della discussione sul programma perché molti delegati non avevano avuto il tempo di prenderne visione. Era un cavillo procedurale molto pericoloso: la maggioranza non aveva di che mantenersi fuori di casa più di due giorni, e quindi il rinvio avrebbe significato l'aborto del congresso. La proposta venne bocciata, ma dopo una rissa ch'era già un preludio di rottura.

Nel pomeriggio ricominciò la tattica ostruzionistica degli anarchici, che esasperò vieppiù gli avversari. A un certo punto si alzò a parlare uno dei più fidi e autorevoli alleati di Turati, Camillo Prampolini. «Vi tratterrò pochi minuti,» disse «ma vi parlerò col cuore, da amico franco, e parlerò per voi anarchici e nell'interesse comune. Dopo che mi avrete ascoltato, dovrete dire che ho ragione, e converrete con me nella proposta che faccio. Da anni e anni, quando cominciò a sorgere il partito socialista in Italia, noi combattiamo fra noi una lotta continua nei giornali, nelle assemblee, nelle pubbliche piazze, nei congressi. Io non dirò che vi sia da una parte o dall'altra malafede, anzi non vi è. Voi siete onesti quanto noi, ma è indiscutibile che questa lotta esiste, ed è di tutti i giorni, di tutte le ore, e ciò perché noi siamo due partiti essenzialmente diversi, percorriamo due vie assolutamente opposte, fra noi non ci può essere comunanza, dunque lasciateci in pace...» Ma a questo punto si accasciò colpito da malore, talmente doloroso era anche per lui lo sforzo di pronunciare quelle parole di rottura. Replicarono con veemenza Galleani e Gori. La tensione crebbe. Sempre più il congresso assumeva i toni di un regolamento di conti.

La sera Turati, la Kuliscioff e Prampolini tennero rapporto in una trattoria ai loro fidi e decisero di diramare ai socialisti l'invito a disertare la Sala Sivori e di riunirsi in quella del Circolo dei Carabinieri genovesi, gli ex compagni d'arme di Garibaldi. Non sapevano quanti vi avrebbero aderito, ma furono più del previsto: circa un centotrenta. Tuttavia fra di essi mancava proprio colui che si poteva considerare il pioniere di quella scissione: Andrea Costa. Da dieci anni beffeggiato e svillaneggiato dagli anarchici per il suo legalitarismo di deputato, non si era tuttavia sentito di ripudiarli e, dopo aver invano tentato di ricucire le due fazioni, aveva deciso con un piccolo gruppo di altri delegati di non partecipare a nessuno dei due congressi. Ancora una volta egli incarnava, fino alla diserzione, il dramma di quella rottura.

Gli anarchici rimasti alla Sala Sivori si contarono, e dovettero costatare ch'erano ridotti a un brandello, e per di più avulso dalla classe operaia, i cui delegati erano passati in massa dall'altra parte. Ciò li lasciava ancora più in balìa delle correnti estremiste e centrifughe, ribelli a qualsiasi forma di organizzazione e condannate dal proprio nihilismo all'autodistruzione, che solo la presenza dei socialisti aveva fin allora frenato. Lo si capì dal grido di: «Viva Ravachol!» che a più riprese risuonò. Ravachol era il dinamitardo francese che meglio aveva incarnato l'illegalismo anarchico e il suo apocalittico furore, e che da poco era salito sulla ghigliottina. Scrisse Malatesta dal suo esilio: «Con l'odio non si rinnova il mondo; e la rivoluzione dell'odio o fallirebbe completamente, oppure farebbe capo a una nuova oppressione». Ma la sua voce e quella di Merlino furono subito coperte dal fragore delle bombe che ripresero a scoppiare un po' dovunque.

Ben altrimenti procedettero le cose al Circolo dei Carabinieri. Nemmeno lì la concordia regnava sovrana. Quando Turati presentò un emendamento al programma per dargli un indirizzo ideologico più definito, Maffi si oppose vivacemente per conservargli un'impronta generica che lasciasse spazio all'influenza radicale. Ma dalla discussione emerse la superiore statura di Turati, che infatti ne uscì come il vero dominatore e capo del nuovo partito.

Questo conservò il suo nome di «Partito dei Lavoratori italiani», in cui la parola «socialista» non appariva. Ma il suo programma non lasciava in proposito alcun dubbio. Esso gli assegnava come mèta la conquista delle fonti di ricchezze e dei mezzi di produzione: terra, miniere, fabbriche, trasporti, tutto doveva essere confiscato ai privati e gestito dalla comunità. Per raggiungere questo fine, la battaglia doveva essere impegnata contemporaneamente in due campi: in quello dei «mestieri», cioè in quello sindacale per conquistare posizioni sempre più vantaggiose sul piano economico; e in quello elettorale per conquistare il potere sia politico che amministrativo. Perciò si costituiva un partito, che a differenza di tutti gli altri, sarebbe stato strettamente di classe in quanto espressione del proletariato, e soltanto del proletariato. Siccome ne mancava il tempo, la redazione dello Statuto fu rimandata a più tardi, e infatti vi si provvide tre anni dopo, al congresso di Parma.

I risultati di Genova andavano forse oltre le speranze dello stesso Turati, e comunque stupirono Labriola, che si era rifiutato di parteciparvi perché non lo riteneva una cosa seria. Egli scrisse a Turati una lettera che è andata perduta, ma il cui contenuto si può facilmente dedurre dalla risposta del suo corrispondente. Pur con qualche riserva sull'ortodossia marxista del Programma, si felicitava del suo varo; ma – e questo è tipico dell'uomo e del suo pessimismo – lo attribuiva non a una chiara visione politica, ma solo «a coincidenze fortuite». E siccome Engels se ne mostrava invece incondizionatamente entusiasta, gli scrisse che su quel documento qualcosa si poteva, sì, costruire, ma a patto di purgarlo del suo pressappochismo ideologico che «non è soltanto l'effetto di una confusione intellettuale, ma l'espressione di una situazione. Quando pochi, più o meno socialisti, si rivolgono a un proletariato ignorante, impolitico, e in buona parte reazionario, è quasi inevitabile che ragionino da utopisti e operino da demagoghi».

Sulla lunga distanza doveva rivelarsi buon profeta. Ma lì per lì i fatti lo smentirono. Le adesioni fioccarono, specie dalla Romagna. La diede anche Gnocchi-Viani, che non era andato a Genova e si era ritirato in una posizione attendista. E finì per darla anche Costa. L'anno dopo, riunito a congresso a Reggio Emilia, il partito adottò e iscrisse all'anagrafe il suo vero nome di «Partito Socialista dei Lavoratori italiani». Esso segnava l'ingresso, nello schieramento di quelle tradizionali, di una nuova forza autenticamente popolare, anche se immatura e incolta, con cui sarebbe stato difficile convivere, ma impossibile fare a meno.

CAPITOLO VENTITREESIMO

I CATTOLICI

Mentre questo avveniva sul fronte di sinistra, qualcosa di analogo si verificava su quello di destra. Alla rottura, dovuta all'intransigenza della Chiesa fra cattolici e laici, abbiamo già fatto alcuni riferimenti. Ma ora bisogna ricostruirla in maniera più particolareggiata anche per l'attualità ch'essa conserva in quanto lì sono le origini di un certo «integralismo» cattolico che tuttora insidia lo Stato laico risorgimentale.

Il 7 febbraio 1878, cioè a un mese di distanza dalla morte di Vittorio Emanuele II, Pio IX lo aveva seguito nella tomba dopo oltre trent'anni di pontificato, il più lungo nella storia dei Papi, e forse anche il più contraddittorio. Quando era asceso al Soglio, gl'Italiani avevano visto in lui l'uomo del destino, il capo carismatico venuto a realizzare il sogno neoguelfo di una crociata di liberazione nazionale guidata dalla Chiesa. Non era, si capisce, che un'illusione ottica, ma di cui anch'egli dapprincipio era rimasto vittima. Non durò che pochi mesi, cioè fino al 29 aprile del '48, quando in una famosa «allocuzione», invece di benedire la crociata contro l'Austria, Pio IX la maledisse. Ma non rimase senza effetti. Per quanto falsa e assurda, l'idea di un Papa patriota aveva spinto molti cattolici, che contro o senza di lui mai avrebbero osato farlo, ad arruolarsi sotto la bandiera liberale, e parecchi ci rimasero anche dopo il voltafaccia andando a ingrossare le file di quel moderatismo che, per quanto conservatore, non rinnegava lo Stato laico e collaborava alla sua costruzione. Questa era stata la «voce attiva» dell'operazione neoguelfa, per tutto il resto fallimentare. Ma aveva avuto la sua importanza.

Per risolvere il problema dei rapporti fra i due poteri, Cavour aveva escogitato la formula «libera Chiesa in libero Stato», cioè un regime di netta separazione fra di essi. Non sappiamo s'egli credesse veramente alla sua praticabilità. Sembrerebbe di sì, visto che la raccomandò anche in punto di morte. In realtà, era anch'essa illusoria. Urtava contro i princìpi di una Chiesa che considerava la coscienza del «fedele» suo esclusivo monopolio, e nello stesso tempo contro gli ancestrali rancori che questa pretesa aveva suscitato nei laici. Infatti la sua applicazione fu impedita dalle due opposte intransigenze. Quando, dopo la proclamazione dell'Unità, furono estese a tutt'Italia le leggi laiche che, sotto la spinta di Cavour, il Piemonte aveva varato fra il '50 e il '60, cadde ogni possibilità di dialogo fra Chiesa e Stato, e non ci fu più posto che per rappresaglie. La soppressione di alcuni ordini religiosi, la chiusura di monasteri e conventi, e più ancora l'introduzione del matrimonio civile e del controllo dello Stato sulle scuole gestite dai preti, furono denunziate dalla Curia come «persecuzioni», e nel '64 spinsero il Papa a formulare quella catastrofica dichiarazione di guerra non soltanto all'Italia, ma al mondo moderno, che fu il *Sillabo*.

Di anatemi, la storia della Chiesa è ricca. Ma, dice giustamente Spadolini, mai essa si era spinta a condannare un intero secolo e a offenderlo in tutti i suoi sentimenti, credenze e passioni. Sul piano internazionale, questi eccessi del Papa furono per l'Italia una fortuna. Le potenze a cui egli si rivolgeva prima perché puntellassero il suo vacillante potere temporale poi perché lo restaurassero, erano indignate dal *Sillabo*, o per lo meno non si sentirono di sfidare una pubblica opinione che lo rifiutava risolutamente. Esso non trovò sostenitori nemmeno nella cattolicissima Spagna. L'unico Stato che ruppe le relazioni con quello italiano in seguito a Porta Pia fu l'Ecuador. Mai la Chiesa si era trovata in condizioni di più completo isolamento.

Ma all'interno le conseguenze furono gravi. La prima fu la crisi di quel cattolicesimo liberale che, come abbiamo detto, cercava di conciliare la coscienza religiosa con quella civile e rappresentava l'elemento che meglio poteva combattere i due opposti estremismi, ugualmente pericolosi e nefasti. Il Papa fece di tutto per affossarlo definendo il suo atteggiamento «una carezza fatta contemporaneamente a Dio e al diavolo», e ponendo esplicitamente l'alternativa: «O liberale o cattolico, o cattolico o liberale». Essa comportava una vera e propria secessione dalla vita politica nazionale, che don Margotti riassumeva nell'imperativo: «Né eletti, né elettori». Questo divieto però non si estendeva alle elezioni amministrative, e si capisce perché: i comuni e le province non erano lo Stato, anzi potevano diventare lo strumento per combattere lo Stato. Ed ecco perché i cattolici sono sempre stati regionalisti: non per gestire meglio quella «oppressione morale, civile e religiosa» come essi definivano lo Stato dell'«usurpatore subalpino», ma per distruggerlo dal di dentro. E fu proprio la necessità di organizzarsi per conquistare le roccheforti amministrative che li trasse dal ghetto in cui si erano dapprima rinchiusi.

Di esperienza organizzativa, i cattolici ne avevano poca perché il Clero, che tiene in gran sospetto e disprezzo tutti i laici, anche se devoti, non aveva loro consentito altre associazioni che quelle caritative. La più forte era quella di S. Vincenzo de' Paoli, da cui i clericali avevano derivato il loro nomignolo: «paolotti». Ma ora che per loro si trattava non più di dividere il potere, ma di riconquistarlo, i preti smisero di disdegnare la collaborazione dei laici, e anzi ne bandirono la mobilitazione.

A questa risposero per primi i Bolognesi promuovendo una Associazione cattolica, che ebbe subito le sue succursali in parecchie altre città. Vi prevalsero i reazionari, fedeli all'idea neoguelfa di un'Italia di parrocchie unita, sì, ma sotto il governo del Papa. Uno di loro, Cantù, scriveva: «Un Comune e un Santo: ecco gli elementi di cui gl'Italiani componevano le loro libertà». Ma si era nel '66, l'anno in cui l'Italia scendeva per la terza volta in guerra con l'Austria, e non intendeva tollerare simili disfattismi. L'Associazione fu soppressa, e non rinacque perché al suo posto l'anno dopo ne sorse un'altra, su ben diversi presupposti ideologici: quella della Gioventù cattolica, che rappresentò subito l'elemento di punta, lo squadrismo del cattolicesimo militante.

Furono questi *Camelots du Pape* che cercarono di sollevare «il popolo cristiano» d'Italia e d'Europa contro «l'esecrando avvenimento», la violazione della «tomba immortale del Principe degli Apostoli», cioè l'annessione di Roma, e che subito chiesero il «castigo di Dio», cioè in parole povere l'intervento delle potenze straniere, comprese quelle protestanti come la Prussia, per riparare all'oltraggio, restaurando lo Stato pontificio. Ma questa fase finì presto, liquidata dal suo stesso fallimento. Anche i ciechi potevano vedere che, sebbene rifiutata dalla Chiesa, la legge delle guarentigie aveva assolto il suo compito disarmando l'opinione pubblica mondiale e che nessuno sarebbe venuto in soccorso di un Papa che faceva il perseguitato in un linguaggio da persecutore. Sicché quando nel '74 i cattolici indissero a Venezia il loro primo congresso, il problema che si posero non fu più quello di disfare l'Italia, ma d'impadronirsene.

Questo non significava rinunzia all'intransigenza ideologica, che anzi venne riconfermata. «La nostra è la dottrina del Sommo Pontefice» disse il vicepresidente D'Ondes Reggio. «Ogni dottrina difforme da quella è scisma o eresia.» Ma il fatto compiuto dell'unità nazionale era implicitamente riconosciuto, e il dibattito s'imperniò solo sui modi per volgerlo a favore della Chiesa. A tale scopo, furono gettate le basi di quella grande organizzazione nazionale che poi si chiamò «Azione Cattolica», e fra i primi obiettivi che le vennero fissati ci fu la lotta contro l'istruzione elementare obbligatoria, «contraria ai sacri doveri e diritti della patria potestà». Il bersaglio non era, si capisce, la scuola in genere, ma la scuola di Stato, cui i cattolici si proponevano di contrapporre quelle loro per contendere alla «rivoluzione», come essi seguitavano a chiamare lo Stato laico, la formazione delle coscienze.

L'anno dopo, a Firenze, venne istituita l'«Opera dei Congressi», che articolata in comitati regionali, diocesani e parrocchiali, doveva coordinarne l'azione. Il suo indirizzo era riassunto nel *Programma per l'Azione Cattolica in Italia* ed era tuttora di stampo sanfedista, cioè reazionario. Lo dimostrarono le alleanze che i cattolici contrassero, nelle elezioni amministrative, con gli elementi della Destra più conservatrice, e l'inflessione dei loro giornali, tutti accordati sulla musica apocalittica del *Sillabo*.

Le cose erano a questo punto quando Pio IX morì. Molti buoni cattolici, che volevano essere anche buoni Italiani, accarezzarono la speranza di una distensione, ma furono subito delusi. Alcuni Cardinali avanzarono la proposta di tenere il Conclave fuori d'Italia. E Crispi, da poco nominato Ministro degl'Interni, dichiarò che dopo averli fatti accompagnare alla frontiera con tutti gli onori ma senza biglietto di ritorno, avrebbe fatto occupare il Vaticano. Questa replica provocatoria era del tutto superflua perché gli altri Stati cattolici avevano già fatto capire alla Curia che non gradivano l'alto onore di ospitarla, ma somigliava all'uomo e rispecchiava lo stato d'animo dell'Italia laica.

Il nuovo eletto fu Gioacchino Pecci, Arcivescovo di Perugia, che salì al Soglio col nome di Leone XIII. È probabile che sulla sua scelta influissero anche dei motivi anagrafici. Coi suoi sessantotto anni, Pecci forniva buone garanzie di un pontificato più breve di quello del predecessore, che non aveva portato fortuna alla Chiesa: nessuno poteva prevedere ch'egli avrebbe superato largamente la novantina. Ma ancor più dovettero pesare le prove ch'egli aveva già dato di fedeltà alla linea del suo predecessore, sebbene sul piano umano ne rappresentasse l'antitesi. Pio IX era stato un Papa alla buona, volubile ed emotivo. Leone era un prelato del Rinascimento, che aveva altissimo il senso della maestà della Chiesa e lo incarnava nella regalità dei modi, nel marmoreo e sfingeo volto, nei gesti statuari, nelle parole e più ancora nei silenzi. Per ribadire la propria condizione di prigioniero, si rifiutò di benedire, dopo l'elezione, i fedeli dalla loggia sulla piazza, e riaffermò il proprio diritto al potere temporale. Pur non credendo alla possibilità di una restaurazione, per venticinque anni ne tenne vivo il problema. Ma un *Sillabo* non lo avrebbe mai bandito.

Il suo più riservato atteggiamento incitò i cattolici d'ispirazione moderata a ritentare la conciliazione. E a farlo non furono soltanto dei laici come Jacini, Prinetti e Campello, ma anche alcuni porporati di alto rango e prestigio. L'iniziativa fu presa dal Vescovo di Cremona, Bonomelli, che scrisse al Papa una lettera per incitarlo a ristabilire la pace fra la Chiesa e l'Italia. Il Papa la fece pubblicare insieme alla propria risposta che non era di consenso, ma nemmeno di rifiuto, e subito dopo, in un'allocuzione ai Cardinali, riconobbe che una distensione sarebbe stata proficua a tutti. In favore della causa si schierarono anche alcuni fra i collaboratori più vicini al Pontefice. E *Conciliazione* fu il titolo che l'illustre storico benedettino, padre Tosti, diede a un suo opuscolo.

Forse, incoraggiando queste tendenze, il Papa voleva soltanto saggiare le intenzioni dell'avversario. Ma l'avversario in quel momento era Crispi, che dalle proprie idee giacobine e più ancora dal proprio temperamento era portato più a drammatizzare che a smussare i contrasti. «Né sappiamo né vogliamo sapere quello che si pensa in Vaticano» dichiarò in risposta a un'interpellanza del repubblicano Bovio. «Ma da parte nostra nulla sarà toccato al diritto nazionale sancito dai plebisciti. L'Italia appartiene a se stessa, a sé sola, e non ha che un capo: il Re.»

La replica gli venne da un suo conterraneo, proprio allora nominato Segretario di Stato: il cardinale Rampolla, che quanto a ostinazione e passionalità era anche lui un Crispi, ma a rovescio. Invitato a ritrattare, Tosti lo fece con una lettera privata, che a sua insaputa venne data, per umiliarlo pubblicamente, alle stampe. Rampolla non credeva né alla possibilità, né all'opportunità di una conciliazione, che secondo lui avrebbe favorito soltanto, dando loro l'appoggio cattolico, quelle forze di destra su cui si sosteneva la monarchia. Egli pensava che la Chiesa potesse intendersi molto meglio con una Repubblica che col Re, e trasferiva queste sue convinzioni anche sul piano della politica estera, dove stava operando un vero e proprio rovesciamento di alleanze. Fin allora la diplomazia vaticana aveva puntato sull'Austria e sulla Germania. Ma dopo l'ingresso dell'Italia nella Triplice, Rampolla aveva deciso di puntare sulla Francia, per quanto repubblicana e anticlericale. Qualunque regime per lui era buono, purché fosse anti-italiano.

Il conflitto rincrudì. Il sindaco di Roma venne destituito per un atto d'omaggio al Papa, e un monumento venne innalzato a Giordano Bruno, che fornì a Bovio e ad altri oratori il pretesto per annunciare imminente la fine del Papato anche come potere spirituale. Il Papa tornò ad avanzare la minaccia di abbandonare Roma. E Crispi gli mandò a dire che non ci avrebbe mai più rimesso piede.

Le rappresaglie della Curia non si fecero attendere. Essa condannò uno scritto apparso sulla «Rassegna nazionale» in cui si proponeva la liquidazione del contrasto fra Stato e Chiesa con la creazione di un piccolo Stato Vaticano sulla destra del Tevere, che fu poi la soluzione adottata, sia pure con altri limiti territoriali, nel 1929. L'autore era il vescovo Bonomelli, che venne indotto a ritrattare pubblicamente la sua tesi dal pulpito della Cattedrale di Cremona. Il Cardinale di Milano, Ferrari, che aveva autorevolmente appoggiato i conciliatoristi, fu richiamato bruscamente all'ordine. Ma la misura più grave fu la perentoria riaffermazione del *non expedit*, cioè del divieto di partecipazione all'elezioni politiche.

Questa misura non soltanto pose gravi intralci all'opera di Jacini e di Prinetti che stavano dando avvìo a un partito liberal-conservatore capace di attrarre nel grande alveo moderato le masse cattoliche, e già avevano riportato notevoli successi; ma orientò in maniera decisamente reazionaria le forze che l'Opera dei Congressi stava sempre più raccogliendo sotto la sua bandiera.

Negli ultimi anni questa organizzazione aveva perso un po' il suo slancio anche per la lotta di potere che si svolgeva nel suo interno fra il gruppo bolognese, più possibilista, e quello veneto, campione dell'intransigenza. Naturalmente l'irrigidimento della Curia favorì il secondo. L'avvocato veneziano Paganuzzi e don Jacopo Scotton diventarono rispettivamente Presidente e Segretario. E sotto la loro spinta l'Opera assunse i caratteri di una vera e propria milizia che, esclusa dalla lotta politica vera e propria in forza del *non expedit*, cercò sfogo sul terreno economico e sociale.

Non si trattava di una novità assoluta perché fin dal suo debutto l'Opera si era proposta d'interferire in questi campi, e infatti era riuscita a organizzare alcune società operaie di mutuo soccorso. Ma i suoi dirigenti erano poco qualificati a questa azione perché erano tutti di estrazione nobile o borghese. Infatti nel '75 le società non raggiungevano la ventina, e ricalcavano il modello delle «corporazioni» medievali, composte insieme da lavoratori e datori di lavoro. Il tentativo di conciliare gl'interessi degli uni con quelli degli altri era naturalmente utopico, ma trovò un efficace bardo in un professore di economia politica, che tuttora la Democrazia Cristiana riverisce come un suo precursore: Toniolo.

Fra le rivendicazioni di Toniolo ce n'erano anche di moderne: gli aumenti salariali, un programma di edilizia popolare e d'istituti previdenziali, l'obbligatorietà del riposo festivo, l'esclusione dal lavoro delle donne e dei fanciulli eccetera. Ma la sua appassionata difesa della mezzadria e delle piccole industrie artigiane contro le grandi concentrazioni capitalistiche e il suo progetto di corporazione mista con la condizione del lavoratore affidata soprattutto allo spirito paternalistico del datore di lavoro, facevano di lui un anticipatore del passato, il nostalgico di un mondo rurale e patriarcale in pieno contrasto con quello moderno. Eppure, un effetto lo sortì: accese di entusiasmi sociali il cuore dei militanti, e contribuì a impegnarne le energie in questo campo.

L'autoritario Paganuzzi ne fu indispettito e insospettito. Secondo lui, quella sociale doveva restare un'attività subalterna rispetto al compito principale del movimento cattolico: montare la guardia al Papa. Eppoi forse temeva che il «gruppo di lavoro», come oggi si direbbe, fondato da Toniolo a Padova – l'Unione cattolica per gli Studi sociali – gli sfuggisse di mano e prendesse il sopravvento sull'Opera. Ma a risolvere questo contrasto fu lo stesso Papa pubblicando il 15 maggio 1891 l'enciclica *Rerum novarum*.

A leggere questo documento con gli occhi di oggi, si fa fatica a capire come mai suscitò tanta impressione e i cattolici seguitino a parlarne come di una «grande svolta», di un fatto quasi rivoluzionario. Nel linguaggio untuoso e polivalente ch'è tipico della Chiesa, esso avanzava in favore della classe lavoratrice le stesse scontate rivendicazioni di Toniolo. Quanto ai salari, sosteneva che dovevano corrispondere all'esigenza di vita di un «operaio frugale e ben costumato», ch'è un bellissimo concetto, ma passibile di qualsiasi interpretazione; e quanto al problema sociale nel suo insieme, cioè ai rapporti fra capitale e lavoro, non ne proponeva nessuna soluzione.

Ma accanto a questi princìpi di carattere più morale che economico, ce n'erano degli altri di contenuto più sostanzioso e che rappresentavano una grossa novità. I cattolici, diceva il Papa, non possono ignorare la lotta di classe, né disinteressarsene. Debbono anzi intervenirvi formando le proprie associazioni operaie in modo che le loro forze popolari non siano obbligate ad arruolarsi sotto altre bandiere, e condurre avanti la loro battaglia con tutti i mezzi legali, compreso lo sciopero.

Era la prima volta che la Chiesa interferiva esplicitamente in queste materie e vi prendeva una posizione così netta. E a spiegarne il motivo, dice giustamente Jemolo, bastano le coincidenze. Il 1891 era, come il lettore ricorderà, l'anno in cui Turati si preparava al lancio del partito socialista, di cui era facile prevedere il fascino che avrebbe esercitato sulle masse lavoratrici. Se i cattolici non si affrettavano a opporgli una propria organizzazione, rischiavano di regalargli la loro «base», che soprattutto nelle campagne era ancora molto forte. Ma per assolvere questo compito concorrenziale, non c'era che un modo: allinearsi sulle posizioni rivendicative e contestatrici dei rivali, e possibilmente sopravanzarle. Così le forze cattoliche che fin allora avevano contestato lo Stato liberale da posizioni reazionarie di «destra», cominciarono a combatterlo da posizioni giustizialiste di «sinistra».

All'invito del Papa, i cattolici risposero con entusiasmo. E, come Paganuzzi aveva paventato, questo segnò la fine della vecchia guardia che fin allora li aveva tenuti legati alla nostalgia del vecchio Stato pontificio e all'impossibile sogno di una sua restaurazione. Essi smisero di rimpiangere la vecchia Italia papalina, e si lanciarono a costruirne un'altra con un ardore in cui erano facilmente riconoscibili due diverse cariche psicologiche: la sete di potere incubata nel ghetto in cui per trent'anni erano rimasti rinchiusi, e il perdurante odio per lo Stato risorgimentale e laico, alla cui costruzione non avevano partecipato. La democrazia cristiana non era ancora nata, o per lo meno non aveva ancora ricevuto il suo battesimo. Ma queste due componenti erano già chiare, e sono esse che tuttora le danno i connotati.

Gli effetti si videro subito. Pochi mesi dopo l'enciclica, i giovani dell'Unione presero la mano ai vecchi notabili dell'Opera, fondarono una «Rivista internazionale di Scienze sociali», e bandirono il *Programma dei cattolici*, detto anche *Programma di Milano*, che scopertamente rappresentava il guanto di sfida al socialismo sul suo stesso terreno. Esso non ripudiava la corporazione di Toniolo, ma ne riconosceva l'inadeguatezza, e lanciava il sindacato «esclusivamente operaio» come strumento di un «restauro cristiano» d'ispirazione morale molto diversa, ma di contenuto sociale non molto dissimile dall'archètipo socialista.

Così l'assalto al cosiddetto «sistema» si scatenava contemporaneamente su due fronti. Ma il fatto grave non era questo. Il fatto grave era che questa contestazione mobilitava delle masse popolari che, rimaste estranee, e in molti casi avverse al processo risorgimentale, erano animate verso di esso da un sordo rancore. A differenza degli altri socialismi europei, che avevano per bersaglio lo «Stato borghese», quello italiano – laico e cattolico – aveva per bersaglio lo Stato nazionale e mirava, consapevolmente o inconsapevolmente, a disfarlo. A questa sfida, l'opinione moderata si preparava a reagire, rozzamente, con gli stati d'assedio. Ma fra i suoi esponenti ce ne furono alcuni che di questa doppia minaccia videro anche il lato positivo: il fatto che le masse popolari fossero uscite dal loro rancoroso isolamento e si mettessero in moto, sia pure a suon di barricate socialiste e di anatemi preteschi: meglio la loro aggressione che la loro secessione. E a pensarla così era anche l'uomo che proprio allora saliva al potere: Giolitti.

CAPITOLO VENTIQUATTRESIMO

GIOLITTI

Visto ch'era stata la principale artefice della caduta di Crispi, era logico che a raccoglierne la successione fosse la Destra, la quale così tornava al potere dopo quindici anni di purga, ma debitamente «trasformata». La lotta dell'ultimo anno aveva sanato le sue interne dissidenze, ma la morte di Minghetti l'aveva lasciata orfana. Il marchese di Rudinì che ne aveva ereditato la parte di capo era il frutto di un'illusione ottica. Sindaco di Palermo a ventisette anni, aveva affrontato con molto coraggio la rivolta che vi era scoppiata nel '66, e questo lo aveva accreditato come il fanciullo-prodigio del moderatismo, destinato a gloriose imprese. Ma, diceva De Sanctis, col passare del tempo il prodigio dileguò, e rimase solo il fanciullo. Ministro degl'Interni a trent'anni in uno dei governi Menabrea, la sua carriera si era fermata lì. Pure, la fama di «uomo forte» gli era rimasta addosso, suffragata anche dalla sua alta statura, dai lampeggiamenti del monocolo, dalla fluente barba, dalla nobilesca alterigia. Idee, non ne aveva. Ma aveva delle impennate che facevano credere alla sua risolutezza. E questo, in una Destra impoverita di personalità di rilievo, gli era bastato per guadagnarsi i galloni di capo.

Egli formò un governo di coalizione con la Sinistra, che dimostrò subito la sua disunione e debolezza. Nicotera, Ministro degl'Interni, tornò subito ai suoi metodi repressivi provocando l'indignazione dei radicali. Il Luzzatti Ministro del Tesoro fece rimpiangere, per la sua totale mancanza di qualità operative, lo studioso che tanta parte aveva avuto nel rinnovamento del pensiero economico; e i due santoni del liberismo, Pantaleoni e Pareto, non persero occasione di denunziarne gli errori.

L'unico campo in cui Rudinì si mostrò abbastanza attivo fu quello della politica estera di cui assunse la diretta responsabilità. Con la sua frenesia africana, Crispi gli aveva lasciato sulle spalle una situazione difficile: il conflitto con la Francia per via di Tunisi, e l'attrito con l'Inghilterra per via del Sudan e della Somalia nel quadro di una Triplice che non garantiva all'Italia nessun aiuto da parte dei suoi due alleati.

Con la Francia, Rudinì diede avvìo a un'azione distensiva, che mirava anche a ottenere un prestito dalla Banca Rothschild. Il prestito non venne perché Parigi ancora una volta pose come condizione di venire preventivamente informata di ogni novità che sopravvenisse nella Triplice. Ma il conflitto per Tunisi fu sdrammatizzato. E con l'Inghilterra fu raggiunto un accordo che definiva le frontiere dell'Eritrea e della Somalia e sanciva la rinuncia sia a Cassala che ai territori oltre il Mareb: il che significava l'abbandono della politica scioana di Crispi intesa a inasprire il conflitto fra Menelik e Ras Mangascià.

Liquidate così le più urgenti pendenze con gli occidentali, Rudinì sollecitò a Berlino e a Vienna il rinnovo della Triplice con un anno di anticipo sulla scadenza del trattato. A Berlino non c'era più il prepotente Bismarck, e il suo successore Caprivi finì per aderire alla richiesta di condensare i patti in un testo unico al posto dei due distinti trattati italo-tedesco e italo-austriaco, il che sottolineava la condizione di parità raggiunta dall'Italia coi due alleati. C'era anche un articolo nuovo che riguardava Tripoli. Secondo il vecchio accordo, un'eventuale occupazione da parte italiana avrebbe avuto l'appoggio degli alleati solo se fosse stata imposta da una minaccia di occupazione francese. Secondo il nuovo patto, l'Italia avrebbe potuto procedervi anche senza questa minaccia, purché col previo assenso della Germania.

Sebbene modesti, erano dei successi. Ma l'opinione pubblica non li apprezzò. Essa era protesa in quel momento verso tutt'altro traguardo: il pareggio del bilancio come condizione del risanamento dell'economia. Oramai tutti erano persuasi che non vi si potesse arrivare che per due strade: o un ulteriore inasprimento fiscale, o una drastica riduzione delle spese militari. Alla prima si oppose il Ministro delle Finanze, Colombo, addirittura dimettendosi. Sulla seconda si accese un aspro dibattito che divise irreparabilmente la maggioranza. Lo stesso Colombo sostenne la necessità di riportare i Corpi d'Armata da dodici a dieci, e trovò un insperato appoggio proprio in colui che sotto Crispi li aveva portati da dieci a dodici: Saracco. La loro tesi fu sostenuta dal mondo imprenditoriale all'affannosa ricerca di capitali, e dalla sua potente stampa. Ma scatenò le ire dei nazionalisti di Destra e di Sinistra che nell'indebolimento dell'esercito vedevano non solo una contraddizione agl'impegni della Triplice, ma addirittura la demolizione dell'unico puntello dell'unità nazionale. E la loro posizione era condivisa dal Re.

Dopo le dimissioni di Colombo, Rudinì gli aveva presentato le sue. Il Re le respinse invitandolo a ripresentarsi alla Camera per il voto di fiducia. Uno dei protagonisti della discussione fu Giolitti che non difese gli stanziamenti militari, ma si oppose agl'inasprimenti fiscali. Prosaico e privo di coloriture, ma nutrito di fatti e cifre, fu il suo discorso che dette il colpo di grazia a Rudinì. Tuttavia nessuno sul momento sospettò che quel discorso fosse una candidatura alla successione.

Infatti il Re non si rivolse a lui per la formazione di un nuovo governo: tutte le più autorevoli personalità, ma soprattutto Crispi, sostenevano che Giolitti «non era all'altezza». L'incarico fu quindi offerto al Presidente del Senato, Farini, che aveva già manifestato la sua intenzione di rifiutare. E allora il Re, con l'aria di chi non avesse altra scelta, convocò Giolitti.

Per l'uomo della strada la notizia che l'incarico di formare il nuovo governo era stato dato a Giovanni Giolitti, dovette rappresentare una grossa sorpresa. In mezzo al grande pubblico questo nome era pressoché ignoto. E i più dovettero pensare che si trattava d'un momentaneo ripiego, d'una figura di passaggio. Comunque, nessuno immaginò che questo passaggio sarebbe durato, sia pure con pause ed eclissi, trent'anni.

Giolitti era nato nel '41 a Mondovì, e in culla era rimasto orfano di padre, ma ne aveva trovati altri quattro: i quattro fratelli di sua madre, Enrichetta Plochiù che, essendo scapoli e attaccatissimi alla sorella, se la ripresero nella loro casa di Torino e trattarono il bambino come figlio loro. «Giuvanin» corrispose in tutto e per tutto alla loro sollecitudine. Studiò bene, e a diciannov'anni era già laureato in legge. Non aveva alzato gli occhi dalle Pandette nemmeno quando Vittorio Emanuele aveva lanciato il famoso «grido di dolore» e, sebbene fosse un pezzo di giovanotto di solido impianto e ben allenato alla montagna, non fu nemmeno sfiorato dalla tentazione di arruolarsi. «Ero figlio di madre vedova» scriverà nelle *Memorie*.

Più che indifferenza, era allergia agli entusiasmi. Alla

politica era stato in un certo senso iniziato da uno dei suoi zii ch'era stato deputato nel '48 ed era ancora azionista del «Risorgimento», il giornale di Cavour, col cui segretario Castelli manteneva stretti rapporti. Quasi ogni sera i due s'incontravano per la consueta passeggiata sotto i portici di piazza Castello, Giuvanin li seguiva ascoltando i loro discorsi, e qualche volta si univa a loro lo stesso Cavour. Ma il giovanotto sembrava poco interessato ai loro problemi. Sua madre – una di quelle donne che i Piemontesi chiamano «teste quadre» per la forza del loro carattere – gli rimproverava un eccesso di riservatezza. «Alla gente non piacciono quelli che riflettono troppo» gli diceva «e tu finirai per passare per superbo.» Non si sbagliava: gran parte dell'impopolarità che sempre circondò Giolitti furono l'alta statura e la renitenza a familiarizzare: a nessun collega dette del tu, né mai gli batté la mano sulla spalla.

Non volle fare l'avvocato. Preferì entrare in magistratura, come del resto era nella tradizione di famiglia. E forse ci sarebbe rimasto, se il Ministro di Grazia e Giustizia, Conforti, non lo avesse chiamato, dopo la proclamazione dell'Unità, nel suo gabinetto per risolvere lo spinoso problema dell'integrazione dei magistrati napoletani nel nuovo Stato italiano. Fu questo incarico che rivelò a tutti, forse anche allo stesso Giolitti, la sua vera vocazione: quella di *apparatchik*, come dicono i Russi, cioè di uomo dell'*Apparato*. Appena inseritovi, s'impadronì immediatamente della macchina statale e rivelò una sorprendente efficienza nel disbrigo delle «pratiche». Per cinque anni, prima a Torino, poi a Firenze, egli fu il tipico «gabinettista»: un infaticabile cavallo da tiro, un culdipietra solerte e ordinato, un macinatore di carte. I Ministri si susseguivano, lui restava, e di tutti catturava la fiducia. Rientrò in magistratura per ottenere un trasferimento a Torino e assistere la madre ammalata. Ma quando questa poco dopo morì, riprese il suo posto a Firenze, ma stavolta con una compagna. Era stato un matrimonio affrettato, ma non avventato. «Vidi per la prima volta quella che fu poi mia moglie l'8 gennaio 1869,» scrisse più tardi Giolitti con la consueta burocratica precisione «e ci sposammo il 31 gennaio dello stesso anno.» In queste due righe egli compendiava tutta la sua storia sentimentale, e altre non ne ebbe. Su Rosa Sobrero aveva posato gli occhi su indicazione degli zii, ma prima di chiederne la mano aveva preso le sue brave informazioni. Aveva saputo ch'era anch'essa figlia di un magistrato, che aveva una certa dote oltre alla prospettiva di un'eredità di quattro «cascine», e che quando, dopo aver rifiutato la corte di un nobile fannullone, le avevano chiesto per scherno se pretendeva sposare un Ministro, aveva risposto: «No, ma qualcuno che possa diventarlo». In più, alta e vigorosa com'era, gli piaceva anche fisicamente. Ma questo forse era del tutto secondario. Fu un matrimonio allietato da molti figli e che non subì mai incrinature. Anche nei periodi della sua maggior potenza, la vita domestica di Giolitti si mantenne sul livello di quelle degl'impiegati di Stato e al riparo da qualsiasi pubblicità.

Sella, che aveva saputo di lui e che nel frattempo era diventato Ministro delle Finanze, se lo prese come capodivisione e segretario particolare. I due si parlavano in dialetto, e la loro simbiosi fu perfetta. Efficiente e spicciativo, Sella apprezzò al massimo la straordinaria capacità di Giolitti di riassumere e semplificare le questioni più complesse. E per spronarlo a tagliare ancora più corto, usava lo stratagemma di riceverlo «di prima mattina, a finestre aperte; sicché io, gelando, non vedevo il momento di essere congedato». Alla vita sociale rimase del tutto estraneo. Non mise mai piede né a Corte né nel salotto di Emilia Peruzzi, il centro politico-letterario-mondano di Firenze, e gli unici suoi svaghi furono il cavallo e il giuoco del pallone di cui era un grande tifoso. Quando poteva, si arrampicava con Rosa sull'Appennino. Al mare non ci andava, e non imparò mai a nuotare.

La collaborazione con Sella continuò anche a Roma, dove sempre più il Ministero delle Finanze ruotò intorno a Giolitti che ne reggeva la direzione generale. E tutti erano convinti, forse anche lui, che questo fosse il coronamento delle sue ambizioni di grande *commis*, di grande servitore dello Stato, alieno da ogni compromissione politica. Non frequentava circoli, non si occupava di partiti, e più che per comandare sembrava tagliato per obbedire. Quando un giorno il deputato Riberi, che per tre legislature aveva rappresentato il collegio di Dronero, ormai vecchio e voglioso di ritirarsi, gli offrì la propria successione.

Da quelle parti, Giolitti era conosciuto perché da ragazzo ci aveva villeggiato, e sempre ci tornava d'estate, zaino in spalla a scalare con la moglie e i figli qualche vetta, non da rocciatore, ma da appassionato escursionista. Vagliò a lungo la proposta. E alla fine l'accettò solo perché, essendo ormai Consigliere di Stato, poteva conservare questa carica anche da parlamentare. Inoltre, l'avallo del deputato uscente lo dispensava dalla campagna elettorale. Giolitti detestava i comizi, per i quali la sua scarna e opaca oratoria non era tagliata, e infatti non ne tenne nemmeno uno. Vinse, per così dire, sulla parola. E fu una vittoria a vita perché Dronero gli rimase fedele fino alla morte, cioè per quasi mezzo secolo.

Era il 1882. Per due anni la Camera non si accorse della presenza di Giolitti, che non fece nulla perché se ne accorgesse. Fece parte della Commissione del Bilancio solo perché era l'unico che sapeva leggerlo. Ma soprattutto guardò e ascoltò. I dibattiti parlamentari, nei quali per il suo gusto c'erano troppe parole e troppo pochi fatti, non gli piacevano, e infatti v'intervenne solo di rado e sommessamente per precisare qualche circostanza o rettificare qualche cifra. Una volta il tonitruante e gladiatorio Cavallotti lo corbellò per la sua laconicità. «Il fatto è che io,» rispose Giolitti «quando ho finito di dire quel che devo dire, ho finito anche di parlare.» E questa rimase sempre la sua regola.

Di tutti i «mattatori» di Montecitorio, l'unico che gli andò a sangue fu quello che non lo era: Depretis. E fu anche per questo che se lo scelse come maestro. «In lui era assai sviluppata una delle principali doti dell'uomo di governo: il buon senso.» E questo riconoscimento che, preso a sé, può sembrare freddino, nel ghiacciaio delle *Memorie* fa spicco per la sua calorosità. In compenso, spregiava Magliani per la disinvoltura con cui manipolava le cifre del bilancio, e per combatterlo non esitò a votare, dal suo banco di centro-sinistra, contro il governo Depretis che seguitava ad affidare a un simile falsario le pubbliche finanze. In varie occasioni prese la parola contro di lui. Ma – scrissero i cronisti – «l'esposizioni dell'on. Giolitti lasciano fredda la Camera», e fu una delle poche volte che i giornali citarono il suo nome.

Quando, alla morte di Depretis, Crispi ne prese il posto e nominò Giolitti ministro del Tesoro, il più celebre e scanzonato giornalista del tempo, Gandolin, scrisse: «L'on. Giolitti, quale apparisce, e quale è nel fondo dell'animo, è sovrattutto un funzionario. Ama il suo lavoro a tavolino, ed è convinto, onestamente convinto, che i fogli emarginati da lui sono un grande servigio reso alla Patria, equivalente almeno a una battaglia contro lo straniero. Il bene dell'Italia è per lui una "pratica", bene esposta e diligentemente protocollata. Freddo, lento, onesto, solenne come un capodivisione, laborioso come un impiegato pagato a cottimo, egli incontrò per caso, lungo il margine della strada (stavo per dire lungo il margine del "modulo") una meravigliosa scorciatoia, e si trovò al governo». E il lettore veda quali falsi si possono costruire su delle verità a seconda dello spago con cui vengono cucite.

Giolitti rimase ministro per diciotto mesi, fino alla fine del '90, ed è difficile spiegare come per tanto tempo riuscisse a convivere con Crispi in un accavallarsi di avvenimenti drammatici come quelli d'Africa. Il giudizio che di Crispi egli diede in sede di *Memorie* è, come al solito, cauto e distaccato: «La scarsa abitudine all'esame ponderato delle cose lo portava alle volte addirittura al fantastico» scrisse. Ma l'incompatibilità fra i due uomini non poteva essere più stridente. Al Piemontese compassato e prosaico che, cresciuto alla scuola di Sella, considerava lo Stato un'azienda e il pareggio del bilancio un sacro impegno, e che diffidava di ogni eloquenza che non fosse quella delle cifre, le grandezzate di Crispi, la sua enfasi, la sua guapperia, la platealità con cui, nel bel mezzo della sua millenaristica oratoria condita di previsioni apocalittiche, traeva dal taschino del gilè bianco e brandiva in aria il corno anti-jella per scongiurare le sventure nazionali, dovevano apparire pura demenza. Nemico delle avventure, egli già considerava un errore lo sbarco a Massaua. L'occupazione dell'altopiano gli parve addirittura una temeraria provocazione. E, convinto ch'essa fosse foriera di qualche disastro, prese a pretesto un conflitto di stanziamenti col suo collega dei Lavori pubblici, per abbandonare la barca prima del naufragio.

Le sue dimissioni furono un colpo per Crispi che non lo dimenticò mai più. Ma Giolitti aveva dato prova del suo tempismo nell'assestarlo, e seppe sfruttare il vantaggio con un'abilità degna in tutto e per tutto del suo maestro Depretis. Capì subito che il ministero Rudinì-Nicotera era una toppa male imbastita, resisté all'invito d'imbarcarvisi, e seppe aspettare. Quello che poi fu detto, e cioè che da un pezzo trescava col Re, è falso. Da buon Piemontese, Giolitti era rispettosissimo della Corona. Ma a Corte non aveva particolari «entrature», anche perché non godeva le simpatie della Regina, e non aveva fatto nulla per conquistarsele. In compenso, godeva la stima di un uomo che a Corte invece ci stava come a casa sua.

Urbano Rattazzi detto «Urbanino» per distinguerlo dal suo omonimo zio, segretario generale della Real Casa, e consigliere amministrativo, ma non soltanto amministrativo di Umberto, era un personaggio-chiave di quegli ambienti. Probabilmente anche senza di lui il Re avrebbe scoperto Giolitti. Ma Urbanino, che da tempo era alla ricerca di qualcuno da suggerire al Re, glielo fece scoprire in anticipo. Quando di lì a pochi mesi Rudinì e Nicotera caddero, come del resto era nelle previsioni di tutti, salvo i due interessati, egli avanzò cautamente la candidatura di Giolitti. A combatterla con tenacia, anzi con frenesia, fu Crispi che si precipitò dal Re e pronunciò contro Giolitti una requisitoria che proprio per la sua violenza raggiunse l'effetto opposto a quello che si proponeva. «Roba da camerotto di Nocera» disse Umberto dopo averlo congedato (Nocera era la sede di un famoso manicomio, e il camerotto la stanza in cui venivano rinchiusi i furiosi). Subito dopo convocò Giolitti e gli affidò l'incarico, ma ponendogli come condizione che i dicasteri militari fossero affidati a Pelloux e a Saint-Bon e quello degli Esteri all'ammiraglio Brin, quale pegno che il trattato di alleanza con gl'Imperi Centrali non venisse toccato e che le spese militari non subissero riduzioni.

Giolitti accettò, e il 26 maggio (del 1892) presentò alla Camera il suo primo ministero che all'ingrosso si può qualificare di centro-sinistra, nonostante la presenza dei tre militari imposti dal sovrano.

CAPITOLO VENTICINQUESIMO

LA BANCA ROMANA

Sia dal parlamento che dalla stampa, Giolitti ebbe pessime accoglienze. «In tempi minori, a Principi minori, Ministri minori» tuonava Imbriani dai banchi della Estrema. Da destra gli faceva eco Bonghi dicendo che mai aveva visto un Presidente del Consiglio arrivare alla Camera «con così piccolo bagaglio». Alludeva al programma che Giolitti aveva esposto con la sua plumbea dimessa oratoria fatta di frasi cucite alla meglio e tutte fatti e cifre. Il suo governo, disse, non voleva avventure né in Europa né in Africa, cioè intendeva dare alla Triplice un senso puramente difensivo per dedicarsi con impegno ai problemi interni, alla riforma e al miglioramento dei pubblici servizi, al risanamento della circolazione, al riordino del credito. «Se questo» concluse «voi lo considerate un programma modesto, io domando che cosa si deve intendere per un programma serio.» Fece pausa, poi aggiunse: «Se volete della retorica, allora avete ragione di darci un voto contrario».

Vinse, ma solo con uno scarto di nove voti. L'indomani Giolitti annunziò che, vista l'esiguità della maggioranza, aveva presentato al Re le sue dimissioni. Scoppiò un grande applauso. Giolitti lo lasciò sfogare. Poi aggiunse: «Però Sua Maestà le ha rifiutate». Questo significava che il Re lo aveva autorizzato a sciogliere la Camera e a indire nuove elezioni. Atterriti da questa prospettiva che per molti di loro poteva significare la perdita del seggio, i deputati tornarono alle urne, e stavolta gli dettero una maggioranza di settanta voti.

I motivi di questa preconcetta ostilità erano vari. Anzitutto, Giolitti non era dei «loro», in quanto aveva fatto la sua carriera non nella politica militante, ma nella burocrazia: il *travet*, lo chiamavano con disprezzo. Secondo, si era risaputo ch'egli era salito al potere per una manovra di Urbanino, su cui le fantasie si erano sbizzarrite fino a farla diventare un intrigo di Corte, sicché ora egli passava per «l'uomo della Corona». Terzo, e più grave di tutti, era il primo uomo politico che arrivava, senza un passato combattentistico né benemerenze risorgimentali, a una carica rimasta fin allora monopolio dei «gloriosi reduci».

Di tutto questo, Giolitti si rendeva perfettamente conto. Egli comprese che con quella Camera gli sarebbe stato impossibile governare, la sciolse, indisse nuove elezioni per il novembre (del '92), e fu dal suo modo di condurle che gli avversari si accorsero di averlo sottovalutato. Procedette anzitutto a un'informata di sessanta nuovi Senatori, scegliendoli parte fra i suoi più fidati amici, parte fra i suoi più pericolosi nemici per liberare dalla loro concorrenza i candidati governativi alla Camera. Poi, su sessantanove prefetti, ne destituì o trasferì quarantasei perché non gli davano abbastanza garanzie di appoggiare gli uomini suoi. E, quanto a metodi di seduzione e intimidazione sugli elettori, non esitò ad adottare quelli di Nicotera, anche se li applicò in maniera meno grossolana e sfrontata. Questo era l'uomo: onesto nella sua vita privata, ma pronto in quella pubblica a servirsi anche dei furfanti, convinto che tutti lo fossero e che non meritassero meglio di quei sistemi. Che poi era anche la convinzione di Depretis.

Gliene dissero e scrissero di tutti i colori. Lo chiamarono falsario, corruttore, baro, «un carabiniere travestito da guardia di pubblica sicurezza in borghese» secondo una definizione attribuita a Ferdinando Martini. Ma fu il fiorentino Vamba a escogitare, dalla giacca abbottonata e lunga come un paltò ch'egli soleva indossare, il nomignolo che doveva restargli appiccicato per tutta la vita: «Palamidone». Giolitti non se ne adontò. L'unica cosa che lo interessava era il responso delle urne, e questo responso fu per lui trionfale. A votare era andato il sessanta per cento degl'iscritti, che ora erano circa tre milioni, e che gli dettero una maggioranza schiacciante.

Ridotta di numero, l'opposizione aumentò di violenza. Siccome proprio quell'anno morirono ben quattro Ministri in carica, essa ne approfittò per dare a Giolitti la fama di jettatore, e a lanciare questa campagna fu Crispi che, quando si alzava a parlare contro il governo – e non c'era seduta in cui non lo facesse –, non dimenticava mai di trarre dal taschino del gilè il famoso corno e di agitarlo in aria suscitando la generale ilarità. Ma nemmeno di questo, Giolitti si adontò. Affrontava le avversità con una flemma che convalidava la sua nomea di «freddo burocrate». E le avrebbe tranquillamente superate, se non gli fosse capitato fra capo e collo il più grosso scandalo scoppiato fin allora.

Per ricostruirlo, bisogna rifarsi qualche passo indietro.

Il trasferimento della Capitale a Roma vi aveva provocato una vera e propria «febbre edilizia». Con l'ardore di coloro che non sono abituati a rimboccarsi le maniche, i Romani si erano gettati alla speculazione sulle aree fabbricabili i cui prezzi in poco tempo erano saliti alle stelle. Come sempre i piani regolatori in Italia, anche quello varato per porre un argine alla devastatrice frenesia rimase sulla carta. In vista di un'espansione urbana che poi non ci fu, o per lo meno non fu quale la si prefigurava, Roma fu tutta un cantiere. E per alimentarlo gl'impresari attinsero a man bassa al credito delle Banche.

Come abbiamo già detto, gl'istituti di emissione, cioè le Banche che avevano facoltà di stampare e mettere in circolazione carta moneta, erano sei. I governi che si erano succeduti avevano più volte tentato di attribuire questo diritto in esclusiva alla Banca d'Italia, che allora si chiamava Banca Nazionale. Ma non c'erano mai riusciti per la resistenza delle altre cinque, fra cui quella Romana, autorizzata a emettere biglietti per un ammontare di quarantacinque milioni.

Quando il grande boom edilizio finì nella solita voragine di fallimenti, la Banca Romana si trovò seppellita sotto una valanga di cambiali cioè di crediti inesigibili perché i debitori non erano più in grado di pagarli, e corse voce che fosse anch'essa prossima a fallire. Il Ministro dell'Industria e Commercio, Miceli, prese l'iniziativa di un'inchiesta che affidò a due solerti funzionari, Alvisi e Biagini. E costoro appurarono che la Banca non solo aveva messo in circolazione venticinque milioni più di quanto le fosse consentito, ma ne aveva perfino stampati clandestinamente altri nove, che oggi corrisponderebbero a parecchie e parecchie diecine di miliardi.

Responsabile di questa colossale truffa era il direttore Tanlongo, comunemente noto come il «sor Bernardo»: un personaggio che ci sembra di aver conosciuto tanto è eterno e tipico di quel sottobosco governativo che a Roma fiorisce con particolare rigoglio. In gioventù aveva debuttato come confidente della polizia papalina, ma poi era salito di grado grazie alla sua devozione al Bambino di Aracoeli e per la sua disponibilità a procurare piccole distrazioni ai monsignori. Questo passato clericale non gli aveva impedito, dopo l'arrivo dei «buzzurri», di entrare nelle grazie di massoni patentati come Crispi fino a diventare perfino consigliere e fiduciario di Vittorio Emanuele. Affabile, cordiale, con le tasche gonfie di sigari da distribuire a facchini e fiaccherai e la bocca piena di grossolane barzellette romanesche, era un maestro nell'arte di farsi degli amici e di trasformarli in complici. La politica del credito facile inaugurata da Magliani gli aveva permesso di moltiplicarli. Sicché quando si vide colto con le mani nel sacco, non se ne allarmò. Troppa gente era interessata a metter tutto a tacere: grandi imprenditori, uomini politici, giornalisti.

Il suo calcolo si dimostrò fondato. Adducendo a pretesto le gravi conseguenze che la pubblicazione del rapporto avrebbe potuto sortire nel mondo della finanza, Crispi ne ordinò l'insabbiamento. E qui sorge un interrogativo, cui sinora non si è riusciti a dare una risposta sicura. Di questo rapporto, Giolitti, che in quel momento era Ministro del Tesoro, prese conoscenza? Egli lo negò, anche in sede di *Memorie*. Ma la cosa ci sembra poco verisimile, anche perché fu proprio lui a lanciare insieme a Miceli, che del rapporto era il padre putativo, la proposta di attribuire facoltà di emissione a una sola Banca: il che fa ritenere che sapesse degli abusi che si erano verificati, e che volesse rimediarvi.

La proposta fu bloccata dalle pressioni delle altre Banche. Poi il governo cadde. E quando, tre anni dopo, Giolitti formò quello suo, tutti pensarono ch'egli intendesse realizzare il suo progetto, che avrebbe consentito un più rigoroso controllo della circolazione monetaria e messo alle strette il Tanlongo. Viceversa egli scelse come Ministro del Tesoro e poi anche delle Finanze un uomo che quel progetto lo aveva sempre avversato anche perché legatissimo alla Banca Romana: Grimaldi.

Questo è tipico di Giolitti. Egli aveva un'idea esatta delle riforme che urgevano. Ma affrontava solo quelle che non comportavano rischi per il suo potere. Invece di combattere le potenti forze bancarie che si opponevano all'unificazione, preferì allearsele assumendo come collaboratore il loro campione, che gli faceva comodo anche perché era uno dei pochi in grado di scompaginare le clientele elettorali di Nicotera. Non solo. Ma invece di colpire Tanlongo, ne propose la nomina a Senatore.

Senonché proprio in quel momento moriva uno dei due inchiestatori di tre anni prima, Alvisi, che, turbato nella sua coscienza dal silenzio che gli avevano imposto, aveva affidato l'originale del suo rapporto a un giovane amico, Leo Wollemborg. Il quale, a sua volta incerto sul da farsi, passò il documento a Maffeo Pantaleoni. Questi se ne confidò con Pareto e altri amici, alcuni favorevoli, altri contrari alla denuncia del caso in parlamento. Perazzi, malgrado il suo risoluto antigiolittismo, fece notare che lo scandalo non avrebbe giovato nemmeno all'opposizione, la quale vi aveva la sua parte di responsabilità. Ma oramai le voci erano dilagate, erano giunte anche all'orecchio di Labriola che ne informò Engels, e di Napoleone Colajanni, il focoso socialista siciliano impaziente di «museruole».

Certamente informato di tutto quel tramestìo e rendendosi conto che non poteva evitare la tempesta, Giolitti cercò di prevenirla predisponendo contro la Banca Romana un'inchiesta amministrativa che tagliasse la strada a quella parlamentare. Ma ormai era troppo tardi. L'indomani, in un'atmosfera di grande tensione, Colajanni lesse alla Camera le conclusioni dell'inchiesta Alvisi-Biagini, il dibattito si tramutò in battaglia, e Giolitti si trovò sotto il fuoco concentrico dei suoi nemici di destra e di sinistra. Opponendo alla loro furia il suo inalterabile sangue freddo, egli riuscì a far approvare il suo progetto d'inchiesta amministrativa. E lì per lì parve che fosse riuscito a parare il colpo anche perché l'indagine, affidata al senatore Finali, fu condotta a tamburo battente e senza riguardi per nessuno. Furono accertati fatti e circostanze ancora più gravi di quelle emerse dall'inchiesta precedente: oltre alla circolazione abusiva, risultava un vuoto di cassa di venti milioni e una falsificazione di bilanci che durava da oltre venti anni. Ce n'era abbastanza per motivare l'ordine d'arresto contro Tanlongo che, in gibus e marsina, si fece accompagnare dalla polizia al carcere sulla propria carrozza, distribuendo lungo il tragitto sorrisi, saluti e sigari alla folla plaudente, tanto era sicuro di cavarsela.

Ma non tutto si svolse su questo tono di farsa. Quando i carabinieri si presentarono in casa del deputato De Zerbi, accusato di aver intascato dalla Banca Romana una mancia di mezzo milione per aver insabbiato un progetto di riforma che la danneggiava, lo trovò morto, non si è mai saputo se per infarto o suicidio. Subito dopo un direttore del Banco di Napoli fu sorpreso mentre, travestito da prete, tentava di espatriare con due milioni e mezzo sottratti al suo istituto. E quasi contemporaneamente veniva assassinato in treno il marchese Notarbartolo che aveva poco prima denunciato certi abusi del Banco di Sicilia, di cui era stato egli stesso direttore. Gravemente indiziato del delitto era il deputato Palizzolo, notissimo patrono della mafia, che infatti fu condannato a trent'anni (ma la Cassazione annullò la sentenza e ordinò un nuovo processo che si concluse con una vergognosa assoluzione).

Questi episodi non avevano nulla a che fare con quello della Banca Romana. Ma la loro concomitanza fece supporre vaste e tenebrose complicità fra interessi economici, potere politico e malavita, contribuendo a una tensione che una semplice inchiesta amministrativa non poteva più bastare a dissolvere. Quando Giolitti si presentò alla Camera per illustrarne i risultati, Colajanni aveva già avanzato la proposta di un'inchiesta parlamentare. Giolitti cercò ancora di sventarla. Per giustificare il mancato controllo sulla Banca Romana e la designazione di Tanlongo al Senato, egli affermò di aver ignorato la relazione Alvisi-Biagini. Ma Crispi, uscendo allo scoperto contro di lui, lo smentì. In una intervista ai giornali, egli assunse la responsabilità di aver insabbiato il documento per non gettare altro panico in un mondo finanziario già turbato, ma aggiunse di aver preso quella decisione d'accordo col suo Ministro del Tesoro, cioè con Giolitti; mentre Pietro Tanlongo, figlio di Bernardo, lanciava contro Giolitti un'altra e più grave accusa: quella di aver preso denari dalla Banca Romana a titolo personale.

Più tardi quest'accusa si rivelò del tutto infondata, e colui che l'aveva lanciata dichiarò di averlo fatto su istigazione di Crispi che in cambio gli aveva promesso il salvataggio del padre. Ma intanto Giolitti dovette far fronte a un autentico tornado. Faticosamente, egli riuscì a dilazionare di altri due mesi la discussione sulla proposta Colajanni, e ne approfittò per elaborare alcuni progetti di legge che prevedevano la fusione di quattro delle sei principali Banche in una sola, autorizzata in esclusiva all'emissione di biglietti. Era l'atto di costituzione della Banca d'Italia.

Il 20 marzo si ripresentò alla Camera con questo progetto e col rapporto di Finali, ampiamente corredato di documenti, nei quali erano i nomi di tutti coloro che avevano attinto alle casse della Banca Romana. L'assemblea ne fu spaurita. Anche quelli che non avevano nulla da rimproverarsi capirono che, dati in pasto alla pubblica opinione, quei documenti avrebbero discreditato l'intera classe politica. E perciò la maggioranza decise di affidarne l'esame a un Comitato di sette deputati in rappresentanza di tutti i partiti e correnti. Solo i socialisti si rifiutarono di parteciparvi, e abbandonarono l'aula. «L'inchiesta oggi non è più che una commedia, e noi vi lasciamo a recitarla» gridò Prampolini. E in una sola frase riuscì a dire due sciocchezze: l'inchiesta non era affatto una commedia perché Finali aveva appurato sino in fondo la verità, e l'insinuazione lanciata contro il governo colpiva lo statista italiano più democratico e più aperto alle istanze socialiste, facendo così il giuoco delle forze reazionarie.

Mentre i Sette vagliavano il materiale, Giolitti conduceva in porto la legge bancaria. Ma decisamente quel suo primo ministero era nato sotto una cattiva stella. Una complessa crisi finanziaria investiva tutta l'Europa; a farne le spese erano soprattutto i titoli più deboli come quelli italiani; e la moneta metallica scomparve di circolazione perché i risparmiatori, fidandosi solo di essa, la tesaurizzavano. Il carovita provocava dovunque dimostrazioni, scioperi, tumulti. Ma i disordini più gravi furono quelli che scoppiarono in Sicilia, dove i contadini si costituirono in «Fasci» che misero l'isola a soqquadro. La paura della rivoluzione contagiò tutti, anche il Re che sollecitò le misure più energiche.

Ma qui si vide l'altra faccia di Giolitti. Quest'uomo scettico, incline più a servirsi dell'altrui disonestà che a combatterla, e che sembrava disposto a qualsiasi compromesso ideologico pur di conservare il potere, su certi punti era irremovibile. E uno di questi punti era che con gli stati d'assedio non si governa e che lo sciopero è un sacrosanto diritto dei lavoratori. Egli ordinò a prefetti e Questori di Sicilia di sciogliere solo, come «associazioni di malfattori», quei Fasci cui fossero iscritti dei pregiudicati, e di reprimere le manifestazioni che violavano la legge. Ma invano Urbanino, che paventava una crisi di governo e il ritorno di Crispi, cercò di spingerlo a una repressione più decisa. Piuttosto che far sparare sulla folla, egli preferì perdere i favori del Re e farsi tacciare di debolezza.

Quando si ripresentò alla Camera, il Comitato dei Sette aveva terminato i suoi lavori e chiese di leggere la sua relazione in aula. Giolitti non si oppose, sebbene sapesse che, di quei sette, la maggioranza gli era ostile. E ne ebbe conferma. Il documento era un atto di accusa contro di lui che, diceva, fingendo d'ignorarlo, aveva insabbiato il rapporto Alvisi-Biagini e designato al Senato Tanlongo, pur conoscendone le malefatte. Queste accuse erano certamente giuste. Ma non era giusto che a esse la relazione si limitasse, passando del tutto sotto silenzio le risultanze emerse a carico dei nemici di Giolitti, e specialmente di Crispi.

Questi, che già doveva conoscere il contenuto della relazione, aveva spolverato un binocolo da teatro per godersi la scena del massacro del rivale. E poté sentirsene soddisfatto. Contro Giolitti, fatto segno a una tempesta di accuse e ingiurie, fu formulata una mozione di censura, e nel suo solito stile declamatorio Imbriani gli gridò: «Ruzzolate nel fango!». Giolitti ribatté: «Onorevole Imbriani, per quanto Ella si sforzi, non riuscirà a gettar fango neanche sui miei stivali!». Dopodiché si alzò di scatto e, chiuso nel suo palamidone, uscì dall'aula per andare a presentare le sue dimissioni al Re, inseguito dalla voce di Cavallotti: «Scappa, il governo scappa!».

Crispi gongolava, ben lontano dall'immaginare che lo scandalo che lo aveva sbarazzato del rivale sarebbe tornato a galla travolgendolo a sua volta.

CAPITOLO VENTISEIESIMO

IL PRETORIANO DELLA BORGHESIA

Un'ondata di paura investì l'Italia. Lo scandalo della Banca Romana aveva provocato un tale sconquasso che alla fine del '93 due dei principali Istituti finanziari, il Credito Mobiliare e la Banca Generale, chiusero gli sportelli alimentando il panico che già dilagava. Le piazze erano in fermento. Quando giunse la notizia che ad Aigues Mortes presso Marsiglia trenta lavoratori italiani erano stati massacrati dai loro compagni francesi perché si contentavano di salari inferiori ai loro, ci furono dimostrazioni violente che rivelavano l'impotenza dei pubblici poteri.

Ma le novità più allarmanti seguitavano a venire dalla Sicilia, dove si faceva particolarmente sentire la crisi economica provocata dalla guerra doganale con la Francia. Le principali risorse dell'isola – vino, frutta e zolfo – non trovavano più sbocco su quel mercato provocando disoccupazione e miseria. Era stato questo a dare avvìo ai Fasci, che rappresentavano qualcosa di mezzo tra la società di mutuo soccorso e il sindacato. Ideologicamente, non erano organismi ben definiti. Ma al congresso di Genova i loro delegati si erano riconosciuti socialisti ed erano stati anzi fra quelli che più avevano collaborato alla nascita del nuovo partito. I Fasci si erano rapidamente diffusi in tutta l'isola. Ma, se i capi avevano idee abbastanza chiare, non altrettanto poteva dirsi degl'iscritti, poveri *peones* che tenevano il crocifisso accanto alla bandiera rossa e portavano in processione la Madonna inneggiando contemporaneamente a Marx, a Mazzini, e qualche volta anche al Re. Le loro rivendicazioni erano più che legittime: distribuzione delle terre demaniali, esenzioni fiscali, riduzione dei canoni di affitto, adeguamento dei salari. Ma quando scendevano in piazza per reclamarle, sfuggivano a qualsiasi disciplina, e si abbandonavano a violenze, che avevano seminato il terrore nei ceti borghesi. Sia a Palermo che a Roma, molti erano convinti che si fosse vicini al crollo del «sistema», e i cupi schianti delle bombe anarchiche sembravano confermarlo. In questo clima di suspense, tutti guardavano a Crispi come all'unica procellaria in grado di affrontare la tempesta. Il fatto che anche lui fosse stato censurato dalla commissione d'inchiesta per la Banca Romana non contava più: la generale paura lo reclamava alla ribalta.

Dapprincipio il Re si era rivolto a Zanardelli, perché questo era il nome fatto dai più autorevoli capi parlamentari. Ma anche lui era convinto che «l'uomo della situazione» fosse Crispi e perciò, d'accordo con Sonnino, fece fallire la combinazione bocciando il candidato al Ministero degli Esteri che Zanardelli gli proponeva, Baratieri, perché inviso all'Austria e considerato antitriplicista. Zanardelli dovette declinare e lasciare il posto a Crispi.

Nonostante i settantacinque anni suonati, l'uomo dava ancora un'impressione d'indomita energia. E ne fornì subito un saggio imponendo al Re di allontanare dalla Corte colui che lo aveva sempre osteggiato: Urbanino Rattazzi. Dopodiché compose un governo di «unione sacra» con esponenti di Destra, di Centro e di Sinistra anche per dare corpo alla «tregua di Dio» da lui invocata in un drammatico appello a tutti i partiti. Voleva presentarsi come il «pacificatore», e tutti gli fecero credito, anche il deputato radicalsocialista Colajanni, che accettò di tornare nella sua Sicilia per svolgervi opera distensiva.

Ma il temperamento prevalse sulle intenzioni. Quasi contemporaneamente a Colajanni giunse nell'isola, come commissario straordinario, il generale Morra di Lavriano con quarantamila uomini. La situazione era effettivamente grave. I Fasci si stavano abbandonando a una serie di disordinate violenze, la truppa aveva aperto il fuoco, e i dimostranti avevano lasciato sui selciati un centinaio di morti. Fra i duemila arrestati c'erano tutti i capi del movimento, compreso De Felice, sebbene fosse deputato. Quattro giorni dopo aver promesso che non avrebbe mai imposto alla Sicilia lo stato d'assedio, Crispi lo firmò. «Faccio oggi quello che feci nel '60», disse. E per meglio giustificarlo, si fece mandare da un commissario di polizia dell'isola le prove di un complotto ordito coi Fasci da agenti francesi e russi per staccare la Sicilia dall'Italia. Non era che una grossolana «patacca», ma sembra che Crispi ci credesse davvero: e questo era tipico dell'uomo, sempre pronto a cader vittima dei propri inganni. Un attentato che per poco non gli costò la vita e una sollevazione degli anarchici di Carrara ch'egli considerò concertata con le sovversioni siciliane, mentre invece non aveva nulla a che farci, lo convinsero vieppiù di un vasto complotto internazionale ai danni dell'Italia.

Lo stato d'assedio fu esteso anche alla Lunigiana, e la polizia ebbe mano libera nel sequestrare giornali e sciogliere associazioni. Questa azione repressiva incontrò larghi consensi in parlamento che riecheggiava le paure della borghesia, ma fece naufragare quello che forse era stato il programma iniziale di Crispi: accompagnare al ripristino dell'ordine il varo di riforme economiche e sociali che eliminassero le cause del disordine. La radicalizzazione della lotta fece dimenticare a Crispi la seconda parte del suo programma e lo costrinse ad assumere il suo vero volto di campione della restaurazione autoritaria. Lo si vide dall'imbarazzo dei radicali che fin allora gli avevano fatto credito. Dal momento in cui cominciarono i processi contro i dirigenti dei Fasci, Colajanni e Cavallotti ruppero con lui e lo attaccarono come «il pretoriano della borghesia». Dimenticando il proprio passato di anticlericale e di massone, Crispi invocò l'appoggio della Chiesa e sciolse tutte le «organizzazioni sovversive», compreso il Partito Socialista.

Quest'ultimo aveva a lungo esitato sull'atteggiamento da prendere nei confronti dei Fasci. Il movimento siciliano non aveva incontrato molta comprensione né simpatia presso i compagni del Centro-Nord, che ci vedevano un ritorno di quello spirito anarchico, appena ripudiato al congresso di Genova. «La rivolta della fame non è una rivolta di partito» scrisse sprezzantemente un loro giornale. E ne nacque una polemica che minacciò di dividere il fronte. Colajanni parlò di «camorra milanista». Ma anche Labriola, che milanista non era, in una lettera a Engels definì la rivolta siciliana «un miscuglio di socialistico, anarchico, affaristico e mafioso», in breve «del romagnolismo peggiorato».

Furono le misure repressive di Crispi a ristabilire l'unità. Davanti alle fucilate della polizia e alle dure condanne inflitte dai tribunali, la solidarietà ideologica e di classe riebbe il sopravvento. La Kuliscioff, che aveva esperienza del populismo russo, ne vide nella rivolta siciliana una riedizione, in questi termini ne riferì a Engels, e ispirò a Turati un articolo che smentiva il giudizio negativo dei «milanisti». Anche Labriola ritrattò il suo. E la reazione dei socialisti trovò consensi in uomini non solo di sinistra, ma anche di destra, turbati dai metodi autoritari di Crispi. Comunque, la persecuzione a cui il partito fu sottoposto sanò le sue interne dissidenze e lo spinse a serrare i ranghi.

Ma tutto questo contribuì ad accreditare vieppiù Crispi agli occhi della opinione borghese che gli era grata di aver restaurato, sia pure con metodi illegali, un certo ordine e riassestato la situazione economica. In quest'ultimo campo egli aveva riportato innegabili successi grazie all'accortezza e all'energia del suo Ministro del Tesoro e delle Finanze, Sonnino.

Sonnino era il figlio di un israelita livornese che aveva fatto una grossa fortuna in Egitto e aveva sposato un'Inglese di rigida osservanza presbiteriana. Il figlio aveva ereditato dalla madre un rigore morale, che nel mondo politico italiano faceva di lui un personaggio fuori serie. Lavoratore infaticabile e ordinato, taciturno, austero, anche nel fisico sembrava un miscuglio di professore e di pastore protestante. Per certi lati puritani, ricordava Ricasoli; per altri, Sella. Alla carriera politica si era preparato come a una libera docenza studiando metodicamente problema per problema, e lo aveva dimostrato nella sua inchiesta sul Mezzogiorno, frutto di un'esplorazione in profondità fatta sul posto e documentata con altissimo scrupolo.

Per accettare nel '94 un Dicastero come quello del Tesoro, ci voleva del coraggio. Sonnino ne diede prova ricorrendo anche a misure impopolari come l'aumento delle imposte sui generi di prima necessità. Ma queste non furono che iniziative di complemento. Egli badò soprattutto a restaurare il buon ordine amministrativo secondo severissimi criteri e a riorganizzare il debito pubblico per ridare stabilità alla moneta. La sua più brillante operazione fu quella che portò alla fondazione della Banca Commerciale. Quella di cui l'Italia soprattutto soffriva in quel momento era la fuga dei capitali all'estero, contro cui non ci sono divieti che tengano. Bisognava ricreare la fiducia, e Sonnino vi provvide con quella Banca finanziata e diretta dai Tedeschi. Come apporto di capitali, fu più modesto di quanto si sia generalmente creduto. Ma il fatto che lo si credesse immenso, dimostra quanta fiducia restituì agli scoraggiati risparmiatori e imprenditori italiani. Il mezzo miracolo fu dovuto soprattutto ai nuovi metodi che la Commerciale introdusse agendo contemporaneamente su due fronti: il credito commerciale a breve termine e quello industriale a lungo termine. Quest'ultimo era proprio quello di cui gl'imprenditori italiani avevano particolarmente bisogno in quel periodo di decollo per uscire dalle strettoie in cui ancora si dibattevano. E infatti fu dopo l'avvento della Commerciale che l'industrializzazione ebbe un decisivo avvìo. I capitali fuggiti tornarono, la lira riprese quota nelle borse estere, e per la prima volta dopo sette anni di continuo peggioramento, la bilancia commerciale, cioè il rapporto fra esportazioni e importazioni, migliorò.

Il successo ridiede ossigeno a Crispi, ma forse gliene diede troppo. Imbaldanzito, egli si credette ormai abbastanza forte per dare battaglia a Giolitti e annientarlo definitivamente. L'affare della Banca Romana non era stato ancora digerito dalla pubblica opinione. Anzi, proprio in quell'estate del '94 era stato rilanciato dal processo contro Tanlongo, che si era concluso con una scandalosa assoluzione perché i giudici avevano accolto le tesi della difesa, secondo cui alcuni documenti rinvenuti in casa dell'imputato al momento del suo arresto erano stati sottratti per coprire le responsabilità d'importanti personaggi.

Gl'importanti personaggi non potevano essere che quelli al potere in quei giorni: cioè Giolitti. Crispi non lo incriminò direttamente. Ma sollecitò dalla magistratura un procedimento contro il questore Felzani che aveva operato la perquisizione in casa del banchiere, convinto di poter risalire, attraverso di lui, al suo nemico. E per raggiungere lo scopo, non badò ai mezzi, compreso quello di rimuovere alcuni magistrati per assicurarsi un tribunale docile.

Giolitti si rivolse al Re perché impedisse la manovra. Ma in realtà la sua lettera mirava ad altro: mirava soltanto a dimostrare che a volere quella guerra all'ultimo sangue non era lui, ma Crispi, sul quale pertanto ricadevano tutte le conseguenze ch'essa avrebbe comportato. Dopodiché passò alla controffensiva rilasciando a Felzani una dichiarazione da esibire al tribunale, in cui affermava che i famosi documenti effettivamente c'erano, ma erano giunti in mano del governo «da tutt'altra parte che dai funzionari di pubblica sicurezza». Non si sa come, questa riservatissima lettera venne a conoscenza dei giornali che la pubblicarono con enorme rilievo, sfidando Giolitti a fare le rivelazioni di cui si diceva depositario. Giolitti probabilmente non chiedeva di meglio, ma la sollecitazione della stampa non gli bastò. Volle anche quella dei più autorevoli uomini politici come Zanardelli, Rudinì, Cavallotti, che gli consigliarono di vuotare il sacco. Fu una manovra abilissima che gli conquistò molte amicizie, e soprattutto quella di Cavallotti, l'avversario che più lo aveva bersagliato di accuse.

Quando in dicembre la Camera si riaprì, tutti gli occhi erano fissi su Giolitti che, seduto al suo posto, aveva posato sul tavolo una cartella, e subito i cronisti coniarono per lui un nuovo epiteto: «L'uomo del plico». La discussione si accese subito violenta. Alcuni chiesero che il plico venisse respinto, altri che venisse aperto e data lettura ai documenti. Alla fine prevalse una soluzione di compromesso: dare in visione quel materiale a una commissione di cinque parlamentari che, se vi avesse trovato elementi di qualche rilievo, ne avrebbe dato pubblico conto.

In realtà il plico non conteneva granché. Ma c'erano due lettere di Tanlongo a Giolitti, dalle quali risultava in maniera indiretta, ma lampante, che non c'era stata nessuna sottrazione di documenti. E a esse erano allegate un centinaio di altre lettere indirizzate a Tanlongo da donna Lina Crispi che, anche se non facevano nuova luce sulla Banca Romana, ne gettavano una poco edificante sui costumi di quella signora e sulla vita privata della famiglia, indebitata con la Banca per oltre un milione di lire. Se Crispi fosse al corrente di tutto questo sudiciume, non sappiamo. Sappiamo soltanto che l'«uomo forte», con sua moglie era debolissimo e ne accettava tutto.

Quattro giorni dopo la commissione lesse la sua relazione che deluse un po' tutti perché delle lettere private non faceva – giustamente – parola. Ma Cavallotti, che le conosceva perché era stato uno dei cinque che avevano letto i documenti, chiese che Crispi si presentasse a rispondere sollevando la «questione morale». Nella «terribile notte» – com'egli stesso scrisse più tardi – in cui aveva preso visione del plico, il turbolento e vociferoso, ma anche generoso bardo della democrazia che, nonostante i dissapori politici, era personalmente rimasto sempre legato a Crispi, se n'era sentito tradito nella sua buona fede, e ora lo azzannava con lo stesso impeto con cui, per sostenerlo, aveva azzannato Giolitti.

Con sovrano disprezzo per la prassi parlamentare, Crispi strozzò la discussione chiudendo la Camera, e denunziò Giolitti al tribunale per uso privato di documenti d'ufficio. Giolitti sollevò eccezione d'incompetenza sostenendo, con piena ragione, che solo il Senato costituito in Alta Corte poteva giudicarlo. Ma il tribunale, opportunamente addomesticato, respinse l'eccezione, e Giolitti, su consiglio dei suoi amici che ne paventavano l'arresto, partì per Berlino con la scusa di una visita a sua figlia, sposata là. Tornò solo quando la Corte di Cassazione ebbe riconosciuto le sue buone ragioni annullando la sentenza del tribunale.

Sordo alle proteste che si levavano da ogni parte, Crispi seguitò ad aggiornare la sessione parlamentare oltre il limite di quattro mesi concesso dallo Statuto, e nel maggio (del '95) sciolse addirittura la Camera indicendo nuove elezioni. Egli condusse una forsennata campagna sullo slogan: «O Crispi, o il caos», tentò di mobilitare in proprio favore il voto cattolico atteggiandosi a campione della libertà della Chiesa, e aizzò i risentimenti del Sud presentandosi come il meridionale vittima di un complotto di settentrionali.

Il Papa non abboccò, e confermò il *non expedit*. Ma il Mezzogiorno gli fece credito come sempre ne fa a chi tocca questi tasti. L'affluenza alle urne si mantenne sul solito livello: circa il sessanta per cento. E i risultati furono contraddittori: nel Nord maggioranza e opposizione pressappoco si equivalsero, ma nel Centro-Sud e nelle isole i ministeriali prevalsero nettamente e diedero a Crispi una robusta maggioranza. Un successo netto lo ebbero i socialisti che triplicarono i loro seggi, portandoli da cinque a quindici. Per un partito quasi alla macchia, era un debutto promettente, ma che soprattutto servì alla sua maturazione. Esso decise, nella tattica parlamentare, di far blocco su certe questioni con gli altri gruppi della Sinistra, e questo contribuì a trarlo dal suo isolamento.

Su un piano strettamente elettorale, la posizione di Crispi si era rafforzata. Ma dall'ultimo confronto con Giolitti egli usciva moralmente imbrattato, mentre i metodi autoritari gli toglievano qualsiasi credibilità democratica. Nel suo stile melodrammatico ma giornalisticamente efficace, Cavallotti lo aggredì con una *Lettera agli onesti di tutti i partiti* in cui gli dava anche del «bustarellaro» per aver intascato una mancia di sessantamila lire in cambio di un'alta onorificenza a un banchiere francese di equivoca fama. E il fatto che di questo libello si vendessero in pochi giorni trecentomila copie dimostra quale eco le sue accuse suscitassero nella pubblica coscienza. Grazie a esso, il bardo della democrazia era diventato il personaggio più popolare d'Italia, il Re lo consultò per la formazione del nuovo ministero, e Turati lo volle al suo fianco nella «Lega per la difesa della libertà» che suggellava l'alleanza fra radicali e socialisti.

Quando in dicembre la nuova Camera esaminò il problema dell'incriminazione di Giolitti, questi pronunziò un discorso pacato in cui rinnovò la richiesta di comparire davanti all'Alta Corte di Giustizia. Sia la Camera che il governo rifiutarono dichiarando insussistenti le accuse mosse contro di lui, e così liquidando definitivamente il caso che per tre anni aveva avvelenato il Paese e gravemente discreditato tutta la sua classe politica.

Ma il vero motivo di quella frettolosa ritirata era la consapevolezza che la riapertura dell'incartamento sarebbe andata tutta a discapito di Crispi, la cui posizione era fortemente indebolita malgrado la maggioranza di cui disponeva. A trarlo dai guai furono gli avvenimenti africani. Sull'Amba Alagi un battaglione italiano era stato sopraffatto e massacrato dagli Abissini. L'emergenza fornì a Crispi il pretesto per rilanciare, in nome della Patria in pericolo, la «tregua di Dio» e l'«unione sacra» di tre anni prima. Ma c'è da chiedersi se la risoluta azione coloniale in cui s'impegnò non gli fosse ispirata anche dal desiderio di distrarre l'attenzione del Paese dallo scandalo in cui si era trovato coinvolto e di riguadagnare in Africa il prestigio che aveva perso in Italia.

Invece della rivincita, ci trovò la definitiva sconfitta. Ma anche la ricostruzione di questa catastrofe ci obbliga a un passo indietro.

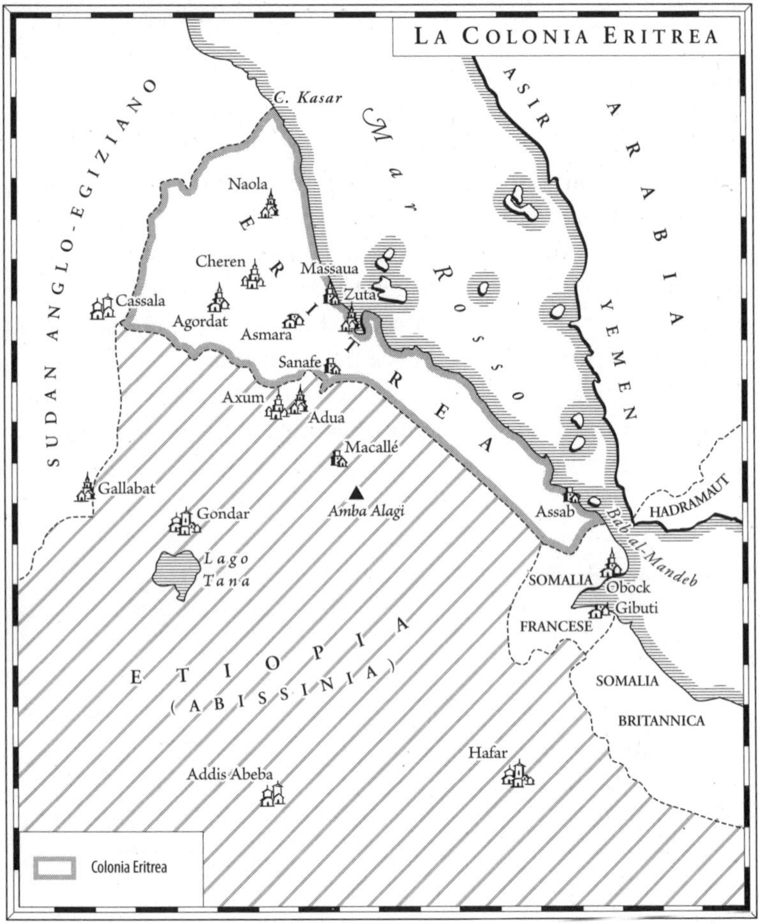
La Colonia Eritrea
Sudan Anglo-Egiziano
C. Kasar
Mar Rosso
Asir
Arabia
Yemen
Eritrea
Naola
Cheren
Massaua
Zuta
Cassala
Agordat
Asmara
Sanafe
Axum
Adua
Macallé
Amba Alagi
Gallabat
Gondar
Lago Tana
Assab
Bab al-Mandeb
Hadramaut
Somalia
Obock
Gibuti
Francese
Somalia
Britannica
Etiopia
(Abissinia)
Hafar
Addis Abeba
Colonia Eritrea

CAPITOLO VENTISETTESIMO

ADUA

Nel dicembre del '94 (Crispi era risalito al potere solo da pochi giorni), un gruppo di battaglioni italiani in Eritrea, al comando del colonnello Arimondi, intraprese una spedizione punitiva contro diecimila dervisci che dal Sudan tentavano di scalare l'altopiano, e li disfece nella piana di Agordat. Era la prima vittoria del nostro esercito dall'Unità in poi, e gli entusiasmi che essa suscitò furono tali da spegnere, per il momento, le polemiche che la politica coloniale seguitava ad alimentare.

Arimondi aveva agito di propria iniziativa, approfittando dell'assenza del suo diretto superiore, il generale Baratieri, in congedo a Roma. Baratieri doveva i propri galloni e la carica di governatore dell'Eritrea un po' al suo passato di reduce dei Mille, un po' alla fama di grande stratega che si era fatta nel '70 pronosticando la disfatta francese a Sedan in una serie di articoli pubblicati su un piccolo giornale, «L'Avvenire di Sardegna», cui collaborava come esperto di cose militari. Le sue argomentazioni erano piuttosto pedestri. Ma nel panorama intellettuale del nostro Stato Maggiore passarono, a profezia avverata, per lampi di genio, e del loro autore si cominciò a parlare come di un von Moltke in attesa della sua Sadowa.

In realtà, del soldato, Baratieri non aveva neanche il fisico. Grasso, sgraziato, con gli occhiali a *pince-nez*, sembrava molto più vecchio dei suoi cinquant'anni e costruito più per la cattedra che per l'elmo. Ma, ambiziosissimo e assetato di gloria militare, si sentì come defraudato di quella che il suo subalterno si era guadagnata ad Agordat. E perciò, rientrato precipitosamente in sede, organizzò una seconda spedizione a Cassala, dove si procurò anche lui la sua vittoria sbaragliando i dervisci che tornavano a concentrarvisi. Non era stata una gran battaglia, ma i giornali la spacciarono per tale rinfocolando gli entusiasmi già svegliati da Arimondi, e Baratieri ne approfittò per collezionare altri due successi reprimendo la rivolta di un caperonzolo locale e poi avanzando risolutamente ben oltre il confine del Mareb, nel cuore del Tigrai, il feudo di Mangascià, le cui bande furono disperse prima a Coatit, poi a Senafè.

Questa azione poneva fine a ogni giuoco diplomatico con l'Etiopia. Quando era andato al potere, Giolitti, ch'era profondamente ostile alle avventure coloniali, aveva inaugurato una politica di «raccoglimento», riprendendo il piano di Baldissera, cioè quello dell'accordo con Mangascià che, come padrone del Tigrai, era il nostro immediato dirimpettaio, e quindi quello che più poteva infastidirci. E, per riallacciare il negoziato con lui, gli aveva fatto scrivere una lettera amichevole dal Re. Ma poi era tornato Crispi. Con Crispi era tornato, in qualità di sottosegretario agli Esteri, Antonelli. E con Antonelli aveva ripreso piede la cosiddetta «politica scioana», cioè quella dell'accordo diretto e «globale» con Menelik per indurlo ad accettare il protettorato. L'ordine impartito a Baratieri, mentre si trovava in congedo a Roma, era appunto quello di raggiungere delle posizioni di forza per trattare e ridurre alla ragione l'Imperatore.

Senonché l'Imperatore non era affatto scontento dell'azione italiana in Tigrai poiché questa gli spingeva fra le braccia il rivale Mangascià, cui infatti non restava altra scelta. La sola cosa che Menelik paventava era la dissidenza interna. Al resto aveva già provveduto coi mezzi che gli aveva fornito l'Italia. Egli non aveva creduto ai propri occhi quando, dopo la denuncia del trattato di Uccialli e il rifiuto di riconoscersi «protetto», aveva visto ugualmente arrivare il resto delle forniture militari in cui suo cugino Makonnen aveva investito i quattro milioni prestatigli dal nostro governo. A chi avanzava dubbi sulla opportunità di armare il Negus ora che stava assumendo atteggiamenti ostili, il Ministro degli Esteri di Giolitti, Brin, aveva risposto che sarebbe stato «atto arbitrario» impedire l'invio di quel materiale. E così, mentre fra i due Paesi cresceva la tensione e il nostro rappresentante in Etiopia, Salimbeni, scongiurava Roma di trattenere il carico, quattro milioni di cartucce venivano sbarcate ad Assab. Menelik se l'aspettava così poco che non aveva nemmeno predisposto un'adeguata carovana di cammelli per trasportarle nell'interno, dovette lasciarne una metà sulle banchine del porto, e appena le ebbe in mano le fece mettere in prova perché sospettava che fossero state confezionate in modo da far esplodere la canna del fucile. Quando vide che non era così, disse: «Aspetta. Ora li faremo cucinare nel loro grasso!». Quelle cartucce per lui erano la salvezza. L'Abissinia non aveva fabbriche di polvere da sparo, e le potenze coloniali a quei tempi, pur combattendosi a vicenda, erano d'accordo nel non venderne ai Paesi africani. Per armarne uno contro l'Italia, ci voleva l'Italia.

Frattanto Baratieri, imbaldanzito dai suoi successi, aveva spinto le proprie avanguardie nel cuore del Tigrai occupando Macallè, Adigrat, Adua e Aksum, dove aveva impiantato degli avamposti. Poi, non resistendo alla tentazione di raccogliere il «lauro» di tanti successi, era tornato a passare l'estate (del '95) in Italia, dove l'accolsero come un Garibaldi, ma dove invano chiese grossi rinforzi in vista della guerra ch'egli riteneva ormai inevitabile. Il ministro delle Finanze Sonnino non volle concedere più di tre milioni. Era uno stanziamento inadeguato. Ma il Generale aveva una fiducia illimitata in se stesso e una sfiducia altrettanto illimitata nell'avversario ch'egli considerava «un colosso dai piedi d'argilla». Quando, rientrato in sede, seppe da un telegramma del nostro console a Zeila che Menelik avanzava verso di lui, non rettificò nemmeno lo schieramento, convinto che gli avamposti avrebbero resistito di forza propria, e anzi ordinò ad Arimondi, che ora era Generale e vicecomandante supremo, di distaccare un battaglione per occupare l'Amba Alagi. Per tutta risposta, Arimondi offrì le dimissioni, ma dovette ritirarle in seguito a un perentorio telegramma di Crispi, ed eseguire l'operazione che considerava pazzesca. Così ancora una volta la sorte delle nostri armi era affidata a due uomini che non s'intendevano e si disistimavano a vicenda.

Baratieri era convinto che Menelik avesse trenta o quarantamila uomini. Ne aveva invece oltre centomila e armati, grazie all'Italia, pressappoco come i ventimila italiani, fra bianchi e di colore. Quando il maggiore Toselli, che comandava il distaccamento dell'Amba Alagi, si vide investito da una forza dieci volte superiore alla sua, chiese istruzioni. In realtà Baratieri gli aveva impartito quella di ritirarsi mantenendo il contatto col nemico. Ma Arimondi, che da Macallè doveva trasmettergliela, aveva tardato, e quando si decise a farlo, il messo non poté più raggiungere il destinatario già circondato sul suo acrocoro. Toselli era un prode soldato, di cui in Eritrea è rimasta viva fino a ieri la leggenda: il battaglione indigeno di cui era stato comandante rimase intitolato al suo nome e ha portato in segno di lutto la fascia nera fino al 1936, quando l'Amba Alagi venne riconquistata dalle forze italiane. Egli si batté disperatamente, lasciandovi la vita e quella di quasi tutti i suoi duemilacinquecento uomini. Solo trecento riuscirono a scampare.

In Italia la notizia sollevò un'enorme eco. Ma, a differenza di quanto era accaduto per Dogali, la reazione fu più di orgoglio che di cordoglio per il modo in cui gl'Italiani si erano battuti. La Regina scrisse al generale Osio: «Non pensiamo che all'Africa», e la Camera approvò lo stanziamento di altri venti milioni per i rinforzi. Ma «Critica sociale» augurò all'esercito «una batosta sintetica e risolutiva» che togliesse «a quei manigoldi che ci guidano non tanto la velleità – ché questo è impossibile – quanto la possibilità morale di ricominciare», e Sonnino disse a Blanc: «Dio ci aiuti, ma ce lo meritiamo poco».

Mentre Baratieri, che aveva perso la sua baldanza, tentava invano di raggiungere sotto banco un accordo col nemico, Arimondi, per non restare tagliato dal grosso, ripiegava su Adigrat, lasciando a Macallè un presidio comandato dal maggiore Galliano sull'acrocoro di Enda Jesus. La posizione era fortissima, ma aveva un punto debole: l'acqua. Galliano ne aveva accumulato per i suoi millecinquecento uomini una buona riserva, convinto che prima o poi, in caso d'assedio, sarebbe stato soccorso. Ma questo non avvenne. Secondo una voce, sarebbe stata l'imperatrice Taitù, moglie di Menelik, a comprendere che per aver ragione del presidio bastava isolarlo dalle due polle scavate nella petraia circostante, e a occuparle.

In capo a tre settimane, le scorte erano esaurite, e la sete cominciò. Galliano fece pervenire un messaggio a Baratieri: per quanto disperata, si preparava a una sortita in campo aperto dopo aver fatto saltare il forte. E stava per farlo, quando il soccorso giunse sotto forma di una lettera a Menelik, in cui re Umberto gli annunziava l'invio di un plenipotenziario per trattare la pace. In realtà quella lettera il Re non l'aveva firmata. Era stato il ministro degli Esteri Blanc a concordarla con Baratieri, autorizzandolo a far credere al Negus ch'era di pugno di Umberto. Menelik ci credette e rispose nel suo solito tono fra magnanimo e sprezzante: «Il vincitore del Leone della stirpe di Giuda, Menelik II, nominato da Dio Re dei Re di Etiopia, al rispettato e onorato S. M. Umberto, Re d'Italia. Per dar prova della mia fede cristiana, come era nostro desiderio, facemmo uscire con tutte le loro robe, accompagnati da Ras Makonnen e in buona salute, quelli che erano nel forte di Enda Jesus, assetati, stretti, circondati e quasi calpestati dai nostri piedi...». E concludeva: «I soldati italiani si battono, ma sono soldati da due anni, mentre i nostri vanno alla guerra che sono ancora attaccati alle poppe della madre. L'Italia è forte, lo so. Essa manderà molte truppe, e io le schiaccerò. Ne manderà tre volte tante, e allora Iddio deciderà il nostro conflitto».

Menelik desiderava effettivamente la pace, ma non la desiderava affatto Crispi, cui solo il successo militare poteva restituire credito e prestigio. Pur fingendo di cedere alle pressioni di colleghi e parlamentari che lo richiamavano alla cautela, aveva accelerato l'invio dei rinforzi e deciso di affidare il comando a Baldissera, ma senza dirlo a Baratieri nel timore che costui, per parare il colpo, prendesse qualche decisione avventata. Baldissera infatti partì alla fine di febbraio (del '96) in borghese e con un passaporto intestato a un falso nome, mentre Baratieri, che ancora non sospettava di nulla, concentrava le forze su Adua, ma senza provocare il nemico che a sua volta, sperando nella pace, si guardava dal provocarlo.

Fu allora che forse per prepararlo al «siluro» e per giustificarlo, Crispi gl'inviò il famoso telegramma: «Codesta è una tisi militare, non una guerra; piccole scaramucce nelle quali ci troviamo sempre inferiori dinanzi al nemico, sciupìo di eroismo senza successo. Non ho consigli da dare perché non sono sul luogo, ma constato che la campagna è senza un preconcetto, e vorrei fosse stabilito. Siamo pronti a qualunque sacrificio per salvare l'onore dell'esercito e il prestigio della monarchia».

Più tardi, a giustificazione del proprio operato, Baratieri dichiarò che anche se non era stato questo telegramma a spingerlo ad agire, erano stati i contraddittori ordini che gli giungevano da Roma. In realtà sembra che la vera spinta fosse la notizia della sua imminente sostituzione. Comunque, la sua decisione di attaccare fu la manna del cielo per il Negus che si trovava in gravi difficoltà per la mancanza di rifornimenti, e dopo aver scartato l'ipotesi di una ritirata per ragioni di prestigio, stava considerando quella di una manovra aggirante nel cuore dell'Eritrea che, coi quadri e le truppe di cui disponeva, difficilmente gli sarebbe riuscita. Egli dovette trarre un respiro di sollievo nel vedere, all'alba del 1° marzo, i sedicimila italiani sboccare nella conca di Adua.

C'erano arrivati stanchi e assonnati, dopo una marcia notturna durante la quale i reparti avevano perso i contatti fra loro, e infatti le tre colonne in cui erano divisi si presentarono alla spicciolata facilitando il compito dei centomila etiopici che poterono affrontarle e liquidarle una dopo l'altra. Di parte italiana i morti furono quasi settemila (quanti n'erano caduti in tutte le battaglie del Risorgimento): fra di essi c'erano due dei quattro Generali che si dividevano il comando, e anche il «miracolato» di Enda Jesus, Galliano.

Il contraccolpo in Italia fu violento. Le piazze tumultuarono al grido di «Viva Menelik I» e «Via dall'Africa!». Cavallotti rivelò che il Re aveva sborsato fior di talleri per riscattare la vita di Galliano e dei suoi uomini, ma che Makonnen non li aveva mai ricevuti perché Crispi li aveva intercettati e dirottati verso altri scopi. E sebbene di vero, in questa storia, ci fosse solo che una certa somma era stata pagata come rimborso delle spese di trasporto del materiale e dei feriti, tutti ci credettero, e si profilò uno scandalo ancora più clamoroso di quello della Banca Romana. I giornali si abbandonarono a descrizioni truculente della battaglia e delle sevizie subìte da feriti e prigionieri. Si scrisse che Antonelli aveva suggerito quella sciagurata politica per fare gl'interessi della regina Taitù, di cui era stato l'amante (e quest'ultimo particolare sembra che corrispondesse a verità). Era la reazione di un Paese legittimamente indignato di quelle continue umiliazioni, ma anche privo di autocontrollo e di decoro nazionale.

Crispi non ebbe neanche il coraggio di affrontare il parlamento. Senza aspettare il voto contrario diede le dimissioni, e uscì definitivamente di scena. Anche nel fisico era un uomo finito, e il suo tramonto fu malinconico. Gli avversari non gli risparmiarono i loro colpi, fra cui ce ne furono anche di bassi. Chiamato a rispondere di peculato davanti al Tribunale (uno strascico dell'affare della Banca Romana), il giudice gli inflisse l'umiliazione di una lunga attesa in anticamera. Quando la Cassazione riconobbe legittima – come l'aveva riconosciuto per Giolitti – la sua pretesa di essere giudicato dal parlamento, questo lo esentò dal comparire davanti all'Alta Corte di Giustizia, ma dichiarò il suo operato «meritevole di censura». Il vecchio uomo rassegnò le dimissioni da deputato, ma Palermo lo rielesse a schiacciante maggioranza. Ogni tanto aveva dei guizzi di orgoglio. «Se l'Italia» disse una volta «avrà ancora bisogno dell'opera mia, non la negherò.» «Speriamo di no!» gli fece eco una voce fra le generali risate. Quando lo provocavano, ricordava a tutti che non era stato lui a voler andare in Africa, e in questo aveva ragione, ma nessuno voleva riconoscerlo. «Ricordatevi di Adua e tacete, incosciente!» gli gridò una volta Prampolini. La cateratta lo aveva reso mezzo cieco impedendogli l'ultimo sfogo: le lettere. Ne scriveva a tutti, anche al Re, per difendere la sua politica e ammonire che «un'Italia rannicchiata dentro le sue frontiere, che abbandoni i suoi mari al naviglio straniero, che non parli nel consesso dei governi civili, che chiuda gli occhi per paura della luce, non può essere l'Italia alla quale hanno aspirato Mazzini, Garibaldi e Vittorio Emanuele», dei quali seguitava a considerarsi l'ultimo epigono.

Morì nell'agosto del 1901. E Giovanni Amendola, che non lo amava, ma che fu uno degli ultimi a vederlo, scrisse: «Era un rudere gigantesco».

CAPITOLO VENTOTTESIMO

I CANNONI DI BAVA BECCARIS

Per la seconda volta, a ereditare la situazione fallimentare con cui Crispi soleva chiudere le sue gestioni, fu Rudinì, cui perciò vanno riconosciute molte attenuanti. Non aveva una maggioranza perché quella del suo predecessore si era frantumata in diverse correnti. Riuscì a tenersi in piedi solo grazie all'appoggio dell'Estrema Sinistra. Ma quando chiese la fiducia del parlamento, i «sì» ebbero tre voti soli in più dei «no».

Con questo striminzito margine di sicurezza, era difficile sciogliere gli aggrovigliati nodi che Crispi aveva lasciati al pettine. Il problema più urgente era la liquidazione della guerra d'Africa. Sull'Eritrea pendeva la minaccia non soltanto del vittorioso Menelik, ma anche dei dervisci sudanesi che, ansiosi di rivincita, si preparavano ad assalire Cassala. Di suo, Rudinì avrebbe preferito abbandonare addirittura l'Eritrea; e proprio perché conosceva queste sue intenzioni, la Sinistra gli aveva dato l'appoggio. Ma non poté realizzarle perché glielo vietava l'opinione pubblica, glielo vietava il Re, e glielo sconsigliava anche l'Inghilterra, che infatti riprese le sue iniziative nel Sudan per alleggerire la pressione dei dervisci sugl'Italiani. Baldissera, che frattanto aveva sostituito Baratieri e ricevuto i cospicui rinforzi inviati prima di Adua, ne approfittò per infliggere a quei ribelli una secca batosta; eppoi, saputo che Menelik si era ritirato verso Sud, ritornò sul Mareb di cui fece la sua linea di confine.

Questo confine, era abbastanza chiaro che Menelik non aveva nessuna intenzione di contestarlo. Pure, i negoziati di pace furono lunghi e si conclusero solo nell'ottobre (del '96) col trattato di Addis Abeba, che annullava quello di Uccialli, ma lasciava all'Italia l'Eritrea e la Somalia. I prigionieri furono restituiti o per meglio dire «ricomprati» al prezzo di dieci milioni, quanti il Negus pretendeva di averne spesi per il loro mantenimento. E i reduci vennero sbarcati a Napoli di notte, come se si fosse trattato di colpevoli.

Poco dopo, in qualità di governatore, fu mandato all'Asmara Ferdinando Martini, una delle migliori teste di cui disponesse la classe politica italiana, che, abbandonati i grandi sogni di fare dell'Eritrea una colonia di popolamento trasferendovi massicciamente uomini e capitali, badò soltanto ad amministrare saggiamente i pochi fondi che il governo gli metteva a disposizione, e avviò l'Eritrea a uno sviluppo modesto, ma sano ed equilibrato, basato soprattutto su floride piantagioni. Durante la sua decennale gestione, e anche dopo fino al '35, quella terra smise di «fare notizia». Ma, diceva Martini, «siano benedette le colonie di cui nessuno parla». Come liquidazione di una disfatta, insomma, non era stata disastrosa. Ma per il Re il boccone fu amaro. Egli, dice Farini, non perdonò mai a Rudinì di averlo costretto, lui «il discendente di Principi che per otto secoli fondarono la loro fortuna sul valore militare, ad apporre la propria firma su un trattato di pace accanto a quella di una scimmia africana». Secondo Finali, da allora egli «non ebbe più letizia».

Nemmeno il Paese ne aveva, ma per altre ragioni. Prima, le difficoltà economiche. Le spese di guerra avevano vieppiù dissestato il bilancio, rendendo necessario il ritorno alla vecchia «lesina». Un prestito di guerra aveva raccolto centoquaranta milioni, cifra per quei tempi cospicua. Ma non bastava. Urgeva ridurre drasticamente le spese, e le più invise erano quelle militari. Siccome il Re non voleva sentirne parlare, il Ministro del Tesoro, Colombo, si dimise, e Rudinì rimpastò il suo governo con uomini di destra che alla «lesina» erano i più qualificati. Luzzatti sostituì Colombo, agli Esteri tornò Visconti-Venosta, e Sonnino ebbe carta bianca per lesinare su tutto e con tutti. Il Ministro della Guerra, Pelloux, per poter mantenere i dodici Corpi d'Armata, dovette rassegnarsi a ridurre il periodo di ferma.

Queste misure tuttavia non avrebbero sortito nessun effetto se in tutta Europa alla fase della «recessione» non fosse seguita una ripresa, di cui anche l'Italia avvertiva le benefiche conseguenze. Uno dei motivi che avevano condotto alla crisi di Crispi, già in atto prima di Adua, era proprio questo: che il capitalismo settentrionale, vedendo spalancarsi la prospettiva di un «decollo», non voleva che le sue risorse fossero spremute per finanziare la politica coloniale. Mentre questa politica trovava sostenitori nel Sud per l'eterna illusione che spinge i sottosviluppati a cercare sollievo alle proprie miserie in terre ancora più depresse di quelle loro, la borghesia lombarda si alleava coi radicali e coi socialisti nemici acerrimi di Crispi, sino a far parlare di uno «Stato di Milano» in lotta con quello di Roma. Questa alleanza fu decisiva per gli ulteriori sviluppi della nostra politica interna: aiutò a trarre i socialisti dal loro isolamento, spinse il nascente padronato industriale a riconoscere i sindacati e a trattare con essi, e costrinse i cattolici a uscire allo scoperto per contendere ai socialisti il monopolio delle forze proletarie.

Tutto questo aveva i suoi lati positivi e i suoi lati negativi. Certamente il «dialogo», come oggi si dice, della borghesia imprenditoriale con le organizzazioni politiche ed economiche operaie favorì il decollo industriale del Nord, su cui il protezionismo doganale e l'intervento dei capitali stranieri della Commerciale facevano già sentire i loro stimolanti effetti. Ma su questa strada il Settentrione si allontanava ancora di più dal Mezzogiorno, aggiungendo al divario di condizioni economiche e sociali un conflitto di interessi e aspirazioni: dogane chiuse e produttivismo al Nord, dogane aperte e colonialismo al Sud.

Questo contrasto ridette ali al regionalismo. Esso non aveva gli ambigui sottintesi di venticinqu'anni prima, quando faceva soltanto da maschera ai rimpianti e alle nostalgie per i vecchi Stati prerisorgimentali, e per questo era stato accantonato coi progetti di legge elaborati da Minghetti. Stavolta aveva ben altre e più solide motivazioni. Lo volevano i socialisti che, avendo la loro maggiore forza nel proletariato urbano, avevano buone possibilità di conquistare il potere amministrativo dei grandi centri, e quindi miravano a renderlo più forte e autonomo. Lo volevano i cattolici per i motivi che abbiamo già illustrato di lotta contro lo Stato laico risorgimentale. Lo volevano i radicali e i repubblicani vedendoci una forma di autogoverno più vicina al loro ideale di democrazia diretta. Ma lo volevano soprattutto le nuove classi imprenditoriali per liberarsi dalle pastoie di una burocrazia romana fatalmente sorda ai loro interessi e bisogni.

Anche stavolta le proposte di decentramento incontrarono le stesse fiere opposizioni del '70, comprese quelle di Domenico Farini, il figlio di quel Luigi Carlo che più aveva collaborato con Minghetti a elaborarne i progetti. Egli diceva che se si fosse riorganizzato l'esercito su basi regionali, «entro sei mesi i reggimenti romagnoli avrebbero proclamato la Repubblica». Tuttavia il problema di «colmare l'abisso fra il governo e il popolo» era sul tavolo, e Rudinì dovette affrontare anche quello. Lo fece in maniera malaccorta prendendo come terreno sperimentale la terra in cui il regionalismo aveva le sue più forti radici e dove più accentuate erano le agitazioni, la Sicilia, che venne affidata a un Commissario, cioè a un superprefetto con pieni poteri. Questa misura, in flagrante antitesi coi princìpi dell'autogoverno, servì soltanto a fornire argomenti agli avversari del decentramento, che venne per la seconda volta insabbiato. E l'Estrema Sinistra ne approfittò per rompere l'alleanza con Rudinì e chiedere nuove elezioni.

Rudinì tentò di temporeggiare cercando amici a destra che compensassero la defezione di Cavallotti. Ma alla fine dovette risolversi al gran passo, e nel marzo del '97 richiamò i cittadini alle urne. I risultati non gli furono avversi. Sebbene i socialisti conservassero i propri seggi, anzi li portassero da quindici a sedici e il gruppo radical-repubblicano arrivasse a quota cinquantuno, la più alta mai raggiunta, la coalizione governativa mantenne un largo margine. Ma essa aveva il difetto di tutte le coalizioni: l'eterogeneità, e quindi la friabilità. Un Cavour o un Depretis sarebbero riusciti a trovarne il mastice. Ma Rudinì non aveva la loro stoffa, e fra la formazione di una maggioranza di Centro ricavata da uno dei soliti *connubi* fra Destra e Sinistra, e la ricostituzione di una forte Destra intorno a un programma chiaro e definito, non seppe decidersi.

Questo consentì a Sonnino di assumere posizioni d'indipendenza atteggiandosi a erede di Crispi e raccogliendone sotto la propria bandiera i seguaci, che rappresentavano tuttora una forza cospicua. Nella «Nuova Antologia» egli pubblicò un articolo, *Torniamo allo Statuto*, che in realtà era il «manifesto» di una nuova Destra, in cui sosteneva che bisognava restituire tutto il potere esecutivo al Re rendendo i Ministri responsabili di fronte a lui e non di fronte al parlamento perché il regime parlamentare non si addiceva a uno Stato assediato da forze che volevano distruggerlo – i socialisti e i clericali –, né a un popolo che concepiva e praticava la libertà come licenza. Solo uno Stato incarnato nel Re e coperto dal suo prestigio avrebbe potuto conquistare le masse procedendo a coraggiose riforme.

Questo programma autoritario e paternalistico riempì di sdegno quegli uomini della vecchia Destra che, per quanto di tendenze conservatrici, restavano fedeli alla pregiudiziale liberale. E fra costoro ci fu – sia detto a suo onore – lo stesso Re, che qualificò quello scritto «una vera follia», un impasto di «fisime di sociologo, tedescamente nebuloso», la cui adozione «equivarrebbe a disfare una tradizione di cinquant'anni, che diede potere e gloria a Vittorio Emanuele». Ma piacque a tutti coloro – ed erano molti – che si sentivano orfani dell'«uomo forte» e, malgrado la lezione di Adua, seguitavano a illudersi che solo un altro uomo forte avrebbe potuto risolvere i problemi del Paese.

Rudinì ripudiò Sonnino, ma non seppe approfittare della rottura che il suo *pronunciamiento* aveva provocato nella Destra, anche perché la situazione non gliene dette il tempo. L'agitazione era generale e convulsa. Nel Nord essa si manifestava con comizi, cortei e soprattutto scioperi cui tutto forniva pretesto e che paralizzavano non soltanto la produzione, ma la vita stessa delle città. Nel Sud scoppiava in temporali di breve durata, ma di effetti devastatori, dei quali Giustino Fortunato ci ha lasciato impressionanti testimonianze: Municipi saccheggiati, prefetture a sacco, cariche di cavalleria, fucilate, morti e feriti sul selciato, arresti indiscriminati. Poi una calma gravida di scirocco. E subito dopo, un altro tornado.

A guazzarvi non erano soltanto i socialisti ricaduti in braccio alle loro tentazioni eversive, ma anche i clericali passati risolutamente all'offensiva. Nel raduno dell'Opera dei Congressi del 1897 la disfatta di Adua venne esaltata come una lezione della Provvidenza per mettere finalmente a fuoco «la casa dei liberali», cioè l'Italia del Risorgimento.

Ma questi aizzamenti non avrebbero potuto nulla se non fossero stati l'eco di un disagio i cui motivi vanno cercati non nella situazione economica, che proprio in quel momento volgeva al meglio grazie alla ripresa industriale e commerciale di tutta Europa, ma in quella morale. Adua aveva umiliato gl'Italiani. Alcuni reagirono col nazionalismo che infatti nacque allora e preparò la strada al fascismo. Altri con l'atto d'accusa al «sistema» su cui furono scaricate alla rinfusa tutte le responsabilità, per scagionare il popolo e lavarlo da quella «vergogna». Come dice Seton Watson, altre Nazioni hanno subìto disastri militari non meno drammatici, ma senza risentirne effetti così sconvolgenti. Lo furono in Italia perché il Paese, già reduce da un'altra «vergogna» – quella del '66 – aveva disperatamente bisogno di un po' di fiducia in se stesso. E non riuscendo a trovarla sui campi di battaglia, la cercò sulle piazze e negli attentati. Le coincidenze non lasciano adito a dubbi. Economicamente, si era in piena espansione. Politicamente, nel Nord si delineava una specie di «blocco progressista» tra forze popolari e borghesia imprenditoriale che faceva registrare ai radicali e ai socialisti, usciti finalmente dal ghetto, notevoli successi. Eppure, è proprio in questo periodo che si assiste a una ripresa anarchica in grande stile, che – fatto significativo – recluta i suoi *pistoleros* soprattutto fra gli emigrati. Scherniti come Italiani per le poco onorevoli prove della Nazione, essi cercarono nel gesto individuale un'affermazione come rivoluzionari. Uno di essi fallisce di poco – e per poco – re Umberto. Un altro uccide in Svizzera l'Imperatrice d'Austria. Malatesta ritorna per coordinare, e forse più ancora per controllare e frenare questo scoppio di violenza che non conduce a nulla. Cioè, no: conduce alla reazione.

Disgrazia volle che proprio in questo momento venisse a mancare Cavallotti. Uomo più di passione che di ragione, capace di grandi errori come di grandi generosità, l'impetuoso tribuno apparteneva tuttavia al Risorgimento ed era l'unico in grado di accreditarlo presso le masse, grazie al fascino che seguitava a esercitare su di esse. La sua prosa enfatica ma efficace, la sua gladiatoria eloquenza sarebbero state in quel momento preziose per placare le piazze, o comunque per sottrarle a tentazioni eversive. Ma aveva il vizio dei duelli. Ne aveva già fatti trentuno. Il trentaduesimo gli fu fatale: la lama dell'avversario gli s'infilò in bocca e gli squarciò il palato fino al cervelletto.

Proprio allora scadeva il cinquantenario delle Cinque Giornate del '48. Il ricordo delle barricate eccitò gli animi. In uno scontro con la polizia uno studente fu ucciso e tre operai arrestati. Bastò per far scoppiare violente dimostrazioni che si estesero a tutta Italia e che Turati, da solo, non fu in grado d'imbrigliare. Uno sciopero generale paralizzò il Paese, per domarlo il governo fece appello alle truppe, Milano commemorò le barricate drizzandone delle altre, e il generale Bava Beccaris scatenò contro di esse l'artiglieria.

Secondo le fonti ufficiali, il conto si chiuse col pesante passivo di ottantadue morti. Secondo le fonti socialiste, i morti furono centodiciotto, i feriti seicento, gli arresti non si contavano: tutti gli esponenti della Sinistra, a cominciare da Turati e dalla Kuliscioff, erano in prigione. Responsabili di quella brutale repressione erano un po' tutti: Rudinì che aveva perso la testa fino a prendere per vera la voce di un'invasione di anarchici dalla Svizzera; Bava Beccaris che aveva interpretato gli ordini nella maniera più ottusa fino a spianare coi suoi cannoni un monastero di poveri frati che forse non si erano nemmeno accorti di quel che succedeva; lo stesso Re che avallò l'operato del Generale conferendogli un'altissima onorificenza «per servigi resi alle Istituzioni e alla civiltà».

Nella tempesta, che anche dopo il ristabilimento dell'ordine seguitava a far pesare la sua minaccia, Rudinì rimase solo. A uno a uno, i suoi Ministri abbandonarono il governo. Egli ne compose un altro, convinto che, se non avesse ottenuto la fiducia, il Re gli avrebbe consentito di sciogliere il parlamento e d'indire nuove elezioni. Ma quando il Re gli disse chiaro e tondo che non ne aveva nessuna intenzione, si dimise senza nemmeno attendere il voto della Camera.

Trovargli un successore non fu facile. Si provò Finali, e fallì. Si provò Visconti-Venosta, e fallì. Al Re, già prostrato dalla disfatta di Adua che lo aveva colpito nel suo più geloso sentimento, quello dell'onore militare, saltarono i nervi. «Stavolta facciamo *bum*!» disse a Farini, accennando al proposito di risolvere la crisi con un gesto d'autorità, affidato a qualche suo fiduciario. Ma non era uomo da colpi di forza un po' per mancanza di coraggio, un po' per sincero attaccamento alla regola costituzionale.

L'uomo a cui finì per dare l'incarico aveva infatti le carte in regola. Luigi Pelloux era Generale, ma era anche Senatore, e per di più godeva simpatie anche nella Sinistra per la fermezza con cui si era opposto alla politica coloniale di Crispi e per il senso di misura che, quale comandante della zona militare di Bari, aveva dimostrato nella «primavera calda» di quell'anno, mantenendo l'ordine senza ricorrere allo stato d'assedio. E infatti fu soprattutto con uomini della Sinistra ch'egli compose un governo dalle intenzioni distensive. Le misure straordinarie di polizia vennero revocate. Un'amnistia rimise in libertà Turati, la Kuliscioff e gli altri «sovversivi» arrestati nei torbidi del maggio. La libertà di stampa e quella di associazione furono ripristinate.

Ma i conti aperti dal cannone di Bava Beccaris erano troppo grossi per poterli liquidare con misure così sbrigative. L'inquietudine restava e si traduceva in continue agitazioni. Per imbrigliarle, Pelloux disconobbe il diritto di sciopero agl'impiegati statali e reintrodusse il fermo di polizia, il domicilio coatto, la responsabilità penale per incitamento alla violenza a mezzo della stampa. E ciò bastò ad alienargli le simpatie della Estrema Sinistra che, alquanto esagerando, parlò di «bieca repressione».

La prima crisi scoppiò nel maggio del '99, quando Pelloux e il suo ministro degli Esteri Canevaro chiesero una base navale alla Cina, che ne stava distribuendo generosamente a tutte le potenze occidentali, e ne ottennero un secco rifiuto. Questa richiesta era stata avanzata soltanto per un rigurgito di quella politica di prestigio, in cui gl'Italiani cercavano assurdamente un compenso ai loro insuccessi e mortificazioni. Per evitare lo smacco, Pelloux decise l'invio, a mo' di ultimatum, di una squadra a Scianghai. E ne subì un altro perché l'Inghilterra gli pose il veto.

Questo però fu soltanto il pretesto delle sue dimissioni. Il motivo vero era, come oggi si direbbe, di «schieramento». Dopo le misure restrittive, egli non poteva più contare sulla Sinistra, e questo lo metteva alla mercé di Sonnino che gliele aveva consigliate, e che da quel momento fu il vero arbitro della situazione, anche se non entrò nel nuovo ministero, di cui Pelloux ricevette ancora l'incarico. Logicamente lo tirò dalla parte sua, cioè a destra. Le misure restrittive furono appesantite e, quando vennero presentate alla Camera per la ratifica, provocarono il finimondo.

Protagonista dello scontro fu il deputato socialista Enrico Ferri che pretendeva alla successione di Cavallotti come «bardo della democrazia», ma senza possederne le qualità morali. Lo batteva soltanto come resistenza oratoria, e infatti parlò per nove ore di fila inaugurando un nuovo metodo di lotta parlamentare: l'ostruzionismo. Per impedirlo, Sonnino chiese la modifica del regolamento. Ma anche questa proposta fu combattuta con l'ostruzionismo, e a Pelloux non rimase che aggiornare la Camera all'autunno.

Questi tuttavia non furono che i lati spettacolari di una battaglia che ne aveva di ben più sostanziali. Essa aveva provocato un rimescolamento di carte destinato a pesare sui successivi sviluppi. Ripudiando la Sinistra, Pelloux era rimasto prigioniero di una Destra intransigente e ridotto alla parte di esecutore degli ordini di Sonnino. Nella lotta contro questo gruppo, i tre partiti di Estrema Sinistra – radicali, repubblicani e socialisti – avevano finalmente trovato una piattaforma comune, e agivano come blocco di «fronte popolare».

Fu questa contrapposizione, con tutti i pericoli ch'essa implicava di rottura del Paese e di guerra civile, a richiamare sulla scena l'unico uomo che poteva, grazie alla sua consumata sapienza nel giuoco dei pesi e dei contrappesi, interporsi come mediatore: Giolitti.

Dopo la caduta di Crispi, egli era tornato alla ribalta, ma in punta di piedi. In coppia con Zanardelli, aveva sulle prime appoggiato Rudinì. Ma mentre Zanardelli aveva insistito in questo atteggiamento anche dopo la conversione di Rudinì a destra, egli se n'era discostato guadagnandosi il plauso di Cavallotti e della Estrema. La stessa operazione aveva ripetuto con Pelloux. Gli aveva dato buoni consigli e prestato alcuni suoi uomini per la formazione del primo ministero. Aveva anche votato in favore delle sue prime misure repressive. Ma va via che cresceva l'influenza di Sonnino, s'intiepidiva il consenso di Giolitti fino a diventare riserva critica, e poi ostilità. Turati lo rilevò pubblicamente: «Sull'altra riva c'è un uomo che ci ha capito» disse. E fu l'inizio, fra loro, di un «amore proibito», durato fino al fascismo, che li spazzò entrambi appunto perché questo amore rimase proibito.

Quando nell'autunno del '99 la Camera si riaprì per la discussione delle misure restrittive, Pelloux si accorse di non aver più la maggioranza. Vinse perché tutta la Sinistra – non solo l'Estrema, ma anche quella Costituzionale che fin allora lo aveva sostenuto – abbandonò l'aula per protesta. Ormai era chiaro che gli restava solo un brandello della Destra. E allora, d'accordo con Sonnino, chiese e ottenne dal Re lo scioglimento della Camera e l'appello alle urne.

Il rimedio si rivelò peggiore del male. Su circa un milione e trecentomila voti, i governativi ne ottennero a fatica la metà; l'altra se la divisero la Sinistra Costituzionale e l'Estrema, ma quest'ultima si fece, con novantasei seggi, la parte del leone. Pelloux capì ch'era finita, e rassegnò le dimissioni Fu l'ultimo Generale a presiedere un governo, prima di Badoglio.

A succedergli il Re chiamò il Presidente del Senato Saracco, un galantuomo ch'era riuscito a conservare intatta la sua reputazione di democratico pur essendo stato due volte Ministro nei governi di Crispi. Aveva quasi ottant'anni, ma conservava una notevole lucidità di cervello, e ne dette prova formando un governo di coalizione che includeva un po' tutte le forze, meno l'Estrema cui diede tuttavia soddisfazione chiamando parecchi suoi uomini nella commissione incaricata di studiare un nuovo regolamento parlamentare che, senza intaccare la libertà di discussione, impedisse l'ostruzionismo, o per meglio dire lo regolasse. Egli ebbe anche il buon senso di assicurarsi la benevola neutralità sia di Sonnino che di Giolitti, che ormai passavano per i più probabili candidati alla sua successione, ma senza restare prigioniero né dell'uno né dell'altro.

Era un buon debutto. Ma nessuno può dire se egli sarebbe riuscito meglio dei suoi due predecessori a serbarsi fedele a questo programma di equilibrio e di pacificazione, perché era entrato in carica appena da un mese che ne veniva rovesciato da tre colpi di pistola.

CAPITOLO VENTINOVESIMO

MONZA, 29 LUGLIO 1900

Il 5 giugno arrivò a Genova, da Modane, un giovane operaio italiano che, emigrato tre anni prima in America, tornava a rivedere la famiglia. Si chiamava Gaetano Bresci, ed era di Coiano presso Prato.

Coltivatori diretti con casa e podere, i Bresci erano una famiglia piuttosto benestante, tanto che i tre ragazzi dell'ultima generazione poterono frequentare le scuole, e uno di loro diventò ufficiale di artiglieria. Fu la crisi degli anni '80, quando sul mercato cominciarono a piovere i prodotti agricoli dell'America, che rese disagiate le loro condizioni. Per fortuna proprio in quel momento decollava a Prato l'industria tessile. Mentre l'altro suo fratello si metteva a fare il calzolaio, Gaetano entrò come apprendista nello stabilimento di filatura di un Tedesco, che aveva comprato una metà del loro podere.

A vent'anni (era nato nel '69, lo stesso giorno del principe ereditario Vittorio Emanuele), Gaetano era un giovanotto che si faceva notare, e non solo per la sua abilità di operaio. Era anche uno dei più attivi militanti della sezione anarchica locale, fra le più forti d'Italia. Essa trovava alimento negli scompensi creati da quella improvvisa trasformazione del ceto contadino in proletariato di fabbrica, ch'era la condizione su cui Bakunin aveva operato con tanto successo. Gaetano, come suo fratello Lorenzo, apparteneva alla frazione più intransigente e non ne faceva mistero. Schedato come «anarchico pericoloso», fu accusato di aver organizzato uno sciopero, che a quei tempi veniva considerato un delitto, e mandato con una cinquantina di compagni in confino di polizia a Lampedusa.

Ci rimase oltre un anno, e quando tornò dovette andare a cercarsi un altro lavoro a Barga. Lo trovò perché era bravo, diventò anzi caposquadra, e riprese le sue abitudini che, a parte le discussioni politiche, erano quelle di un *play-boy* di paese. Investiva i suoi soldi in abiti tanto che lo chiamavano «il paìno» e il suo tempo libero in donne con le quali, bel ragazzo com'era, aveva gran successo. Da una di esse ebbe anche un figlio. E forse fu proprio per sottrarsi all'impegno del matrimonio che alla fine del '97 decise di trasferirsi in America.

L'emigrazione italiana oltre Oceano era fatta allora in gran maggioranza di operai tessili centro-settentrionali, che avevano il loro punto di forza e di raccolta a Paterson, una città di centomila abitanti nel New Jersey. Le loro organizzazioni più attive erano quelle anarchiche: la «Società pensiero e azione», quella «per il diritto all'esistenza», la «Biblioteca libertaria». Disponevano di una casa editrice, Era nuova, e di un periodico, «La Questione sociale». Tenevano congressi e conferenze, cui partecipavano i più prestigiosi capi venuti apposta dall'Italia. Una volta ci capitò Malatesta, che venne violentemente contestato da un tal Ciancabilla. Al culmine del diverbio, rimbombò uno sparo, e Malatesta si accasciò a terra, ferito a una gamba, mentre un giovane balzava sullo sparatore immobilizzandolo. La polizia si trovò di fronte a un muro di omertà e non cercò di perforarlo. Aveva stima di quegl'Italiani, eccellenti lavoratori e onesti cittadini, e considerava la loro anarchia un frutto del loro passato di perseguitati che, in un Paese libero come l'America, avrebbe perso la sua motivazione, e quindi anche la sua virulenza.

Il giovane che aveva disarmato l'attentatore era Bresci. Egli si era perfettamente inserito nell'ambiente, aveva imparato un po' d'inglese, era diventato capo-reparto in un cotonificio, e partecipava attivamente alle riunioni politiche che si tenevano in una sala del Bertoldi's Hotel, decorata dai ritratti di Passanante, Caserio, Barsanti, Angiolillo, Acciarito, Luccheni: il gotha dei regicidi. Ma non aveva rinunziato a vestirsi con ricercatezza e a correr dietro alle gonnelle. C'era in lui un fondo di snobismo. Per sedurre una ragazza irlandese, Sofia Knieland, che aveva il carattere dei suoi rossi capelli e non era anarchica, le raccontò che suo padre possedeva una *farm* in Toscana e attribuì qualche grado in più al suo fratello tenente, col quale prima di partire aveva rotto i ponti. Non si sa se furono regolarmente sposati. Ma vissero come se lo fossero, ed ebbero una bambina, Madeline.

Gli avvenimenti italiani del '98 e le cannonate di Bava Beccaris ebbero un'eco profonda fra gli anarchici di Paterson. Nei loro raduni si chiedeva a gran voce la morte del Re, e una bella *pasionaria* biellese, Ernestina Crivello, giunse a offrire spavaldamente le proprie grazie a chi lo avesse ucciso. Non si è mai saputo se in questo infuocato clima maturasse un vero e proprio complotto. Si sa soltanto che in quel periodo Bresci abbandonò il suo hobby della fotografia per dedicarsi a un altro: il tirassegno con la rivoltella. Ne aveva comprata una di quelle che si vedono nei film western, e presto fu in grado di maneggiarla da sceriffo, infilando da dieci metri la pallottola nel collo di una bottiglia senza romperlo.

Ai primi del '900 disse a Sofia che doveva «fare un salto in Italia» per spartire coi fratelli l'eredità del padre, da poco morto, e a metà maggio s'imbarcò su un piroscafo francese in rotta per Le Havre. Il biglietto non era intestato a lui, ma a un certo Cesare Bianchi, di cui non si è mai accertata l'identità, e questo particolare fornì in seguito argomenti alle ipotesi più svariate. Un Bianchi, a Paterson, c'era. Ma si chiamava Luigi, ed era lo pseudonimo di un certo Sperandio Carbone, figura piuttosto equivoca, che di lì a poco uccise un tal Pessina e si suicidò in carcere lasciando una lettera in cui diceva che, sorteggiato per attentare al Re d'Italia, aveva preferito lasciarne l'onore ad altri e servire la Causa liquidando Pessina che maltrattava e sfruttava i «compagni». Da questo qualcuno indusse che «l'onore» era toccato a Bresci, il quale si sarebbe servito del biglietto già acquistato per Bianchi. Ma è un'ipotesi macchinosa e poco credibile.

Sulla nave, Bresci si trovò imbrancato con altri Italiani. C'era anche una bella ragazza, che come al solito non resisté alla sua corte. Con lei trascorse una luna di miele a Parigi, e anche dopo che si furono lasciati seguitò a scriverle. A Genova trovò fermo posta un vaglia di cinquecento lire speditogli non si è mai saputo da chi. E il 7 giugno arrivò a Coiano dal fratello calzolaio. Agli amici raccontò, magnificandola, la sua vita americana, pagò pranzi e bicchierate, e tenne a mostrare i suoi sgargianti vestiti. Forse fu anche per questo che la polizia si disinteressò di lui e si limitò a negargli il portodarme ch'egli aveva candidamente chiesto. Non ne segnalò nemmeno la partenza per Castel San Pietro in quel di Bologna, dove andò a salutare la sorella sposata lì. Oltre la sorella, vi trovò anche una ragazza chiamata «la rizzona» per motivi che s'indovinano facilmente. Essa disse più tardi di aver convissuto con lui a Bologna fino al giorno in cui egli ricevette un misterioso telegramma e le annunziò che doveva proseguire per Milano. Ci arrivò da solo il 24 luglio, prese alloggio presso una famiglia privata in via San Pietro all'Orto, si mise a corteggiare la figlia della padrona, e forse avrebbe sedotto anche quella se, dopo aver ricevuto la visita di un misterioso giovane biondo, non si fosse trasferito in fretta e furia a Monza, dove si acquartierò in casa di un'affittacamere.

A Monza fervevano i preparativi di un saggio ginnico interprovinciale in programma per domenica 29. Li aveva organizzati la società atletica locale Forti e Liberi che si era assicurata anche la partecipazione del Re alla premiazione. Bresci trascorse i due giorni di attesa facendosi scarrozzare lungo i viali del Parco Reale. In quel momento sembra che il suo piano fosse di compiere l'attentato mentre il Re li percorreva a cavallo, com'era solito fare tutte le mattine. Fu una prostituta, con cui ebbe un piccolo diversivo, a dirgli che Umberto avrebbe presenziato il saggio. Allora cambiò programma.

Quella mattina il Re si alzò, come sempre, di buon'ora, uscì per la consueta cavalcata nel parco col generale Avogadro di Quinto, suo aiutante di campo, e alla fine infilò il vialetto di Villa Litta, che aveva fatto illuminare per poterlo percorrere anche di notte. Sebbene avesse avuto molte altre amanti, Umberto era sempre rimasto devoto alla ultrasessantenne Duchessa, e trascorreva volentieri molti mesi a Monza appunto per averla vicina. La loro relazione era ormai di dominio pubblico e accettata anche da Margherita. La sera il Re faceva a tavola solo atto di presenza per poi andare a pranzare da Eugenia, e la mattina passava a cavallo per salutarla.

Si trattenne con lei circa mezz'ora, rientrò a Villa Reale, riportò da sé il cavallo in scuderia, e raggiunse lo studio per sfogliare i dispacci. Fra gli altri, ce n'era uno del Principe ereditario, che dal Pireo dove si trovava in crociera con la moglie Elena annunziava il suo ritorno. Prese la messa con la Regina, fece colazione con lei e andò a riposarsi. La giornata era afosa: il termometro segnava 36 gradi all'ombra. Il Re dovette aspettare il fresco del crepuscolo per sgranchirsi le gambe nel parco, come sempre faceva. A cena fu allegro. Chiese a Margherita se voleva accompagnarlo al saggio ginnico, ma essa rispose che a quella festa di uomini e di muscoli si sarebbe trovata a disagio.

Per il caldo, il Re aveva ordinato la carrozza scoperta, e per la stessa ragione aveva rifiutato la maglia d'acciaio che, dopo l'attentato di Passanante, indossava sotto il gilè quando doveva comparire in pubblico. Lo seguivano i generali Ponzio Vaglia e Avogadro, ma al posto dei due ispettori di polizia che di solito lo proteggevano, ce n'era uno solo: l'altro, Piano, era stato allontanato pochi giorni prima perché i suoi modi di birro davano fastidio al Re.

Il cocchio entrò in campo alle nove e trenta, accolto dal sindaco, dal sottoprefetto e dal deputato di Monza, Pennati. In mezzo a grandi applausi, il Re scese per prendere posto sul palco mentre la banda intonava la marcia reale. I cinquecento atleti ripresero i loro giuochi. Il Re li seguiva con aria compiaciuta. A un certo punto disse a Pennati: «Beati questi giovanotti. L'invidio proprio!».

Bresci era a dieci passi da lui. Si era alzato la mattina piuttosto tardi, ed era andato a mangiare al Caffè del Vapore. Sebbene ci fossero dei tavoli liberi, chiese a un avventore se poteva sedersi a quello suo, e si mise a parlare con lui. L'avventore era un tal Annovazzi, commerciante di cereali, che si trovava lì per ragioni di lavoro, e che soltanto parecchi anni dopo confidò questo particolare alla figlia. Bresci si presentò come Caserio, e la scelta di questo pseudonimo (Caserio era l'anarchico italiano che nel '54 aveva ucciso il Presidente della Repubblica francese, Carnot) è a dir poco sorprendente, ma il suo interlocutore non ci fece caso. Chiacchierò del più e del meno, ma a un certo punto parve cadere in preda a una profonda malinconia, mormorò: «Oggi è per me una brutta giornata», e quando si separarono quasi abbracciò l'Annovazzi e gli disse: «Mi guardi bene, perché lei forse si ricorderà di me per tutta la vita. Comunque, mi auguro di rivederla». Nel corso della giornata, entrò cinque volte nella stessa gelateria a mangiarvi un gelato alla crema.

Alle nove di sera, era davanti all'ingresso del campo. Voleva compiere lì il suo attentato per riservarsi qualche possibilità, sia pure remota, di fuga. Ma quando la carrozza reale gli passò davanti a pochi metri, non riuscì a distinguere il Re, o forse la decisione gli venne meno. Così entrò dietro al cocchio, mescolato alla folla. E approfittando della confusione, che doveva essere notevole, riuscì a raggiungere la terza fila delle sedie, proprio di fianco alla tribuna reale. Dalla sua vittima lo separava una distanza minore di quella a cui era solito infilare i colli delle bottiglie. Ma preferì aspettare.

Poco dopo le dieci, ebbero inizio le premiazioni. Il Re, in palandrana nera, si tolse il gibus per offrire le coppe ai vincitori. C'era fra di loro una squadra trentina, cui disse ad alta voce: «Sono lieto di stringere la mano a degl'Italiani». La frase, in bocca a un fautore della Triplice come lui, fece effetto e fu sottolineata dal pubblico con grandi applausi. Poi, affiancato dai due Generali, egli scese i cinque gradini del palco, stringendo molte mani, e salì sulla carrozza con Ponzio di lato, Avogadro di fronte. Si sporse ancora a salutare, mentre la pariglia si avviava. E fu proprio quando compiva questo gesto di saluto che tre spari rimbombarono. Il Re si accasciò in avanti, contro le ginocchia di Avogadro. «Avanti, credo d'essere ferito», mormorò appoggiandosi alla spalla di Ponzio, e cadde riverso. Sparati a una distanza di cinque metri, i tre proiettili erano andati tutti a bersaglio.

Ci fu nella folla un attimo di smarrimento, di cui l'attentatore tentò di approfittare per cercare scampo. Ma uno degli atleti gli fu addosso, e il cocchiere Luppi lo immobilizzò. «Vi sbagliate! Non ho sparato io!» gridò Bresci. Ma pugni e bastoni si abbatterono su di lui, e i carabinieri dovettero mettercela tutta per sottrarlo al linciaggio. A bordo di una carrozza requisita a un passante, lo condussero in caserma e lo sottoposero immediatamente a un primo interrogatorio. Raccontò docilmente, senza mentire, come si erano svolti i fatti. Poi chiese che lo lasciassero riposare, e si addormentò di colpo, come un bambino reduce da una scampagnata.

Il Re era stato trasportato alla Villa Reale, ma vi era giunto cadavere: uno dei tre proiettili gli aveva centrato il cuore. Subito avvertita, la Regina era accorsa sotto gli scrosci del temporale improvvisamente scoppiato. «Lo vidi come Gesù deposto dalla Croce» dirà più tardi a Osio. A chi cercava di allontanarla rispose: «Sono donna, ma forte». Chiese al chirurgo la pallottola estratta dal petto di Umberto, e la ripose in un cofanetto. Poi mandò a chiamare la marchesa Litta e la lasciò sola al capezzale del defunto.

Vittorio Emanuele navigava ignaro di essere già Re. Lo seppe solo quando il panfilo entrò nel porto di Reggio Calabria, e il prefetto, andandogli incontro, lo chiamò

«Maestà». Fra lui e suo padre, non c'era mai stato affetto. Quando arrivò a Monza, il primo ordine che impartì fu di chiudere il vialetto che conduceva a Villa Litta e di toglierne i lampioni. Fra lo stile di sua madre e il suo la differenza si annunziava notevole.

Il processo fu celebrato a tamburo battente, e si aprì un mese dopo il regicidio. Bresci chiese di essere assistito da Filippo Turati, mettendolo in una posizione di estremo disagio. Turati aveva sempre difeso i sovversivi, ma era anche il capo di un partito che in quei giorni era accusato di complicità morale coi terroristi anarchici. Ebbe un colloquio col prigioniero e lo persuase a nominare suo patrono Merlino. Questi accettò l'incarico, ma solo alla vigilia del dibattimento gli fu concesso di parlare col suo cliente.

Bresci fu condotto in Corte d'Assise nel cuor della notte per prevenire disordini al suo passaggio. Al dibattimento, che cominciò alle nove, furono ammessi soltanto i giornalisti e i testimoni. Merlino contestò la giuria, ma venne tacitato. L'ordine era di far presto, e infatti il caso fu sbrigato in dieci ore. Con calma, l'imputato smontò l'ipotesi del complotto avanzata dall'accusa, e mantenne la sua affermazione di non aver avuto complici. Perse le staffe solo quando l'avvocato d'ufficio che gli aveva assegnato il tribunale cercò di farlo passare per pazzo. Merlino fece quel che poté dando al delitto una motivazione politica, ma il Presidente gl'ingiunse di attenersi ai fatti. Ultimo parlò Bresci e disse: «La vostra condanna mi lascerà indifferente. Sono convinto di non essermi ingannato facendo quello che ho fatto. Io mi appello soltanto alla prossima rivoluzione!». La sentenza fu quella che tutti si aspettavano: ergastolo con sette anni di segregazione cellulare.

Lo tennero ancora tre mesi a San Vittore, legato con una catena alla parete. Poi lo trasferirono a Portolongone, e lo rinchiusero nella stessa cella in cui Passanante aveva languito otto anni ed era diventato pazzo. Ma il luogo non fu considerato abbastanza sicuro, e un secondo trasferimento fu ordinato nel penitenziario di Santo Stefano a Pantelleria, dove fu approntata appositamente per lui una cella ricalcata su quella di Dreyfus all'Isola del Diavolo. Anche lì tuttavia i carcerieri erano preoccupati. Alla polizia era giunta la segnalazione che l'ex regina di Napoli, Maria Sofia di Borbone, aveva offerto il proprio aiuto agli anarchici se avessero tentato di liberare il loro compagno. Questo episodio lo racconta anche Croce, cui lo aveva confidato Giolitti. Il governo dovette quindi trarre un respiro di sollievo quando da Santo Stefano giunse la notizia che Bresci si era impiccato.

Solo gli anarchici contestarono la tesi del suicidio, ma senza tuttavia poter addurre qualche elemento contro di essa. Solo dopo parecchi anni dei dubbi furono avanzati anche da altre parti, ma in base a voci piuttosto vaghe. Ultimamente Arrigo Petacco ha cercato di ricostruire i fatti sulle «relazioni segrete» al Ministero degl'Interni. Ma il fascicolo che riguarda la morte di Bresci era vuoto: qualcuno lo aveva asportato o soppresso. Una sola circostanza emerge, abbastanza significativa: che l'ispettore mandato da Roma per indagare sul fatto si trovava nell'isola già quattro giorni prima che questo accadesse. La sfasatura di date non prova nulla. Prova soltanto che la nostra polizia ha una specie di congenita vocazione a introdurre nei suoi rapporti e inchieste qualche elemento che giustifica e autorizza i peggiori sospetti.

Nella saletta del Bertoldi's Hotel di Paterson, il ritratto di Bresci si era aggiunto a quelli degli altri martiri. Sofia, che frattanto aveva dato alla luce un'altra bambina, difese tenacemente la memoria del suo compagno, fu aiutata dagli altri Italiani, ma nel '26 lasciò Paterson, e non si è mai saputo più nulla né di lei né delle sue figlie cui aveva dato il proprio cognome.

Pochi anni dopo il regicidio, accompagnato dal sindaco socialista di Monza, un uomo andò a visitare la cappella espiatoria che la città aveva innalzato a ricordo dell'avvenimento, e con un sasso scheggiato scrisse sulla cancellata: «Monumento a Bresci». Quell'uomo si chiamava Benito Mussolini.

L'EUROPA NEL 1900
Cristiania (Oslo)
Stoccolma
Pietroburgo (Leningrado)
NORVEGIA
SVEZIA
Mare del Nord
DANIMARCA
Mosca
GRAN BRETAGNA E IRLANDA
Copenaghen
IMPERO RUSSO
Londra
PAESI BASSI
Amsterdam
Berlino
IMPERO GERMANICO
Varsavia
Oceano Atlantico
BELGIO
Bruxelles
LUSSEMBURGO
Parigi
FRANCIA
Monaco
Vienna
Berna
Insburg
Budapest
SVIZZERA
AUSTRIA-UNGHERIA
Milano
ROMANIA
Belgrado
Bucarest
ANDORRA
Mar Nero
Madrid
S. MARINO
SERBIA
Lisbona
PORTOGALLO
ITALIA
MONTENEGRO
Sofia
BULGARIA
Costantinopoli
Roma
SPAGNA
I.e Baleari
TURCHIA
Napoli
IMPERO OTTOMANO
TURCHIA
GRECIA
Mar Mediterraneo
Atene
MAROCCO
ALGERIA
TUNISIA

Nota bibliografica

Come al solito, rivolgendosi questi libri a un vasto pubblico di non specialisti, delle molte opere cui abbiamo attinto, ci limitiamo a elencare quelle essenziali e alla portata di qualsiasi lettore di buona cultura.

Di quelle di carattere generale, consideriamo fondamentali:

B. Croce, *Storia d'Italia dal 1871 al 1915*; C. Seton-Watson, *Storia d'Italia dal 1870 al 1929*; G. Candeloro, *Storia dell'Italia moderna* (voll. V e VI); L. Valiani, *L'Italia dal 1876 al 1915* (nella *Storia d'Italia* pubblicata dalla Utet); D. Mack-Smith, *Cavour e Garibaldi*; id., *Storia d'Italia*; id., *Vittorio Emanuele II*; A. Gramsci, *Il Risorgimento*; V. Gorresio, *Risorgimento scomunicato*.

Per la politica estera:
Chabod, *Storia della politica estera italiana dal 1870 al 1896*; L. Salvatorelli, *La Triplice Alleanza*; G. Salvemini, *La politica estera dell'Italia 1871-1914*; A.C. Jemolo, *Chiesa e Stato in Italia negli ultimi cento anni*.

Per la politica economica:
Luzzatto, *L'economia italiana dal 1861 al 1914*; R. Romeo, *Breve storia della grande industria in Italia*; L. Cafagna, *Il Nord nel-*

la storia d'Italia; A. Caracciolo, *La formazione dell'Italia industriale*; E. Sereni, *Mercato nazionale e accumulazione capitalistica nell'unità italiana*; N. Quilici, *La Banca Romana.*

Per la storia militare:
P. Pieri, *Storia militare del Risorgimento*; L. Chiala, *Ancora un po' più di luce sugli eventi politici e militari del 1866*; id., *La spedizione di Massaua*; A. Jachino, *La campagna navale di Lissa*; R. Cadorna, *La liberazione di Roma nell'anno 1870*; R. Battaglia, *La prima guerra di Africa.*

Per i movimenti anarchici e socialisti:
N. Rosselli, *Mazzini e Bakunin*; L. Valiani, *Questioni di storia del socialismo*; G. Manacorda, *Il Socialismo nella storia d'Italia*; P.C. Masini, *Storia degli anarchici italiani da Bakunin a Malatesta.*

Per il movimento cattolico:
A.C. Jemolo, *Chiesa e Stato in Italia*; G. Spadolini, *L'opposizione cattolica da Porta Pia al '98*; id., *Giolitti e i cattolici*; G. De Rosa, *Storia del movimento cattolico in Italia.*

Per la questione meridionale:
P. Alatri, *Lotte politiche in Sicilia sotto il governo della Destra*; R. Villari, *Il Sud nella storia d'Italia*; F. Molfese, *Storia del brigantaggio dopo l'unità*; G. Fortunato, *Il Mezzogiorno e lo Stato italiano*; F.S. Nitti, *Nord e Sud.*

Per i personaggi:
E. Viviani Della Robbia, *Ricasoli*; G. Carocci, *Agostino Depretis e la politica interna italiana*; U. Alfassio Grimaldi, *Il Re buono*; G. Volpe, *Francesco Crispi*; A.C. Jemolo, *Crispi*; N. Valeri, *Giolitti*; G. Salvemini, *Il Ministro della malavita*; G. Ansaldo, *Il Ministro della buona vita*; G. Spadolini, *Il mondo di Giolitti*; A. Schiavi, *Filippo Turati attraverso le lettere di corrispondenti*; S.M. Ganci, *L'Italia antimoderata*; L. Dal Pane, *Antonio La-*

briola; G. Spadolini, *I Repubblicani dopo l'unità*; id., *I Radicali dell'Ottocento*; id., *Autunno del Risorgimento*; L. Lipparini, *Andrea Costa*; G. Casalegno, *La Regina Margherita*; Petruccelli Della Gattina, *I moribondi di palazzo Carignano.*

Infine, particolarmente preziosi, come sempre, i diari e gli epistolari:
D. Farini, *Diario di fine secolo*; L. Luzzatti, *Memorie autobiografiche e carteggi*; V. Pareto, *Cronache italiane*; id., *Lettere a Maffeo Pantaleoni*; id., *Lettere ai Peruzzi*; F. Martini, *Diario eritreo*; id., *Confessioni e ricordi*; id., *Fra un sigaro e l'altro*; A. Labriola, *Lettere a Engels*; Marx-Engels, *Corrispondenza con italiani*; G. Giolitti, *Memorie della mia vita*; F. Crispi, *Scritti e discorsi politici*; Turati, *Kuliscioff. Carteggio*; Della Torre, *Carteggio Vittorio Emanuele II – Pio IX.*

Avvenimenti principali

1861 – 6 giugno. Morte di Cavour.
1861 – 12 giugno. Bettino Ricasoli è il nuovo Presidente del Consiglio.
1862 – Marzo. Urbano Rattazzi succede a Ricasoli.
1862 – 29 agosto. Le truppe regie fermano Garibaldi sull'Aspromonte.
1862 – 1° dicembre. Presidente del Consiglio è Luigi Carlo Farini.
1863 – Marzo. Marco Minghetti succede a Farini.
1864 – 21-22 settembre. Sanguinose manifestazioni a Torino contro il trasporto della capitale a Firenze. Dimissioni del governo Minghetti.
1864 – 28 settembre. Nascita della prima Internazionale.
1864 – Fine settembre. Il Re incarica Alfonso La Marmora di formare il nuovo governo.
1865 – Giugno. Firenze è la nuova capitale.
1866 – 8 aprile. Conclusa l'alleanza tra Prussia e Italia.
1866 – 20 giugno. Entrata in guerra dell'Italia contro l'Austria. La Marmora è nominato Capo di Stato Maggiore.
1866 – 24 giugno. Battaglia di Custoza.
1866 – 3 luglio. Battaglia di Sadowa.
1866 – 20 luglio. Battaglia di Lissa.
1866 – 21 luglio. Vittoria di Garibaldi a Bezzecca.

1866 – 22 luglio. Armistizio fra Austria e Prussia; anche l'Italia sospende le ostilità.
1866 – 3 ottobre. Trattato di pace tra Italia e Austria.
1867 – 4 aprile. Dimissioni del governo Ricasoli; gli succede Urbano Rattazzi.
1867 – 23 settembre. Garibaldi è inviato a Caprera.
1867 – 29 ottobre. Le truppe francesi sbarcano a Civitavecchia.
1867 – 3 novembre. Sconfitta di Garibaldi a Mentana.
1868 – Marzo. Viene approvata la tassa sul macinato.
1869 – Dicembre. A Roma si apre il Concilio Ecumenico.
1869 – 15 dicembre. Governo Lanza-Sella.
1870 – 18 luglio. Viene definito il dogma dell'infallibilità del Papa.
1870 – 20 settembre. Porta Pia: le truppe italiane entrano in Roma.
1871 – 13 maggio. Legge delle guarentigie.
1871 – 2 luglio. Vittorio Emanuele II fa il suo ingresso ufficiale a Roma, capitale d'Italia.
1872 – 10 marzo. Muore Giuseppe Mazzini.
1873 – 25 giugno. Al Ministero Lanza succede il Ministero Minghetti.
1874 – 7-8 agosto. Fallisce il movimento insurrezionale dell'Emilia.
1876 – 18 marzo. Depretis forma il nuovo governo.
1878 – 9 gennaio. Muore Vittorio Emanuele II.
1878 – 7 febbraio. Muore Pio IX, cui succede Leone XIII.
1881 – 25-26 settembre. Primo Congresso operaio lombardo.
1882 – 20 maggio. La Triplice alleanza.
1882 – 2 giugno. Garibaldi muore a Caprera.
1885 – 5 febbraio. Truppe italiane sbarcano a Massaua.

1887 – 26 gennaio. Disfatta di Dogali.
1887 – Fine luglio. Francesco Crispi è eletto Presidente del Consiglio.
1889 – In Sicilia si costituiscono i primi Fasci dei Lavoratori.
1889 – 2 maggio. Trattato di Uccialli.
1891 – 15 maggio. Enciclica di Leone XIII *Rerum novarum*.
1892 – Maggio. Primo ministero Giolitti.
1892 – 14 agosto. Nasce a Genova il Partito dei lavoratori italiani.
1893 – Dicembre. Scandalo della Banca Romana: cade il governo Giolitti.
1896 – 1° marzo. Gli Abissini sconfiggono le truppe italiane ad Adua.
1900 – 29 luglio. Monza: l'anarchico Bresci uccide Umberto I.

APPENDICE

RITRATTI

Biografie essenziali delle principali figure storiche trattate in questa Storia d'Italia.

Helmuth Karl Bernhard von Moltke
(Parchim 1800 – Berlino 1891)
Feldmaresciallo prussiano

Il principale artefice delle vittorie militari, che permisero alla Prussia di imporsi nel 1866 sull'Austria-Ungheria e nel 1870 sulla Francia, entrò, tenente, nel 1833 nello stato maggiore generale di Berlino, dove fu apprezzato dal principe Guglielmo, il futuro Imperatore di Germania. Due anni più tardi, in seguito alla promozione a capitano, von Moltke compì un viaggio in Europa e si spinse fino a Costantinopoli, dove il sultano Mahmud II gli propose di modernizzare l'esercito ottomano. Nel 1838 divenne così consigliere militare delle truppe ottomane dislocate in Armenia, circostanza che gli permise di assistere direttamente alla campagna condotta contro Mehemt Alì d'Egitto e alla sconfitta turca nella battaglia di Nizib. Tornato a Costantinopoli von Moltke non poté più godere della protezione di Mahmud II, morto durante la sua assenza, per cui fece ritorno a Berlino.

In Prussia si dedicò alla pubblicazione delle esperienze maturate nell'Impero ottomano e nel contempo ottenne diversi comandi, finché nel 1855 fu designato aiutante personale del principe Federico Guglielmo III fino al 1857. Questo si rivelò l'anno più significativo, quando divenne capo dello Stato Maggiore generale prussiano, incarico che tenne saldamente nelle sue mani nei seguenti trent'anni. La nuova mansione lo spinse a dedicarsi con assiduità al miglioramento delle tecniche di combattimento, della tattica e strategia prussiana, del perfezionamento degli armamenti e delle comunicazioni, oltre all'addestramento degli ufficiali e alla mobilitazione delle truppe, dove introdusse lo spostamento dei contingenti mediante l'ausilio del treno. Il 1862 fu il punto di svolta per la sua carriera e la sua affermazione tattico-strategica: von Moltke fu chiamato a pianificare un'azione diretta contro la Danimarca in previsione di un imminente conflitto per la soluzione della vertenza dei Ducati dello Schleswig e dell'Holstein. Il piano predisposto fu effettivamente applicato due anni dopo ma in un modo errato e solo l'intervento diretto sul campo di battaglia del suo ideatore permise ai Prussiani di imporsi sui Danesi. La vittoria aumentò il prestigio dell'alto ufficiale, a cui fu affidata la pianificazione delle operazioni contro l'Austria-Ugheria. Questa volta le direttive di von Moltke furono applicate integralmente e permisero il clamoroso successo di Sadowa, in seguito al quale la Prussia restò la sola potenza egemone nell'area tedesca.

Ma non era ancora finita. Nei piani del cancelliere Bismarck la Prussia per potersi affermare come potenza europea di primo piano doveva confrontarsi con la Francia di Napoleone III e imporsi. Anche in questa occasione le sue qualità tattico-strategiche assicurarono alle truppe prussiane il successo, che fu deciso da manovre avvolgenti sia nella battaglia per Metz che nella più importante vittoria conseguita da von Moltke, Sedan, dove non solo catturò Napoleone III e il suo esercito ma si aprì la strada per Parigi; qui il 28 gennaio 1871 fu firmato l'armistizio che concluse il conflitto mentre a Versailles, nel Salone degli specchi, qualche giorno prima i Principi tedeschi avevano proclamato Guglielmo I imperatore di Germania.

Von Moltke fu promosso nel 1871 feldmaresciallo e nominato membro a vita della Camera alta tedesca; nel 1888 fu allontanato dall'incarico dal nuovo e giovane imperatore Guglielmo II, che non aveva esitato nello stesso tempo a esonerare dal cancellierato l'altro creatore della potenza tedesca, Otto von Bismarck.

Giovanni Lanza
(Casale Monferrato 1810 – Roma 1882)
Politico italiano

Eminente personalità della Destra storica, durante i suoi mandati governativi si verificarono importanti episodi della vita del giovane Regno d'Italia: il trasferimento della capitale italiana a Firenze; il compimento dell'unità nazionale con l'unione di Roma e la sua proclamazione a capitale; la promulgazione della legge delle guarentigie al fine di regolare i delicati rapporti tra lo Stato e la Chiesa.

Dopo aver conseguito la laurea in medicina e chirurgia decise di perfezionare la produzione della tenuta di famiglia, secondo procedure coltive più razionali e d'avanguardia. La sua chiara sensibilità verso le idee liberali lo spinse a scrivere per diversi quotidiani piemontesi. Nel 1848 si presentò volontario in soccorso della Lombardia e venne eletto nel parlamento subalpino dove sedette con i deputati del centrosinistra di Cavour. Nel 1852 fu eletto vicepresidente della Camera ed entrò a far parte del primo governo diretto da Cavour, che gli confidò la direzione della Pubblica Istruzione, in seguito delle Finanze. In entrambi i casi Lanza diede buone prove di sé: nel primo caso, dimostrò d'essere un capace riformatore; nel secondo, assecondò abilmente i preparativi militari della seconda guerra d'indipendenza mediante lo stanziamento di cospicui fondi.

Nel neo costituito parlamento italiano venne eletto presidente della Camera dei deputati, incarico che gli fu riconfermato per altre due volte. L'apice della carriera politica lo raggiunse però nel dicembre 1869, quando fu incaricato di formare il governo che subentrò a quello di Luigi Menabrea. Lanza e il suo esecutivo si distinsero per l'attuazione di un rigido programma economico nello sforzo di colmare il disavanzo del Regno, che non mancò di suscitare malcontento nella popolazione. Nel contempo si prodigò per mantenere una linea neutrale davanti al conflitto franco-prussiano.

Emilio Visconti-Venosta
(Milano 1829 – Roma 1914)
Diplomatico e politico italiano

Terminati gli studi di legge all'Università di Pavia, si dedicò all'attività politica avvicinandosi ai circoli repubblicani, da cui tuttavia si distaccò dopo il fallimento della sollevazione antiaustriaca a Milano nel 1853.

Venne in tal modo ad aderire inevitabilmente alla linea di Cavour, che lo nominò commissario regio tra le fila dei Garibaldini. Deputato della Destra storica, resse il dicastero degli Esteri nei ben cinque governi che si succedettero (Minghetti, La Marmora, Ricasoli, Lanza-Sella e ancora Minghetti) dal 1863 al 1876. In quest'arco di tempo dovette gestire i rapporti con la vicina Francia in merito alla «questione romana», che portò alla stesura della Convenzione di settembre, quindi nel 1870 a trattare l'occupazione di Roma e la cessazione del potere temporale del pontefice, infine la formulazione della legge delle guarentigie.

La sua opera diplomatica fu tesa a non inimicare al Regno d'Italia nessuna potenza tra quelle che componevano il «concerto» europeo; a tal fine, avvicinò la Prussia all'Italia attento a non suscitare le preoccupazioni o i sospetti della Francia; per contro, nel momento in cui le relazioni con Parigi divennero difficili dopo le vicende del 1870-1871, operò un'apertura verso l'eterna nemica della Penisola, l'Austria-Ungheria. La caduta della Destra storica significò l'allontanamento di Visconti-Venosta dalla vita politica e diplomatica italiana, dove fece ritorno nel 1896, con il governo Di Rudinì dopo la disastrosa sconfitta subita dalle truppe coloniali italiane ad Adua, e conservò il mandato fino al 1901. In questa circostanza puntò subito a un miglioramento del dialogo con la Francia repubblicana, che comportò accordo sullo *status* degli Italiani presenti in Tunisia. Inoltre l'abilità diplomatica di Visconti-Venosta assicurò al Regno una sfera d'influenza sulla Libia, mentre riconobbe lo stesso alla Francia sul Marocco. L'ultimo suo incarico di rilevanza internazionale avvenne nel 1906: rappresentò l'Italia nella conferenza di Algesiras, convocata per mediare tra la Francia e la Germania in merito al controllo sul Marocco, durante la quale contribuì all'elaborazione di un accordo che stabiliva i diritti delle due potenze sul territorio nord-africano.

Felice Carlo Emanuele Cavallotti
(Milano 1842 – Roma 1898)
Letterato e politico italiano

Considerato l'esponente di spicco dell'estrema sinistra liberale, Cavallotti si unì giovanissimo ai garibaldini durante la spedizione dei Mille; in seguito combatté durante la terza guerra d'indipendenza in Valtellina e nel Trentino, sempre come volontario, e a Roma contro le truppe francesi. Nel 1873 venne eletto deputato del borgo lombardo di Corteolona (in provincia di Pavia) alla Camera, dove si distinse per le accese critiche tanto verso la gestione governativa attuata dalla Destra storica, quanto verso la Sinistra, salita al potere nel 1876, per il trasformismo cui fece facilmente ricorso il suo leader, Agostino Depretis, o per l'autoritarismo attuato da Francesco Crispi. Contestualmente all'attività politica, Cavallotti operò per diversi fogli, mentre nel 1866 assunse la direzione del «Gazzettino rosa», giornale di punta della democrazia italiana del dopo Unità. Nella sua azione politica egli diede prova di una particolare sensibilità nei confronti del pensiero elaborato da Marx, per cui spesso radicali e socialisti si trovarono a contestare fianco a fianco la politica coloniale e a esigere un miglioramento delle classi meno abbienti.

Sostenitore della laicità contro ogni pressione ecclesiastica sulla vita politica del Regno, Cavallotti fu tra i patrocinatori dell'innalzamento in Campo de' Fiori a Roma di una statua a Giordano Bruno. Dal carattere passionale e testardo, sostenne ben trentatré duelli, l'ultimo dei quali, contro il direttore della «Gazzetta di Venezia», gli fu fatale nel marzo 1898.

Cronologia essenziale

La seguente cronologia si propone di integrare e arricchire il percorso storico tracciato dagli Autori, evidenziando gli eventi principali che costituiscono l'ossatura di questa Storia d'Italia.

1861

2 gennaio – In Prussia sale al trono Guglielmo I, che avvia una politica di unità tedesca sono l'egemonia prussiana.

febbraio – A Torino si riunisce il primo parlamento italiano (443 sono i deputati eletti, 213 i senatori nominati dal Re) che proclama Vittorio Emanuele II re d'Italia.

13 febbraio – L'esercito piemontese espugna la fortezza di Gaeta dopo un lungo assedio; la sua caduta segna di fatto la fine del Regno borbonico.

3 marzo – Lo zar Alessandro II abolisce la servitù della gleba: i contadini ottengono la libertà e la possibilità di riscattare, con un aiuto governativo, una particella di terra.

12 aprile – Negli Stati Uniti dieci Stati danno vita agli Stati confederati d'America in opposizione agli Stati del Nord o unionisti; il bombardamento di Fort Sumter attuato dai confederati segna l'inizio della guerra civile americana.

6 giugno – Morte di Cavour.

12 giugno – Bettino Ricasoli è nominato nuovo Presidente del Consiglio. A Londra entrano in servizio i tram trainati dai cavalli. Emilio Treves avvia a Milano l'attività dell'omonima casa editrice.

1862

marzo – Urbano Rattazzi succede a Ricasoli.

29 agosto – Le truppe regie fermano sull'Aspromonte Garibaldi, partito da Palermo e diretto su Roma. L'Eroe dei Due Mondi, ferito nello scontro, viene imprigionato; solo l'amnistia gli permette di ritirarsi sull'isola di Caprera.

22 settembre – Il presidente americano Abraham Lincoln decreta l'emancipazione degli schiavi.

1° dicembre – Presidente del Consiglio è Luigi Carlo Farini.

13 dicembre – I confederati vincono nella battaglia di Fredericksburg. In Prussia Guglielmo I nomina cancelliere Otto von Bismarck, che si rivela un energico promotore dell'affermazione politica e militare del Regno nell'ambito dello spazio tedesco. L'unione dei Principati di Valacchia e Moldavia nasce la Romania, con il consenso delle potenze europee e della Turchia. I Francesi procedono all'espansione nella Cocincina con l'occupazione di Saigon.

Victor Hugo scrive *I miserabili*; il musicologo austriaco Ludwig Köchel riordina il catalogo delle opere di Mozart che da questo momento sono contrassegnate da una K con un numero. La società tedesca Opel muove avvia la produzione di macchine da cucire.

1863

marzo – Marco Minghetti succede a Farini.

La legge Pica introduce la legge marziale nelle zone dove si rileva il fenomeno del brigantaggio. In Germania Ferdinand Lassalle istituisce l'associazione degli operai tedeschi. Cristiano IX di Danimarca annette al Regno il Ducato dello Schleswig-Holstein, decisione che innesca un conflitto con la Confederazione germanica. In Polonia i Russi soffocano nel sangue un'insurrezione. Nella battaglia di Chattanooga le truppe nordiste hanno la meglio sulle forze sudiste. L'imperatore Napoleone III fa occupare Città del Messico; la Francia estende il protettorato sulla Cambogia.

Théophile Gautier scrive il romanzo *Capitan Fracassa*; il pittore Ingres realizza il *Bagno turco* mentre Édouard Manet la *Colazione sull'erba*. Alessandro Antonelli progetta la Mole Antonelliana di Torino. A Londra viene inaugurata la prima linea della metropolitana sotterranea, lunga 6,5 km, con trazione a vapore. L'ingegnere Eugenio Villoresi realizza l'omonimo canale tra i fiumi Ticino e Adda. A Milano viene istituito il Politecnico. F. Bayer crea la ditta farmaceutica che porta il suo nome. In Italia viene istituito il Club Alpino Italiano.

1864

settembre – Regno d'Italia e Francia stipulano la convenzione in base alla quale il primo rinuncia ad annettersi lo Stato della Chiesa e a trasferire la capitale a Firenze; la secondo invece si impegna a ritirare le truppe da Roma.

21-22 settembre – Sanguinose manifestazioni a Torino contro il trasferimento della capitale a Firenze; il governo Minghetti dimissiona in seguito alla loro repressione.

28 settembre – Nascita a Londra della Prima Internazionale socialista per opera di Karl Marx.

fine settembre – Il Re incarica Alfonso La Marmora di formare il nuovo governo.

Pio IX emana il «Sillabo» e l'enciclica *Quanta cura* con cui condanna il liberalismo e riafferma il potere temporale della Chiesa. Nel Nord dell'Europa divampa la guerra condotta da Austria e Prussia contro la Danimarca per il Ducato dello Schleswig-Holstein: il Ducato e la Danimarca sono occupati dai Prussiani; la pace di Vienna pone fine al conflitto e il Ducato è ceduto alla Prussia e all'Austria. In Massico, l'arciduca Massimiliano d'Austria è proclamato Imperatore del Messico per volontà di Napoleone III.

A Ginevra viene istituita dal medico Henri Dunant la Croce Rossa Internazionale.

1865

9 aprile – Negli Stati Uniti i sudisti, persa la capitale Richmond, si arrendono alle forze nordiste, e ha così fine la guerra civile.

14 aprile – Lincoln è assassinato al teatro Ford di Washington, mentre assiste alla commedia *Il nostro cugino d'America*, da un attore fanatico, John W. Booth.

giugno – Firenze è la nuova capitale del Regno d'Italia.

14 agosto – In base alla Convenzione di Gastein l'Holstein è assegnato all'Austria, mentre lo Schleswig alla Prussia; tra le due potenze crescono le tensioni per l'egemonia in Germania.

Terminano le operazioni militari nell'Italia centro-meridionale contro il brigantaggio iniziate quattro anni prima. Il Congresso americano approva l'abolizione della schiavitù (13° emendamento della Costituzione americana).

Charles L. Dodgson pubblica, con il nome di Lewis Carroll, *Alice nel paese delle meraviglie*. In Germania nasce la Badische Anilin und Soda Fabrik (BASF). Nello Stato del Massachusetts viene istituito il Massachusetts Institute of Technology.

1866

8 aprile – Prussia e Italia concludono un'alleanza in funzione antiaustriaca.

20 giugno – Entrata in guerra dell'Italia contro l'Austria (terza guerra d'indipendenza). Il generale La Marmora è nominato Capo di Stato Maggiore.

24 giugno – Battaglia di Custoza: l'esercito italiano è sconfitto dagli Austriaci.

3 luglio – Battaglia di Sadowa: l'esercito prussiano comandato dal maresciallo von Moltke sbaraglia l'armata austriaca.

20 luglio – Battaglia di Lissa: la flotta italiana subisce una dura sconfitta ad opera della marina imperiale austriaca.

21 luglio – Vittoria di Garibaldi a Bezzecca sugli Austriaci.

22-26 luglio – Armistizio di Nikolsburg fra Austria e Prussia; anche l'Italia sospende le ostilità.

8 agosto – Garibaldi, in procinto di liberare il Trentino, è costretto a desistere dal governo italiano.

12 agosto – Armistizio di Cormons tra l'Impero austriaco e il Regno d'Italia.

23 agosto – Austria e Prussia sottoscrivono la pace (pace di Praga), in forza della quale la Prussia si annette il Ducato dello Schleswig-Holstein ed estende la sua egemonia sulla Germania, da cui è estromessa invece del tutto l'Austria.

3 ottobre – Trattato di pace tra Italia e Austria (pace di Vienna): Vienna dà il Veneto a Napoleone III, che a sua volta lo consegna al Regno.

Fëdor M. Dostoevskij scrive *Delitto e castigo*. In Italia viene pubblicata la rivista fiorentina «La Nuova Antologia», che si pone come continuazione della rivista l'«Antologia» fondata da Giovan Pietro Vieusseux. Il biologo Mendel elabora le leggi sull'ereditarietà genetica.

1867

4 aprile – Dimissioni del governo Ricasoli; gli succede Urbano Rattazzi.

23 settembre – Garibaldi è inviato a Caprera dopo essere stato fermato dalle truppe regie mentre marcia in direzione di Roma.

29 ottobre – Le truppe francesi sbarcano a Civitavecchia per difendere il Papa dai piani garibaldini di abbattere lo Stato pontificio.

3 novembre – Sconfitta di Garibaldi contro i franco-papalini a Mentana nel tentativo di raggiungere l'Appennino dopo il fallito tentativo di far insorgere Roma.
Nell'Impero austriaco il governo imperiale raggiunge un accordo con gli Ungheresi, è il Compromesso (*Ausgleich*) che sancisce la nascita dell'Impero austro-ungarico. La Prussia unisce gli Stati della Germania settentrionale nella Confederazione del Nord. Le truppe francesi lasciano il Messico e l'imperatore Massimiliano viene giustiziato dai messicani.

A Parigi muore Charles Baudelaire. Il poeta americano H.W. Longfellow traduce per primo in inglese la *Divina Commedia*. In Francia si diffonde il movimento impressionista.

1868

marzo – Viene approvata dal parlamento la tassa sul macinato, invisa alla popolazione. Mediante questa imposta indiretta sulla macinazione del grano e dei cereali il governo regio si propone di conseguire il risanamento delle finanze.

7 luglio – La tassa viene promulgata dal governo guidato da Luigi Menabrea.

Fëdor M. Dostoevskij scrive *L'idiota*. A Parigi muore il compositore Gioacchino Rossini.

1869

gennaio – Entra in vigore la tassa sul macinato che causa violenti rivolte represse nel sangue.

dicembre – A Roma si apre il Concilio ecumenico.

15 dicembre – Governo Lanza-Sella.
Nel Regno entra in vigore la tassa sul macinato che provoca rivolte e contestazioni. In Germania August Bebel e Wilhelm Liebknecht fondano il partito operaio socialdemocratico. In Inghilterra primo ministro è William E. Gladstone, che promuove diverse riforme sociali.

Il compositore russo Modest Musorgskij rappresenta l'opera *Boris Godunov*. Gustave Flaubert riscrive *L'educazione sentimentale*. Lev Tolstoj pubblica *Guerra e pace*. Il chimico D.I. Mendeleev compila la tabella periodica degli elementi. In Egitto è inaugurato il Canale di Suez, nato dal progetto di L. Negrelli e realizzato dal francese Ferdinand de Lesseps.

1870

12 luglio – La Francia si oppone alla nomina al trono di Spagna di un membro della famiglia reale prussiana, Leopoldo von Hohenzollern-Sigmaringen.

18 luglio – Il Concilio ecumenico vaticano sancisce il dogma dell'infallibilità del Papa.

19 agosto – Bismarck spinge la Francia alla guerra contro la Prussia ricorrendo all'inganno del dispaccio di Ems. Stravolge la comunicazione relativa all'incontro tra Guglielmo I e l'ambasciatore francese che chiedeva che la Prussia non candidasse nessun membro della famiglia reale al trono di Spagna, richiesta respinta dal sovrano. Bismarck rilascia quindi alla stampa un resoconto distorto dell'incontro, in cui fa emergere che il Re di Prussia ha tenuto un atteggiamento offensivo verso la Francia, la quale è costretta a reagire dichiarando guerra.

1° settembre – L'armata francese guidata dal maresciallo Mac-Mahon e da Napoleone III si arrende a Sedan ai Prussiani. In Francia è proclamata la Terza Repubblica diretta da Jules Favre e Léon Gambetta.

20 settembre – Breccia di Porta Pia: le truppe italiane entrano in Roma e cessa il potere temporale della Chiesa. Un plebiscito annette Roma e il Lazio al Regno.

2 novembre – Il Papa si rifugia in Vaticano e scomunica Vittorio Emanuele II.

Jules Verne scrive *Ventimila leghe sotto i mari*. In Inghilterra muore Charles Dickens.

1871

18 gennaio – I Principi tedeschi proclamano a Versailles, nella Galleria degli specchi, la nascita dell'Impero tedesco e Guglielmo I imperatore del II Reich.

17 febbraio – Capo dell'esecutivo della Terza Repubblica è eletto Adolphe Thiers.

28 febbraio – Preliminari di pace a Versailles tra Bismarck, Thiers e Fabre.

1° marzo – I Prussiani entrano a Parigi.

18 marzo – A Parigi viene proclamato un governo insurrezionale costituito su impulso della classe operaia. La guardia nazionale, che si oppone alla requisizione dei cannoni di Montmartre e di Belleville ordinata dal governo, fraternizza con la folla.

19 marzo – Il governo francese retto da Thiers si rifugia a Versailles, difesa dal maresciallo Mac-Mahon.

26 marzo – Il Comitato centrale, costituito da delegati della guardia nazionale, decide di dare alla popolazione parigina un consiglio comunale, la Comune.

29 marzo – Sono costituite dieci commissioni di governo che adottano diversi provvedimenti (adozione del calendario rivoluzionario, creazione di un comitato di sicurezza generale, comitato di salute pubblica, disposizioni anticlericali).

10 maggio – Trattato di Francoforte: viene sancita la fine della guerra; la Francia cede alla Prussia l'Alsazia e la Lorena ed è costretta a versare ai vincitori una pesante indennità.

13 maggio – Il parlamento italiano approva la legge delle «guarentigie» (garanzie), con cui si tenta di regolare i rapporti tra il Regno e il Pontefice, che però non le riconosce.

21-28 maggio – Parigi, dopo l'assedio delle truppe fedeli al governo Thiers (dette versaillesi), conosce la settimana di sangue. La battaglia tra comunardi e governativi infuria per le strade della città, dove si commettono atrocità da entrambe le parti. Gli scontri finali si tengono al cimitero del Père-Lachaise.

2 luglio – Vittorio Emanuele II fa il suo ingresso ufficiale a Roma, capitale d'Italia.

Il tedesco Heinrich Schliemann inizia gli scavi in Asia Minore e nel Peloponneso, che portano alla scoperta di Micene e di Troia.

1872

10 marzo – Muore a Pisa Giuseppe Mazzini.

A Berlino viene sottoscritto l'accordo dei tre Imperatori (Guglielmo I, Francesco Giuseppe, Alessandro II) per la conservazione dello *status quo* nella penisola balcanica. Bismarck, in seguito alla proclamazione del dogma dell'infallibilità pontificia, vara la politica del *Kulturkampf* (lotta per la civiltà) con cui si prefigge di bloccare ogni intrusione della Chiesa nella politica interna tedesca.

Lo storico Ferdinand Gregorovius termina la *Storia della città di Roma nel Medioevo*. Fëdor M. Dostoevskij scrive *I demoni*. A Milano, Giovanni Battista Pirelli crea l'omonima società che produce oggetti in gomma.

1873

maggio – In Germania sono emanate le «leggi di maggio», con cui sia la gerarchia ecclesiastica sia gli istituti religiosi sono posti sotto il controllo dello Stato.

25 giugno – Al ministero Lanza succede il ministero Minghetti.
In Francia i conservatori eleggono presidente della Repubblica il maresciallo Mac-Mahon. In Spagna, in seguito all'abdicazione di Amedeo d'Aosta, salito al trono due anni prima, viene proclamata la Prima Repubblica.

A Milano si spegne Alessandro Manzoni. La casa editrice Treves pubblica il periodico «Nuova Illustrazione Universale», che due anni dopo prende il nome «L'Illustrazione Italiana». Jules Verne scrive *Il giro del mondo in 80 giorni*. Muore il filosofo liberalista John Stuart Mill.

1874

marzo – Bismarck, sull'onda del *Kulturkampf*, introduce in Prussia prima e in Germania poi il matrimonio civile.

7-8 agosto – Fallisce il movimento insurrezionale dell'Emilia.
In seguito al *non expedit* di Pio IX i cattolici si astengono dal partecipare alla vita pubblica del Regno. In Spagna la Repubblica è abbattuta e viene restaurata la monarchia borbonica con Alfonso XII. In Inghilterra il ministero conservatore di Benjamin Disraeli rilancia l'espansionismo coloniale britannico. I Francesi esercitano un protettorato sul Vietnam.

A Berna viene istituita l'Unione postale cui all'inizio aderiscono 22 paesi (Convenzione di Berna).

1875

In Italia i cattolici che obbediscono al *non expedit* si raccolgono attorno all'Opera dei congressi e dei comitati cattolici (nata per organizzare congressi periodici di cattolici, è un'organizzazione politico-sociale che dà vita a comitati parrocchiali e casse rurali). In Germania nasce il Partito socialdemocratico (congresso di Gotha), nato dalla fusione dell'associazione degli operai tedeschi e dal partito operaio socialdemocratico ispirato agli ideali marxisti. In Inghilterra il Primo ministro Disraeli, con l'aiuto della Banca Rothschild, acquisisce la maggioranza delle azioni della Compagnia del Canale di Suez. In Bosnia-Erzegovina divampa la rivolta antiturca con l'appoggio della Serbia: è l'inizio del conflitto serbo-turco.

1876

18 marzo – Agostino Depretis forma il nuovo governo: alla Destra storica liberale, che ha retto le sorti dell'Italia dall'Unità, subentra la Sinistra liberale.

1° settembre – I Serbi sono sconfitti dai Turchi ad Aleksinac.

In Francia viene approvata la Costituzione della Terza repubblica. In Russia opera la società segreta «Terra e libertà», che si propone di mutare radicalmente la società russa. La regina Vittoria è proclamata Imperatrice delle Indie. In seguito a insanabili divergenze tra i sostenitori del marxismo e quelli dell'anarchico russo Bakunin si scioglie la I Internazionale.

A Milano nasce il «Corriere della Sera» per opera del giornalista Eugenio Torelli-Viollier. Mark Twain pubblica il romanzo *Le avventure di Tom Sawyer*. Wagner rappresenta a Bayreuth la *Trilogia dell'Anello del Nibelungo*. Negli Stati Uniti, A.G. Bell brevetta il telefono. A Parigi, sulla collina di Montmarte, viene eretto il Sacro Cuore.

1877

In Italia si avviano i lavori dell'inchiesta agraria coordinati da Stefano Jacini; la legge Coppino rende obbligatoria la scuola per i fanciulli dai sei ai nove anni. In Francia, il fallimento del tentativo del presidente Mac-Mahon di favorire un governo reazionario permette ai repubblicani di riportare uno schiacciante successo elettorale. Tra Russia e Turchia scoppia un conflitto per il controllo dei Balcani e degli Stretti.

Lev Tolstoj pubblica *Anna Karenina*. Pëtr Ilič Čajkovskij compone il balletto *Il Lago dei cigni*. Thomas A. Edison mette a punto il fonografo.

1878

gennaio – Le truppe russe giungono alle porte di Costantinopoli.

9 gennaio – Muore Vittorio Emanuele II; al trono sale il figlio Umberto I.

7 febbraio – Muore Pio IX, cui succede Leone XIII.

31 marzo – La Turchia è costretta alla pace di Santo Stefano con la Russia con cui riconosce l'estensione della sovranità russa sui Balcani. L'Inghilterra si allea con i Turchi in funzione antirussa e non riconosce la pace di Santo Stefano.

giugno-luglio – Bismarck convoca il Congresso di Berlino per trovare una soluzione alla crisi balcanica: la Russia vede modificati a suo svantaggio i termini del trattato di pace di Santo Stefano per cui ottiene solo la Bessarabia; si avvantaggiano invece l'Austria, che consegue l'amministrazione della Bosnia-Erzegovina, la Romania e la Serbia; viene costituito il Regno di Bulgaria; l'Inghilterra ottiene l'amministrazione dell'isola di Cipro che resta comunque sotto la sovranità turca.

ottobre – In Germania Bismarck attua duri provvedimenti contro le associazioni operaie e il Partito socialdemocratico.

In Inghilterra il metodista W. Booth fonda l'Esercito della salvezza, organizzazione d'assistenza ai bisognosi e di propaganda religiosa.

1879

In Francia, al dimissionario presidente francese Mac-Mahon succede il repubblicano Jules Grey; la maggioranza parlamentare è divisa tra repubblicani (guidati da Gambetta e Ferry) e radicali (capeggiati da Clemenceau). Germania e Austria-Ungheria sottoscrivono un'alleanza difensiva (Duplice Alleanza).

Il tedesco W. von Siemens realizza il primo tram a trazione elettrica.

1880

In Francia viene celebrata come festa nazionale la presa della Bastiglia e la Marsigliese diviene inno nazionale. Il presidente del consiglio Jules Ferry intraprende importanti riforme laiche (sulla scuola, che è gratuita, laica e obbligatoria; sulla libertà di associazione e sulla libertà di stampa); i comunardi del 1871 sono amnistiati; l'Ordine dei gesuiti viene sciolto. In Gran Bretagna al governo Disraeli subentra il liberale Gladstone. Nell'Africa del sud i boeri del Transvaal si scontrano con gli Inglesi decisi ad annettere la Repubblica del Transvaal, ricca in giacimenti di diamanti, alla colonia del Capo. In seguito all'esplorazione del fiume Congo a opera di Savorgnan di Brazzà inizia la penetrazione coloniale francese e belga nel territorio congolese.

Muore Gustave Flaubert. Fëdor M. Dostoevskij pubblica *I fratelli Karamazov*. Negli Stati Uniti nasce la Kodak, che si specializza nella produzione di lastre fotografiche a gelatina di bromuro d'argento.

1881

marzo – Lo zar Alessandro II muore in un attentato; gli succede il figlio Alessandro III che inaugura un governo reazionario.

25-26 settembre – Primo Congresso operaio lombardo.
Germania, Austria e Russia stringono un'alleanza per controllare l'evolversi della crisi nei Balcani (Alleanza dei tre imperatori). L'Impero ottomano cede alla Grecia la Tessaglia e parte dell'Epiro. Sorgono forti attriti tra Francia e Regno d'Italia in seguito al protettorato che la prima esercita sulla Tunisia (trattato del Bardo); l'Italia si avvicina alla Germania e all'Austria. La Gran Bretagna riconosce l'autonomia del Transvall e nel Sudan orientale deve fronteggiare una rivolta antiegiziana da parte dei Dervisci guidati da Muhammad Ahmed detto il Mahdi (messia). In Polonia e Russia. In seguito all'uccisione dello Zar, si scatena la caccia agli Ebrei, accusati tra l'altro di essere la causa delle sfortune dell'Impero zarista; le devastazioni e i massacri subiti spingono un alto numero di Ebrei ad abbandonare l'Europa orientale per recarsi in Palestina, sostenuti dal nascente movimento sionista.

Giovanni Verga pubblica il romanzo *I Malavoglia*; l'americano Henry James dà alle stampe *Ritratto di signora*. È portato a termine il tunnel ferroviario del San Gottardo, lungo 15 km. Iniziano i lavori per la realizzazione del Canale di Panama a opera di Ferdinand de Lesseps.

1882

20 maggio – Germania, Austria e Italia stipulano la Triplice Alleanza in funzione antifrancese.

2 giugno – Garibaldi muore a Caprera.

giugno-settembre – Gli Inglesi intervengono in Egitto per sedare una rivolta scoppiata ad Alessandria d'Egitto; riportato l'ordine e occupato Il Cairo riaffermano il protettorato sull'Egitto.

ottobre – Le elezioni in Italia vedono l'affermarsi delle sinistre; Andrea Costa è il primo deputato socialista a sedere in parlamento.

dicembre – Il patriota Guglielmo Oberdan è scoperto mentre prepara un attentato contro Francesco Giuseppe e viene condannato a morte.
In Italia è approvato l'allargamento del suffragio elettorale, per cui gli elettori passano da seicentomila a due milioni; a Milano nasce il Partito operaio italiano; il governo italiano rileva dalla Compagnia di navigazione Rubattino il porto di Assab sulle coste del Mar Rosso, primo passo per l'espansionismo in Africa Orientale. In Irlanda un attentato contro due funzionari inglesi è seguito da una dura repressione britannica che alimenta a sua volta il terrorismo irlandese.

1883

In Russia si costituisce la prima organizzazione d'orientamento ideologico marxista. La Romania stringe un'alleanza con l'Austria-Ungheria per tutelarsi dall'influenza russa verso i Balcani. La Francia procede all'occupazione del Tonchino e ad estendere il protettorato sull'Annam. L'Inghilterra controlla mediante un protettorato il sud-est della Nuova Guinea, la Germania si assicura invece due anni dopo il nord-est.

Robert L. Stevenson pubblica il romanzo *L'isola del tesoro*. A. Gaudì inizia i lavori per l'edificazione della Sagrada Familia a Barcellona. Nella capitale inglese muore Karl Marx; in Francia si spegne l'incisore e illustratore Gustave Doré, divenuto famoso per aver illustrato per conto dell'editore Lacroix numerosi classici della letteratura, dalla *Bibbia* alla *Divina Commedia*, dall'*Orlando furioso* a *Gargantua e Pantegruel*; a Venezia muore Richard Wagner.

1884

In Francia la legge Waldeck-Rousseau legalizza le organizzazioni sindacali degli operai. L'Alleanza dei tre imperatori viene rinnovata. In Inghilterra il governo concede il suffragio elettorale maschile. La Germania si assicura il protettorato sul Togo, sul Camerun, sulle terre del sud-ovest e sull'Africa orientale (attuali Burundi e parte del Rwanda e della Tanzania). La penetrazione francese nel Tonchino porta a un conflitto con i Cinesi.

Matilde Serao pubblica *Il ventre di Napoli*. Il francese Joris-Karl Huysmans dà alle stampe *À rebours*, che inaugura il movimento decadentista; Paul Verlaine si cimenta nell'opera *I poeti maledetti* che contribuisce a far conoscere al grande pubblico Mallarmé e Rimbaud. Negli Stati Uniti Mark Twain porta a termine la stesura delle *Avventure di Huckleberry Finn*. Anton Čechov inizia la pubblicazione delle sue novelle.

1885

5 febbraio – Un corpo di spedizione italiano sbarca a Massaua, in Etritrea.

In Francia, a seguito all'incidente militare di Lang Son, si apre la crisi di governo con la caduta di Ferry e con le agitazioni che vedono uniti nazionalisti, monarchici e bonapartisti attorno al generale George Boulanger. Nei Balcani scoppia un conflitto tra Serbia e Bulgaria per il controllo della Rumelia orientale. A Berlino, nei lavori della Conferenza convocata da Bismarck, le potenze europee si spartiscono l'Africa in sfere di controllo; il Congo è dichiarato possesso personale del Re del Belgio; gli Inglesi controllano la Nigeria. La Germania stabilisce colonie in diverse isole del Pacifico. La guerra sino-francese si conclude con la pace di Tientsin, per cui i Cinesi riconoscono la presenza francese nel Tonchino. In India si riunisce il Congresso nazionale indiano per opera del Partito nazionalista. Al termine della terza guerra anglo-birmana la Birmania è annessa all'Impero delle Indie.

Muore Victor Hugo. Guy de Maupassant pubblica *Bel-Ami*, Emil Zola *Germinal*. Friedrich Nietzsche termina la stesura di *Così parlò Zarathustra*, dove sviluppa la dottrina del superuomo. Louis Pasteur mette a punto il vaccino contro la rabbia. A Milano Edmondo Bianchi avvia la Società Bianchi per la produzione di biciclette e poi motociclette.

1886

1° maggio – sciopero generale svoltosi a Chicago per ottenere il riconoscimento della giornata lavorativa di otto ore. In memoria degli operai morti in seguito alla repressione dello sciopero, nel 1890 il 1° maggio viene dichiarato festa internazionale dei lavoratori.

In Francia si afferma il movimento nazionalista promosso dal generale Boulanger. Nei Balcani la Serbia, sconfitta dai Bulgari, firma la pace di Bucarest e riconosce la Rumelia alla Bulgaria. In Inghilterra il tentativo di Gladstone di concedere una limitata autonomia all'Irlanda (*Home Rule*) non riscuote l'approvazione della Camera dei Comuni: il ministero cade. In seguito alla scoperta di giacimento d'oro nel Transvaal inizia una penetrazione inglese nel territorio boero.

Edmondo De Amicis pubblica il romanzo *Cuore*. Robert L. Stevenson scrive *Lo strano caso del dottor Jekyll e del signor Hyde*. Muore negli Stati Uniti la poetessa Emily Dickinson. Henry James termina la stesura de *I bostoniani*. In Francia J. Moréas diffonde il *Manifesto del simbolismo*. Auguste Rodin realizza *Il bacio*. Nel porto di New York viene posta la Statua della Libertà, opera dello scultore Frédéric-Auguste Bartholdi. A Genova è fondato «Il Secolo XIX», a Reggio Calabria il quotidiano socialista «La Giustizia». Ernesto Breda crea la Società meccanica Breda.

1887

26 gennaio – Disfatta italiana in Eritrea nel quadro del processo di espansione coloniale: a Dogali cinquecento soldati italiani sono sopraffatti dalle forze abissine del ras Alula.

fine luglio – Francesco Crispi è eletto Presidente del Consiglio ed inaugura una politica coloniale e protezionistica.

Il cancelliere Bismarck riesce a dare vita a una Convenzione mediterranea, che annovera l'Italia, l'Inghilterra, l'Austria e la Spagna, finalizzata a conservare lo *status quo* nel Mediterraneo e l'integrità territoriale dell'Impero ottomano. Nel contempo viene rinnovato il trattato della Triplice Alleanza, che assicura all'Italia garanzie per i suoi progetti di espansione in Africa e compensi in caso di ampliamento austriaco nei Balcani. Germania e Russia firmano segretamente un accordo di neutralità in caso che una delle due sia in guerra con un terzo paese; la Russia si aggiudica il riconoscimento dei suoi diritti sulla Bulgaria e sugli Stretti. L'Inghilterra si annette Kenya e Uganda.

Arthur Conan Doyle crea il personaggio di Sherlock Holmes. Giosuè Carducci compone le *Rime Nuove*. Il polacco L.L. Zamenhof crea l'esperanto.

1888

Scoppia la guerra delle tariffe doganali tra l'Italia e la Francia. In Germania alla morte di Guglielmo I sale al trono Federico III, che tuttavia regna per soli 99 giorni; il suo posto è preso dal figlio Guglielmo II. A Costantinopoli una Convenzione riconosce la libertà di navigazione nel canale di Suez.

Vincent van Gogh dipinge ad Arles *La camera* e il *Vaso con girasoli*. Gustave Mahler inizia a comporre le *Dieci Sinfonie*. L'irlandese J.B. Dunlop fabbrica pneumatici per bici. G. Daimler mette a punto un'automobile con motore a due cilindri a V. G. Eastman fabbrica la prima macchina fotografica portatile Kodak.

1889

2 maggio – Trattato di Uccialli stipulato dall'Italia con il negus Menelik, che riconosce gli interessi italiani in Etiopia.

In Sicilia si costituiscono i primi Fasci dei Lavoratori. In Francia il generale Boulanger fallisce il colpo di Stato progettato con i clericali e i monarchici e ripara in Belgio, dove si suicida. A Parigi, nell'anniversario della Rivoluzione francese, si riunisce la II Internazionale di tendenza marxista. A Mayerling, si suicida il principe ereditario Rodolfo d'Asburgo, francofilo e antiprussiano, con l'amante Maria Vetsera. L'Italia occupa la Somalia; l'Inghilterra procede alla colonizzazione della Rhodesia.

Giosuè Carducci compone le *Odi barbare*. Giovanni Verga pubblica *Mastro don Gesualdo*, Gabriele D'Annunzio *Il piacere*. Pietro Mascagni realizza l'opera lirica *Cavalleria rusticana*. Vincent van Gogh dipinge *La notte stellata*. A Parigi si inaugura l'Esposizione universale e viene portata a termine la costruzione della Tour Eiffel, opera dell'ingegnere G. Eiffel. Il 1° maggio è celebrato dalla II Internazionale quale giornata di lotta per la conquista delle otto ore lavorative.

1890

In Germania sono abrogate le leggi contro i socialisti e nelle elezioni nazionali i socialdemocratici vincono. Bismarck viene licenziato da Guglielmo II per duri contrasti in politica estera e sociale; il successore del Cancelliere non rinnova il trattato bilaterale del 1887 con la Russia di mutua assistenza, favorendo in questo modo il riavvicinamento franco-russo. Nell'Impero austro-ungarico si afferma il movimento dei Giovani Cechi, che rivendica il riconoscimento dei diritti dei Boemi. In cambio del riconoscimento del controllo dell'Uganda, l'Inghilterra cede alla Germania l'isola di Helgoland nel Mare del Nord. L'Italia crea la colonia d'Eritrea. Grazie all'azione dei Cecil Rhodes l'Inghilterra estende la sua influenza su tutti gli stati boeri dell'Africa del Sud.

Si diffonde in Europa e negli Stati Uniti l'*art nouveau* o *liberty*. A Chicago viene costruito un grattacielo con struttura portante interamente di acciaio. La metropolitana londinese è elettrificata. Nasce la Shell, società petrolifera anglo-olandese.

1891

15 maggio – Leone XIII emana l'enciclica *Rerum novarum* in cui puntualizza la dottrina sociale della Chiesa e condanna senza appello gli eccessi del capitalismo.

Il congresso socialdemocratico, riunito a Erfurt, adotta il programma riformista redatto da Karl Kautsky. In Russia vengono avviati i lavori della Transiberiana.

Giovanni Pascoli compone le *Myricae*. Muoiono il poeta Arthur Rimbaud e il pittore Georges Seurat, esponente del *pointillisme*. L'inglese Thomas Hardy scrive *Tess dei d'Urberville*, Oscar Wilde *Il ritratto di Dorian Gray*. L'americano W.L. Judson brevetta la cerniera lampo. Sono fondate, in Italia, la Società elettromeccanica Marelli, in Olanda la Philips, che produce apparecchi elettrici.

1892

maggio – Primo ministero Giolitti.

14 agosto – Nasce a Genova il Partito dei lavoratori italiani per opera di Filippo Turati.

Leone XIII invita i cattolici francesi a partecipare alla vita della Repubblica per scongiurare ulteriori politiche anticlericali. Francia e Russia stipulano un'alleanza militare. L'Africa del Sud-Ovest (attuale Namibia) è colonia tedesca. In Francia la società fondata da Lesseps per i lavori al Canale di Panama fa bancarotta coinvolgendo numerosi piccoli risparmiatori e membri del governo; l'impresa dell'istmo è rilevata dagli Stati Uniti.

Italo Svevo pubblica *Una vita*. Ruggero Leoncavallo compone *I pagliacci*. Paul Cézanne dipinge *I giocatori di carte*. La danzatrice spagnola Augustina Carasson, detta la Bella Otero, ottiene un grande successo esibendosi alle Folies-Bergère. R. Diesel inventa il motore che porta il suo nome. Ad Atlanta nasce la Società che produce la Coca-Cola.

1893

dicembre – Scandalo della Banca Romana: cade il governo Giolitti e si costituisce il secondo ministero Crispi.

In Inghilterra nasce il Partito laburista. In Macedonia i nazionalisti rivendicano l'indipendenza dalla Turchia e l'unione con la Bulgaria. In Etiopia il negus Menelik disconosce il trattato di Uccialli e il protettorato italiano sull'Etiopia. La Francia estende il protettorato sul Laos (trattato di Bangkok).

Oscar Wilde mette in scena *Salomé*. Muore il filosofo e storico Hippolyte Adolphe Taine. Antonin Dvorák compone la Sinfonia dal *Nuovo Mondo*. Nel Regno d'Italia è istituita la Banca d'Italia. Henry Ford realizza la sua prima auto.

1894

giugno – In Francia l'anarchico italiano Sante Caserio uccide il presidente Sadi Carnot.

dicembre – Inizia l'«affaire Dreyfus»: l'ufficiale d'origine ebraica Alfred Dreyfus, addetto al comando del corpo di Stato Maggiore, è accusato d'aver fornito alla Germania importanti documenti di sicurezza nazionale.

In Italia scoppiano moti popolari in Sicilia e in Lunigiana, che Crispi reprime ricorrendo all'esercito e sciogliendo le associazioni operaie e quelle socialiste. Francia e Russia si alleano in funzione antiaustriaca (Duplice Alleanza). Alla morte dello zar Alessandro III sale al trono il figlio Nicola II, che prosegue la politica reazionaria inaugurata dal padre.

Federico De Roberto pubblica il romanzo *I Viceré*.

1895

In Francia si costituisce la Confederazione Generale del Lavoro in cui confluiscono tutte le associazioni sindacali. L'Africa orientale è interessata dalla guerra tra l'Italia e l'Etiopia: il generale Baratieri occupa il Tigré ma gli Etiopici, con l'appoggio degli Anglo-Francesi, riportano un'importante vittoria all'Amba Alagi. La Francia procede all'occupazione del Madagascar. Nelle Antille, Cuba si ribella alla Spagna che nonostante la repressione non riesce ad aver ragione dei rivoltosi indipendentisti. La condanna dell'ufficiale francese Dreyfus per spionaggio fa scoppiare l'«affaire Dreyfus» che divide la Francia: a conservatori e nazionalisti antisemiti si oppongono i socialisti di Jaurès e i radicali di Clemenceau.

Antonio Fogazzaro pubblica *Piccolo mondo antico*. Oscar Wilde mette in scena *L'importanza di chiamarsi Ernesto*. Lo scrittore anglo-indiano Rudyard Kipling pubblica *I libri della giungla*. A Torino viene pubblicata «La Stampa». I fratelli Lumière inventano il cinematografo e fanno la prima proiezione pubblica. I fratelli Michelin fabbricano i pneumatici per le auto.

1896

gennaio – Gli Italiani capitolano a Macallè.

1° marzo – Gli Abissini guidati dal negus Menelik sconfiggono le truppe italiane ad Adua. La sconfitta decreta la fine della guerra d'Africa e l'Italia si astiene dall'esercitare un protettorato sull'Abissinia.

6 aprile – Su iniziativa di Pierre de Coubertin si svolgono ad Atene i primi giochi olimpici dell'età moderna.

ottobre – Pace di Addis Abeba: l'Italia conserva l'Eritrea e la Somalia ma deve rinunciare all'Etiopia.
Francesco Ferdinando è designato a succedere al trono austro-ungarico. Nella capitale inglese il terzo congresso dell'Internazionale socialista vede l'espulsione degli anarchici. Nelle Filippine scoppia la rivolta antispagnola.

Il polacco Henryk Sienkiewics pubblica il romanzo storico *Quo vadis?* In Francia viene istituito il premio Goncourt per la letteratura. Guglielmo Marconi realizza la prima trasmissione di segnali radio. A Torino Michele Lanza costruisce l'auto a benzina. A Roma viene pubblicato «Avanti!», giornale dei socialisti, a Bologna il cattolico «L'Avvenire», a Milano la «Gazzetta dello Sport». Muore lo svedese A. Nobel e il suo lascito è destinato all'assegnazione di cinque premi (fisica, chimica, fisiologia e medicina, letteratura, pace).

1897

A Basilea si tiene il primo congresso sionista per iniziativa di Theodor Herzl, che intende creare uno Stato indipendente in Palestina per gli Ebrei. La Grecia entra in guerra contro l'Impero turco a difesa di

Creta ma è sconfitta; le potenze europee ottengono che l'isola sia dichiarata autonoma pur rimanendo sotto la sovranità turca.

Rudyard Kipling pubblica *Capitani coraggiosi*, Joseph Conrad *Il negro del Narciso*, Bram Stoker *Dracula*. Edmond Rostand mette in scena la commedia *Cyrano de Bergerac*.

1898

13 gennaio – In Francia il romanziere Émile Zola si schiera a difesa di Dreyfus e pubblica sull'«Aurore» il *J'accuse* rivolto contro lo Stato Maggiore francese, accusato di aver falsato le prove per far condannare Dreyfus e assolvere un altro ufficiale, Walsin-Esterhazy, implicato nel caso ma sbrigativamente assolto.

aprile – Gli Stati Uniti dichiarano guerra alla Spagna per l'indipendenza di Cuba.

6-7 maggio – Nel quadro delle sollevazioni popolari che investono l'Italia per l'aumento del costo del pane, a Milano il generale Bava Beccaris ordina di sparare sulla folla. Il governo è affidato al generale Luigi Pelloux che presenta leggi che limitano la libertà di stampa e di associazione: l'opposizione parlamentare attua l'ostruzionismo per bloccarle.

settembre – In Sudan truppe anglo-egiziane guidate dal generale Kitchener sconfiggono i Dervisci.

10 settembre – L'imperatrice Elisabetta viene assassinata a Ginevra dall'anarchico italiano Luigi Luccheni.

3 novembre – Gli anglo-egiziani di Kitchener si incontrano con un corpo di spedizione francese sul Nilo Bianco, a Fashoda: la crisi tra le due potenze è scongiurata con il ritiro delle truppe francesi.

10 dicembre – Pace di Parigi: la Spagna si ritira da Cuba e cede agli Stati Uniti le Filippine, Portorico e Guam. È la fine dell'impero coloniale spagnolo.
La Germania avvia il programma per la costruzione di una potente flotta da guerra.

Italo Svevo pubblica il romanzo *Senilità*. Paul e Marie Curie scoprono il radio. In Francia nasce la ditta per automobili Renault.

1899

settembre – Dreyfus, in seguito alla riapertura del processo, ottiene l'amnistia e viene reintegrato nell'esercito. L'assoluzione definitiva avviene solo nel luglio 1906.
In Olanda, all'Aia, si svolge la prima conferenza per la pace su richiesta di Nicola II: viene istituita la Corte d'arbitrato per comporre le vertenze internazionali. Nel Sudan Inghilterra ed Egitto raggiungono un accordo per il controllo del territorio. Nell'Africa del sud scoppia la guerra anglo-boera, gli Inglesi occupano il Transvaal e l'Orange. La Germania compra dalla Spagna le isole Caroline, le Marianne e le Palau. In Cina i *boxers*, società segreta nazionalista e xenofoba, attaccano le missioni diplomatiche e religiose presenti a Pechino.

Giovanni Agnelli fonda a Torino la fabbrica automobilistica FIAT. In Svizzera si realizza la prima linea ferroviaria a trazione elettrica d'Europa. Il tedesco Dreser crea l'aspirina.

1900

aprile – Il movimento femminista rivendica il diritto di voto alle donne.

maggio – I diplomatici europei intimano alle autorità cinesi di reprimere la rivolta dei *boxers*.

giugno – Le elezioni politiche decretano la sconfitta del governo conservatore di Pelloux, cui succede il liberale Giuseppe Saracco.

29 luglio – Monza: l'anarchico Gaetano Bresci uccide Umberto I. Sale al trono il figlio Vittorio Emanuele III.

agosto – Truppe di Giappone, Stati uniti, Inghilterra, Russia, Germania, Italia, Austria-Ungheria, Spagna, Paesi Bassi, Belgio occupano Pechino e liberano gli occidentali dall'assedio dei *boxers*.
In Inghilterra si costituisce il *Labour Representation Committee*, in cui confluiscono associazioni e sindacati d'ispirazione socialista, che sei anni più tardi prende il nome di *Labour Party*.

Joseph Conrad scrive *Lord Jim*; Sigmund Freud pubblica *L'interpretazione dei sogni* che segna la nascita della psicoanalisi. Muoiono Oscar

Wilde e Friedrich W. Nietzsche. Giuseppe Pellizza da Volpedo dipinge il quadro *Il Quarto Stato*. Puccini compone la *Tosca*. Il primo dirigibile a struttura rigida costruito da F. von Zeppelin compie un volo di prova sopra il Lago di Costanza. K. Landsteiner scopre i gruppi sanguigni, P. Villard i raggi gamma.

Bibliografia

Una serie di contributi, divisi per area tematica, per chi volesse approfondire alcuni aspetti raccontati in questa Storia d'Italia. *Si è scelto di privilegiare testi in lingua italiana e di facile reperibilità.*

Per l'Italia post-unitaria:

D. Adorni, *Francesco Crispi uomo di governo*, Olschki, Firenze 1999

A. Arisi Rota, M. Ferrari e M. Morandi (a cura di), *Patrioti si diventa. Luoghi e linguaggi di pedagogia patriottica nell'Italia unita*, Franco Angeli, Milano 2009

F. Bonini, *Francesco Crispi e l'unità. Da un progetto di governo a un ambiguo «mito» politico*, Bulzoni, Roma 1997

G. Bouchard, *Pio IX. Un papa contro il Risorgimento*, Claudiana, Torino 2001

F. Cammarano, *Storia politica dell'Italia liberale (1861-1901)*, Laterza, Roma-Bari 2004

G. Candeloro, *Storia dell'Italia moderna*, vol. VII, *La crisi di fine secolo e l'età giolittana (1896-1914)*, Feltrinelli, Milano 1974

A. Caracciolo, *L'inchiesta agraria Jacini*, Einaudi, Torino 1973

V. Castronovo, *Storia economica d'Italia. Dall'Ottocento ai giorni nostri*, Einaudi, Torino 2006

E. Ciconte e N. Ciconte, *Il ministro e le sue mogli. Francesco Crispi tra magistrati, domande della stampa, impunità*, Rubbettino, Soveria Mannelli 2010

P. Corti e M. Sanfilippo, *Storia d'Italia. Annali vol. XXIV Migrazioni*, Einaudi, Torino 2009
C. Duggan, *Creare la nazione. Vita di Francesco Crispi,* Laterza, Roma-Bari 2000
G.P. Ferraioli, *Politica e diplomazia in Italia tra XIX e XX secolo. Vita di Antonino di San Giuliano (1852-1914)*, Rubbettino, Soveria Mannelli 2007
M. Gioannini e G. Massobrio, *Custoza 1866. La via italiana alla sconfitta*, Rizzoli, Milano 2003
A.C. Jemolo, *Chiesa e Stato in Italia dalla unificazione ai giorni nostri*, Einaudi, Torino 1975
G. Luzzatto, *L'economia italiana dal 1861 al 1894*, Einaudi, Torino 1991
E. Magri, *I ladri di Roma. 1893 scandalo della Banca Romana. Politici, giornalisti, eroi del Risorgimento all'assalto del denaro pubblico*, Mondadori, Milano 1993
R. Martucci, *L'invenzione dell'Italia unita*, Sansoni, Milano 1999
G. Montroni, *La società italiana dall'unificazione alla grande guerra*, Laterza, Roma-Bari 2007
G: Noiviel, *Il massacro degli italiani. Aignes-Mortes 1893. Quando il lavoro lo rubavamo noi*, Tropea, Milano 2010
R. Pavoni e C. Mozzarelli (a cura di), *Milano 1848-1898. Ascesa e trasformazione della capitale morale*, Marsilio, Venezia 2000 – Museo Bagatti Valsecchi, Milano 2000
R. Romanelli (a cura di), *Il comando impossibile. Stato e società nell'Italia liberale*, il Mulino, Bologna 1995
–, *Storia dello Stato italiano dall'Unità a oggi*, Donzelli, Roma 1995
–, *L'Italia liberale (1861-1900)*, il Mulino, Bologna 1979
S. Romano, *Crispi*, Bompiani, Milano 1986
R. Romeo, *Breve storia della grande industria in Italia 1861-1961*, il Saggiatore, Milano, 1988
G. Sabbatucci e V. Vidotto (a cura di), *Storia d'Italia, 2. Il nuovo Stato e la società civile. 1861-1887*, Laterza, Roma-Bari 1995

–, *Storia d'Italia, 3. Liberalismo e democrazia. 1887-1914*, Laterza, Roma-Bari 2007
M. Viroli, *Per amore della patria. Patriottismo e nazionalismo nella storia*, Laterza, Roma-Bari 2001

Per il brigantaggio:

C. Alianello, *La conquista del Sud. Il Risorgimento nell'Italia Meridionale*, Rusconi, Milano 1994
G. Bourelly, *Il brigantaggio dal 1860 al 1865*, Osanna Edizioni, Venosa 2004
C. Coppola, *Controstoria dell'Unità d'Italia, ribellione popolare e repressione militare 1860-1865*, MCE Editore, Lecce
A. De Jaco, *Il brigantaggio meridionale. Cronaca inedita dell'Unità d'Italia*, Editori Riuniti, Roma 2005
–, *Briganti e piemontesi. Alle origini della questione meridionale*, Rocco Curto Editore, Napoli 1998
G. De Matteo, *Brigantaggio e Risorgimento – Legittimisti e Briganti tra i Borbone e i Savoia*, Guida Editore, Napoli 2000
G. Di Fiore, *Controstoria dell'Unità d'Italia. Fatti e misfatti del Risorgimento*, Rizzoli, Milano 2007
F. Gaudioso, *Calabria ribelle. Brigantaggio e sistemi repressivi nel Cosentino (1860-1870)*, Franco Angeli, Milano 1996
G.B. Guerri, *Il sangue del Sud. Antistoria del Risorgimento e del brigantaggio*, Mondadori, Milano 2010
R. Nigro, *Giustiziateli sul campo. Letteratura e banditismo da Robin Hood ai giorni nostri*, Rizzoli, Milano 2007
T. Pedio, *Inchiesta Massori sul brigantaggio*, Lacaita, Napoli 1998

Per l'espansionismo coloniale italiano ed europeo:

G. Astuto, *«Io sono Crispi». Adu, 1° marzo 1896: governo forte. Fallimento di un progetto*, il Mulino, Bologna 2005
R.F. Betts, *L'alba illusoria. L'imperialismo europeo nell'Ottocento*, il Mulino, Bologna 2005
A. Del Boca (a cura di), *Adua. Le ragioni di una sconfitta*, Laterza, Roma-Bari 1998

–, *Gli italiani in Libia. Tripoli bel suol d'amore 1860-1922*, Mondadori, Milano 1997
–, *Gli italiani in Africa orientale. 1. Dall'Unità alla marcia su Roma*, Mondadori, Milano 1985

Per l'Europa del secondo Ottocento:

C.A. Bayly, *La nascita del mondo moderno 1780-1914*, Einaudi, Torino 2009
T. Bonazzi, G. Galli (a cura di), *La guerra civile americana vista dall'Europa*, il Mulino, Bologna 2004
J. Bozidar, *Europa selvaggia. I Balcani nello sguardo dei viaggiatori occidentali*, EDT, Torino 2010
G. Franzinetti, *I Balcani dal 1878 a oggi*, Carocci, Roma 2010
E.J. Hobsbawn, *L'Età degli imperi. 1875-1914*, Laterza, Roma-Bari 2007
–, *Il trionfo della borghesia. 1848-1875*, Laterza, Roma-Bari 2006
N. Kleeblatt, *L'affare Dreyfus*, Bollati Boringhieri, Torino 1990
R. Luraghi, *Storia della guerra civile americana*, BUR, Milano 2009
R. Mitchell, *La guerra civile americana*, il Mulino, Bologna 2003
W.J. Mommsen, *L'età dell'imperialismo*, Feltrinelli, Milano 1989
R. Newbury, *La regina Vittoria*, Claudiana, Torino 2009
D. Quataert, *L'impero ottomano (1700-1922)*, Salerno Editrice, Roma 2008
M. Roland, *La regina Vittoria e il suo tempo*, il Mulino, Bologna 2001
S. Romano, *Disegno della storia d'Europa dal 1789 al 1989. Trionfo, morte e resurrezione degli Stati nazionali*, Longanesi, Milano 1992
G. Sabbatucci e V. Vidotto, *Il mondo contemporaneo. Dal 1848 a oggi*, Laterza, Roma-Bari 2008
A.J.P. Taylor, *Bismarck. L'uomo e lo statista*, Laterza, Roma-Bari 2004
M. Valente, *Diplomazia pontificia e Kulturkampf. La Santa Sede tra Pio IX e Bismarck 1861-1878*, Studium, Roma 2004

INDICI

INDICE DEI NOMI

INDICE DELLE CARTINE

RIFERIMENTI ICONOGRAFICI

© Fototeca Gilardi:
1. *Partenza per la guerra di secessione*
3. *Parlamento a Palazzo Vecchio, Firenze*
4. *In posa briganti della banda Barile*
8. *Battaglia di Gravelotte*
9. Carlo Ademollo, *La breccia di Porta Pia*
15. *Processo per lo scandalo della Banca Romana*
16. *Oreste Baratieri*

© Archivi Alinari, Firenze:
2. Gerolamo Induno, *Garibaldi ferito in Aspromonte*

© Foto Scala, Firenze:
5. *Vittorio Emanuele II a Custoza*
7. *Battaglia di Bezzecca*
12. *Il Congresso di Berlino*
13. Michele Cammarano, *Il massacro di Dogali*
14. *La famiglia reale vittoriana*

© Photoservice Electa/ AKG Images:
6. Christian Sell, *Königgrätz*

© RMN/Agence Bulloz/Alinari:
10. *Panorama di Parigi. Incendio del palazzo delle Tuileries*

© Raccolte Museali Fratelli Alinari (RMFA), Firenze:
11. Michele Schemboche, *Ritratto del politico Agostino Depretis*

SOMMARIO

APPENDICE

INDICI

Finito di stampare nel mese di marzo 2011 presso
Grafica Veneta S.p.A.
Via Malcanton, 2 - Trebaseleghe (PD)

Printed in Italy

RCS Libri

ISBN 978-88-17-04677-0